Michael Cassel
ISO/TS 16949 – Qualitätsmanagement
in der Automobilindustrie umsetzen

Bleiben Sie einfach auf dem Laufenden:
www.hanser.de/newsletter
Sofort anmelden und Monat für Monat
die neuesten Infos und Updates erhalten.

Michael Cassel

ISO/TS 16949 – Qualitätsmanagement in der Automobilindustrie umsetzen

Mit 91 Abbildungen

HANSER

Der Autor:
Dipl.-Ing. Michael Cassel
selbständiger Unternehmensberater und geschäftsführender Gesellschafter der Michael Cassel Gesellschaft für Qualitätsmanagement mbH, Ratingen.

Bibliografische Information Der Deutschen Bibliothek:
Die Deutsche Bibliothek verzeichnet diese Publikation in der Deutschen Nationalbibliografie; detaillierte bibliografische Daten sind im Internet über <http://dnb.ddb.de> abrufbar.

ISBN 10: 3-446-22729-6
ISBN 13: 978-3-446-22729-3

Die Wiedergabe von Gebrauchsnamen, Handelsnamen, Warenbezeichnungen, usw. in diesem Werk berechtigt auch ohne besondere Kennzeichnung nicht zu der Annahme, dass solche Namen im Sinne der Warenzeichen- und Markenschutzgesetzgebung als frei zu betrachten wären und daher von jedermann benutzt werden dürften.

Alle in diesem Buch enthaltenen Verfahren bzw. Daten wurden nach bestem Wissen erstellt und mit Sorgfalt getestet. Dennoch sind Fehler nicht ganz auszuschließen. Aus diesem Grund sind die in diesem Buch enthaltenen Verfahren und Daten mit keiner Verpflichtung oder Garantie irgendeiner Art verbunden. Autoren und Verlag übernehmen infolgedessen keine Verantwortung und werden keine daraus folgende oder sonstige Haftung übernehmen, die auf irgendeine Art aus der Benutzung dieser Verfahren oder Daten oder Teilen davon entsteht.

Dieses Werk ist urheberrechtlich geschützt.
Alle Rechte, auch die der Übersetzung, des Nachdruckes und der Vervielfältigung des Buches oder Teilen daraus, vorbehalten. Kein Teil des Werkes darf ohne schriftliche Einwilligung des Verlages in irgendeiner Form (Fotokopie, Mikrofilm oder einem anderen Verfahren), auch nicht für Zwecke der Unterrichtsgestaltung – mit Ausnahme der in den §§ 53, 54 URG genannten Sonderfälle –, reproduziert oder unter Verwendung elektronischer Systeme verarbeitet, vervielfältigt oder verbreitet werden.

© 2007 Carl Hanser Verlag München Wien
www.hanser.de
Gesamtlektorat: Lisa Hoffmann-Bäuml
Herstellung: Der Buch*macher*, Arthur Lenner, München
Satz: Presse- und Verlagsservice, Erding
Coverconcept: Marc-Müller-Bremer, Rebranding, München, Germany
Umschlaggestaltung: MCP • Susanne Kraus GbR, Holzkirchen
Druck und Bindung: Druckhaus Thomas Müntzer, Bad Langensalza
Printed in Germany

Vorwort

Kaum eine andere Branche ist in vergleichbarem Maße wie die Automobilindustrie durch Komplexität der Produkte, Sicherheits- bzw. Haftungsrisiken und hohe Stückzahlen gekennzeichnet. Gleichzeitig hat die Automobilindustrie einen tiefgreifenden Wandel vollzogen. Die Umsetzung von „just in time" mit drastisch verkürzten Lager- und Lieferzyklen und der Reduzierung der Fertigungstiefe durch Outsourcing haben die Anforderungen an die Qualität, Termintreue und die Beherrschung von Entwicklungs- und Produktionsprozessen erhöht und Managementsysteme stark an Bedeutung gewinnen lassen. Die Automobilindustrie und deren Zulieferer sind seit Jahren Vorreiter bei der Entwicklung und Umsetzung von Managementsystemen.

Die Anforderungen an Zulieferer wurden in den 80er Jahren individuell durch jeden Automobilhersteller bzw. großen Zulieferer in Lieferantenrichtlinien festgelegt, die Q 101 von Ford ist eine der bekanntesten und seinerzeit wegweisenden Richtlinien. Die 90er Jahre waren dadurch gekennzeichnet, dass eine Vereinheitlichung der unterschiedlichen Lieferantenrichtlinien für Managementsysteme der Automobilhersteller stattfand. Außerdem entwickelte sich ein Trend in Bezug auf integrierte Managementsysteme.

Bis Mitte der 90er Jahre auditierten die Automobilkonzerne selbst die Managementsysteme der Zulieferer, anschließend wurde diese Aufgabe zunehmend von Zertifizierungsgesellschaften übernommen. Zu diesem Zweck wurde in Amerika durch die „Big Three" (Chrysler, Ford, General Motors) die QS-9000 geschaffen, in Deutschland wurde ein Zertifizierungsverfahren für den VDA 6 Band 1 etabliert. 1999 wurde mit der ISO/TS 16949 letztlich ein gemeinsamer Standard geschaffen, der weltweit von allen großen Automobilherstellern Anerkennung fand.

Parallel zu dieser Entwicklung hielten Qualitätsmanagementsysteme und Zertifizierungen in den unterschiedlichsten Branchen Einzug. Diese Entwicklung erforderte eine grundlegende Revision der DIN EN ISO 9000er-Reihe, die im Jahr 2000 erfolgte. Da die DIN EN ISO 9001:2000 [7] einer breiten Zielgruppe gerecht werden soll, ist sie allgemeiner formuliert als die Vorgängerversion von 1994. Dies erschwerte naturgemäß die Interpretation der Inhalte.

Da die ISO/TS 16949 auf der DIN EN ISO 9001 basiert, wurde mit der Überarbeitung der 9001 im Jahre 2000 auch eine Überarbeitung der 1999 erschienenen ersten Fassung der ISO/TS 16949 erforderlich. Diese erfolgte im Jahre 2002. Das vorliegende Buch gibt einen Überblick über die Inhalte der ISO/TS 16949:2002 und erläutert insbesondere, wie die Anforderungen zu verstehen sind und im Managementsystem praktisch umgesetzt werden können. Es kann damit einerseits Interessierten und Verantwortlichen einen Überblick über die Inhalte der ISO/TS 16949:2002 verschaffen, andererseits bei der Umsetzung der Anforderungen eine wertvolle Hilfestellung bieten.

Im Kapitel 1 wird aufgezeigt, wie ein Projekt zum Aufbau eines zertifizierungsreifen QM-Systems gestaltet werden kann und was dabei zu beachten ist. Dazu werden im Kapitel 2 dieses Buches zunächst in einheitlich strukturierten Abschnitten die Anforderungen der ISO/TS 16949:2002 vorgestellt, interpretiert und es wird deren Umsetzung erläutert. Der Aufbau und die Strukturierung der Managementdokumentation sind im Kapitel 3 dargestellt.

Darüber hinaus enthält das Buch im Kapitel 4 eine ausführliche Beschreibung zur Durchführung prozessorientierter Audits. Die vorgestellten Werkzeuge wurden von der IATF erarbeitet und sind Bestandteil der Auditorenschulungen für interne und externe ISO/TS 16949:2002-Auditoren sowie der Schulungen für Zertifizierungsauditoren. Außerdem wird der Ablauf des Zertifizierungsverfahrens nach ISO/TS 16949 detailliert beschrieben.

Wer umfangreichere und detailliertere Informationen wünscht, als in diesem Buch enthalten sind, dem sei der ebenfalls beim Hanser Verlag erschienene Praxisleitfaden „Qualitätsmanagement nach ISO/TS 16949" von Michael Cassel [42] empfohlen. Dieser enthält neben Vertiefungen wichtiger Methoden des Qualitätsmanagements und zur Verbesserung von Prozessen auch eine komplette Musterdokumentation auf CD-ROM, die als Grundlage für die schnelle und einfache Erstellung einer eigenen Managementdokumentation dient. Viele der Beispiele in diesem Buch sind aus der Musterdokumentation entnommen.

Aktuelle Informationen über Neuigkeiten rund um die ISO 9000er-Reihe und die ISO/TS 16949 finden Sie ständig unter *http://www.michael-cassel.com*. Auf der genannten Homepage findet sich auch ein Diskussionsforum für Fragen und es gibt die Möglichkeit, einen Newsletter zu abonnieren.

Inhalt

1	**Projektplanung und Durchführung**			**1**
1.1	Einleitung			1
1.2	Projektdurchführung			4
	1.2.1	Projektvorbereitung		5
		1.2.1.1	Ziele des Projekts definieren	5
		1.2.1.2	Projektteam bilden	6
	1.2.2	Vorgehensplanung und Information		7
		1.2.2.1	Geschäftsprozessübersicht erstellen	7
		1.2.2.2	Arbeitspakete und Arbeitsgruppen festlegen	7
		1.2.2.3	Projektplan erstellen	10
		1.2.2.4	Ressourcen einplanen	12
		1.2.2.5	Rahmenbedingungen festlegen	13
		1.2.2.6	Projektstart und Information	13
	1.2.3	Durchführung interner Audits und Erstellung eines Maßnahmenplans		13
		1.2.3.1	Auditierung aller betroffenen Bereiche	14
		1.2.3.2	Erstellen eines Maßnahmenplans	15
	1.2.4	Ist-Prozess analysieren und Soll-Prozess umsetzen		15
		1.2.4.1	Teilnehmer der Arbeitsgruppe festlegen und Prozessverantwortliche benennen	16
		1.2.4.2	Terminabstimmung mit der Arbeitsgruppe und Einladung	16
		1.2.4.3	Unterlagen sammeln und dem Prozess zuordnen	17
		1.2.4.4	Zielvereinbarungen treffen	17
		1.2.4.5	Arbeitspakete abarbeiten	17
		1.2.4.6	Schulung und Vorbereitung neuer Verfahren	19
		1.2.4.7	Auditieren der Verfahren bzw. Prozesse	20
		1.2.4.8	Korrekturen vornehmen	21
		1.2.4.9	Änderungen in Kraft setzen	21
1.3	Prozessmanagement			22
	1.3.1	Das Modell des Prozesses		27
		1.3.1.1	Strukturierung von Prozessen	27
		1.3.1.2	Der einzelne Prozess und seine Bestandteile	31
	1.3.2	Analyse von Prozessen		39
	1.3.3	Festlegung und Beschreibung von Prozessen		43
	1.3.4	Messung und Optimierung von Prozessen		44
2	**Umsetzung der Einzelanforderungen**			**49**
2.1	Einleitung			49

2.2	Wichtige Begriffe		50
2.3	Qualitätsmanagementsystem (Abschnitt 4)		53
	2.3.1	Allgemeine QMS-Anforderungen (Abschnitt 4.1) und Managementdokumentation (Abschnitt 4.2)	53
		2.3.1.1 Allgemeines zum Managementsystem	55
		2.3.1.2 Geschäftsprozessübersicht	55
		2.3.1.3 Prozessbeschreibung / Verfahrensanweisung	56
		2.3.1.4 Festlegung des Geltungsbereichs	60
	2.3.2	Dokumentationsanforderungen: Lenkung von Dokumenten und Qualitätsaufzeichnungen (Abschnitt 4.2)	61
		2.3.2.1 Allgemeines zu Dokumenten und Aufzeichnungen	62
		2.3.2.2 Dokumente	62
		2.3.2.3 Zuständigkeiten und Verteiler	63
		2.3.2.4 Technische Vorgaben	66
		2.3.2.5 Aufzeichnungen	67
		2.3.2.6 Gesetze, Normen und Kundenrichtlinien	69
2.4	Verantwortung der Leitung (Abschnitt 5)		72
	2.4.1	Verpflichtung der Leitung (Abschnitt 5.1)	72
	2.4.2	Kundenorientierung (Abschnitt 5.2)	72
		2.4.2.1 Allgemeines zur Verantwortung der Leitung	73
		2.4.2.2 Kundenorientierung	74
	2.4.3	Qualitätspolitik (Abschnitt 5.3)	75
		2.4.3.1 Allgemeines zur Qualitätspolitik	75
		2.4.3.2 Qualitätspolitik in der DIN EN ISO 9004:2000	76
		2.4.3.3 Qualitätspolitik im EFQM-Modell	78
		2.4.3.4 Kommunikation der Qualitätspolitik	78
	2.4.4	Qualitätsziele und Geschäftsplan (Abschnitt 5.4)	79
		2.4.4.1 Allgemeines zu Qualitätszielen	79
		2.4.4.2 Festlegung quantifizierbarer Ziele	80
		2.4.4.3 Geschäftsplan, Berichte und Managementbewertung	83
	2.4.5	Planung des Qualitätsmanagementsystems (Abschnitt 5.4)	85
		2.4.5.1 Allgemeines zur Qualitätsplanung	85
		2.4.5.2 Planung der Prozesse	86
		2.4.5.3 Ausrichtung und Implementierung der Prozesse	88
		2.4.5.4 Ständige Verbesserung	89
	2.4.6	Verantwortung, Befugnis und Kommunikation (Abschnitt 5.5)	91
		2.4.6.1 Festlegung von Befugnis und Verantwortung	92
		2.4.6.2 Verantwortung für Qualität	95
		2.4.6.3 Beauftragter für Kunden	95
		2.4.6.4 Interne Kommunikation	96
		2.4.6.5 Beauftragter der Leitung	97
	2.4.7	Managementbewertung (Abschnitt 5.6)	98
		2.4.7.1 Durchführung der Managementbewertung	99
		2.4.7.2 Inhalte der Managementbewertung	101

2.5 Management von Ressourcen (Abschnitt 6) 105
2.5.1 Bereitstellung von Ressourcen und Arbeitsumgebung (Abschnitte 6.1 und 6.4) 105
2.5.1.1 Allgemeines zum Management von Ressourcen 105
2.5.1.2 Arbeitsumgebung 106
2.5.1.3 Sicherheitstechnische Belange 108
2.5.1.4 Weitere Ressourcen aus der DIN EN ISO 9004 108
2.5.2 Personelle Ressourcen (Abschnitt 6.2) 109
2.5.2.1 Qualifizierung der Mitarbeiter 111
2.5.2.2 Ermittlung des Schulungsbedarfs 111
2.5.2.3 Schulungsplanung 111
2.5.2.4 Schulungsnachweise 114
2.5.2.5 Wirksamkeit von Schulungen 114
2.5.2.6 Methodenschulung 114
2.5.2.7 Einarbeitung von Mitarbeitern 115
2.5.2.8 Mitarbeitermotivation und Qualitätsbewußtsein 117
2.5.3 Infrastruktur (Abschnitte 6.3 und 7.5.1 c) 120
2.5.3.1 Allgemeines zur Infrastruktur 121
2.5.3.2 Instandhaltung und Werkzeugmanagement 122
2.5.3.3 Werks-, Anlagen- und Einrichtungsplanung 124
2.5.3.4 Notfallpläne 126

2.6 Produktrealisierung (Abschnitt 7) 127
2.6.1 Planung der Produktrealisierung (Abschnitt 7.1) 127
2.6.1.1 Allgemeines zur Planung der Produktrealisierung 128
2.6.1.2 Advanced Product Quality Planning (APQP) 129
2.6.1.3 Vertraulichkeit von Kundeninformationen 131
2.6.2 Lenkung von Änderungen (Abschnitt 7.1.4) 131
2.6.2.1 Änderungsmanagement 132
2.6.2.2 Bewertung von Änderungen 134
2.6.2.3 Produkt- und Prozessänderungen 135
2.6.2.4 Änderungen im Prüfablauf 135
2.6.2.5 Beurteilung der Auswirkung von Änderungen 137
2.6.3 Kundenbezogene Prozesse (Abschnitt 7.2) 137
2.6.3.1 Allgemeines zu Kundenanforderungen 139
2.6.3.2 Klärung der Anforderungen 140
2.6.3.3 Erfüllbarkeit der Kundenanforderungen 141
2.6.3.4 Kommunikation mit dem Kunden 142
2.6.4 Entwicklung (Abschnitt 7.3) 145
2.6.4.1 Allgemeines zur Entwicklung 149
2.6.4.2 Besondere Merkmale 155
2.6.4.3 Bereichsübergreifendes Team 156
2.6.4.4 Entwicklungseingaben 157
2.6.4.5 Entwicklungsergebnisse 157
2.6.4.6 Entwicklungseingaben zur Produktentwicklung 158

		2.6.4.7	Produktentwicklung	158

2.6.4.7 Produktentwicklung 158
2.6.4.8 Prototypenprogramm 158
2.6.4.9 Entwicklungsergebnisse 158
2.6.4.10 Eingaben für die Produktionsprozessentwicklung 159
2.6.4.11 Produktionsprozessentwicklung 159
2.6.4.12 Ergebnisse der Produktionsprozessentwicklung 160
2.6.4.13 Entwicklungsänderungen 161

2.6.5 Produktionsprozess- und Produktfreigabe (Abschnitt 7.3) 162
    2.6.5.1 Umsetzung des Verfahrens zur Produktionsprozess- und Produktfreigabe 162

2.6.6 Beschaffung (Abschnitt 7.4) 166
    2.6.6.1 Allgemeines zur Beschaffung 168
    2.6.6.2 Beschaffungsunterlagen 168
    2.6.6.3 Behördliche Vorschriften 170
    2.6.6.4 Qualitätssicherungsvereinbarungen 171
    2.6.6.5 Auswahl von Lieferanten 171
    2.6.6.6 Wareneingangsprüfungen 172
    2.6.6.7 Bewertung von Lieferanten 172
    2.6.6.8 Freigabe von Lieferanten 173
    2.6.6.9 Entwicklung von Lieferanten 174

2.6.7 Produktion und Dienstleistungserbringung (Abschnitt 7.5.1) 176
    2.6.7.1 Allgemeines zur Produktion und Dienstleistungserbringung 177
    2.6.7.2 Produktionsplanung 178
    2.6.7.3 Produktionslenkungsplan 178
    2.6.7.4 Arbeitsanweisungen 180
    2.6.7.5 Verifizierung von Einrichtvorgängen 182
    2.6.7.6 Kundendienst / Wartung 183

2.6.8 Validierung der Prozesse zur Produktion und Dienstleistungserbringung (Abschnitt 7.5.2) 185
    2.6.8.1 Umsetzung der Prozessvalidierung 185

2.6.9 Kennzeichnung und Rückverfolgbarkeit (Abschnitt 7.5.3) 186
    2.6.9.1 Kennzeichnung 186
    2.6.9.2 Rückverfolgbarkeit 188

2.6.10 Eigentum des Kunden (Abschnitt 7.5.4) 189
    2.6.10.1 Umsetzung 189

2.6.11 Produkterhaltung (Abschnitt 7.5.5) 191
    2.6.11.1 Umsetzung 191
    2.6.11.2 Verpackung und Versand 193

2.6.12 Lenkung von Überwachungs- und Meßmitteln (Abschnitt 7.6) ... 193
    2.6.12.1 Umsetzung 194

2.6.13 Anforderungen an Laboratorien (Abschnitt 7.6) 203
    2.6.13.1 Umsetzung 204

2.7 Messung, Analyse und Verbesserung (Abschnitt 8) 206

	2.7.1	Planung von Messungen und statistische Methoden (Abschnitt 8.1)	206
		2.7.1.1 Umsetzung	206
	2.7.2	Überwachung und Messung der Kundenzufriedenheit (Abschnitt 8.2.1)	211
		2.7.2.1 Umsetzung	212
	2.7.3	Internes Audit (Abschnitt 8.2.2)	215
		2.7.3.1 Umsetzung	216
	2.7.4	Überwachung und Messung von Prozessen (Abschnitt 8.2.3)	222
		2.7.4.1 Umsetzung	223
	2.7.5	Überwachung und Messung von Produkten (Abschnitt 8.2.4)	226
		2.7.5.1 Umsetzung	226
	2.7.6	Lenkung von Fehlern (Abschnitt 8.3)	229
		2.7.6.1 Umsetzung	230
	2.7.7	Datenanalyse und Verbesserungen (Abschnitte 8.4 und 8.5)	232
		2.7.7.1 Umsetzung	233
	2.7.8	Korrektur- und Vorbeugungsmaßnahmen (Abschnitt 8.5)	237
		2.7.8.1 Umsetzung	239
3	**Gestaltung der Managementdokumentation**		**243**
	3.1 Aufbau der Managementdokumentation		243
		3.1.1 Beschreibung der Prozesse und Wechselwirkung	245
		3.1.2 QM-Handbuch	245
		3.1.3 Verfahrensanweisungen bzw. Prozessbeschreibungen	246
		3.1.4 Arbeits- und Prüfanweisungen	246
		3.1.5 Aufzeichnungen	249
	3.2 Papierbasierte Dokumentation		249
		3.2.1 Anforderungen an die papierbasierte Dokumentation	249
		3.2.1.1 Lenkung der Dokumente	250
		3.2.1.2 Freigabe und Verteilung von Dokumenten	251
		3.2.2 Gliederung der Dokumentation	251
		3.2.2.1 QM-Handbuch	252
		3.2.2.2 Verfahrensanweisungen	253
		3.2.2.3 Prüf- und Arbeitsanweisungen	253
		3.2.2.4 Formulare, Aufzeichnungen	253
		3.2.3 Erstellung der Dokumentation	253
	3.3 Elektronische (papierlose) Dokumentation		256
		3.3.1 Nutzen und Aufwand einer papierlosen Dokumentation	256
		3.3.2 Anforderungen an die papierlose Dokumentation	259
		3.3.2.1 Lenkung der Dokumente	263
		3.3.2.2 Freigabe der Dokumente	264
		3.3.3 Die Struktur der Dokumentation	265
		3.3.3.1 Die Geschäftsprozessübersicht	265
		3.3.3.2 Der Prozessablauf	266

		3.3.3.3	Die Prozessschrittbeschreibung	268
		3.3.3.4	Beispiel im Internet	269
	3.3.4	Erstellung der Dokumentation	269

4 Auditierung und Zertifizierung 273

4.1	Einleitung			273
4.2	Auditprinzipien			275
	4.2.1	Auditarten		275
		4.2.1.1	Systemaudit	275
		4.2.1.2	Produktaudit	276
		4.2.1.3	Prozessaudit	276
		4.2.1.4	Interne und externe Audits	276
	4.2.2	Management von Auditprogrammen		277
		4.2.2.1	Ziele eines Auditprogramms	278
		4.2.2.2	Umfang eines Auditprogramms	279
		4.2.2.3	Verantwortlichkeiten	279
		4.2.2.4	Ressourcen	280
		4.2.2.5	Verfahren und Umsetzung	280
		4.2.2.6	Aufzeichnungen	280
		4.2.2.7	Überwachung und Bewertung	281
	4.2.3	Audittätigkeiten		281
		4.2.3.1	Veranlassen des Audits	281
		4.2.3.2	Prüfung der Dokumentation	284
		4.2.3.3	Vorbereitung auf die Audittätigkeiten vor Ort	284
		4.2.3.4	Audittätigkeiten vor Ort	285
		4.2.3.5	Erstellung des Auditberichts	291
		4.2.3.6	Genehmigung und Verteilung des Auditberichts	291
		4.2.3.7	Abschluss des Audits	292
		4.2.3.8	Durchführung von Auditfolgemaßnahmen	292
	4.2.4	Qualifikation und Bewertung von Auditoren		292
		4.2.4.1	Persönliche Eigenschaften	292
		4.2.4.2	Kenntnisse und Fähigkeiten	293
		4.2.4.3	Ausbildung, Arbeitserfahrung, Auditorenschulung und Auditerfahrung	296
		4.2.4.4	Aufrechterhaltung und Verbesserung der Qualifikation . . .	297
4.3	Prozessorientierter Auditansatz			298
	4.3.1	Prozessmodell der IATF		298
	4.3.2	Unterstützungsprozesse in der DIN EN ISO 9004:2000		299
	4.3.3	Kundenorientiertes Prozessmanagement		301
	4.3.4	Prozessorientierter Auditansatz der IATF		303
		4.3.4.1	Analyse eines Prozesses: Turtle	305
		4.3.4.2	Analyse der Risiken eines Prozesses und Ermittlung der Auditkriterien	306
	4.3.5	Umsetzung des prozessorientierten Auditansatzes		308

			4.3.5.1	Planung und Durchführung prozessorientierter Audits	319
			4.3.5.2	Bewertung von Auditfeststellungen	325
	4.4	Zertifizierung nach ISO/TS 16949			326
		4.4.1	Auswahl des Zertifizierungsunternehmens		326
			4.4.1.1	Angebote einholen	327
			4.4.1.2	Zertifizierungsauftrag erteilen	327
			4.4.1.3	Optional: Voraudit	329
		4.4.2	Ablauf der Zertifizierung		329
			4.4.2.1	Phase 1: Bereitschaftsbewertung	331
			4.4.2.2	Phase 2: Planung des Zertifizierungsaudits	332
			4.4.2.3	Phase 3: Zertifizierungsaudit	332
			4.4.2.4	Phase 4: Zertifikaterteilung und Überwachung	332
			4.4.2.5	Besonderheiten bei der Zertifizierung von Konzernen	334
		4.4.3	Nach der Zertifizierung		335
5	Verzeichnisse				337
	5.1	Literatur			337
		5.1.1	Normen und technische Spezifikationen		337
		5.1.2	Automobilstandards		338
		5.1.3	Fachliteratur		339
	5.2	Abbildungen			340
	5.3	Tabellen			343
	5.4	Stichworte			345

1 Projektplanung und Durchführung

1.1 Einleitung

Dieses Kapitel befasst sich mit der Durchführung von Projekten mit dem Ziel, ein QM-System nach ISO/TS 16949 zu implementieren. Es wird erläutert, wie ein QM-System neu aufgebaut wird. Die Umstellung eines bereits installierten QM-Systems auf die Forderungen der 2002er-Revision der ISO/TS 16949 läuft grundsätzlich in denselben Schritten ab, nur ist der Umfang des Projekts geringer, da bereits ein Teil der Anforderungen umgesetzt ist.

Die Durchführung eines Projekts mit dem Ziel einer ISO/TS 16949-Zertifizierung kann – je nach Umfang der im Unternehmen bereits realisierten Anforderungen der ISO/TS 16949 – sehr aufwendig sein. Die Verantwortlichen im Unternehmen sollten sich nicht an eigenen oder fremden Erfahrungen mit ISO 9001-Zertifizierungen orientieren, da eine Zertifizierung nach ISO/TS 16949 ungleich anspruchsvoller ist. Die Qualitätsmanagement-Systemforderungen der Automobilindustrie sind inzwischen so engmaschig, dass „nicht gelebte" Systeme auf Dauer nicht praktizierbar sind. Aufgrund der Komplexität der Anforderungen ist ein kurzfristiges Aufpolieren des Systems vor dem Überwachungsaudit – was in der Praxis recht häufig anzutreffen ist – zu umfangreich, zu aufwendig und damit zu teuer.

Die prozessorientierte Struktur der 2000er-ISO (und damit auch der ISO/TS 16949:2002) eignet sich hervorragend dazu, die Unternehmensprozesse näher zu analysieren und zu verbessern. Hier bietet sich insbesondere für diejenigen Unternehmen eine Chance, die den Wunsch haben oder die Notwendigkeit sehen, die Unternehmensleistung zu steigern. Die Erfahrung zeigt immer wieder, dass die Hauptdefizite der Unternehmen in einer schlecht strukturierten Unternehmensführung liegen und in Kommunikationsmängeln sowohl vertikal (zwischen den Mitarbeitern auf den verschiedenen Hierarchieebenen) als auch horizontal (zwischen den verschiedenen Unternehmensbereichen). In Bezug auf beide Probleme lassen sich durch Analyse, Festlegung und Messung von Prozessen sowie der Definition von Zielen Verbesserungen erreichen.

In vielen mittelständischen Unternehmen werden die QM-Aktivitäten nicht ausreichend in die normalen Geschäftsaktivitäten integriert, was unwirtschaftlich und ineffizient ist. Ein Beispiel ist die isolierte Erstellung eines Qualitätsberichts neben dem Geschäftsbericht. Im Rahmen des ISO/TS 16949-Projekts sollte eine höchstmögliche Integration aller Tätigkeiten zum Qualitätsmanagement angestrebt werden, denn nur so können die anspruchsvollen und umfangreichen Anforderungen umgesetzt und kann die Hürde der ISO/TS 16949-Zertifizierung übersprungen werden.

Ein wesentlicher Punkt ist dabei die „richtige" Festlegung der Verantwortungen. Die Verantwortung für qualitätssichernde Tätigkeiten muss den Stellen/Bereichen zugeordnet werden, die originären Einfluss auf die Qualität haben. Das sind diejenigen Stellen bzw. Bereiche, welche diejenigen Tätigkeiten ausführen, die eine gewünschte Qualität hervorbringen sollen (Verursacherprinzip). So sollte z.B. die Verantwortung für die Produkt- und Prozessplanung einschließlich der qualitätssichernden Aspekte durch die Entwicklungs- und Planungsbereiche wahrgenommen werden. Die Qualitätsstelle sollte im Wesentlichen moderierende und ggf. koordinierende Funktion haben, sowie Erfahrungswissen in Bezug auf Prozesssicherheit, einzusetzende Prüfmittel, Prüfumfänge und -intervalle etc. einbringen. Darüber hinaus kann die Qualitätsstelle umfangreiche Methodenkenntnisse als Dienstleister für die anderen Bereiche zur Verfügung stellen.

Wichtigster Erfolgsfaktor für das QM-Projekt ist das sichtbare Engagement der Geschäftsleitung und des Leitungskreises, eingeschlossen einer klaren Linie in Bezug auf Entscheidungen, welche die Qualität betreffen, im Sinne des Kunden und der Qualität.

Weitere Erfolgsfaktoren sind:
- klare Zielvereinbarungen (auf den oberen Ebenen und auf Abteilungsebene),
- Planung und Bereitstellung ausreichender Ressourcen,
- regelmäßige Überprüfung der Zielerreichung bzw. ausreichende Verfolgung der Aktivitäten,
- Teamfähigkeit.

Die Kosten von Zertifizierungen lassen sich anhand der in den Zertifizierungsvorgaben zur ISO/TS 16949:2002 festgelegten Audittage abschätzen (siehe Kontaktadressen). Der Tagessatz der Zertifizierungsgesellschaften liegt bei ca. 1.000 Euro. Neben den Vor-Ort-Audittagen können Kosten für Planungs- und Berichtsaktivitäten anfallen sowie Verwaltungsgebühren.

Zu den Gesamtkosten einschließlich Vorbereitung gibt es Erfahrungswerte zur QS-9000-Zertifizierung, die mit einer Zertifizierung nach ISO/TS 16949:2002 vergleichbar ist.

Nach Untersuchungen der AIAG und des ASQ aus den Jahren 1997 und 1998 ergeben sich die nachfolgend beschriebenen Kosten-Nutzen-Verhältnisse für das Erreichen einer QS-9000-Zertifizierung:

Lieferantenbefragung 1998 unter 207 nordamerikanischen Zulieferern

Die Durchschnittskosten zur Erlangung der QS-9000-Zertifizierung in den USA 1998 betrugen $ 120.000 ($ 40.000 pro Jahr zur Aufrechterhaltung). Diese Beträge können als Anhaltswerte auch für eine Zertifizierung nach ISO/TS 16949 dienen.

Tab. 1.1: Kosten einer QS-9000-Zertifizierung USA 1998

Vorbereitung	$ 79.000	EUR 68.670
Beratung	$ 8.100	EUR 7.040
Zertifizierung	$ 20.000	EUR 17.380 (17 % der Gesamtkosten)
Schulung	$ 6.100	EUR 5.300
Software	$ 3.100	EUR 2.700

(Quelle: AIAG Website, Umrechnungskurs 1998: ca. 1:1,15)

Der durchschnittliche Nutzen der QS-9000-Zertifizierung beträgt 6 % vom Umsatz (US-Durchschnitt $ 130 Millionen entsprechend etwa EUR 113 Millionen), d.h. etwa $ 17 Millionen pro Unternehmen (EUR 14,8 Millionen).

Lieferantenbefragung 1997 unter 613 nordamerikanischen Zulieferern

Die Durchschnittskosten zur Erlangung der QS-9000-Zertifizierung in den USA im Jahr 1997 betrugen $ 118.100 (1997: EUR 102.650)

Tab. 1.2: Kosten einer QS-9000-Zertifizierung USA 1997

Vorbereitung	$ 35.000	EUR 30.400
Beratung	$ 26.000	EUR 22.600
Zertifizierung	$ 18.300	EUR 15.900 (15 % der Gesamtkosten)
Software	$ 3.100	EUR 2.700

(Quelle: AIAG Website)

Der durchschnittliche Nutzen der QS-9000-Zertifizierung beträgt $ 304.300 (EUR 264.500).

Dies bedeutet ein Payback von 2,6:1 gegenüber den Gesamtkosten einschließlich ungeplanter Kosten; 16,6:1 gegenüber den Zertifizierungskosten.

Aus dem 1997er-Befragungsergebnis ergibt sich als weiterer Nutzen:
- Prozess-/Qualitätsverbesserung (76 % Nennungen),
- besseres Verständnis der Arbeit und Aufgaben (75 %),
- reduzierte ppm-Werte (54 % der Zulieferer berichteten von einer Reduktion von 46 % gegenüber dem Stand vor der Zertifizierung),
- weniger reklamierte Teile (54 %),
- Reduktion von Kosten, die durch Qualitätsabweichungen verursacht werden (53 %),
- verbesserte Liefertreue (47 %).

1.2 Projektdurchführung

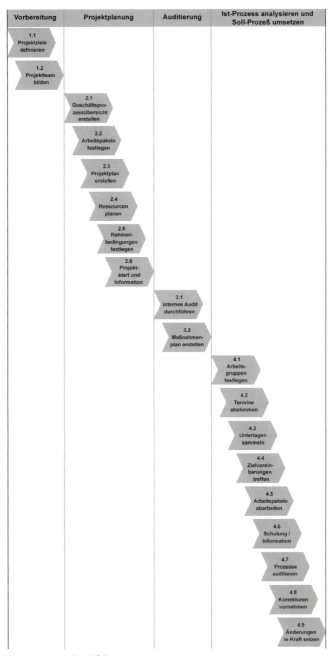

Abb. 1.1: Übersicht der Projektdurchführung

1.2.1 Projektvorbereitung

1.2.1.1 Ziele des Projekts definieren

Eine wesentliche Zielsetzung des Projekts ist von vornherein klar: die Zertifizierung des Unternehmens (oder eines Teils des Unternehmens) bzw. die Umstellung oder Erweiterung eines bestehenden Systems auf die Anforderungen der 2002er-Revision der ISO/TS 16949. Weiter gehende Zielsetzungen können beispielsweise die Verbesserung bestimmter Geschäftsprozesse sein, die Verbesserung bestimmter Unternehmensleistungen (z.B. Verbesserung der Liefertreue durch Verbesserung der Produktionsplanung und -steuerung) oder die Verbesserung der bereichsübergreifenden Zusammenarbeit.

Im Zusammenhang mit den Anforderungen der ISO/TS 16949 bietet es sich an, ein effizientes Kennzahlensystem aufzubauen, welches sowohl die kaufmännischen Kennzahlen als auch die Kennzahlen zu Qualität, Produktivität, Termintreue und Durchlaufzeiten sowie Kundenzufriedenheit enthält.

Damit entsteht eine wichtige Voraussetzung, das Unternehmen in eine erfolgreiche Zukunft im internationalen Wettbewerb zu steuern. Was nicht messbar ist, lässt sich nicht managen. Dieser Grundsatz gilt auch für mittelständische Unternehmen. Je besser das im Unternehmen installierte Kennzahlensystem ist, desto besser kann agiert und desto frühzeitiger kann bei Veränderungen reagiert werden. Dies trifft insbesondere dann zu, wenn nicht nur Ergebnisse gemessen werden, sondern auch die Leistung der Prozesse, welche die Ergebnisse hervorbringen. Erfahrungsgemäß haben gerade kleine und mittelständische Unternehmen Handlungsbedarf in Bezug auf Kennzahlen zur effizienten Führung des Unternehmens.

Ein weiterer Vorteil ist, dass sich Anforderungen zum Nachweis ständiger Verbesserungen mit einem funktionierenden Kennzahlensystem einfacher umsetzen und nachweisen lassen.

Ein weiterer Punkt, der in jedem Fall im Rahmen des Projekts effizient umgesetzt werden sollte, ist die Installation eines bereichsübergreifenden Teams zur Koordinierung und Überwachung der Aktivitäten rund um die Produkt- und Produktionsprozessplanung.

Die Installation des Kennzahlensystems und eine wirkungsvolle Umsetzung der Produkt- und Produktionsprozessentwicklung mit einem bereichsübergreifenden Team sind zwei wesentliche Eckpfeiler des Systems und können daher als sinnvolle Teilprojektziele definiert werden.

Wichtig ist ein klar definiertes und konsequent verfolgtes Zeitziel. Die Zeit sollte knapp, aber nicht zu knapp bemessen sein. Der geplante Zeitraum zur Umsetzung hängt dabei sehr stark von der Ausgangsposition ab. Ein gut entwickeltes Zulieferer-QM-System, in dem Produkt- und Produktionsprozessentwicklung, Produktionslenkungsplan, FMEA, Messsystemanalyse und SPC/Prozessfähigkeit nicht nur Lippenbekenntnisse sind, sollte innerhalb maximal eines halben Jahres reif für das Audit sein. Ein QM-System, das ein halbes Jahrzehnt vernachlässigt wurde, wird ca. ein Jahr bis zur Zielerreichung benötigen – straffe Projektorganisation vorausgesetzt. Die Umstellung von der QS-9000 und/oder vom VDA 6.1 auf die ISO/TS 16949 sollte in drei bis sechs Monaten realisierbar sein.

1.2.1.2 Projektteam bilden

Zur Projektsteuerung muss ein Steuerungsteam gebildet werden, welchem die Geschäftsführung, der Projektkoordinator und Mitglieder des engeren Führungskreises angehören sollten. Vor Start des Projekts muss Klarheit über die Ziele und die Art und Weise der Zielerreichung (Projektablauf) geschaffen werden. Vorschläge zum Projektablauf enthalten die weiteren Abschnitte. Das Projektteam muss sich über seine Gesamtverantwortung im Klaren sein und seine eigenen Aufgaben definieren (Tipp: Gehen Sie im Steuerungsteam den gesamten Ablauf bis Kapitel 1.2.4.9 durch und legen Sie für alle Tätigkeiten fest, wer jeweils verantwortlich ist). Zu den Aufgaben des Projektteams gehören:

- Unterstützen und Vorwärtstreiben des Projekts,
- Festlegen von Teilprojekten und Arbeitsgruppen sowie deren Aufgaben und Ziele,
- Koordination der Teilprojekte,
- Bereitstellen zeitlicher und finanzieller Ressourcen, ggf. Klärung externer Hilfestellung,
- Verfolgung von Maßnahmen, Fortschritten und Terminen,
- Festlegung gravierender Änderungen in Organisation und Abläufen,
- Hilfestellung bei auftretenden Problemen in den Arbeitsgruppen/Teilprojekten.

In einer konstituierenden Sitzung sollte das Projektteam über die Aufgaben des Teams und der einzelnen Mitglieder Klarheit gewinnen. Darüber hinaus sollte vereinbart werden, in welchen Intervallen sich das Team trifft, um sich über Fortschritt und Inhalte der Teilprojekte zu informieren. Folgende weitere Punkte sind in der Startphase innerhalb des Projektteams zu behandeln:

- Information des Projektteams über die maßgebenden Anforderungen, die im Projekt umgesetzt werden müssen (Anforderungen der DIN EN ISO 9001 und der ISO/TS 16949),
- Erstellung einer Übersicht über alle Verfahren bzw. Prozesse (z.B. Netzwerk der Geschäftsprozesse, Abb. 1.2 auf Seite 9),
- Ableiten der zu überarbeitenden und neu zu installierenden Verfahren bzw. Prozesse (und der entsprechenden QM-Verfahrensanweisungen) aus dem Netzwerk der Geschäftsprozesse,
- Festlegen von Prozessverantwortlichen für die einzelnen Verfahren bzw. Prozesse und Bildung von Arbeitsgruppen, falls erforderlich,
- Erstellung von Teilprojektplänen und darauf aufbauend eines Gesamtprojektplans.

Für das Projekt kann es erforderlich sein, zusätzliche Qualifizierungen in Qualitätsmanagement-Fachwissen (z.B. Methoden wie Produkt- und Produktionsprozessentwicklung bzw. APQP, Freigabeverfahren wie PPAP, FMEA, SPC etc.) durchzuführen. Dazu sollte ein mittelfristiges Schulungsprogramm festgelegt werden. Auch aus der Bearbeitung der einzelnen Themen in den Arbeitsgruppen wird voraussichtlich Schulungsbedarf erkennbar werden. Dieser sollte in den Arbeitsgruppen projektbegleitend ermittelt werden. Auf die Systematik zur Ermittlung des Schulungsbedarfs wird im Kapitel 2.5.2.2 eingegangen.

Die Prozessverantwortlichen koordinieren die Festlegung und Umsetzung der jeweiligen Verfahren bzw. Prozesse und sind auch nach Abschluss des Projekts (d.h. in der Regel nach dem Zertifizierungstermin) verantwortlich für die Überwachung der Aufrechterhaltung, Verbesserung und Aktualisierung des Verfahrens bzw. Prozesses. Bei bereichsbezogenen Prozessen (z. B. bei der Anfrage- und Angebotsbearbeitung) ist der Bereichsleiter normalerweise der Prozessverantwortliche (bei Anfrage- und Angebotsbearbeitung ist das beispielsweise der Vertriebs-/Verkaufsleiter), bei bereichsübergreifenden Prozessen (z. B. der Reklamationsbearbeitung) muss ein sinnvoller Prozessverantwortlicher benannt werden (das könnte beispielsweise der QS-Leiter oder der Leiter Vertrieb für die Reklamationsbearbeitung sein). Bei bereichsübergreifenden Prozessen braucht der Prozessverantwortliche mangels bereichsübergreifender Linienverantwortung in der Regel Unterstützung durch die Geschäftsführung oder den Führungskreis, um das Verfahren durchsetzen zu können. Eine wesentliche Aufgabe der Prozessverantwortlichen ist auch die Klärung von Naht-/Schnittstellen mit angrenzenden Prozessen. Die Schnittstellen werden durch die beiden Prozessverantwortlichen der betreffenden Verfahren geklärt. Kann kein Einvernehmen über die Schnittstelle erzielt werden, wird die nächsthöhere Instanz (z. B. die Geschäftsleitung) in der Unternehmensorganisation zur Klärung hinzugezogen.

1.2.2 Vorgehensplanung und Information

1.2.2.1 Geschäftsprozessübersicht erstellen

2.1 Geschäftsprozessübersicht

Um eine Übersicht über die Geschäftsprozesse im Unternehmen zu erlangen, werden alle wichtigen Geschäftsprozesse in einer Übersicht dargestellt. Die Geschäftsprozessübersicht wird nach dem Schema *Input* a *Geschäftsprozess* a *Output* erstellt, wobei der Input vom Kunden kommt und der Output zum Kunden geht. Zusätzlich ist der Input von Lieferanten zu berücksichtigen sowie Führungsprozesse (z. B. Geschäftsplanung, Schulung, interne Audits) und untergeordnete bzw. unterstützende Prozesse (wie Prüfmittelüberwachung, Lenkung der Dokumente und Daten).

Der Vorteil der Geschäftsprozessübersicht (siehe Abb. 1.2, weitere Beispiele enthalten Kapitel 3.3.3.1 und 3.3.3.2) ist einerseits eine Übersicht über das Volumen der noch zu beschreibenden Verfahren bzw. Prozesse, andererseits macht sie die Managementdokumentation für alle Nutzer (Mitarbeiter) wesentlich transparenter. Außerdem werden die Verknüpfungen der Prozesse deutlich.

1.2.2.2 Arbeitspakete und Arbeitsgruppen festlegen

2.2 Arbeitspakete festlegen

Als Vorbereitung für die Erstellung des Projektplans sollten die Arbeitspakete grob definiert und die Arbeitsgruppen festgelegt werden. Beim Aufbau eines prozessorientierten Managementsystems sollten die Arbeitspakete den Prozessen entsprechen. Die ==Arbeitspakete könnten beispielsweise wie folgt aussehen:==

- **Führungsaufgaben (Führungsprozesse)** [managementprozesse]
  - Unternehmens- und Qualitätspolitik,
  - Geschäftsplan und -ziele, Analyse von Daten,
  - Organisation,
  - Benchmarking,
  - ständige Verbesserung,
  - Installation eines interdisziplinären Teams,
  - Mitarbeiterzufriedenheit,
  - Kundenorientierung/Kundenzufriedenheit,
  - Schulung,
  - interne Audits/Managementbewertung.

- Vertriebsprozess
  - Ermittlung von Kundenanforderungen/Marktbedarf,
  - Bewertung der Produktanforderungen/Herstellbarkeitsbewertung,
  - Kommunikation mit den Kunden,
  - technische Vorgaben,
  - Kalkulation (Ermittlung technischer und kaufmännischer Kosten).

- Produkt- und Produktionsplanungsprozess
  - Umsetzung des Verfahrens zur Produkt- und Produktionsprozessentwicklung (APQP-Verfahren bzw. Verfahren nach VDA 4.3),
  - Produktionslenkungsplan (Control Plan),
  - FMEA,
  - Produktionsprozess- und Produktfreigabe (PPAP-Verfahren bzw. PPF-Verfahren nach VDA 2),
  - Beurteilung von Messsystemen und Prüfprozessen (MSA bzw. VDA 5),
  - spezifische Methoden wie DoE, QFD etc.,
  - Änderungsmanagement,
  - Notfallplanung,
  - Arbeitsplatzgestaltung.

- Beschaffungsprozess
  - Lieferantenüberwachung,
  - Lieferantenentwicklung,
  - Anlieferqualität (einschließlich Wareneingangsprüfungen),
  - Lenkung fehlerhafter Produkte (Lieferantenreklamationen),
  - Korrektur- und Vorbeugungsmaßnahmen (Lieferantenreklamationen).

- Management von Werkzeugen und Einrichtungen
  - interdisziplinäre Planung neuer Werke, Anlagen und Einrichtungen,
  - Kennzeichnung von Kundenwerkzeugen,
  - Werkzeugverwaltung und -überwachung,
  - vorbeugende und korrektive Instandhaltung,
  - Ersatzteilbevorratung.

1.2 Projektdurchführung 9

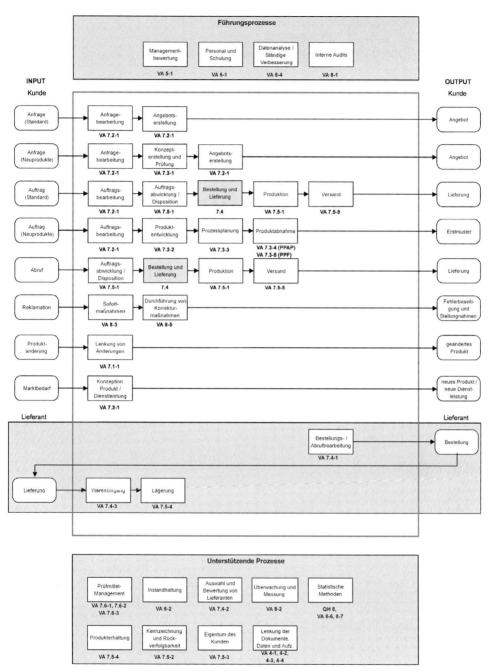

Abb. 1.2: Netzwerk der Geschäftsprozesse

- Produktionsprozess
  - Auftragsbearbeitung/Arbeitsvorbereitung/Disposition,
  - Kennzeichnung und Rückverfolgbarkeit, Prüfstatus,
  - Prozessfähigkeitsuntersuchungen und statistische Prozessüberwachung,
  - Freigabe von Arbeitsgängen und Einrichtvorgängen,
  - Produkt- und Prozessänderungen,
  - Ordnung und Sauberkeit,
  - Zwischen- und Endprüfungen,
  - Lenkung fehlerhafter Produkte (interne Reklamationen),
  - Korrektur- und Vorbeugungsmaßnahmen (interne Reklamationen),
  - Produkterhaltung.
- Bereichsübergreifende Qualitätsaufgaben (unterstützende Prozesse)
  - Prüfmittelüberwachung,
  - Laboratorien,
  - Lenkung fehlerhafter Produkte (interne Fehler, Kundenreklamationen),
  - Korrektur- und Vorbeugungsmaßnahmen (interne Fehler, Kundenreklamationen, interne Audits).

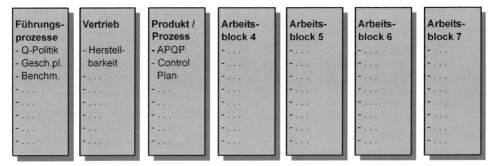

Abb. 1.3: Projektstruktur

Bei kleinen Unternehmen kann es durchaus der Fall sein, dass sich die Arbeiten aufgrund der geringen Mitarbeiteranzahl im administrativen Bereich nicht auf mehrere Arbeitsgruppen verteilen lassen. In diesem Fall gibt es nur ein Team, welches alle Aufgaben durchführt (d.h. das Steuerungsteam ist zugleich Arbeitsgruppe). Bei kleinen Unternehmen ist eine ökonomische Abarbeitung der notwendigen Aktivitäten besonders wichtig.

1.2.2.3 Projektplan erstellen

Zur Überwachung der Termine und des Fortschritts der Arbeiten sollte ein Projektplan erstellt werden. Er beinhaltet die Arbeitspakete der Arbeitsgruppen (Teilprojekte) sowie die geplanten Start- und Endtermine der Teilprojekte. Darüber hinaus sollte der Projektplan die benötigten personellen und zeitlichen Ressourcen beinhalten. Der Projektplan kann entsprechend den Vorschlägen in diesem Kapitel folgende Tätigkeitsblöcke enthalten:

- Projektvorbereitung (Geschäftsführung, Projektteam)
  - Ziele des Projekts definieren,
  - Projektteam bilden und dessen Aufgaben festlegen.
- Vorgehensplanung und Information (Projektteam)
  - Prozesse identifizieren und „Netzwerk der Geschäftsprozesse" erstellen,
  - Arbeitspakete und Arbeitsgruppen festlegen,
  - Projektplan erstellen,
  - Ressourcen planen und bereitstellen.
- Projektstart
  - Information der Mitarbeiter.
- Durchführung interner Audits und Erstellung eines Maßnahmenplans
  - Auditierung aller betroffenen Bereiche,
  - Erstellung von Abweichungsberichten, Zusammenfassung der Maßnahmen und Zuordnung der Maßnahmen zu den Arbeitsgruppen (welche Arbeitsgruppe muss welche Maßnahmen umsetzen?).
- Ist-Zustand analysieren und Verfahren bzw. Prozesse festlegen (untergliedert nach Arbeitspaketen und Arbeitsgruppen/Teilprojekten)
  - Aufnahme und Analyse des Ist-Zustands,
  - Benennung der Problemstellen,
  - Festlegung der Abläufe, Zuständigkeiten, Nahtstellen und Beschreibung der Soll-Abläufe in Verfahrensanweisungen bzw. Prozessbeschreibungen unter Berücksichtigung der Maßnahmen zur Problembeseitigung und des Auditmaßnahmenplans,
  - Erstellung der zugehörigen Arbeits- und Prüfanweisungen sowie der erforderlichen Formulare.
- Vorbereitung und Schulung
  - Zusammenfassung der Verfahrensanweisungen bzw. Prozessbeschreibungen, Arbeits- und Prüfmaßnahmen sowie Formulare in der Managementdokumentation,
  - Schulung und Information der Mitarbeiter über die neuen Verfahren bzw. Prozesse.
- Umsetzen der Verfahren bzw. Prozesse
  - Freigabe der Managementdokumentation (Entwurf) für die Erprobungsphase,
  - Feedback und Korrekturmaßnahmen zu den Verfahrensanweisungen bzw. Prozessbeschreibungen sammeln, sichten und einarbeiten (nach einer gewissen Zeit der Erprobung),
  - endgültige Managementdokumentation erstellen und durch die Geschäftsführung freigeben.
- Auditieren der Verfahren
  - interne Audits durchführen zur Beurteilung des Grades der Umsetzung,
  - Zertifizierungstermin in Abhängigkeit vom Auditergebnis und Umfang der erforderlichen Restmaßnahmen festlegen.

Bei der Planung der Termine sollten folgende Zeitpunkte berücksichtigt werden:
- Start der Ist-Aufnahme des Verfahrens und der Festlegung des Soll-Verfahrens (für jedes Verfahren bzw. jeden Prozess),
- Fertigstellungstermin der vorbereitenden Maßnahmen zur Einführung des Verfahrens bzw. Prozesses,
- Freigabe und Einführung des Verfahrens bzw. Prozesses,
- Feedbacktermin (Projektteams holen Feedback bei den Prozessmitarbeitern ein),
- Termin der endgültigen Freigabe des Verfahrens bzw. Prozesses,
- Termin des internen Audits,
- ggf. Termin des Voraudits,
- Termin des Zertifizierungsaudits.

Bei der Terminplanung sollten selbstverständlich diejenigen Teilprojekte/Arbeitspakete mit den frühesten Startterminen versehen werden, die von der Festlegung und von der Umsetzung her am längsten dauern.

Langwierig in der Planung und Umsetzung ist beispielsweise die Produkt- und Produktionsprozessentwicklung (APQP), da Entwicklungsprojekte normalerweise über einen recht langen Zeitraum laufen. Bei der Neueinführung des Verfahrens zur Produkt- und Produktionsprozessentwicklung ist es daher in der Regel notwendig, die verschiedenen Phasen der Produktentwicklung im Zertifizierungsaudit an unterschiedlichen Produkten darzulegen. Das heißt beispielsweise, dass die mit der ISO/TS 16949 konforme Prototypenphase an einem anderen Produkt dargestellt wird als beispielsweise die Produktionsprozessentwicklungsphase.

1.2.2.4 Ressourcen einplanen

Eine wesentliche Voraussetzung für den Erfolg des Projekts ist die Bereitstellung von personellen und – wo erforderlich – finanziellen Ressourcen für das Projekt. Dazu können beispielsweise folgende Maßnahmen in Betracht gezogen werden:

- Freistellen von Mitarbeitern,
- Regelungen bezüglich Überstunden,
- Delegation möglichst vieler projektbezogener und projektfremder Aufgaben an interne Mitarbeiter oder an externe Kräfte (Schreibkräfte zur Datenerfassung und Aufbereitung, Studienarbeiter zur Unterstützung in Teilprojekten etc.),
- Effizienzsteigerung der Tätigkeiten zur Vorbereitung auf die Zertifizierung durch externe Berater (eine qualifizierte Beratung führt normalerweise zu einer zielgerichteteren und ressourcensparenderen Vorgehensweise).

1.2.2.5 Rahmenbedingungen festlegen

Neben den Arbeitsgruppen, Arbeitspaketen und dem Projektplan sind noch einige Rahmenbedingungen zu klären, die geregelt sein sollten, bevor das eigentliche Projekt startet und in der Breite kommuniziert wird:

- Festlegen des Layouts der Managementdokumentation (insbesondere Verfahrensanweisungen/Prozessbeschreibungen).
- Koordination der Erstellung der Managementdokumentation
  - Wer erstellt das Managementhandbuch?
  - Wer erstellt die Verfahrensanweisungen/Prozessbeschreibungen?
  - Wer erstellt die Formulare und Arbeitshilfen?
  - Wer prüft redaktionell?
  - Wer prüft inhaltlich?
  - Wer gibt frei?
- Koordination der inhaltlichen Arbeit der Gruppen, z.B. Festlegung bzw. Abstimmung der Schnittstellen der einzelnen Verfahren bzw. Prozesse.

1.2.2.6 Projektstart und Information

Zum Projektstart müssen die Mitarbeiter über das Projekt und dessen Ziele informiert werden. Dazu sollten zunächst alle direkt in das Projekt involvierten Mitarbeiter informiert werden, und zwar über:

- Ausgangsposition, Anlass des Projekts,
- Projektziele,
- Information zur ISO/TS 16949,
- Projektplan/Arbeitsgruppen und Arbeitspakete.

Die übrigen Mitarbeiter können top-down durch die Bereichsleiter bzw. Prozessverantwortlichen informiert werden. Eine Alternative ist eine kurze Information aller Mitarbeiter im Rahmen einer Betriebsversammlung.

1.2.3 Durchführung interner Audits und Erstellung eines Maßnahmenplans

Um festzustellen, inwieweit Defizite in Bezug auf die Erfüllung der ISO/TS 16949 bestehen (Soll-Ist-Vergleich), und um für alle Beteiligten Klarheit zu erreichen, welche Maßnahmen umzusetzen sind, ist die Auditierung aller betroffenen Bereiche notwendig. Für die Durchführung ist im Normalfall der Qualitätsbeauftragte zuständig, gemeinsam mit seinem Team interner Auditoren. Detaillierte Kenntnisse der ISO/TS 16949 sowie Kenntnisse und Erfahrung in der Durchführung von Qualitätsaudits sind Voraussetzung für den Erfolg. Sind diese Voraussetzungen nicht gegeben, müssen entsprechende Schulungen durchgeführt werden. Alternativ wird ein externer Berater beauftragt, der das interne Audit durchführt und/oder die internen Auditoren coacht, d.h. idealerweise bei der Durchführung des internen Audits die zukünftigen Auditoren einbezieht und ausbildet.

1.2.3.1 Auditierung aller betroffenen Bereiche

> **3.1 Internes Audit durchführen**

Alle von der geplanten Zertifizierung betroffenen Bereiche werden auditiert. Hierzu ist eine intensive Vorbereitung sinnvoll und notwendig. Es ist zweckmäßig, alle Prozesse zu analysieren hinsichtlich Risiken und hinsichtlich relevanter Anforderungen der ISO/TS 16949. Im Audit werden die Risiken hinterfragt und die Umsetzung der Anforderungen der ISO/TS 16949. Außerdem sollten die Auditkriterien, die aus dieser Analyse abgeleitet werden, nicht nur den zugehörigen Prozessen, sondern auch den betroffenen Bereichen zugeordnet werden (Welchen Prozess betrifft die Forderung? Welchen Bereich betrifft dieser Prozess?). Es lassen sich bestimmte Forderungen eindeutig bestimmten Prozessen und Bereichen zuordnen, insbesondere bei den Realisierungsprozessen (z.B. lässt sich die Forderung nach der Prüfung von Kundenaufträgen durch Vergleich mit dem Angebot dem Prozess „Angebot bearbeiten" und dem Bereich „Vertrieb" zuordnen). Andere Anforderungen beziehen sich auf bereichsübergreifende Tätigkeiten, wie z.B. die Verteilung von Unterlagen zu Auftragsänderungen an die betroffenen Bereiche. Die entsprechenden Anforderungen sind folglich in unterschiedlichen Bereichen zu überprüfen. Dazu werden je Bereich ein oder mehrere konkrete Sachverhalte geprüft, z.B. durch Nachvollziehen einer Auftragsunterlage oder der Verteilung einer geänderten Zeichnung.

Für den Qualitätsbeauftragten, der die Stärken und Schwächen seines Unternehmens kennt, dürfte sich auch ohne Auditierung ein grobes Bild ergeben, welche Anforderungen relativ problemlos erfüllt werden, welche Verfahren lückenhaft und problematisch sind, welche Anforderungen noch gar nicht umgesetzt sind und wo Verbesserungspotential besteht. Daraus ergeben sich Schwerpunkte für das interne Audit, nämlich Prozesse mit unvollständig oder gar nicht umgesetzten Anforderungen sowie Prozesse mit hohem Verbesserungspotential.

Anhand der so ermittelten Auditkriterien kann das interne Audit durchgeführt werden.

Um sicherzustellen, dass alle relevanten Anforderungen berücksichtigt worden sind, sollte durch die Auditoren während der Auditvorbereitung ein Abgleich mit der ISO/TS 16949 durchgeführt werden, damit sichergestellt ist, dass im Audit alle Anforderungen der ISO/TS berücksichtigt werden. Fragen, die sich im Nachhinein als nicht ausreichend beantwortet erweisen, müssen nachträglich geklärt werden.

1.2.3.2 Erstellen eines Maßnahmenplans

Aus dem ausführlichen Soll-Ist-Vergleich anhand der Audit-Checkliste ergeben sich die Abweichungen bzw. Verbesserungspotentiale, die in Abweichungsberichten festgehalten werden. Die Feststellungen werden vom Auditor mit den (Bereichs-)Verantwortlichen durchgesprochen und es werden gemeinsam Maßnahmen mit Durchführungsverantwortlichen und Terminen vereinbart. Die Maßnahmen, Termine und Verantwortlichen sollten dann in einem einzigen Aktionsplan zusammengefasst werden, der zweckmäßigerweise nach Prozessen, Bereichen oder Arbeitsgruppen unterteilt wird.

Der Aktions-/Maßnahmenplan ist das wesentliche Instrument zur Überprüfung des Fortschritts der Umsetzung. Er sollte wöchentlich, mindestens aber alle zwei Wochen aktualisiert und durch das Steuerungsteam überwacht werden.

1.2.4 Ist-Prozess analysieren und Soll-Prozess umsetzen

Es ist Aufgabe der einzelnen Projekt-/Arbeitsgruppen, den Ist-Zustand im Unternehmen zu analysieren, d.h. die einzelnen Abläufe und Tätigkeiten zu erfassen und darzustellen. Basierend auf organisatorischen Schwachpunkten und Defiziten gegenüber den Anforderungen der ISO/TS 16949 sowie bei Verbesserungspotential werden dann die Soll-Abläufe festgelegt.

Die Aktivitäten der Arbeitsgruppe können dabei wie folgt strukturiert werden (die einzelnen Schritte werden im Anschluss an die Aufzählung erläutert):

1. Teilnehmer der Arbeitsgruppe festlegen (ist zu diesem Zeitpunkt bereits durch das Steuerungsteam erfolgt).
2. Terminabstimmung mit der Arbeitsgruppe und Einladung.
3. Unterlagen zum zu bearbeitenden Thema sammeln.
4. Zielvereinbarungen mit dem Steuerungsteam/der Geschäftsleitung treffen.
5. Tätigkeiten in der Arbeitsgruppe:
   a) allgemeine offene Fragen klären, informieren über allgemeine relevante Sachverhalte zur ISO/TS 16949/das Managementsystem/ggf. die Zertifizierung,
   b) Motivieren/Sensibilisieren,
   c) Ist-Zustand aufnehmen,
   d) Ist-Zustand auf Schwachstellen untersuchen,
   e) Normforderungen vorstellen und erläutern,
   f) Abgleich des Ist-Zustandes mit dem Maßnahmenplan, der aufgrund des Audits erstellt wurde, und den Normforderungen,
   g) Soll-Zustand im Verfahrensanweisungsentwurf beschreiben (entsprechend Zielvereinbarung mit Steuerungsteam/Geschäftsleitung),
   h) Klären der Zuständigkeiten,
   i) Klären der Schnittstellen/Wechselwirkungen,
   j) erforderliche Maßnahmen mit Verantwortlichen und Terminen festlegen,

k) Zuständigkeiten für Vorgabe- und Nachweisdokumente sowie Verteiler festlegen (zu den Anforderungen der Abschnitte „Lenkung von Dokumenten" und „Lenkung von Aufzeichnungen" der ISO/TS 16949),
l) Funktions- bzw. Stellenbeschreibungen mit festgelegten Aufgaben/Zuständigkeiten abgleichen, ggf. aktualisieren,
m) ermitteln, ob Schulungsbedarf besteht (dabei sind insbesondere die Anforderungen des Abschnitts „Personelle Ressourcen" der ISO/TS 16949 zu berücksichtigen),
n) ggf. angewandte statistische Verfahren dokumentieren,
o) nächsten Termin für Zusammentreffen vereinbaren.
6. Alle betroffenen Mitarbeiter, die nicht in der Arbeitsgruppe mitgewirkt haben und von neuen Festlegungen betroffen sind, müssen entsprechend unterwiesen werden, d.h. es erfolgen Schulungen in Bezug auf die Neufestlegungen in Verfahrensanweisungen und mitgeltenden Unterlagen.
7. Bei Terminerreichung Umsetzung der Maßnahmen überprüfen (Audit und/oder Arbeitsgruppentreffen).
8. Feinkorrekturen der Abläufe, Formulare, Checklisten vornehmen (Arbeitsgruppentreffen).
9. Wenn alle Maßnahmen wirksam umgesetzt sind und sich als praktikabel erweisen, VA(s)/Prozessbeschreibung(en) und ggf. entsprechenden Handbuchabschnitt fertig stellen und in Kraft setzen.

1.2.4.1 Teilnehmer der Arbeitsgruppe festlegen und Prozessverantwortliche benennen

4.1 Arbeitsgruppen festlegen

Die Zusammensetzung der Arbeitsgruppen erfolgt wie im Abschnitt 1.2.2 „Vorgehensplanung und Information" beschrieben. Bei Bedarf können noch andere Personen aus anderen Bereichen hinzugezogen werden, z.B. zur Klärung von Schnittstellen (etwa Hinzuziehen des Bereichs Konstruktion/Entwicklung, wenn mit dem Vertrieb die „kundenbezogenen Prozesse" besprochen werden, z.B. in Bezug auf Klärung der Weitergabe von Kundenanforderungen). Die Prozessverantwortlichen müssen durch das obere Management festgelegt werden. Sie leiten zweckmäßigerweise die Arbeitsgruppen und haben die Federführung bei der Gestaltung und Verbesserung der Prozesse.

1.2.4.2 Terminabstimmung mit der Arbeitsgruppe und Einladung

4.2 Termine abstimmen

Aus den Einladungen der Arbeitsgruppen sollten Zielsetzung, Inhalte und Themen klar hervorgehen, damit die Teilnehmer sich auf die Besprechungen vorbereiten können.

1.2.4.3 Unterlagen sammeln und dem Prozess zuordnen

Alle internen Unterlagen wie Organisationsrichtlinien, Anweisungen, Rundschreiben, Prüfrichtlinien, Spezifikationen, Formblätter für Prüfaufzeichnungen, Werks- oder Hausnormen und externe Unterlagen wie Gesetze und Verordnungen, Vorschriften, Normen, Kundenspezifikationen, Unterlagen zu Produzentenhaftung, Arbeitsschutz, Umweltschutz werden gesammelt (bzw. aus bereits gesammelten Unterlagen heraussortiert) und anschließend dem jeweils zugehörigen Prozess (bzw. der Verfahrensanweisung) zugeordnet. Die Unterlagen werden den Arbeitsgruppen zugänglich gemacht, die sie benötigen.

1.2.4.4 Zielvereinbarungen treffen

Mit dem Steuerungsteam/der Geschäftsleitung sind Ziele zu vereinbaren, die mit der Umsetzung des Arbeitspaketes verbunden sind, z. B. für die kundenbezogenen Prozesse: „Was sind unsere Ziele im Hinblick auf die Bearbeitung von Anfragen, Angeboten und eingehenden Aufträgen?" Das können sein: Umsatz, Trefferquote, Bearbeitung aller Anfragen innerhalb von drei Arbeitstagen, Akquisition im Wesentlichen von Standardaufträgen, Erschließung neuer Kundengruppen usw. Die Zielsetzungen sollten möglichst quantifizierbar sein, und zwar auf der Basis *bereits vorhandener* Daten.

1.2.4.5 Arbeitspakete abarbeiten

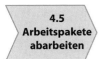

a) Allgemeine, offene Fragen klären
Falls die Arbeitsgruppe noch Vorinformationen zu ISO/TS 16949, zur Managementdokumentation, zum Zertifizierungsverfahren oder anderen übergeordneten Themen benötigt, sollte sie mit den entsprechenden Informationen versorgt werden.

b) Motivieren/Sensibilisieren
Zum Einstieg ist es wichtig, für die Bedeutung des Themas zu sensibilisieren, z. B. durch Aufzeigen von Problemen im eigenen Unternehmen, durch potentielle Gefahren in Bezug auf Qualitätsmängel und dadurch verursachte Kosten, Verbesserungsmöglichkeiten hinsichtlich Kommunikation etc. Dies dient zur Motivation und der Erkennung der Wichtigkeit der Analyse und Dokumentation der Abläufe und Zuständigkeiten.

c) Ist-Zustand aufnehmen
Zur Erfassung des Ist-Zustands werden zunächst die einzelnen Arbeitsschritte eines Geschäftsprozesses dargestellt, z.B. die einzelnen Schritte im Ablauf der Reklamationsbearbeitung.
Am besten geht dies mit Hilfe von Pinnwänden und Karten, wobei jeder Arbeitsschritt auf eine Karte geschrieben wird. Der Vorteil ist, dass der Stand der Diskussion immer unmittelbar visualisiert wird und einzelne Arbeitsschritte problemlos hinzugefügt oder entfernt werden können. Gegebenenfalls kann der so skizzierte Ablauf als Vorlage für ein Flowchart dienen.

d) Ist-Zustand auf Schwachstellen untersuchen
Anschließend wird der Prozess auf Schwachstellen bzw. Verbesserungspotential untersucht (z.B. unklare Zuständigkeiten, mangelnde personelle Ressourcen, schlechte DV-Unterstützung, mangelnder Informationsfluss etc.). Es werden Lösungsvorschläge erarbeitet, diskutiert und ggf. entschieden.

e) Normforderungen vorstellen und erläutern
Den Teilnehmern der Arbeitsgruppe werden die Normforderungen kurz vorgestellt (am besten in Stichworten zusammengefasst) und es wird deren Bedeutung für das Unternehmen erläutert.
Anmerkung: Auf diese Vorstellung kann eventuell verzichtet werden, wenn der Moderator die Anforderungen gut kennt und in die Diskussion mit einbringt.

f) Abgleich des Ist-Zustandes mit dem Maßnahmenplan/den Normforderungen
Punkt für Punkt wird überprüft, ob die erforderlichen Maßnahmen bei dem derzeitigen Ist-Zustand erfüllt sind.

g) Soll-Zustand beschreiben
Basierend auf der Darstellung des Ist-Zustands, auf den Lösungsvorschlägen zur Beseitigung von Schwachstellen, auf Verbesserungsvorschlägen und auf den relevanten Punkten des Maßnahmenplans wird der Soll-Zustand festgelegt. Das heißt, es wird das Verfahren (bzw. der Prozess) beschrieben, wie es zukünftig praktiziert werden soll. Dies kann wieder mit Hilfe der Pinnwand visualisiert werden. Das festgelegte Verfahren ist Basis für einen Verfahrensanweisungsentwurf. Wesentlich ist dabei neben der Erfüllung der Normforderungen die größtmögliche Praktikabilität des Verfahrens bzw. Prozesses.

h) Klären der Zuständigkeiten
Für die einzelnen Ablaufschritte sind die Zuständigkeiten festzulegen, d.h. welcher Bereich bzw. Funktionsträger für die Durchführung verantwortlich ist.

i) Klären der Schnittstellen/Wechselwirkungen
Alle Berührungsstellen mit anderen Prozessen/Bereichen/Abteilungen werden benannt und die Funktionen der Schnittstellen geklärt (in welcher Form werden die Informationen weitergegeben, in welche Prozesse/Bereiche/Abteilungen, welchen Zweck hat die Schnittstelle?). Hierzu werden insbesondere „Input" und „Output" festgelegt und in den Flowcharts der Verfahrensanweisungen dargestellt.

j) Erforderliche Maßnahmen mit Verantwortlichen und Terminen festlegen
Ergeben sich aus dem neu festgelegten/überarbeiteten Verfahren bzw. Prozess und dem Vergleich von Soll- und Ist-Zustand weitere erforderliche Maßnahmen, so sind diese in den Maßnahmenplan aufzunehmen. Verantwortliche und Termine für die Durchführung der Maßnahmen sind festzulegen. In jedem Fall muss bestimmt werden, wer das Verfahren dokumentiert (in der Regel in einem Verfahrensanweisungsentwurf).

k) Zuständigkeiten für Vorgabe- und Nachweisdokumente sowie Verteiler festlegen (zu den Anforderungen der Abschnitte „Lenkung von Dokumenten" und „Lenkung von Aufzeichnungen" der ISO/TS 16949)

Für alle zugehörigen qualitätsrelevanten Dokumente und Aufzeichnungen sind die Zuständigkeiten und Verteiler festzulegen. Dies kann z. B. mit Hilfe des Formulars aus Abb. 2.6 auf Seite 64 erfolgen.

l) Stellenbeschreibungen mit festgelegten Aufgaben/Zuständigkeiten mit den in der Verfahrensanweisung/Prozessbeschreibung festgelegten Arbeitsschritten und Verantwortlichkeiten abgleichen, ggf. aktualisieren bzw. korrigieren
Alle vorhandenen Stellenbeschreibungen sind auf Übereinstimmung mit den Festlegungen im überarbeiteten Verfahren zu prüfen.

m) Schulungsbedarf ermitteln (entsprechend den Anforderungen des Abschnitts „Personelle Ressourcen" der ISO/TS 16949)
Mit der Umsetzung der festgelegten Maßnahmen kann Schulungsbedarf verbunden sein. Dieser sollte geklärt und in den Schulungsplan aufgenommen werden (bzw. der Bedarf sollte an den Schulungsverantwortlichen übermittelt werden).

n) Gegebenenfalls angewandte statistische Verfahren dokumentieren
Wenn statistische Verfahren (wie z. B. Prozessfähigkeitsuntersuchungen, Qualitätsregelkarten, Stichprobenverfahren usw.) eingesetzt werden, so sollten diese in den Verfahrensanweisungen bzw. Prozessbeschreibungen mit beschrieben werden.

o) Nächsten Termin für ein Zusammentreffen vereinbaren

1.2.4.6 Schulung und Vorbereitung neuer Verfahren

Vor der Einführung der neuen Verfahren bzw. Prozesse ist zunächst zu klären, welche der festgelegten Maßnahmen als Voraussetzung durchgeführt werden müssen (z. B. Anschaffung neuer Software etc.). Bevor die Mitarbeiter geschult und unterwiesen werden, sind diese Maßnahmen umzusetzen.

Alle Mitarbeiter, die nicht in den Arbeitsgruppen mitgewirkt haben und von neuen oder geänderten Verfahren bzw. Prozessen betroffen sind, müssen entsprechend unterwiesen und geschult werden. Die Erfahrung zeigt immer wieder, dass es nicht ausreicht, die Verfahrensanweisungen mit der Aufforderung zu verteilen, diese durchzulesen und anschließend danach zu handeln. Die Schulungen sind notwendig, um den Mitarbeitern die Bedeutung der neuen Verfahren bzw. Prozesse klarzumachen und Missverständnisse – die unvermeidbar auftreten – zu klären. Außerdem können weitere Verbesserungsvorschläge aufgegriffen werden. Die Schulung sollte durch den (vom Steuerungsteam vorher festgelegten) Prozessverantwortlichen durchgeführt werden.

Zur Vorbereitung können die entsprechenden Verfahrensanweisungsentwürfe bzw. Prozessbeschreibungsentwürfe verteilt werden. Im Rahmen einer vom Umfang her angemessenen Schulung wird das neue/geänderte Verfahren (bzw. der neue/geänderte Prozess) besprochen, erläutert und ggf. diskutiert. Bei Diskussionen bleibt es dem Geschick des Moderators/Vortragenden überlassen, einen gesunden Kompromiss zwischen Eingehen auf die Anregungen und Kritik der Mitarbeiter und Durchsetzen des erarbeiteten Verfahrens bzw. Prozesses zu finden, wenn dies von übergeordnetem Interesse ist. Häufig tritt der Effekt von „Killer-Argumenten" auf („Für so was haben wir keine Zeit!", „Das haben wir doch immer schon so gemacht; warum sollen wir das denn jetzt anders machen?", „Bisher haben wir doch so auch immer unser Geld verdient!"). Hier ist Fingerspitzengefühl gefragt und mit Argumenten oder ggf. dem nötigen Nachdruck entgegenzuwirken. Konstruktive Vorschläge hingegen sollten diskutiert, aufgenommen und ggf. umgesetzt werden.

Zum Abschluss der Schulung muss eine Verabredung getroffen werden, zu welchem Termin das Verfahren bzw. der Prozess eingeführt werden soll (dies ist dann gleichzeitig der Freigabetermin der Verfahrensanweisung). Darüber hinaus sollte ein weiterer Termin zu einem Feedbackgespräch festgelegt werden (nach etwa vier bis sechs Wochen), um Verbesserungen und Probleme mit dem neuen Verfahren bzw. Prozess zu besprechen.

Nach Festlegung des Soll-Prozesses ist ein Datum festzulegen, ab wann die Änderungen im Prozess umgesetzt werden sollen. Dieser Termin und die Information bzw. Schulung/Unterweisung aller Beteiligten sind eine Voraussetzung für die Umsetzung der Maßnahmen. Gleichzeitig kann im Rahmen der Information der Mitarbeiter ein Feedback derjenigen Mitarbeiter eingeholt werden, die nicht unmittelbar an der Festlegung des Prozesses beteiligt waren hinsichtlich Praktikabilität, weiterer Verbesserungsvorschläge etc. Die Information der am Prozess Beteiligten ist normalerweise Aufgabe des Prozessverantwortlichen.

1.2.4.7 Auditieren der Verfahren bzw. Prozesse

Zur Umsetzung der Verfahren bzw. Prozesse müssen zum einen die zugehörigen Maßnahmen des Maßnahmenplans umgesetzt werden, zum anderen muss gemäß der neu festgelegten Verfahren gearbeitet werden. Für das neue Verfahren wird wie beschrieben ein Starttermin festgelegt (Freigabe der Managementdokumentation im Entwurfsstand für die Erprobungsphase).

Die Umsetzung der Maßnahmen wird durch die Arbeitsgruppen und das Steuerungsteam überwacht, die Umsetzung der Verfahren bzw. Prozesse wird in der Regel durch interne Audits überprüft.

Im Sinne des PDCA-Zyklus (Plan – Do – Check – Act) folgt der Planung (Plan: Festlegung des Soll-Prozesses) und der Umsetzung (Do: Umsetzung des Soll-Prozesses) des Prozesses der „Check", das ist die Überprüfung und Bewertung der Umsetzung. Diese Überprüfung und Bewertung kann in Form eines internen Audits erfolgen; eine Alternative bzw. Ergänzung sind Feedbackgespräche oder Interviews mit den Prozessbeteiligten hinsichtlich der Erfahrungen mit der Umsetzung. Ergibt sich daraus Änderungsbedarf im Prozess, fließen diese wiederum in die Prozessbeschreibungen ein, werden kommuniziert und erneut gecheckt und dauerhaft implementiert (Act).

Vor der Durchführung der internen Audits wird ggf. das bei der Schulung vereinbarte Feedbackgespräch geführt. Hier werden Schwierigkeiten mit dem neuen Verfahren bzw. Prozess besprochen, Verbesserungen diskutiert und ggf. Veränderungen des Verfahrens bzw. Prozesses festgelegt, d. h. Feinkorrekturen der Abläufe, Formulare, Checklisten usw. vorgenommen.

Der Prozessverantwortliche sorgt dann dafür, dass die Änderungen in die entsprechenden Verfahrensanweisungen/Prozessbeschreibungen einfließen und diese anschließend durch die Geschäftsleitung bzw. deren Beauftragten freigegeben werden.

Nach Einführung der Verfahren bzw. Prozesse wird ein internes Audit durchgeführt (normalerweise durch den Qualitätsbeauftragten und ein Auditteam, welches zweckmäßigerweise aus den Prozessverantwortlichen besteht). Der Termin des Audits hängt von der Fertigstellung und Freigabe der Verfahrensanweisungen/Prozessbeschreibungen ab sowie von den im Maßnahmenplan festgelegten Terminen. Nach Freigabe der Verfahren sollte ein Zeitraum von mindestens sechs bis zwölf Wochen vorgesehen werden, damit die Verfahren durchlaufen werden und sich einspielen können. In einzelnen Fällen kann ein noch längerer Zeitraum erforderlich sein.

Um einen Gesamtüberblick zu bekommen und das Funktionieren der Schnittstellen überprüfen zu können, ist es sinnvoll, alle Bereiche des Unternehmens gleichzeitig zu auditieren. Besonders problematische Verfahren bzw. Prozesse sollten eventuell bereits einzeln vorab auditiert werden, damit ausreichend Zeit für ein Nachaudit besteht.

1.2.4.8 Korrekturen vornehmen

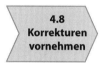

Nach dem internen Audit besteht Klarheit darüber, welcher Umsetzungsgrad im Unternehmen erreicht worden ist. Auf der Basis der Abweichungsberichte und Verbesserungspotentiale werden wiederum Maßnahmen mit Terminen und Verantwortlichen festgelegt.

In Abhängigkeit vom Auditergebnis und den Terminen zur Umsetzung der Maßnahmen kann dann der endgültige Zertifizierungstermin festgelegt werden.

1.2.4.9 Änderungen in Kraft setzen

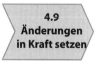

Nach der Durchführung der Feedbackgespräche und der internen Audits werden die Verfahrensanweisungen/Prozessbeschreibungen endgültig fertig gestellt. Insbesondere ist die Durchgängigkeit der Prozesse und der Prozessbeschreibungen zu beachten.

Nach den Verfahrensanweisungen/Prozessbeschreibungen können die zugehörigen Handbuchkapitel fertig gestellt werden. Je nach Anspruch an das Handbuch können lediglich diejenigen Punkte im Handbuch beschrieben sein, die nicht von den Verfahrensanweisungen/Prozessbeschreibungen abgedeckt sind. Das sind in der Regel formale Festlegungen wie Geltungsbereich des Managementsystems, Ausschlüsse usw. Dies ergibt die schlankste Form eines Handbuchs. Umfangreicher wird das Handbuch, wenn es darüber hinaus auf alle Forderungen kurz eingeht und einen Überblick über deren Umsetzung im Unternehmen gibt, so dass das Handbuch das gesamte Managementsystem darstellt.

1.3 Prozessmanagement

Die maßgebende Neuerung der ISO 9001:2000 und der ISO/TS 16949:2002 ist der prozessorientierte Ansatz.

Ein Prozess ist laut DIN EN ISO 9000:2005 ([05] Abschnitt 3.4.1) folgendermaßen definiert:

> „Ein Prozess ist ein Satz von in Wechselbeziehung oder Wechselwirkung stehenden Tätigkeiten, der Eingaben in Ergebnisse umwandelt."

Die Mehrzahl der Aktivitäten bei der Herstellung von Produkten bzw. der Erbringung von Dienstleistungen sind Prozesse. In einem Unternehmen werden zahlreiche Prozesse miteinander verknüpft, wobei in der Regel der Output eines Prozesses der Input des nachfolgenden Prozesses ist. Beispielsweise ist das Ergebnis (das ist der Output) des Prozesses „Produktkonzept erstellen" (also das Produktkonzept) die Eingabe (der Input) des Prozesses „Produkt entwickeln". Die Verknüpfungen der Prozesse werden in der 9000er-Reihe als *Wechselwirkungen* bezeichnet.

Entsprechend den Forderungen der DIN EN ISO 9000:1994 ff. wurden in der Vergangenheit Verfahren in *Anweisungen* beschrieben. Da in der DIN EN ISO 9001:2000 gefordert wird, dass die *Prozesse* festgelegt werden müssen, stellt sich die Frage, wie sich ein *Verfahren* von einem *Prozess* abgrenzt.

In der DIN EN ISO 9000:2005 ([05] Abschnitt 3.4.5) wird ein Verfahren wie folgt beschrieben:

> „Ein Verfahren ist eine festgelegte Art und Weise, eine Tätigkeit oder einen Prozess auszuführen."

Die Begriffsbedeutung *Prozess* ist in mancher Hinsicht umfassender als die Begriffsbedeutung *Verfahren*. Prozesse beinhalten Input, Output und Wechselwirkungen, und Prozesse sind laut Abschnitt 4.1 der ISO 9001:2000

- zu lenken,
- zu überwachen,
- zu messen,
- zu analysieren,
- zu verbessern.

Entsprechend der oben genannten Definition wird ein Prozess zum Verfahren, wenn er festgelegt ist. Das bedeutet nicht, dass ein Verfahren automatisch auch ein Prozess ist, denn ein Verfahren beinhaltet nicht zwangsläufig Input, Output und Wechselwirkungen und wird nicht zwangsläufig gelenkt, überwacht, gemessen, analysiert und verbessert.

Für die praktische Umsetzung im Managementsystem heißt dies, dass vorhandene Verfahrensanweisungen in das „Netzwerk der Prozesse" eingebunden werden können. Zusätzlich müssen dann in der Regel noch die Verknüpfungen zwischen den Prozessen aufgezeigt werden und die Verfahren sind um die prozessspezifischen Festlegungen zu ergänzen wie Input, Output, Wechselwirkungen, Lenkungs- und Überwachungsmechanismen sowie Analyse- und Verbesserungstätigkeiten.

Wesentlich für das Prozessmanagement ist, die Prozesse und die Wechselwirkungen zwischen den Prozessen zu identifizieren, zu definieren, zu beherrschen und zu optimieren.

Beherrschen bedeutet im Zusammenhang mit Prozessen, dass Ablauf und Ergebnisse eines Prozesses innerhalb bestimmter Grenzen vorhersehbar sind. Die Beherrschung von Prozessen setzt deren Lenkung voraus (im Sinne von Steuerung, Regelung). Dazu werden Messgrößen im Prozess oder am Ergebnis festgelegt, erfasst, hinsichtlich der Erfüllung der Anforderungen bewertet und – falls sinnvoll oder erforderlich – wird korrigierend, vorbeugend oder verbessernd in den Prozess eingegriffen. Es werden Regelkreise in den Prozessen und zwischen den verschiedenen Prozessen installiert.

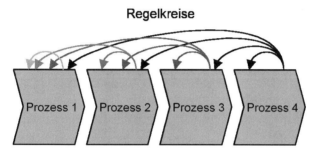

Abb. 1.4: Regelkreise an und zwischen Prozessen.

Voraussetzungen und Bestandteile bei der Installation der Regelkreise sind:
1. Festlegung der Anforderungen an den Prozess,
2. Ermittlung und Einsatz notwendiger Mittel/Ressourcen,
3. Planung und Durchführung des Prozesses,
4. Messung des Prozesses,
5. Stabilisierung des Prozesses,
6. Analyse und Verbesserung des Prozesses,
7. ggf. Änderung der Anforderungen an den Prozess, um Prozessverbesserungen dauerhaft umzusetzen.

Die Regelkreise können unterschiedlich groß sein. Sie können an einem einzelnen Prozess oder Teilprozess installiert sein oder sich auf mehrere verkettete Prozesse beziehen (siehe Abb. 1.4).

Das Prozessmodell in Abb. 1.5 (aus ISO 9001:2000 [7]) zeigt den Regelmechanismus des QM-Systems als Gesamtsystem auf.

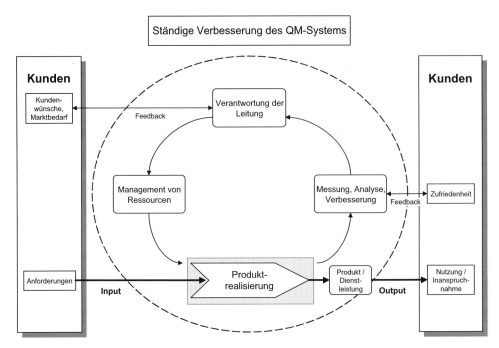

Abb. 1.5: Prozessmodell der ISO 9001:2000

Die Bestandteile des Regelkreises *QM-System* sind:
1. Festlegung der Qualitätspolitik und -ziele, Ausführung der Planung des QM-Systems (Verantwortung der Leitung),
2. Management der Ressourcen (Ressourcen einsetzen, um Ziele zu erreichen),
3. Produktrealisierung (Produkt konzipieren, entwickeln, produzieren, verbreiten),
4. Messung, Analyse und Verbesserung,
5. Managementbewertung (Verantwortung der Leitung).

Input der Prozesskette zur Produktrealisierung sind die Kundenanforderungen. In der Prozesskette werden die Effizienz, die Effektivität und die Erfüllung der Kundenanforderungen gemessen und anhand des Prozessergebnisses (Output) wird die Kundenzufriedenheit ermittelt (z.B. durch Ermittlung der Liefertreue).

Betrachtet man die Prozesskette, die zur Herstellung von Produkten bzw. zur Erbringung von Dienstleistungen durchlaufen wird, so sind normalerweise die unterschiedlichsten Funktionsbereiche eines Unternehmens beteiligt. Vom Angebot bis zur Lieferung und Rechnungslegung können beispielsweise Außendienst, Verkauf, Auftragsbearbeitung, Entwicklung, Planung, Einkauf, Qualitätsstelle, Arbeitsvorbereitung, verschiedene Produktionsbereiche, Versand, Buchhaltung und Montage/Kundendienst beteiligt sein.

Erfahrungsgemäß entstehen die meisten Qualitätsprobleme und die größte Verschwendung von Ressourcen an den Schnittstellen zwischen den Bereichen. Es gehen Informationen verloren oder werden verfälscht, es kommt zu Wartezeiten und es entsteht Handhabungsaufwand; Durchlaufzeiten und Kosten werden in die Höhe getrieben. Die einzelnen Bereiche sind bemüht, sich zu organisieren, aber die Koordination zwischen den Bereichen wird oft vernachlässigt oder hängt vom „persönlichen Draht" der Bereichsleiter oder einzelner Mitarbeiter ab. Oft fehlt die Sicht für die gesamte Prozesskette, ganz zu schweigen von der Ausrichtung auf den Kunden.

Die Zielsetzung des Prozessmanagements ist die Ausrichtung des ganzen Netzwerks der Prozesse auf:

- die Bedürfnisse des Kunden bzw. des Marktes,
- die Unternehmensziele,
- die persönlichen Ziele der Mitarbeiter,
- die Zielsetzungen der Lieferanten,
- die Bedürfnisse und Anforderungen der Gesellschaft.

Die Problematik des Bereichsdenkens soll an einem Beispiel verdeutlicht werden. Abb. 1.6 zeigt beispielhaft die Tätigkeiten und beteiligten Personen/Stellen, die bei der Auftragsabwicklung in einem Handelsunternehmen beteiligt sind.

Bei den Produkten handelt es sich um Zubehör für Werkzeuge, die für den Bau bzw. die Instandsetzung benötigt werden. Für die Kunden ist eine zügige Lieferung enorm wichtig. Zielsetzung in diesem Unternehmen ist es, bei Bestellungen, die am Vormittag eingehen, am nächsten Tag zu liefern, was eine Gesamtdurchlaufzeit von maximal vier bis acht Stunden erfordert.

Abb. 1.6 zeigt in groben Schritten den Auftragsdurchlauf. Beinhaltet der Auftrag Artikel, die nicht lagerhaltig sind, wird der Einkauf zur Klärung der Liefertermine eingeschaltet. Nach der Klärung erfolgt häufig eine Teillieferung der lagerhaltigen Artikel. Berücksichtigt man

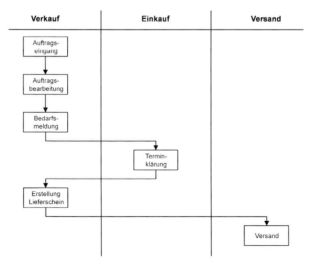

Abb. 1.6: Auftragsabwicklung in einem Handelsunternehmen

Geschäftsprozessanalyse (Ist-Analyse)
Geschäftsprozess „Auftragsbearbeitung (mit Beschaffung)"

FM 7.5-10
Seite 1 von 1

Arbeitsschritt

Nr.	Art / Typ	Zeit	$	Bezeichnung	Ergebnis / Output	Zuständig	Änderung und / oder Verbesserung
1	⇧	1	☺	Auftragseingang (Fax, Post, Telefon)		Zentrale Verkauf, Sekr.	
2	☐	45	☒	Zwischenlagerung		Zentrale Verkauf, Sekr.	
3	⇧	3	☒	Verteilung		Zentrale Verkauf, Sekr.	
4	☐	45	☒	Zwischenlagerung		Verkauf	
5	⊙	8	☺	Auftragsbearbeitung	Auftrag (EDV)	Verkauf	
6	●	1	☺	Bedarfsmeldung	Position auf der Rückstandsliste	Verkauf	
7	⇧	3	☒	Übermittlung an Einkauf		Verkauf	
8	☐	120	☒	Zwischenlagerung		Einkauf	
9	●	2	☺	Terminklärung	Liefertermin	Einkauf	1) Bestätigten Termin in EDV kenntlich machen 2) Terminklärung mit Lieferanten durch EK
10	☐	90	☒	Zwischenlagerung		Einkauf	
11	⇧	3	☺	Rückinfo		Einkauf	
12	☐	60	☒	Zwischenlagerung		Verkauf	
13	●	2	☺	Erstellung AB u/o Lieferschein	AB / Lieferschein	Verkauf	
14	☐	60	☒	Zwischenlagerung		Verkauf	
15	⇧	5	☒	Lieferschein an Versand		Verkauf	

● Bearbeiten ⇧ Transportieren ☺ Wertschöpfung
○ Prüfen ☐ Lagern ☒ Verschwendung
⊙ In-Process-Prüfung ◆ Altern. Bearbeitung bzw. Nacharbeit

Verbesserungen:
Für jeden einzelnen Arbeitsschritt ist zu überlegen, inwieweit sich Maßnahmen zur Reduzierung von Umlaufbestand, genutzter Fläche, Durchlaufzeit sowie zur Erhöhung der Qualität und Produktivität realisieren lassen

ZERO DEFECT · GESELLSCHAFT FÜR QUALITÄTSMANAGEMENT MBH
POSTFACH 106330 · 40860 RATINGEN
TELEFON: (02102) 963 900 · FAX: (02102) 963 90 11

DATEINAME:

REVISIONSSTAND:
F VOM 11.04.2006

Abb. 1.7: Prozess-Flowchart zum Auftragsdurchlauf

die Tatsache, dass zwischen den einzelnen Arbeitsschritten, die durch unterschiedliche Stellen bzw. Personen ausgeführt werden, jeweils Wartezeiten (Liegezeiten) entstehen, wird unmittelbar klar, dass die Anzahl der beteiligten Stellen die Durchlaufzeiten stark erhöht. Am drastischsten sind die Wartezeiten an der Schnittstelle zwischen Verkauf und Einkauf, weil hier Aufträge gesammelt werden, bis sich die Weiterleitung vom Verkauf zum Einkauf zur Klärung der Liefertermine „lohnt". Die mittleren Wartezeiten auf Transport bzw. Bearbeitung an der Schnittstelle zwischen Verkauf und Einkauf summieren sich auf ca. viereinhalb Stunden.

Die Wartezeiten könnten eingespart werden, wenn der Verkauf die Termine direkt mit den Lieferanten klären würde. Charakteristisch bei diesem (realen) Fallbeispiel ist, dass der Einkaufsleiter den Verkauf nicht an „seine" Lieferanten heranlassen will. Dies ist ein typisches Beispiel dafür, wie Abteilungsterritorien gegen Veränderungen verteidigt werden. Dass dies letztlich zu Lasten der Durchlaufzeit und damit zu Lasten des Kunden geht, dem Unternehmen dadurch Nachteile entstehen, und dass Zeit und Geld verschwendet werden, wird dabei ignoriert.

Neben diesem Durchbrechen von Abteilungsgrenzen wäre ein Durchbrechen von Grenzen zum Lieferanten denkbar, wenn ein direkter Zugriff auf dessen Lagerbestände bzw. Fertigungsplanung möglich wäre – was natürlich ein wirklich partnerschaftliches und vertrauensvolles Verhältnis zum Lieferanten voraussetzen würde. Bei entsprechender DV-Organisation wäre eine unmittelbare Terminauskunft bei telefonischen Kundenanfragen möglich.

1.3.1 Das Modell des Prozesses

Das „Netzwerk der Geschäftsprozesse" ist die Darstellung aller wichtigen Unternehmensprozesse in einer Übersicht. Die Prozesse, die im Unternehmen existieren, zu definieren und die Schlüsselprozesse zu identifizieren ist eine strategische Aufgabe des Managements. Schlüsselprozesse sind diejenigen Prozesse, die wesentlich für die Erreichung der Kundenzufriedenheit und der Unternehmensziele sind. Der Kundenbesuchsprozess ist beispielsweise einer der Schlüsselprozesse für einen Handelsvertreter. Verkaufen, Einkaufen, Disponieren und Lagern sind die Schlüsselprozesse eines Handelsunternehmens.

1.3.1.1 Strukturierung von Prozessen

Wegen der Vielzahl der Prozesse, die in Unternehmen existieren, ist es sinnvoll, die Prozesse zu untergliedern und zu strukturieren. Dabei ist im Wesentlichen die Zweckmäßigkeit der Untergliederung und Strukturierung wichtig. Zur Abgrenzung der Prozesse sind Start- und Endpunkte der Prozesse festzulegen. So kann der Prozess *Anfragebearbeitung* mit dem Versand des Angebots zum Kunden enden (das bedeutet gleichzeitig, dass das Angebot „Ergebnis" bzw. „Output" des Prozesses ist), oder aber mit der Angebotsverfolgung abschließen. Ein wesentliches Kriterium ist, dass ein signifikanter Output erzeugt wird, z. B. ein abgegebenes Angebot oder ein eingegangener oder verlorener Auftrag. Wichtig ist dabei weniger, *wo* die Grenze festgelegt wird, sondern dass eine lückenlose Verknüpfung zum nachfolgenden Prozess besteht.

In der DIN EN ISO 9004:2000 wird neben dem Begriff der Realisierungsprozesse der Begriff der *unterstützenden Prozesse* benutzt.

In den Zertifizierungsvorgaben zur ISO/TS 16949:2002 [23] werden neben den „wertschöpfenden Realisierungsprozessen und zugehörigen Unterstützungsprozessen" zusätzlich die *Managementprozesse* genannt. Der prozessorientierte Ansatz der IATF (die International Automotive Task Force ist Ersteller und Herausgeber der ISO/TS 16949 und der zugehörigen Schriften) unterteilt also die Prozesse in:

- Managementprozesse,
- wertschöpfende (Realisierungs-)Prozesse und
- unterstützende Prozesse.

Diese drei Prozesskategorien werden in Abb. 1.8 veranschaulicht.

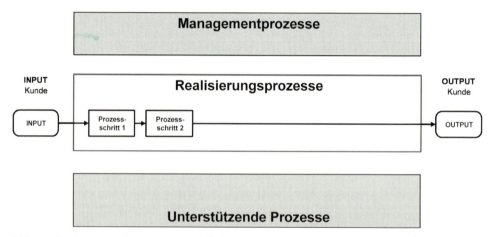

Abb. 1.8: Strukturierung der Prozesse mit Hilfe der Kategorien Managementprozesse, wertschöpfende (Realisierungs-)Prozesse und unterstützende Prozesse

Die *Managementprozesse* bilden die Grundlage zur Planung und zur Führung der Organisation (des Unternehmens). Managementprozesse sind beispielsweise Prozesse zur Geschäftsplanung, Marktanalyse, Personalentwicklung usw.

Unterstützungsprozesse sind keine direkt wertschöpfenden Prozesse, sondern Prozesse, die zur Ausführung der Realisierungsprozesse benötigt werden bzw. deren Wirksamkeit (Effektivität) und Effizienz erhöhen. Beispielsweise unterstützen Prozesse wie Instandhaltung, Fertigungssteuerung und Werkzeugmanagement die Produktionsprozesse; Projektmanagement ist ein Unterstützungsprozess für den Entwicklungsprozess.

Eine weitere Prozesskategorie, die in den IATF-Zertifizierungsvorgaben genannt wird, ist die Kategorie der *kundenorientierten Prozesse* – kurz KOP genannt. Diese Prozesse zeichnet aus, dass der Input (die Eingaben) vom Kunden kommt und der Output (die Ergebnisse) zum Kunden geht. Diese Kategorie von Prozessen macht insbesondere Sinn, um die Kundenorientierung zu verbessern und das Unternehmen aus Kundensicht zu betrachten, was insbesondere Aufgabe von Lieferantenaudits durch den Kunden bzw. Third-Party-Audits durch eine Zertifizierungsgesellschaft ist. Der prozessorientierte Auditansatz der Automobilindustrie, der durch die IATF erarbeitet wurde, wird im Kapitel 4.3 vorgestellt.

Über die Aufteilung in Prozesskategorien hinaus ist es sinnvoll, Prozesse hierarchisch zu untergliedern, z.B. durch Festlegung einiger weniger Hauptprozesse, die in Teilprozesse unterteilt werden.

Beispielsweise könnte der *Marketingprozess* als Hauptprozess unterteilt werden in die Teilprozesse *Marktanalyse und -beobachtung, Planung und Durchführung von Marketingaktivitäten, Akquisition, Anfragebearbeitung und Angebotserstellung, Planung und Durchführung von Außendienstaktivitäten* usw. (siehe Abb. 1.9).

Abb. 1.9: Untergliederung in Haupt- und Teilprozesse

Eine hierarchische Strukturierung der Prozesse ist aus mehreren Gründen sinnvoll. Die Transparenz wird größer und die Orientierung fällt wesentlich leichter, wenn einige wenige Hauptprozesse in jeweils einige wenige Teilprozesse unterteilt werden. Dies wirkt sich auch auf die Transparenz und Lesbarkeit der Managementdokumentation aus.

Weiterhin ist es sinnvoll, die Organisationsstruktur des Unternehmens an die Prozesse anzupassen. So kann z.B. die Team- bzw. Bereichsstruktur entsprechend der Prozessstruktur festgelegt werden. Im Sinne der Schnittstellenreduzierung zwischen den verschiedenen Teams ist es dann sinnvoll, dass möglichst viele Aktivitäten eines Prozesses innerhalb *eines* Teams ausgeführt werden. Beispielsweise wäre zu überlegen, inwieweit der Prozess *Auftragsabwicklung* sinnvoll innerhalb eines Teams gehandhabt werden kann.

Interessant bei Automobilzulieferern ist beispielsweise die Frage, ob die Produktentwicklung und die Produktionsprozessentwicklung in einen Hauptprozess zusammengefasst oder in zwei Hauptprozesse unterteilt werden, wenn sich daran die Teamstruktur ausrichtet. In der Praxis ist hier zu beobachten, dass manche Automobilzulieferer je ein Projektteam für Produktentwicklung und Produktionsprozessentwicklung einsetzen, andere Zulieferer decken den gesamten Entwicklungsprozess durch ein Team ab. Eine höhere Spezialisierung

30   1 Projektplanung und Durchführung

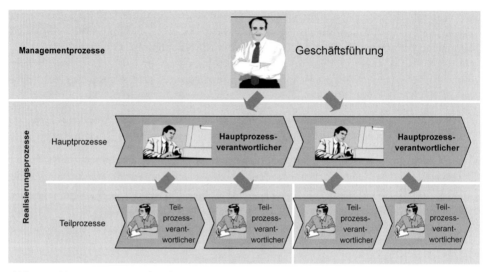

Abb. 1.10: Verantwortungsstruktur bei Anwendung des Prozessmanagements

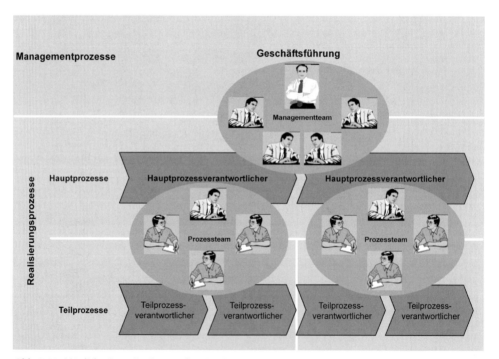

Abb. 1.11: Mögliche Organisationsstruktur in einer prozessorientierten Organisation

steht hier einer höheren Differenzierung des Know-hows gegenüber. In vielen Fällen zeigt sich, dass eine übergreifend angelegte Teamstruktur Vorteile bietet gegenüber einer stark untergliederten Struktur. Sie setzt allerdings eine entsprechend breite Qualifizierung voraus. Andererseits kann es bei komplexen Produktentwicklungen sinnvoller sein, die Verantwortung für Produktentwicklung und Produktionsprozessentwicklung zu trennen.

Ein zusätzlicher Gesichtspunkt der praktischen Anwendung der Prozessstruktur ist, die Unternehmensziele über die Prozesse herunterzubrechen (zu „entfalten") und die Zielerreichung zu überwachen. Wesentlich ist hierbei, dass Ziele sich über Prozesse zweckmäßiger herunterbrechen lassen als über Bereiche. Um dem primären Unternehmensziel (von Profit-Organisationen) gerecht zu werden, Gewinne zu erwirtschaften, ist es notwendig, die Kundenorientierung und die Kundenzufriedenheit zu erhöhen sowie die Produktivität zu verbessern. Entscheidend ist dabei, alle Prozesse auf den Kunden auszurichten und die Gesamteffizienz aller Prozesse (und damit auch aller Unternehmensbereiche) zu verbessern. Eine optimale Gesamteffizienz ist nicht gleichbedeutend mit der Summe der Optima aller einzelnen Prozesse oder Bereiche. Einzelne Prozesse oder Bereiche zu optimieren kann zu Lasten anderer Prozesse bzw. Bereiche gehen. Wenn die Aufwandsreduzierung in einem Prozess bzw. Bereich zu einem Mehraufwand in einem anderen Prozess bzw. Bereich führt, kann dies insgesamt zu einem Mehraufwand führen.

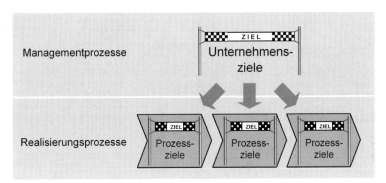

Abb. 1.12: Unternehmensziele werden zu Prozesszielen heruntergebrochen

Werden die Ziele über die Prozesse heruntergebrochen, dann macht es auch Sinn, die Zielerreichung prozessbezogen zu messen. Dabei ist es meistens nicht sinnvoll, für jeden Teilprozess Ziele und Messgrößen festzulegen, sondern in der Regel reicht es aus, für die Hauptprozesse Ziele und zugehörige Messgrößen zu definieren (siehe Tab. 1.7 auf Seite 45).

1.3.1.2 Der einzelne Prozess und seine Bestandteile

Bei der Betrachtung einzelner Prozesse ist es hilfreich, diese einheitlich zu strukturieren. Dabei sind folgende Elemente eines Prozesses wesentlich:
- Process Owner,
- Ziele,

- Messung der Leistungsfähigkeit des Prozesses (Kennzahlen),
- Input (Grundlagen),
- Ressourcen,
- Anstoß,
- Ablauf (Tätigkeiten),
- Wechselwirkungen (mit anderen Prozessen),
- Output (Ergebnisse),
- Messungen an Prozess und Produkt einschließlich Lenkungsmaßnahmen (Steuerungs- und Regelmechanismen),
- Vorgehen bei Störungen oder Änderungen,
- Verbesserungen.

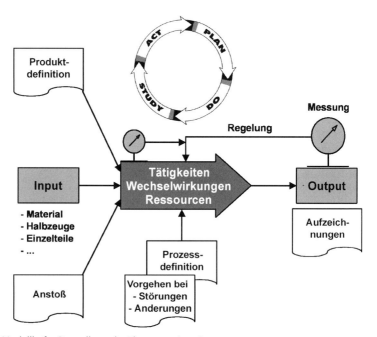

Abb. 1.13: Modellhafte Darstellung der Elemente eines Prozesses

Die einzelnen Elemente eines Prozesses sind in Abb. 1.13 dargestellt.

Zur Verdeutlichung sind in der Tab. 1.3 beispielhaft die einzelnen Elemente des Prozesses „Autofahrt zur Arbeit" aufgelistet.

Typische Fragestellungen bei der Festlegung von Prozessen sind:
- Wer ist (interner/externer) Kunde?
- Welche Bereiche und Ressourcen sind beteiligt?
- Welche Vorschriften sind betroffen?
- Welche Regelmechanismen existieren?
- Welche Schnittstellen gibt es?

Tab. 1.3: Prozesselemente des Prozesses „Autofahrt zur Arbeit"

Process Owner	Fahrer
Ziele	schnelles, pünktliches und wirtschaftliches Erreichen des Fahrtzieles
Kennzahlen	Pünktlichkeit, Ø-Benzinverbrauch, Ø-Geschwindigkeit
Input (Grundlagen)	Fahrer am Abfahrtsort
Produktspezifikation	Zielort und Ankunftszeit
Ressourcen	Fahrer, Fahrzeug, Betriebsmittel, Straßenkarte
Anstoß	erforderliche Abfahrtszeit
Prozessspezifikation	Routenplanung, Verkehrsregeln
Ablauf	Fahrt entsprechend der Routenplanung unter Einhaltung der Verkehrsregeln
Wechselwirkungen	Routenplanung, Terminplanung, Fahrzeugwartung
Output (Ergebnisse)	Fahrer am Zielort
Messung am Prozess	aktuelle Geschwindigkeit, Fahrtdauer, aktueller Benzinverbrauch, zurückgelegte Wegstrecke
Messung am Produkt	Ankunftszeit, Ø-Benzinverbrauch, Ø-Geschwindigkeit
Vorgehen bei Störungen/Änderungen	Stau oder Baustellen umfahren, Pannenservice, Ersatzfahrzeug
Verbesserungen	Routenplanung hinsichtlich Fahrtzeit optimieren, Treibstoffverbrauch reduzieren, Abfahrtszeit anpassen

Elemente des Prozesses

Nachfolgend werden die einzelnen Elemente eines Prozesses näher erläutert.

Process Owner

In den meisten Unternehmen sind die verschiedenen Prozesse nicht oder nur oberflächlich festgelegt, bzw. Festlegungen werden nicht konsequent eingehalten. Ein anderes Problem ist, dass einmal festgelegte Prozesse nicht aktuellen Entwicklungen des Unternehmens angepasst werden, was dazu führt, dass die Festlegungen unpraktikabel werden und nicht eingehalten werden. Die ständige Verbesserung, also laufende Verbesserung in kleinen Schritten, ist nur in Verbindung mit klaren Prozessfestlegungen nachhaltig möglich.

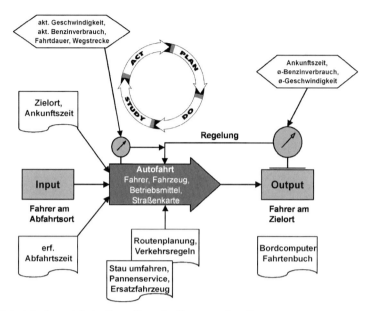

Abb. 1.14: Beispielhafte praktische Darstellung der Elemente eines Prozesses

Daher ist es eine der Hauptaufgaben des Process Owners (Prozesseigentümer, Prozessverantwortlicher), bei der Festlegung der Prozesse mitzuwirken und die Beibehaltung und Verbesserung einmal festgelegter Prozesse zu koordinieren.

Die weiteren Aufgaben sind:
- Definition der Prozessgrenzen und des -umfangs,
- Abstimmung der Schnittstellen mit den anderen Process Ownern,
- Prozess festlegen und erforderlichenfalls beschreiben einschließlich Aktualisierung,
- Wahrnehmung der Verantwortung für Effizienz und Effektivität,
- sicherstellen, dass die Prozessziele erreicht werden,
- geeignete Messgrößen und Messmittel einführen,
- Prozesskonformität überwachen,
- Prozessaudits durchführen,
- Prozessmitarbeiter informieren und schulen,
- Prozessverbesserungen initialisieren und koordinieren.

Der Prozessverantwortliche überwacht:
- *Effektivität*: Der Prozess unterstützt die Unternehmensstrategie und die Unternehmensziele (die richtigen Dinge tun).
- *Effizienz*: Der Prozess läuft mit hohem Wirkungsgrad (die Dinge richtig tun).
- *Konformität*: Der Prozess läuft entsprechend den Festlegungen/Vereinbarungen (insbesondere mit internen/externen Kunden).

Bei der Überwachung der Effizienz und Effektivität spielen die Messungen am Prozess eine wichtige Rolle (siehe unten).

Die wichtigsten Eigenschaften des Process Owners sind:
- soziale Kompetenz,
- Macht.

Beide Eigenschaften benötigt der Process Owner, um seinen Aufgaben gerecht zu werden. Einerseits braucht er das nötige Einfühlungsvermögen, um Vorgesetzte, Kollegen und Mitarbeiter zu sensibilisieren und zu motivieren, andererseits die nötige Macht, um sich – wo dies objektiv erforderlich ist – durchsetzen zu können. Weitere wichtige Eigenschaften des Process Owners sind Akzeptanz, methodische und fachliche Kompetenz und Motivation.

Für die Aufgabe des Process Owners ist jeweils am besten geeignet:
- derjenige Linienvorgesetzte, der die meisten (personellen) Anteile am Prozess hat, oder
- derjenige, der das meiste Interesse daran hat, dass der Prozess funktioniert.

Anmerkung: Der Begriff des Process Owners (Prozesseigentümer) findet sich in der DIN EN ISO 9004:2000 (Abschnitt 5.1.2), und zwar in Verbindung mit der Empfehlung, man solle „Prozesseigentümer festlegen und ihnen umfassende Verantwortung und Befugnis erteilen".

Ziele

Für Prozesse sollte festgelegt werden, welche Ziele zu erreichen sind. Das kann z.B. eine bestimmte Durchlaufzeit für die Erstellung von Angeboten sein, das Erreichen einer bestimmten Maschinennutzung in der Produktion etc. Die Ziele sollten messbar sein. Aus den Zielen leiten sich die Schwerpunkte der Verbesserungsaktivitäten ab.

Kennzahlen

Um die Prozessleistung zu messen, werden Kennzahlen benötigt. Die Kennzahlen geben Auskunft, ob die Ziele für den Prozess erreicht werden. Weitere Erläuterungen und Beispiele zu Zielen und Kennzahlen enthält Kapitel 1.3.4 „Messung und Optimierung von Prozessen".

Input (Grundlagen)

Der Input eines Prozesses sind bei einem Produktionsprozess normalerweise:
– Material,
– Halbzeuge,
– Einzelteile

einschließlich beigestellter Produkte. Darüber hinaus besteht der Input aus Unterlagen wie Produkt- und Prozessspezifikationen etc. Bei einem Dienstleistungsprozess bzw. einem administrativen Prozess (wie z.B. der Auftragsabwicklung) besteht der Input hauptsächlich aus:
– Unterlagen,
– Informationen.

Ressourcen

Die wesentlichen eingesetzten Ressourcen für einen Prozess sind:
- Personal,
- Einrichtungen.

Das eingesetzte Personal muss qualifiziert und motiviert sein. Dazu sind die Anforderungen der ISO 9001 hinsichtlich Fähigkeit, Bewusstsein und Schulung des Personals zu berücksichtigen (siehe Kapitel 2.5.2).

Einrichtungen sind beispielsweise Werkzeuge, Maschinen, Räumlichkeiten, Fördermittel, Lager, Büroeinrichtungen einschließlich EDV.

Einrichtungen müssen geplant, beschafft, eingerichtet und instand gehalten werden, um deren Verfügbarkeit und Prozessfähigkeit sicherzustellen.

Anstoß

Der Anstoß zur Ausführung von Tätigkeiten im Prozess kann durch interne oder externe Aufträge erfolgen, durch den Output des vorangegangenen Prozessschrittes, durch Anforderung vom nachfolgenden Prozessschritt (Kanban-Prinzip) etc.

Ablauf

Der Ablauf des Prozesses ist eine Abfolge von Tätigkeiten, die in den Prozessdefinitionen (Prozessbeschreibungen wie Verfahrens- und Arbeitsanweisungen, Checklisten zum Ablauf, EDV-Abfolge, zum Auftrag gehörende Dokumente usw.) festgelegt sind. Dabei hängt die Beschreibungstiefe von der Wichtigkeit und Komplexität der Prozesse, der Komplexität der Produkte bzw. Dienstleistungen und der Qualifikation des ausführenden Personals ab. Um die ständige Verbesserung zu unterstützen, kann es notwendig sein, die Prozesse recht detailliert zu untersuchen und ggf. zu beschreiben, um Verbesserungen im Detail dauerhaft zu implementieren.

Wechselwirkungen

Wechselwirkungen zwischen Prozessen sind laut Anforderungen der DIN EN ISO 9001:2000 zu identifizieren, zu definieren, zu beherrschen und zu optimieren. Wechselwirkungen zwischen Prozessen können sein:

1. Ein Prozess folgt einem anderen Prozess nach.
2. Innerhalb eines Prozesses entsteht eine Verzweigung in einen anderen Prozess, d.h. Input kommt aus einem anderen Prozess oder Output geht in einen anderen Prozess.
3. Innerhalb eines Prozesses entsteht eine Verzweigung in einen anderen Prozess, jedoch wird nach Durchführung des (Unter-)Prozesses der Prozess weitergeführt.
4. Ein Prozess unterstützt einen anderen Prozess, d.h. er wirkt mit seinem Output auf einen anderen Prozess.

Praktische Beispiele sind (in entsprechender Reihenfolge wie oben):

1. Dem Produktionsprozess folgt der Kommissionierungs- und Versandprozess.
2. Aus dem Prozess Wareneingang wird bei fehlerhafter Lieferung in den Prozess Lieferantenreklamation verzweigt.
3. Aus dem Prozess Angebotserstellung wird in den Prozess Kalkulation verzweigt, nach Durchführung des Kalkulationsprozesses wird der Angebotsprozess weitergeführt.
4. Der Instandhaltungsprozess unterstützt den Produktionsprozess.

Output (Ergebnisse)

Der Output eines Prozesses ist der bearbeitete Input des Prozesses. Bei bereichs-/abteilungsübergreifenden Prozessen ist es wichtig, interne Lieferanten sowie interne Kunden und deren Zusammenwirken genau zu analysieren und festzulegen, um Schnittstellenprobleme zu vermeiden bzw. zu reduzieren.

Dabei ist es oft hilfreich, das interne Kunden-Lieferanten-Verhältnis zu analysieren: Der interne Kunde formuliert seine Anforderungen und bewertet anschließend, wie gut diese Anforderungen erfüllt werden. Daraufhin diskutiert er mit dem internen Lieferanten, wie gut bzw. wie schlecht Anforderungen erfüllt werden. Ziel ist es dann, gemeinsam Korrektur- und Verbesserungsmaßnahmen festzulegen und die jeweiligen Prozesse aufeinander abzustimmen. Dies ist eine klassische Aufgabe der Process Owner (siehe oben).

Messung am Prozess

Messungen am Prozess dienen hauptsächlich drei Zwecken:
- der Feststellung, ob Vorgaben eingehalten werden (Anforderungen an den Prozess),
- der Prozesslenkung bzw. -steuerung,
- der Beurteilung der Effektivität und Effizienz des Prozesses.

Messungen am Prozess werden in Form von Messungen von Prozessparametern durchgeführt (z. B. Zykluszeit beim Kunststoffspritzgießen), um den Prozess zu steuern, oder es werden Kennzahlen gebildet, um die Effektivität und Effizienz des Prozesses zu bewerten (z. B. Maschinenverfügbarkeit).

Messungen zur Prozesslenkung sollten so gestaltet sein, dass möglichst enge Regelkreise gebildet werden, um eine schnelle Reaktion auf Veränderungen zu gewährleisten.

Zur Messung der Prozesseffizienz können Größen wie der Ausstoß des Prozesses, der Wirkungsgrad, die Fehlleistungskosten, Bearbeitungszeiten, Durchlaufzeiten, die Wertschöpfung etc. herangezogen werden.

> Die Normenreihe DIN EN ISO 9000 ff. betrachtet auch Auditergebnisse als Messergebnisse.

In diesem Zusammenhang sind insbesondere die Ergebnisse von Prozessaudits relevant.

Messung am Produkt/an der Dienstleistung

Messungen am Produkt bzw. an der erbrachten Dienstleistung dienen der Ermittlung, ob das Produkt/die Dienstleistung den Anforderungen (Produktspezifikationen) entspricht. Falls erforderlich schließt dies die Ermittlung der Kundenzufriedenheit mit dem Produkt bzw. der Dienstleistung ein.

Vorgaben können sowohl für das Produkt bzw. die Dienstleistung als auch für den Prozess bestehen. Entsprechend werden Prüfungen am Produkt bzw. an der Dienstleistung oder am Prozess durchgeführt. Besteht eine Korrelation zwischen Produkt- bzw. Dienstleistungsmerkmalen und Prozessmerkmalen, so können Messungen am Prozess zur Beurteilung der Produkt- bzw. Dienstleistungsqualität durchgeführt werden (z. B. Temperatur beim Härteprozess, Messung des Forecasts im Verkauf, das ist der Angebotswert multipliziert mit der Auftragswahrscheinlichkeit).

Vorgehen bei Störungen oder Änderungen

Für den Fall, dass Störungen im Prozess auftreten, sind klare Regelungen zu treffen, wie mit den fehlerhaften Produkten bzw. Dienstleistungen zu verfahren ist, wie weit die Entscheidungsbefugnisse des ausführenden Personals gehen, welche Maßnahmen am Prozess zu ergreifen sind, wer wie zu informieren ist usw.

Bei Änderungen des Prozesses ist zu gewährleisten, dass diese zum richtigen Zeitpunkt und durchgängig eingeführt werden. Dazu müssen die Vorgaben (Dokumente) geändert werden, das ausführende Personal muss informiert werden und der Zeitpunkt der Umsetzung der Änderung muss festgelegt und bekannt gemacht werden. Aufzeichnungen sollten geführt werden, um Zeitpunkt und Auswirkungen der Änderungen nachvollziehbar zu machen.

Verbesserungen

Einmal getroffene Prozessfestlegungen dienen als Ausgangspunkt zur weiteren Verbesserung des Prozesses. Die Prozessfestlegungen und die Messungen sind von zentraler Bedeutung für den Verbesserungsprozess.

Ohne Festlegungen ist die Ausgangsposition für Verbesserungen unklar und damit auch deren Richtung. Praktisch heißt das: Wenn jeder ausführende Mitarbeiter seine Prozesse nach eigenem Gutdünken ausführt und beispielsweise Abläufe oder Parameter verändert, sind systematische, ständige Verbesserungen unmöglich. Darüber hinaus leisten die Festlegungen einen Beitrag dazu, dass die Prozesse gleichmäßig (beherrscht) ablaufen.

Messergebnisse können einerseits hinsichtlich des Verbesserungspotentials analysiert werden, andererseits zur Überprüfung der Wirksamkeit genutzt werden. Um die Wirksamkeit von Verbesserungsmaßnahmen zu überprüfen, wird mit Hilfe der Messdaten untersucht, ob sich ein messbarer Erfolg der Maßnahmen einstellt.

1.3.2 Analyse von Prozessen

Ein Prozess lässt sich dadurch charakterisieren, dass Input in wiederholbarer Weise zu Output wird.

Den Betriebserfolg steigert der Prozess dann, wenn der Wert des Outputs die Summe des Wertes des Inputs plus Be-/Verarbeitungskosten übersteigt:

Betriebserfolg = Wert Output – (Kosten Input + Kosten Be-/Verarbeitung)

Der Betriebserfolg kann durch Wertminderung oder Fehlleistungskosten reduziert werden. Im Falle der Wertminderung führen Fehler zur Reduktion des Wertes des Outputs. Fehlleistungskosten sind erhöhte Kosten zur Be- oder Verarbeitung, um den vorgesehenen Wert des Outputs zu erreichen.

Tab. 1.4: Wertminderung und Fehlleistungskosten

Wertminderung	Fehlleistungskosten
Reduktion des Output-Wertes aufgrund von Fehlern	Erhöhte Kosten zur Be-/Verarbeitung, um den vorgesehenen Wert des Outputs zu erreichen

Ein Ansatz zur Verbesserung von Prozessen ist daher deren Analyse hinsichtlich Wertminderung und Fehlleistungskosten.

Neben der Analyse der Wertminderung und der Fehlleistungskosten ist selbstverständlich die Analyse der wertschöpfenden Tätigkeiten selbst hinsichtlich Verbesserungspotential eine

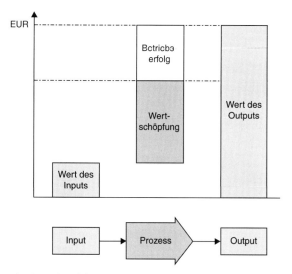

Abb. 1.15: Entstehung des Betriebserfolgs im Prozess

Möglichkeit, Prozessverbesserungen zu erzielen. Die Verbesserungsmaßnahmen zielen auf die Reduzierung des Aufwands (der Kosten) der wertschöpfenden Tätigkeit. Dasselbe trifft sinngemäß auf unterstützende Prozesse zu. Vom Grundsatz her müssen die Kosten, die unterstützende Prozesse verursachen, im Zusammenhang mit der Effizienzsteigerung im unterstützten (wertschöpfenden) Prozess betrachtet werden. Die durch die Effizienzsteigerung verursachte Kostenreduktion im unterstützten (wertschöpfenden) Prozess sollte die Kosten für den Unterstützungsprozess übersteigen bzw. die Differenz dieser Kosten sollte maximiert werden.

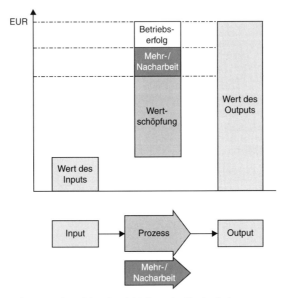

Abb. 1.16: Reduzierung des Betriebserfolgs durch Mehr- oder Nacharbeit

Wird der Betriebserfolg durch Nach- oder Mehrarbeit bzw. Verschwendung reduziert, müssen die Ursachen hierfür analysiert werden, und es müssen Maßnahmen zur deren Beseitigung festgelegt, umgesetzt und auf Wirksamkeit überprüft werden.

Wertminderung des Outputs entsteht in der Regel durch Fehler im Verarbeitungs- bzw. Bearbeitungsprozess bzw. durch nicht fähige Prozesse. Wie im Falle der Fehlleistungskosten müssen die Ursachen ermittelt und beseitigt werden.

Die klassische Vorgehensweise bei der Analyse von Prozessen ist:
- Ist-Aufnahme des Prozesses,
- Ermittlung der Problempunkte,
- Erarbeitung von Lösungsvorschlägen hinsichtlich
  - Mensch,
  - Technik,
  - Verfahren,

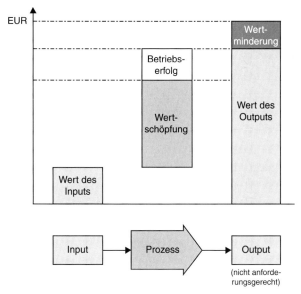

Abb. 1.17: Reduzierung des Betriebserfolgs durch Wertminderung

- Festlegung des Soll-Prozesses mit
  - Ablauf (mit Start-/Endpunkten),
  - Schnittstellen,
  - Input/Output,
  - Verantwortlichkeiten,
  - Festlegung der Messpunkte.

Dabei ist es wichtig, die Start- und Endpunkte der Prozesse aus Kundensicht festzulegen und nicht aus der Sicht der eigenen Organisation.

Beispielsweise können Startpunkte beim Einchecken zu einem Linienflug sein:
- Anstehen an der Schlange,
- Öffnen des Schalters,
- Zeitpunkt der Gepäckannahme.

Beispiele für den Endpunkt des Prozesses sind:
- Ende des Verladens,
- Abflug,
- Entgegennahme des Gepäcks durch den Kunden.

Aus Kundensicht beginnt der Prozess mit dem Anstehen an der Schlange und endet mit der Entgegennahme des Gepäcks an der Gepäckausgabe.

Zur Analyse von Prozessen ist normalerweise eine recht detaillierte Aufnahme der einzelnen Prozessschritte erforderlich. Dabei sind nicht nur die einzelnen Tätigkeiten von Bedeutung, sondern auch die Bewegungen bzw. Handhabungen und die Liege- bzw. Lagerzeiten. Vor

Tab. 1.5: Analyse des Auftragsdurchlaufs in einem Handelsunternehmen

Arbeitsschritt		Zeit			Ergebnis/ Output	Zuständig
Nr.	Art/Typ	[min]	$	Bezeichnung		
1	⇨	1	↗	Auftragseingang		Zentrale, Verkauf, Sekr.
	❑	30	↘	Zwischenlagerung		Zentrale, Verkauf, Sekr.
2	⇨	1	↘	Verteilung		Zentrale, Verkauf, Sekr.
	❑	15	↘	Zwischenlagerung		Verkauf
3	○	3	↗	Kundendaten prüfen	Kundennummer	Verkauf
4	●	1	↗	Kundennummer auf Auftrag notieren		Verkauf
	⇨	1	↘	Weiterleiten an Angebotsprüfung		Zentrale, Verkauf, Sekr.
	❑	15	↘	Zwischenlagerung		Verkauf
5	○	3	↗	Angebot vorhanden?		Verkauf
6	◆	2	↗	Vermerk Übernahmestatistik	Statistik	Verkauf
	⇨	1	↘	Weiterleiten an Auftragsprüfung		Zentrale, Verkauf, Sekr.
	❑	20	↘	Zwischenlagerung		Verkauf
7	○	6	↗	Auftragsprüfung		Verkauf
8	●	2	↗	Provisions-bearbeitung		Verkauf
9	■	4	↗	Preisanfrage bei Sonderartikeln		Verkauf
	⇨	3	↘	Weiterleiten an Versandfestlegung		Zentrale, Verkauf, Sekr.
	❑	10	↘	Zwischenlagerung		Verkauf
10	■	2	↗	Versandart festlegen		Verkauf
	⇨	1	↘	Weiterleiten an EDV-Erfassung		Verkauf
	❑	120	↘	Zwischenlagerung		Verkauf
11	●	2	↗	EDV-Erfassung	EDV-Auftrag	Verkauf
	❑	90	↘	Zwischenlagerung		Einkauf
	⇨	3	↘	Rückinfo		Einkauf
	❑	60	↘	Zwischenlagerung		Verkauf
12	●	2	↗	Erstellung AB u./o. Lieferschein	AB/Lieferschein	Verkauf
	❑	60	↘	Zwischenlagerung		Verkauf
	⇨	5	↘	Lieferschein an Versand		Verkauf
	❑	15	↘	Zwischenlagerung		Versand
13	⇨	2	↗	Versand	Versand an Kunden	Versand

Legende:
- ● Bearbeiten
- ○ Prüfen
- ■ In-Process-Prüfung
- ⇨ Transportieren
- ❑ Lagern
- ◆ Altern. Bearbeitung bzw. Nacharbeit
- ↗ Wertschöpfung
- ↘ Verschwendung

allem zur Verbesserung von Durchlaufzeiten sind die Bewegungen und Liegezeiten von entscheidender Bedeutung.

Die einzelnen Prozessschritte können anschließend hinsichtlich Dauer und Wertschöpfung analysiert werden. Dabei reicht es häufig aus, die Bearbeitungs- bzw. Lagerzeiten aufzunehmen und die einzelnen Tätigkeiten dahingehend zu bewerten, ob es sich um Wertschöpfung oder Verschwendung handelt.

Das nachfolgende Beispiel zeigt den Teil eines Prozesses der Auftragsbearbeitung in einem Handelsunternehmen (ähnlich dem Beispiel in Abb. 1.7).

Die Auftragsbearbeitung ist dadurch gekennzeichnet, dass der Auftrag durch viele Hände geht. Die detaillierte Auflistung der einzelnen Bearbeitungs-, Bewegungs- und Lagerschritte zeigt, dass dies zu erheblichen Liegezeiten der Aufträge führt. Bei den in der Tab. 1.5 dargestellten Prozessschritten beträgt die Zeit, die für wertschöpfende Tätigkeiten benötigt wird, weniger als 10 % der Gesamtdurchlaufzeit. Die Durchlaufzeit lässt sich leicht reduzieren, wenn die Anzahl der an der Auftragsabwicklung beteiligten Mitarbeiter reduziert wird, da dann die meisten „Zwischenlagerungen" entfallen. Das heißt, dass der Grad der Arbeitsteilung reduziert wird und die verschiedenen Tätigkeiten nur noch durch einen oder zwei Mitarbeiter ausgeführt werden.

1.3.3 Festlegung und Beschreibung von Prozessen

Bei der Beschreibung von Prozessen müssen alle Elemente eines Prozesses berücksichtigt werden (vergleiche Kapitel 1.3.1.2 „Der einzelne Prozess und seine Bestandteile"). Um die Prozesse vollständig festzulegen, kann beispielsweise ein Flowchart mit beschreibendem Text in Verbindung mit allgemeinen Prozessfestlegungen (z.B. als „Prozesssteckbrief", vergleiche Abb. 3.2. auf Seite 247, oder als „Prozesschart" bezeichnet) verwendet werden. In der Dokumentation können diese Elemente beispielsweise wie folgt berücksichtigt werden:

Tab. 1.6: Festlegung der Prozesselemente in der Managementdokumentation

Prozesselement	Art der Beschreibung
Process Owner (Eigentümer)	Prozessfestlegung („Prozesssteckbrief")
Ziele	Prozessfestlegung („Prozesssteckbrief")
Messung der Leistungsfähigkeit des Prozesses (Kennzahlen)	Prozessfestlegung („Prozesssteckbrief")
Input (Grundlagen)	Flowchart, beschreibender Text, mitgeltende Unterlagen
Ressourcen	beschreibender Text, Zuständigkeiten (personelle Ressourcen)

Prozesselement	Art der Beschreibung
Anstoß	erstes Element des Flowcharts, beschreibender Text
Ablauf	Flowchart, beschreibender Text
Wechselwirkungen	Flowchart (Verbinder zu anderen Prozessen), beschreibender Text
Output	(Ergebnisse) Flowchart, beschreibender Text
Messung am Prozess	Prozessfestlegung („Prozesssteckbrief") und/oder Flowchart, beschreibender Text
Messung am Produkt	beschreibender Text
Vorgehen bei Störungen oder Änderungen	beschreibender Text, teilweise Flowchart
Festlegung und Überwachung von Korrekturmaßnahmen	beschreibender Text, teilweise Flowchart
Verbesserungen	(Aufgabe des Process Owners)

1.3.4 Messung und Optimierung von Prozessen

Die Messung an Produkten/Dienstleistungen und Prozessen im Sinne von Produktprüfungen und Messung von Prozessparametern sind bereits seit langem Bestandteil der ISO 9000 ff.

Eine neue Anforderung der 2000er-Fassung ist die Messung der Leistung der Prozesse (siehe DIN EN ISO 9001:2000 Abschnitt 5.6.2 „Eingaben für die Bewertung" und DIN EN ISO 9004:2000 Abschnitt 8.2.2). Hierzu ist es erforderlich, die Ziele der Prozesse klar zu definieren. Diese Ziele müssen direkt mit den Unternehmenszielen korrelieren bzw. in Einklang stehen.

Aus den Zielen müssen geeignete Messgrößen für die wichtigen Prozesse abgeleitet werden. Diese Messgrößen müssen wiederum repräsentativ für den Grad der Zielerreichung sein.

Bei der Festlegung der Messgrößen ist wichtig, dass die zugehörigen Daten leicht erfasst werden können. Einige wenige Messgrößen, welche für die Erreichung der Unternehmensziele relevant sind, sind besser als eine Fülle von Daten.

Wie im Kapitel 1.3.1.1 „Strukturierung von Prozessen" ausgeführt, ist es sinnvoll, (mindestens) zwei Prozessebenen festzulegen, die beispielsweise als Haupt- und Teilprozesse bezeichnet werden. Es ist sinnvoll, sich bei der Festlegung von Messgrößen (Kennzahlen) auf die Festlegung von Messgrößen für die *Hauptprozesse* zu beschränken, da die Menge der Kennzahlen sonst unüberschaubar wird. Lediglich bei großen Unternehmen kann es sinnvoll sein, für Teilprozesse Kennzahlen festzulegen, wenn es der Umfang der Teilprozesse sinnvoll erscheinen lässt.

Da die Unterstützungsprozesse die Effektivität und Effizienz der (wertschöpfenden) Realisierungsprozesse verbessern, sind die Messgrößen für die Realisierungsprozesse oft auch für die zugehörigen Unterstützungsprozesse relevant. Am bereits verwendeten Beispiel des Instandhaltungsprozesses lässt sich dies verdeutlichen. Das Ziel der Instandhaltung ist die Verbesserung der Verfügbarkeit von Produktionseinrichtungen. Folglich unterstützt die Instandhaltung den Produktionsprozess. Die Verfügbarkeit ist eine Messgröße für die Effizienz des Produktionsprozesses. Die Messgröße für den Realisierungsprozess kann also für den unterstützenden Prozess mitgenutzt werden.

Typischerweise lassen sich Kennzahlen in folgende Kategorien einteilen, und zwar (bezogen auf Prozess oder Produkt):
- Qualität,
- Kosten,
- Zeit.

Eine weitere Kategorie ist (bezogen auf den internen oder externen Kunden):
- Kundenzufriedenheit.

Die Kategorie *Zeit* lässt sich in weitere Kategorien unterteilen:

- Zeit
  - Durchlaufzeit,
  - Liefertreue (Pünktlichkeit),
  - Prozesszeit.

Die Prozesszeit ist die Zeit, die für die eigentliche Bearbeitung benötigt wird (ohne Liege- und Bewegungszeiten). Die Prozesszeit korreliert in der Regel mit den Prozesskosten, weil mit steigender Prozesszeit die Kosten für den Ressourceneinsatz steigen.

Beispiele für Ziele und Kennzahlen zu den Realisierungsprozessen zeigt die nachfolgende Tabelle:

Tab. 1.7: Beispiele für Ziele und Kennzahlen von Realisierungsprozessen (Fortsetzung von vorhergehender Seite)

Prozess	Ziel	Kennzahlen
Marketing und Vertrieb	Ermittlung der Markt- und Kundenanforderungen sowie -zufriedenheit und Beschaffung attraktiver Aufträge	– Auftragseingang – Angebotserfolg (erteilte Aufträge/abgegebene Angebote) – Marktanteil

Prozess	Ziel	Kennzahlen
Produktentwicklung	Termingerechte und wirtschaftliche Entwicklung markt- und kundengerechter, montage- und produktionsfreundlicher, innovativer, zu Zielkosten herstellbarer Produkte/Dienstleistungen	– Time to market – Entwicklungskosten – Anzahl der Änderungen – Anteil der Produktverifizierungen/-validierungen mit „n. i. O."-Ergebnis – Einhaltung der Kundentermine (Prototyp, Erstmuster, SOP) – Einhaltung der Markt-/Kundenforderungen (einschließlich Benchmarks) – Produktherstell-/-montagekosten (einschließlich Benchmarks)
Produktionsprozessentwicklung	Termingerechte Implementierung eines Produktionsprozesses, der in der Lage ist, Produkte wirtschaftlich, beherrscht und fähig zu realisieren	– Stückkosten (versus Zielkosten) – Anteil Erstbemusterungen mit bedingter Freigabe/Rückweisung – Durchschnittlicher Prozessfähigkeitsindex bei SOP – Kosten für die Produktionsprozessentwicklung (versus Budget)
Beschaffung	Beschaffung von Produkten und Dienstleistungen, die eine optimale Kombination aus Innovation, Kosten, Qualität, Entwicklungszeit und Liefertreue bieten	– Anteil qualitätsfähiger Lieferanten – Lieferantenreklamationen – Lieferantenaudits (Auditplan) – Liefertreue von Lieferanten – Status der QM-Systeme von Lieferanten (QSV) – Indizierte Einkaufspreise

Prozess	Ziel	Kennzahlen
Produktion	Kostenoptimale und termingerechte Herstellung anforderungsgerechter Produkte	– Stückkosten – Durchlaufzeiten – Liefertreue – Durch die Produktion verursachte interne Fehlerkosten – Deckungsbeiträge pro Teil – Produktivität Soll-Ist-Vergleich – Messsystemfähigkeit – Maschinenfähigkeit – Prozessfähigkeit – Ausschusskosten – Nacharbeitskosten – Kapazitätsauslastung – Umlaufbestände

Zu beachten ist, dass die genannten Kennzahlen nur Beispielcharakter haben und als Anregung dienen. Ein Kennzahlensystem muss immer individuell auf das einzelne Unternehmen und dessen Prozesse abgestimmt werden.

2 Umsetzung der Einzelanforderungen

2.1 Einleitung

In diesem Kapitel wird erläutert, wie sich einzelne Anforderungen der ISO/TS 16949:2002 und der ISO 9001:2000 in der betrieblichen Praxis umsetzen lassen. Zur besseren Orientierung sind die einzelnen Abschnitte einheitlich strukturiert. Folgende Punkte sind enthalten:

Anforderungen

Anforderungen der ISO 9001:2000

Die wesentlichen Anforderungen der ISO 9001:2000 und die darüber hinausgehenden Anforderungen der ISO/TS 16949:2002 sind stichwortartig zu Beginn eines jeden Abschnitts aufgelistet. Sie dienen als Übersicht, welche Anforderungen mindestens zu erfüllen sind. Die Anforderungen der ISO 9001 sind zu erkennen an einer einfachen Linie am Seitenrand.

Zusätzliche Anforderungen der ISO/TS 16949:2002

Die zusätzlichen Anforderungen der ISO/TS 16949:2002 gegenüber der ISO 9001:2000 sind durch eine doppelte Linie am Seitenrand gekennzeichnet. Dies ermöglicht eine schnelle Orientierung, wenn im ersten Schritt die Anforderungen der ISO 9001 umgesetzt werden sollen oder ein bereits vorhandenes Qualitätsmanagementsystem nach DIN EN ISO 9001:2000 entsprechend den Anforderungen der ISO/TS 16949 erweitert werden soll.

Die Anforderungen der Normenstandards sind jeweils stichwortartig wiedergegeben. In Zweifelsfällen ist es unerlässlich, den genauen Wortlaut der Norm heranzuziehen und im Hinblick auf die individuelle Situation im eigenen Unternehmen zu interpretieren.

Umsetzung

Kern eines jeden Abschnitts sind die Erläuterungen, wie die Anforderungen der Normen in der Praxis umgesetzt werden können. Die Hinweise beruhen auf praktischen Erfahrungen zahlreicher QM-Projekte in kleinen und mittelständischen Unternehmen (typische Größe: 80 bis 1.000 Mitarbeiter). In größeren Unternehmen können komplexere Lösungsansätze erforderlich und möglich sein. Ein typisches Beispiel für unterschiedliche Lösungsansätze ist das Thema Schulung: Bei größeren Unternehmen ist die Personalschulung in der Regel Aufgabe des Personalwesens und anders organisiert als in kleinen und mittelständischen Unternehmen, wo diese Aufgabe oft von den Führungskräften mit übernommen wird. Neben den Anforderungen der ISO/TS 16949:2002 werden teilweise Anforderungen der QS-9000 und des VDA 6.1 erläutert, die über die Anforderungen der ISO/TS 16949:2002 hinausgehen. Dies ist immer dann der Fall, wenn die Anforderungen der QS-9000 und des VDA 6.1 einen wertvollen Beitrag für die Praxis leisten und einen besonderen Nutzen bieten. Die Umsetzung dieser Punkte liegt im Ermessen der QM-Systemverantwortlichen, da sie in der ISO/TS 16949:2002 nicht gefordert sind.

Maßnahmen

Am Ende eines jeden Kapitels steht eine Auflistung aller Maßnahmen, die zur Umsetzung der Anforderungen nötig sind. Es ist zu empfehlen, einen individuellen Maßnahmenplan zu erstellen, der alle Maßnahmen enthält, die im Unternehmen noch nicht umgesetzt sind. Dazu kann ein Formular, wie in Abb. 2.1 dargestellt, benutzt werden. Dies hat den Vorteil, dass die durchzuführenden Maßnahmen klar festgelegt sind, Verantwortlichkeiten und Termine geregelt sind und einfach verfolgt werden können.

2.2 Wichtige Begriffe

Bei den in der ISO 9001:2000 verwendeten Begriffen gibt es zwei wesentliche Punkte, die zum Verständnis wichtig sind: In der ISO 9000:1994 wurde der Begriff „Lieferant" für das Unternehmen benutzt, auf das sich die Anforderungen der Norm beziehen. Dies widersprach dem alltäglichen Sprachgebrauch, in dem der Begriff „Lieferant" für diejenigen Unternehmen benutzt wird, die in der 94er-Norm als „Unterlieferanten" bezeichnet wurden. Mit der 2000er-Ausgabe der ISO 9000 wurden die Bezeichnungen für die Bestandteile der Lieferkette dem allgemeinen Sprachgebrauch angeglichen (siehe Tab. 2.1).

Tab. 2.1: Bezeichnungen der Lieferkette

Bezeichnung der Lieferkette in der	
DIN EN ISO 9000:1994 bzw. ISO/TS 16949:1999	DIN EN ISO 9000:2000 bzw. ISO/TS 16949:2002
Unterauftragnehmer ↓ Lieferant ↓ Kunde	Lieferant ↓ Organisation ↓ Kunde

Firmen-Logo	**Aktionsplan** Zertifizierung ISO/TS 16949:2002	FM 5-1 Seite 1 von 1

Ersteller: M. Cassel	Datum: 19.05.2006	Verantw. für Terminverfolg.: GF	Verteiler: ⇨	GF	QB	DV	alle Ber.ltr.

Maßnahmen	Priorität Aufg. Zeit	Verant-wortl.	Termin	Fortschritt 10, 20 ..., 100 %	Wirksamkeit überprüft
Lenkung der Dokumente					
• Verfahrensanweisung erstellen (ggf. im Laufe bzw. am Ende des Projektes)		QB			
• projektbegleitend Zuständigkeiten für Erstellung / Registrierung / Änderung / Prüfung / Freigabe / Verteilung / Einzug / Archivierung / Aufbewahrung von Vorgabedokumenten festlegen (VA 4-3 benutzen)		alle Be-reichs-leiter			
• projektbegleitend Verteiler festlegen (VA 4-3 benutzen)		alle Be-reichs-leiter			
• jeweils Art der Dokumentation der Änderungshistorie und des Aktualisierungsverfahrens festlegen		alle Be-reichs-leiter			
• ggf. EDV-Statement erstellen zu Datensicherung, Netzwerkbeauftragtem und Virenschutz		DV			
• Verfahren zur (zeitnahen) Verteilung von Dokumenten festlegen, insbesondere bei Produktänderungen		VK, EW			
• gesetzliche Anforderungen bezüglich Aufbewahrungsfristen klären		alle Be-reichs-leiter			
Q-Aufzeichnungen					
• Verfahrensanweisung erstellen (ggf. im Laufe bzw. am Ende des Projektes / Workshops)		QB, DV			
• projektbegleitend Zuständigkeiten für Sammlung / Registrierung / Ablage sowie Verfahren für Aufbewahrung / Pflege / Beseitigung von Qualitätsaufzeichnungen festlegen (VA 4-3 benutzen)		alle Breichs-leiter			
Verantwortung der Leitung					
• Stellenbeschreibungen (Funktionsbeschreibungen) erstellen (FM 5-2 benutzen)		GF			
• Unternehmens- und Qualitätspolitik formulieren		GF			
• Unternehmens- und Qualitätsziele definieren		GF			
• Messgrößen für alle Hauptprozesse festlegen		alle Breichs-leiter			

Dateiname	Stand: X vom 4. Mai. 06

Abb. 2.1: Beispiel für einen Maßnahmenplan

Außerdem ist zum Verständnis der ISO 9000 ff. die Definition des Begriffs „Produkt" wesentlich (vergleiche ISO 9000:2005 [5], Abschnitt 3.4.2): „Ein **Produkt** ist das Ergebnis eines Prozesses."

Dabei ist der **Prozess** ein „Satz von in Wechselbeziehung oder Wechselwirkung stehenden Tätigkeiten, der Eingaben in Ergebnisse umwandelt", also ergibt sich durch Kombination der beiden Definitionen:

> Ein **Produkt** ist das Ergebnis von in Wechselbeziehung oder Wechselwirkung stehenden Tätigkeiten, die Eingaben in Ergebnisse umwandeln.

In einer Anmerkung zur Begriffsdefinition von „Produkt" sind vier übergeordnete Produktkategorien angegeben:
- Hardware,
- Software,
- Dienstleistungen,
- verfahrenstechnische Produkte.

Damit wird klar, dass der Begriff „Produkte" in der DIN EN ISO 9000:2005 weiter gefasst ist als im allgemeinen Sprachgebrauch:

> Der Begriff „Produkte" schließt Dienstleistungen mit ein.

In der DIN EN ISO 9000:2005 wird darauf hingewiesen, dass viele Produkte aus mehreren Komponenten der oben genannten Produktkategorien bestehen. Dies wird am Beispiel des Produkts „Automobil" verdeutlicht, welches Komponenten aus allen Produktkategorien enthält:

Tab. 2.2: Beispiele für verschiedene Produktkategorien (in Anlehnung an DW EN ISO 9000:2005)

Produktkategorie	Beispiel
Hardware	Motor, Chassis, Karosserie, Reifen
Software	Motorsteuerungssoftware, Betriebsanleitung
Dienstleistungen	Zahlungsmöglichkeiten, Garantie
verfahrenstechnische Produkte	Kraftstoff, Kühlflüssigkeit, Schmierstoffe

Anhand des Beispiels wird deutlich, dass die Bedeutung der Produktkategorie „Software" dem allgemeinen Sprachgebrauch entspricht. Der Begriff „Hardware" bezieht sich allerdings abweichend vom Sprachgebrauch nicht auf Rechnerhardware, sondern auf physische (gegenständliche) Produkte.

In diesem Buch ist zum besseren Verständnis in der Regel von Produkten und Dienstleistungen die Rede. *Organisationen* werden auch als *Unternehmen* bezeichnet, und zwar unbeachtet der Tatsache, ob es sich um eine Profit- oder Non-Profit-Organisation handelt.

Neu in der ISO 9001:2000 ist die Unterscheidung in Kundenanforderungen und Produktanforderungen. Dieser Unterschied ist im Kapitel 2.6.3 „Kundenbezogene Prozesse (Abschnitt 7.2)" näher erläutert.

Eine weitere Neuerung ist die spezifische Bedeutung eines „dokumentierten Verfahrens". Dessen Bedeutung wird im Abschnitt 4.2.1 der DIN EN ISO 9001:2000 erläutert:

Dokumentierte Verfahren werden zu folgenden Normabschnitten gefordert:

> Ein **dokumentiertes Verfahren** ist ein festgelegtes, dokumentiertes, verwirklichtes und aufrechterhaltenes Verfahren.

4.2.3	Lenkung von Dokumenten
4.2.4	Lenkung von Aufzeichnungen
6.2.2	Schulung (ISO/TS 16949:2002)
8.2.2	Internes Audit
8.3	Lenkung fehlerhafter Produkte
8.5.2	Korrekturmaßnahmen
8.5.3	Vorbeugungsmaßnahmen

Die Anforderung, diese Prozesse als dokumentierte Verfahren zu beschreiben, sind jeweils in der DIN EN ISO 9001:2000 formuliert. Eine Ausnahme bildet der Prozess „Schulung". Dieser ist ausschließlich in der ISO/TS 16949:2002 als dokumentiertes Verfahren gefordert.

2.3 Qualitätsmanagementsystem (Abschnitt 4)

2.3.1 Allgemeine QMS-Anforderungen (Abschnitt 4.1) und Managementdokumentation (Abschnitt 4.2)

Allgemeine Anforderungen zum QM-System

Anforderungen der ISO 9001:2000

- QM-System aufbauen, dokumentieren, verwirklichen, aufrechterhalten und verbessern
  - Prozesse erkennen,
  - Abfolge und Wechselwirkungen der Prozesse festlegen,

- Kriterien und Methoden zur Durchführung und Lenkung der Prozesse festlegen,
- alle dazu erforderlichen Ressourcen und Informationen verfügbar machen,
- Prozesse überwachen, messen, analysieren,
- Maßnahmen festlegen, um geplante Ergebnisse und die ständige Verbesserung der Prozesse zu erreichen.
- Prozesse in Übereinstimmung mit den ISO 9001-Forderungen leiten und lenken.
- Lenkung ausgegliederter Prozesse (außerhalb der Organisation) im QM-System sicherstellen.

Zusätzliche Anforderungen der ISO/TS 16949:2002

Verantwortung für die Erfüllung der Kundenanforderungen bei ausgegliederten Prozessen wahrnehmen.

Allgemeine Anforderungen zur Dokumentation

Anforderungen der ISO 9001:2000

- Managementdokumentation mit
  - dokumentierter Qualitätspolitik und Qualitätszielen,
  - QM-Handbuch,
  - dokumentierten Verfahren entsprechend den ISO 9001-Forderungen,
  - Dokumenten, die vom Unternehmen zur wirksamen Durchführung und Lenkung von Prozessen benötigt werden,
  - Aufzeichnungen, die von der ISO 9001 gefordert werden.
- Umfang der Managementdokumentation hängt ab von:
  - Art und Größe des Unternehmens,
  - Komplexität und Wechselwirkung der Prozesse,
  - Fähigkeit des Personals.

Qualitätsmanagementhandbuch

- QM-Handbuch erstellen und aufrechterhalten einschließlich
  - Umfang und ggf. begründeter Einschränkung des Anwendungsbereichs,
  - dokumentierter Verfahren oder entsprechender Verweise,
  - Abfolge und Wechselwirkungen der Prozesse,
  - Lenkung des QM-Handbuchs.

2.3.1.1 Allgemeines zum Managementsystem

Im Abschnitt 4 der ISO 9001:2000 sind einige übergreifende Anforderungen an das Qualitätsmanagementsystem formuliert. Teilweise wiederholen sich diese Anforderungen im Abschnitt 7.1 der ISO 9001:2000, dort jedoch mit der Einschränkung, dass sich die Anforderungen nicht auf alle Prozesse im Managementsystem beziehen, sondern nur auf die Realisierungsprozesse. In Verbindung mit diesen Anforderungen sollte die Managementdokumentation folgende Festlegungen enthalten:

- Netzwerk der Geschäftsprozesse (siehe Abb. 1.2. auf Seite 9): Hier sind alle wichtigen Prozesse im Unternehmen in einer Übersicht dargestellt (grafisch oder tabellarisch, s. u.).
- Grundsatzerklärung zum Managementsystem: Die Verbindlichkeit der Festlegungen im Managementsystem für alle Mitarbeiter im Unternehmen wird hier durch die Geschäftsleitung formal und verbindlich erklärt.
- Managementsystem: Hier werden Hinweise zur Orientierung in der Managementdokumentation gegeben.

Auf den Aufbau der Managementdokumentation wird ausführlich im Kapitel 3 dieses Buches eingegangen.

2.3.1.2 Geschäftsprozessübersicht

Die Prozesse, die in Zusammenhang stehen mit der Erstellung des Produkts bzw. der Erbringung der Dienstleistung, sollten als Liste oder grafisch dargestellt werden. Beispiele enthalten Abb. 1.2 auf Seite 9 sowie Abb. 3.7 und Abb. 3.8 auf den Seiten 265 und 267. Diese Darstellungen geben eine Übersicht über sämtliche Geschäftsprozesse und erleichtern damit den Mitarbeitern die Orientierung in der Managementdokumentation. Normalerweise wird jeder Teilprozess der Geschäftsprozessübersicht in einer Verfahrensanweisung bzw. Prozessbeschreibung festgelegt.

Auf der Grundlage dieser Übersicht können die Schlüsselprozesse identifiziert werden. Das sind die für den Unternehmenserfolg wesentlichen Prozesse. Normalerweise sind dies die wertschöpfenden Prozesse und strategisch wichtige Prozesse, d.h. Prozesse, welche die Unternehmensstrategie maßgeblich unterstützen. Bei der Einführung oder Überarbeitung der Managementdokumentation bietet diese Geschäftsprozessübersicht außerdem den Vorteil, dass leichter zu überblicken ist, welche Prozesse bereits bearbeitet sind und welche nicht. Außerdem vereinfacht sie den Mitarbeitern im Unternehmen die Orientierung in der Managementdokumentation und im Managementsystem.

Die Managementdokumentation umfasst alle Dokumente, die qualitätsrelevante Vorgaben enthalten. Zu den Vorgaben zählen:

- Prozesse,
- Abläufe und Wechselwirkungen (mit „Wechselwirkungen" ist das Zusammenspiel von Tätigkeiten und Abläufen gemeint; im allgemeinen Sprachgebrauch als „Schnittstellen" bezeichnet),

- Tätigkeiten,
- Aufgaben, Verantwortlichkeiten und Befugnisse,
- betroffene Produkte, Teilprodukte, Materialien, Dienstleistungen,
- Mittel/Ressourcen,
- zu erstellende Aufzeichnungen.

Der Aufbau einer Managementdokumentation wird im Kapitel 3 dieses Buches ausführlich beschrieben. Dabei werden sowohl eine papierbasierte als auch eine elektronische (papierlose) Dokumentation exemplarisch vorgestellt.

2.3.1.3 Prozessbeschreibung/Verfahrensanweisung

Abfolge und Wechselwirkungen der Prozesse, Kriterien und Methoden zur Ausführung und Überwachung der Prozesse und die Bereitstellung erforderlicher Informationen werden in den einzelnen Verfahrensanweisungen bzw. Prozessbeschreibungen festgelegt. Unter Umständen kann eine Wechselwirkungsmatrix sinnvoll sein, das ist eine Matrix, in der auf beiden Achsen alle Prozesse aufgetragen sind. In der Matrix können dann die Wechselwirkungen der einzelnen Prozesse dargestellt werden. Dies ist insbesondere in größeren Unternehmen sinnvoll, wenn an der Ausführung einzelner Prozesse mehrere Funktionsbereiche beteiligt sind und wenn die Prozesse zahlreich und komplex sind. In kleineren Unternehmen mit hoher Transparenz sind Wechselwirkungsmatrizen in der Regel von geringem Nutzen. Ein Beispiel für Prozesse mit Wechselwirkungen sind die Prozesse „Versand und Rechnungslegung" und „Zahlungseingangsverfolgung", weil die Rechnungslegung der Auslöser für die Zahlungseingangsverfolgung ist. Da teilweise in Zertifizierungsaudits Wechselwirkungsmatrizen gefordert werden, sollte dies mit dem Zertifizierer geklärt werden. Mindestens sollten die Wechselwirkungen in den Verfahrensanweisungen/Prozessbeschreibungen dargestellt werden, z. B. durch Verweise auf die verbundenen Prozesse im Ablaufdiagramm oder in der Ablaufbeschreibung.

Abb. 2.2 bis Abb. 2.4 zeigen ein Formblatt, welches von einzelnen Zertifizierungsgesellschaften im Vorfeld von Zertifizierungsaudits im Automotivebereich verwendet wird, um die kundenorientierten Prozesse (das sind Prozesse, deren Input vom Kunden kommt und deren Output zum Kunden geht, z. B. Realisierungsprozesse) zu identifizieren und die zugehörigen Unterstützungs- und Führungsprozesse zuzuordnen. Das Formblatt entstammt dem IATF-Training für ISO/TS 16949:2002-Zertifizierungsauditoren, die u. a. vom VDA und der DGQ angeboten werden.

Auf dem Formblatt werden zunächst alle kundenorientierten Prozesse aufgelistet sowie die Unterstützungs- und die Managementprozesse. Die Unterstützungs- und Managementprozesse werden den kundenorientierten Prozessen zugeordnet („relevant für …"). Außerdem gibt das Formblatt eine Übersicht über die jeweiligen Eingaben (Inputs) und Ergebnisse (Outputs) sowie über Leistungsindikatoren (Kennzahlen). Es enthält überdies Referenzierungen zur Managementdokumentation und zur ISO/TS 16949:2002. (Anmerkung: Im Beispiel wird der Einfachheit halber auf Seite 2 des Kapitels 2 im Managementhandbuch verwiesen, auf der das in Abb. 1.2 auf Seite 9 gezeigte Netzwerk der Geschäftsprozesse dargestellt ist.)

2.3 Qualitätsmanagementsystem (Abschnitt 4)

Arbeitsblatt „Prozessorientierter Ansatz" zur Auditplanung und Erstellung/Vervollständigung der Bewertungsmethoden

Wir spielen die erste Geige!

Kundenorientierter Prozess (KOP)1):

Prozessmerkmale:	Ja	Nein
Prozesseigner ist vorhanden?		
Prozess ist definiert?		
Prozess ist dokumentiert?		
Prozessverknüpfungen sind hergestellt?		
Prozess wird überwacht?		
Aufzeichnungen werden geführt?		

Sind folgende Fragen zu unterstützenden Prozessen (Risikobewertung) geklärt? Ja Nein
- Womit? (Materialien, Ausrüstung)
- Mit wem? (Fähigkeiten, Schulung)
- Mit welchen Schlüsselindikatoren? (Messung, Prüfung)
- Wo? (Methoden, Techniken)

Unterstützender Prozess / Managementprozess für KOP	Input (I)	Output (O)	Leistungs- indikatoren	Referenzen zur QM-Doku- mentation	ISO/TS 16949:2002 Referenz	Auditbeobachtungen, objektive Nachweise und Feststellungen	Bewertung (NR, OFI, nc, NC)
KOP (1): Anfrage-/ Auftragsbearbeitung	Siehe QMH Kap. 2, S. 2	Siehe QMH Kap. 2, S. 2	Anz. Anfragen, Anz. Aufträge, Trefferquote (Neukunden, Bestandskunden), Auftragseingang	Siehe QMH, Kap. 2, Seite 2	7.2, 7.3		
KOP (2): Auftragsbearbeitung	Siehe QMH Kap. 2, S. 2	Siehe QMH Kap. 2, S. 2	Umsatz, Ergebnis, ppm intern / extern, Qualitätskosten, Anz. Reklam., Nutzungsgrad	Siehe QMH, Kap. 2, Seite 2	7.2, 7.3, 7.4, 7.5		
KOP (3): Abrufbearbeitung	Siehe QMH Kap. 2, S. 2	Siehe QMH Kap. 2, S. 2	Liefertreue, Sonderfahrten	Siehe QMH, Kap. 2, Seite 2	7.4, 7.5		
KOP (4): Reklamationsbearbeitung	Siehe QMH Kap. 2, S. 2	Siehe QMH Kap. 2, S. 2	Anteil Wiederhol- reklamationen	Siehe QMH, Kap. 2, Seite 2	8.3, 8.5.2		
KOP (5): Änderung	Siehe QMH Kap. 2, S. 2	Siehe QMH Kap. 2, S. 2		Siehe QMH, Kap. 2, Seite 2	7.3.7		

Seite 1 von 3

Abb. 2.2: Arbeitsblatt „Prozessorientierter Auditansatz" zur Darstellung der Wechselwirkung der Prozesse, Seite 1: kundenorientierte Prozesse (Quelle des Leerformulars: IATF-Training für interne ISO/TS 16949-Auditoren)

58 2 Umsetzung der Einzelanforderungen

Streichkon CERT	Arbeitsblatt „Prozessorientierter Ansatz" zur Auditplanung und Erstellung/Vervollständigung der Bewertungsmethoden				Wir spielen die erste Geige!	
UP (1): Prüfmittelmanagement (relevant für KOP (2) und (3))	Messaufgabe	Fähiger Prüfprozess	Housekeeping-audits	Siehe QMH, Kap. 2, Seite 2	7.6	
UP (2): Instandhaltung (relevant für KOP (2) und (3))	Instandhaltungs-bedarf	Durchgeführte Instandhaltungs-aktivität	Nutzungsgrad	Siehe QMH, Kap. 2, Seite 2	7.5.1.4, 7.5.1.5	
UP (3): Lieferantenauswahl-/-bewertung (relevant für KOP (1), (2) und (3))	Beschaffungs-bedarf	Qualifizierter Lieferant	Lieferanten-bewertung	Siehe QMH, Kap. 2, Seite 2	7.3, 7.4.1	
UP (4): Überwachung / Messung von Produkten / Prozessen (relevant für alle KOP)	Überwachungs-bedarf	Durchgeführte Überwachung / Prüfung	Verhältnis int. / ext Fehlerkosten	Siehe QMH, Kap. 2, Seite 2	8.2.3, 8.2.4	
UP (5): Statistische Methoden (relevant für KOP (1), (2), (3) und (4))	Bedarf zur Anwendung statistischer Methoden	Angewendete statistische Methode		Siehe QMH, Kap. 2, Seite 2	7.2, 7.3, 7.4, 7.5, 8.1	
UP (6): Produkterhaltung (relevant für KOP (1), (2) und (3))	Notwendigkeit zu Produkt-erhaltungs-maßnahmen	Produkterhaltungs-maßnahmen	Housekeeping-audits	Siehe QMH, Kap. 2, Seite 2	7.5.5	
UP (7): Kennzeichnung / Rückverfolgbarkeit (relevant für alle KOP)	Produkt-ID, Chargen-bezeichnung	Produktkenn-zeichnung, Chargen-aufzeichnungen	Housekeeping-audits	Siehe QMH, Kap. 2, Seite 2	7.5.3	

Seite 2 von 3

Abb. 2.3: Arbeitsblatt „Prozessorientierter Auditansatz" zur Darstellung der Wechselwirkung der Prozesse, Seite 2: unterstützende Prozesse (Quelle des Leerformulars: IATF-Training für interne ISO/TS 16949-Auditoren)

2.3 Qualitätsmanagementsystem (Abschnitt 4)　59

Streichkon CERT			Arbeitsblatt „Prozessorientierter Ansatz" zur Auditplanung und Erstellung/Vervollständigung der Bewertungsmethoden			Wir spielen die erste Geige!
UP (8): Kundeneigentum (relevant für KOP (1), (2) und (3))	Liefervertrag, Kundeneigentum	Sachgerecht behandeltes Kundeneigentum		Siehe QMH, Kap. 2, Seite 2	7.5.4	
UP (9): Dokumenten-, Aufzeichnungslenkung (relevant für alle KOP)	Dokumente, Aufzeichnungen	Aktuelles, zuzuordnendes Dokument / zuzuordnende Aufzeichnung	Housekeeping-audits	Siehe QMH, Kap. 2, Seite 2	4.7.1	
MP: Managementbewertung (relevant für alle KOPs und UPs)	Kennzahlen, Auditberichte, Maßnahmenpläne	Ressourcenplanung, Ziele, Maßnahmen	Kundenbewertung, Investitionen, Erfüllungsgrad (Zielerreichung)	Siehe QMH, Kap. 2, Seite 2	5.6, 6	
MP-Personal / Schulung (relevant für alle KOPs und UPs)	Qualifizierungsbedarf	Qualifizierungsmaßnahmen	Mitarbeiterzufriedenheit, Anz. Schulungen, Housekeeping-audits	Siehe QMH, Kap. 2, Seite 2	6.2	
MP: Datenanalyse / Ständige Verbesserung (relevant für alle KOPs und UPs)	Unternehmens- und Prozessdaten	Korrektur-, Vorbeugungs- und Verbesserungsmaßnahmen	Erfüllungsgrad (Zielerreichung)	Siehe QMH, Kap. 2, Seite 2	8.4, 8.5	
MP: Interne Audits (relevant für alle KOPs und UPs)	Auditplan	Auditberichte, Korrektur-, Vorbeugungs- und Verbesserungsmaßnahmen	Anzahl interne Audits	Siehe QMH, Kap. 2, Seite 2	8.2.2	

Abb. 2.4: Arbeitsblatt „Prozessorientierter Auditansatz" zur Darstellung der Wechselwirkung der Prozesse, Seite 3: Fortsetzung unterstützende Prozesse und Managementprozesse (Quelle des Leerformulars: IATF-Training für interne ISO/TS 16949-Auditoren)

Wie Prozesse gemessen, überwacht, analysiert und Maßnahmen festgelegt werden, um geplante Ergebnisse und Verbesserungen zu erreichen, wird im Kapitel 2.6.1 „Planung der Produktrealisierung (Abschnitt 7.1)" beschrieben.

Die Lenkung ausgegliederter Prozesse (z.B. an Subunternehmer vergebene Prozesse) muss sichergestellt sein. Normalerweise wird diese durch entsprechende vertragliche Vereinbarungen hinsichtlich Vorgehensweise und Berichterstattung, durch Überwachung, Prüfung und/oder Auditierung der ausgegliederten Prozesse bewerkstelligt. Die vereinbarten Maßnahmen müssen so gestaltet sein, dass die Verantwortung für die ausgegliederten Prozesse aktiv wahrgenommen werden kann. Ein typisches Beispiel ist die Terminüberwachung bei extern ausgeführten Tätigkeiten während der Produktentwicklung, ohne die wichtige Kundentermine gefährdet werden könnten (externe Softwareentwicklung, Prototypen- bzw. Musterbau, externe Begutachtungen/Prüfungen usw.).

Aus den im Abschnitt 4.1 der DIN EN ISO 9001:2000 festgelegten allgemeinen Anforderungen und den Dokumentationsanforderungen lassen sich größtenteils keine Einzelmaßnahmen ableiten, sie sind vielmehr bei der Umsetzung aller Einzelforderungen der ISO 9001 zu berücksichtigen.

2.3.1.4 Festlegung des Geltungsbereichs

In der 2000er-Fassung der DIN EN ISO 9000 ff. ist die Unterscheidung zwischen 9001, 9002 und 9003 des 1994er-Standards entfallen. Stattdessen können bestimmte Anforderungen der DIN EN ISO 9001:2000 ausgeschlossen werden. Dies beschränkt sich aber ausdrücklich nur auf die Forderungen des Abschnitts 7 „Produktrealisierung". Bei Ausschluss der Anforderungen des Unterabschnitts 7.3 „Entwicklung" entspricht der Geltungsbereich des Managementsystems dem Umfang der ISO 9002:1994, bei Ausschluss der Anforderungen von 7.3 „Entwicklung", 7.4 „Beschaffung" und 7.5 „Produktion und Dienstleistungserbringung" dem Umfang der ISO 9003:1994.

Die ISO/TS 16949:2002 schränkt die Möglichkeiten hinsichtlich der zulässigen Ausschlüsse weiter ein. Diese beziehen sich lediglich auf den Abschnitt 7.3 „Entwicklung", wenn die Organisation nicht für Produktentwicklung verantwortlich ist. Der Abschnitt 7.3 der ISO/TS 16949:2002 enthält neben den Anforderungen zur Produktentwicklung auch Anforderungen zur Produktionsprozessentwicklung. Letztere dürfen nicht aus dem Managementsystem nach ISO/TS 16949:2002 ausgeschlossen werden.

Einschränkungen des Systems sind Bestandteil der Definition des Geltungsbereichs, der in der Managementdokumentation festgelegt sein muss. In der Dokumentation ist der Ausschluss von Anforderungen zu begründen.

Zu beachten ist bei der Festlegung des Geltungsbereichs, dass die ISO/TS 16949 nur auf Standorte anzuwenden ist, in denen vom Kunden spezifizierte Produkte für Produktion oder Wartung (Serien- und Ersatzteile) hergestellt werden. Entwicklungszentren, Unternehmenszentralen und Vertriebszentren können nicht eigenständig nach ISO/TS 16949:2002 zertifiziert werden. Eine Zertifizierung ist nur in Verbindung mit einer Auditierung des Produktionsstandortes möglich, damit alle Prozesse einschließlich ihrer Wechselwirkungen durchgängig auditiert werden können. Gegebenenfalls muss sich also der Geltungsbereich über Produktionsstandorte und über Entwicklungszentren, Unternehmenszentralen und Vertriebszentren erstrecken.

Wesentliche Voraussetzung für eine Zertifizierung des Managementsystems ist die Konformität der festgelegten Verfahren mit dem Bezugsstandard (DIN EN ISO 9001:2000, ISO/TS 16949 bzw. QS-9000 und/oder VDA 6.1) und der Nachweis der Umsetzung im Unternehmen.

Zusammenfassung der erforderlichen Maßnahmen:
- Prozesse innerhalb des Managementsystems ermitteln und ggf. Netzwerk der Geschäftsprozesse bzw. Geschäftsprozessübersicht erstellen.
- Wechselwirkungen darstellen und ggf. Wechselwirkungsmatrix erstellen.
- Geltungsbereich des QM-Systems festlegen (ggf. einschließl. begründeter Ausschlüsse).
- Managementdokumentation erstellen/überarbeiten.
- Erforderliche Verfahrensanweisungen/Prozessbeschreibungen festlegen.

2.3.2 Dokumentationsanforderungen: Lenkung von Dokumenten und Qualitätsaufzeichnungen (Abschnitt 4.2)

Lenkung von Dokumenten

Anforderungen der ISO 9001:2000

- Verfahren zur Lenkung qualitätsrelevanter Dokumente einführen.
- Dokumentiertes Verfahren einführen, um sicherzustellen, dass Dokumente
  – vor Ausgabe auf Angemessenheit geprüft werden,
  – bewertet, erforderlichenfalls aktualisiert und erneut freigegeben werden,
  – mit Revisionsstand gekennzeichnet werden,
  – aktuell an den jeweiligen Einsatzorten verfügbar sind,
  – lesbar, leicht erkennbar und wiederauffindbar sind,
  – externer Herkunft gekennzeichnet und gelenkt verteilt werden,
  – gekennzeichnet bzw. vor Verwendung geschützt werden, wenn sie veraltet sind und aufbewahrt werden.

Zusätzliche Anforderungen der ISO/TS 16949:2002

Technische Vorgaben

- Technische Vorgaben unverzüglich (innerhalb zwei Wochen) bewerten, verteilen und verwirklichen
  – Datum der Umsetzung von Änderungen in der Fertigung aufzeichnen,
  – Dokumentenaktualisierung beachten.

Lenkung von Qualitätsaufzeichnungen

Anforderungen der ISO 9001:2000

- Lenkung von Qualitätsaufzeichnungen zum Nachweis
  - der Erfüllung von Forderungen,
  - der Wirksamkeit des QM-Systems.
- Qualitätsaufzeichnungen müssen lesbar, leicht erkennbar und wiederauffindbar sein.
- Verfahren festlegen und aufrechterhalten zur Kennzeichnung, Aufbewahrung, Wiederauffindung, zum Schutz, zur Aufbewahrungszeit und zur Verfügbarkeit.

Zusätzliche Anforderungen der ISO/TS 16949:2002

Aufbewahrung von Aufzeichnungen

- Gesetzliche und behördliche Anforderungen sowie Kundenanforderungen bei der Lenkung von Aufzeichnungen berücksichtigen.

2.3.2.1 Allgemeines zu Dokumenten und Aufzeichnungen

Die ISO 9001 unterscheidet zwischen *Dokumenten* und *Aufzeichnungen*, da diese aus der Sicht des Qualitätsmanagements ganz unterschiedliche Aufgaben haben. Im Gegensatz zum alltäglichen Sprachgebrauch sind „Dokumente" Unterlagen, die Vorgabecharakter haben. Das sind typischerweise organisatorische Vorgaben oder produkt-/auftrags-/projektbezogene Vorgaben.

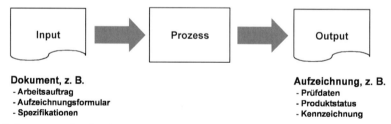

Abb. 2.5: Dokumente und Aufzeichnungen

2.3.2.2 Dokumente

„Dokumente" im Sinne des Qualitätsmanagements sind Unterlagen, die:
- die Funktion des Qualitätsmanagementsystems gewährleisten (Managementhandbuch, Verfahrensanweisungen, Arbeitsanweisungen, Prüfanweisungen, Formulare, Checklisten etc.);
- allgemein gültigen Charakter haben wie z. B. Organisationsanweisungen, interne Normen, Organisationshandbuch etc.;

- für die Bestell- und Auftragsabwicklung benötigt werden wie z. B. Kundenbestellungen, Kundenzeichnungen, Spezifikationen, Arbeitspläne, Beschaffungsunterlagen, Parameterdateien für Produktionsmaschinen etc.;
- für die Projektabwicklung maßgebend sind wie z. B. Projektauftrag, Pflichtenheft, Projektplan, Produktspezifikationen etc.

Ein „gelenktes" Dokument zeichnet sich dadurch aus, dass es die Voraussetzungen erfüllt, immer in der aktuellen Ausgabe bzw. Version identifizierbar und verfügbar zu sein. Dazu gehören mindestens die eindeutige Kennzeichnung (eindeutiger Dokumentenname/eindeutige Dokumentennummer) und ein Änderungsstand (Datum und optional Änderungsindex) sowie einer Kennzeichnung der derzeitigen Gültigkeit/Aktualität (Historie, Liste aktueller Dokumente oder Ähnliches). Dokumente unterliegen in der Regel einem Änderungsdienst.

Für Unterlagen gelten zwei wichtige Grundsätze:

> So viel Papier wie nötig, so wenig wie möglich!

Jeder soll die für eine optimale Ausführung seiner Arbeit nötigen Informationen erhalten, ohne in einer Papierflut zu ersticken. Der Grundsatz gilt auch für Daten auf elektronischen Medien; speziell E-Mail-Systeme können diesbezüglich leicht ausarten. Und:

> Information ist Bringschuld!

Der Informationsfluss funktioniert im Normalfall nur, wenn wichtige Informationen durch den „Sender" aktiv an den „Empfänger" weitergeleitet werden. Besteht eine Holpflicht, so ist eine leichte Verfügbarkeit wichtig, was z. B. durch eine Bereitstellung im PC-Netzwerk gewährleistet werden kann.

2.3.2.3 Zuständigkeiten und Verteiler

Für alle Dokumente sind die Zuständigkeiten für die Erstellung, Registrierung, Prüfung, Freigabe, Verteilung, Einzug, Änderung und Archivierung festzulegen sowie der Verteilerschlüssel. Dazu kann z. B. die Matrix aus Abb. 2.6 verwendet werden. Falls noch nicht vorhanden, müssen alle im Unternehmen benutzten Dokumente (das sind Unterlagen und Daten mit Vorgabecharakter) und Aufzeichnungen (alle Unterlagen oder Dateien/Datenbanken, die Aufzeichnungen enthalten) aufgelistet werden. Dies wird zweckmäßigerweise an die einzelnen Bereiche delegiert, so dass zunächst bereichsbezogene Listen entstehen. Diese können dann dezentral in den Bereichen gepflegt werden oder zentral durch die Qualitätsstelle oder den für EDV/Organisation zuständigen Bereich (falls vorhanden). Eine Alternative ist, dass die Dokumente den Prozessen zugeordnet werden und die Prozesseigentümer für die Sicherstellung der Dokumentenlenkung verantwortlich sind. Zu erfassen sind alle qualitätsrelevanten Unterlagen, und zwar sowohl intern verwendete Unterlagen als auch externe Unterlagen (von Kunden, Lieferanten und von Dritten, das sind z. B. Unterlagen von Behörden und Verbänden sowie Normen, Gesetze etc.).

Zuständigkeiten und Verteiler
Dokumente und Aufzeichnungen

VA 4-3
Seite 1 von 2

Dokument/Aufzeichnung	Zuständigkeiten								Verteilerplan														
	Erstellung/Registrierung/Änderung	Prüfung/Freigabe	Verteilung/Einzug	Archivierung	Änderungskennzeichnung Datum	Index	Aufbewahrung (Jahre)	Detailregelung bzw. Ablagekriterium	GF	QB	UB	QT	CR L	PA	VT	TB	AV	Fi-Bu	PR	BE	WZ	WE/WA	BL	Kunde
2. Organisation																								
Organigramm	D	GF	GF			x		10 J																	
Funktionsbeschreibungen	D	GF	GF			x		10 J																	
Netzwerk der Geschäftsprozesse	D	GF	GF			x		10 J																	
4. Managementsystemdokumentation																								
QM-Handbuch, Formulare	D	QB	QB/UB	QB	QB	x		10 J	VA 4-1	1	1		1		1	1	1	1	1	1	1	1	1	
Verfahrens-, Arbeits-, Prüfanweisungen	D	AV	AV	AV	AV	x		5												1					
Normen, Vorschriften und gesetzliche Regelungen	D			BL	BL			10					1							1				1	
5. Verantwortung der Leitung																								
Bestellungsschreiben	D	GF	GF			x		unbefristet																	
Managementberichte	A	QB	QB	QB	QB	x		10 J			1		1					1							
Aufbau Managementbericht FM 5-3	D	QB	GF	QB	QB	x		10 J			1														
6. Management von Ressourcen																								
Schulungsplan FM 6-1	D	QB	GF	QB	QB	x		K+5			1														
Interne Schulung FM 6-2	D/A	QB	GF	QB	QB	x		K+5			1														
Checkliste Angestellte FM 6-3	D	QB	GF	QB	QB	x		K+5			1														
Checkliste Gewerbliche FM 6-6	D	QB	GF	QB	QB	x		K+5			1														
Interne Schulung Sicherheitsbelehrung gemäß UVV 1.0 FM 18-5	D/A	SB*	GF	QB	QB	x		K+5																	
Werkzeugwartungsbericht FM 6-9	A	WZ	WZ	WZ	WZ	x		A+5													1	1	1		
Wartungspläne	D	WZ	WZ	WZ	WZ	x		A+5													1	1	1		
Sicherheitsdatenblätter	D	Lieferant		UB	UB			K+5																	

VT*: alle Mitarbeiter aus VT, QT, AV, PR   SB*: Sicherheitsbeauftragter   bB*: bei Bedarf

Dateiname   Stand: J vom 01. Aug. 2005

Abb. 2.6: Beispiel für eine Matrix für Zuständigkeiten und Verteiler von Dokumenten und Aufzeichnungen

Erfahrungsgemäß wird in Unternehmen verstärkt Standardsoftware unter Windows (Textverarbeitung, Tabellenkalkulation, Grafikprogramme etc.) benutzt, was häufig eine „wilde" Dateiablage mit sich bringt (z. B. in User-Verzeichnissen, d. h. personenbezogenen Verzeichnissen). Die Gefahr ist groß, dass auf diese Weise viele Informationen im Gestrüpp der Dateiverzeichnisse nahezu unwiederbringlich verloren gehen. Daher ist dringend zu empfehlen, die Vergabe von Dateinamen von wichtigen Dokumenten und Aufzeichnungen und deren Ablage in einer sinnvollen Verzeichnisstruktur in diesem Zusammenhang mitzuorganisieren. Eine Alternative ist die Benutzung von Programmen zur Dokumentenverwaltung oder Datenablage.

Als Verteilungsverfahren kann ein „Normalverfahren" festgelegt werden, welches beispielsweise aus der Verteilung sowie der Vernichtung oder Kennzeichnung („ungültig") der überholten Unterlage durch den Empfänger besteht. Für besonders wichtige Unterlagen kann ein „spezielles Änderungsverfahren" (oder mehrere Verfahren) festgelegt werden, z. B. mit Rücksendung der überholten Unterlage, mit Rückbestätigung durch den Empfänger oder mit aktivem Einzug durch die verteilende Stelle. Ein gängiges Verfahren zur Kennzeichnung von „gelenkten" (d. h. durch Einzug und Verteilung aktualisierte) Zeichnungskopien (oder anderen wichtigen Dokumenten, die möglicherweise aktualisiert werden müssen) ist die Verwendung von z. B. roter Stempelfarbe für den Verteilerstempel. Nicht autorisierte Zeichnungskopien (oder Kopien anderer Dokumente) können so von gelenkten Zeichnungskopien unterschieden werden.

E-Mail-Verteiler streuen oft zu breit und führen so zu Mehrarbeit.

Ein aktuelles Problem im Zusammenhang mit der Verteilung von Informationen ist die Nutzung von E-Mails. In der Regel werden E-Mails zu breit gestreut. Dadurch wird der Zeitaufwand für das Lesen der E-Mails immens. Ein weiteres häufig anzutreffendes Problem ist, dass die E-Mail mehrere angesprochene Empfänger zu Aktionen veranlasst, was Doppel- oder Mehrfacharbeit verursacht. Zur Vermeidung derartiger Probleme ist zu empfehlen, für die Nutzung von E-Mails Regeln aufzustellen. Um zu erreichen, dass nur eine Person durch eine E-Mail zu einer Aktion veranlasst wird, kann beispielsweise die Regel aufgestellt werden, dass pro E-Mail nur ein Empfänger angegeben werden darf. Alle anderen Personen erhalten nur eine als solche gekennzeichnete und erkennbare Kopie (in den meisten E-Mail-Programmen geschieht dies über das CC-Feld).

Die Zuständigkeiten für die Änderung von Dokumenten werden z. B. in einer Matrix nach Abb. 2.6 festgelegt. Eine mögliche Regelung ist, dass nur die Dokumentenersteller zur Dokumentenänderung autorisiert sind. Die Nachvollziehbarkeit von Änderungen kann durch unterschiedliche Maßnahmen sichergestellt werden, z. B. durch Archivierung der überholten Unterlagen oder Führen einer Änderungshistorie im Dokument selber (wie bei Zeichnungen üblich oder bei Microsoft Word-Dokumenten mit der Versionsverwaltung möglich) oder als separate Aufzeichnung.

Die Änderung von Managementdokumenten (Handbuch, Verfahrens-, Arbeits- und Prüfanweisungen, Formulare) sollte komplett oder bereichsweise zentralisiert werden. Eine sinnvolle Festlegung ist z. B. die zentrale Verwaltung von Handbuch, Verfahrensanweisungen und Formularen (hier könnte noch weiter nach bereichsübergreifenden und bereichsinternen Dokumenten differenziert werden) verbunden mit einer bereichsweisen Verwaltung von Arbeits- und Prüfanweisungen. In prozessorientierten Managementsystemen kann der „Prozess-Eigentümer" (Process Owner) für die Pflege und Aktualisierung der Verfahrensanweisungen (Prozessbeschreibungen) sowie der zugehörigen Arbeits- und Prüfanweisungen, Formulare etc. zuständig sein.

2.3.2.4 Technische Vorgaben

Für besonders wichtige Unterlagen (das sind insbesondere Normen und Spezifikationen vom Kunden einschließlich deren Änderungen) ist eine „rechtzeitige" Bewertung nachzuweisen. Das heißt insbesondere, dass der zeitliche Ablauf der Bewertung mit den Terminplanungen des Kunden harmoniert. Die konkrete Anforderung der ISO/TS 16949:2002 ist, dass die Bewertung unverzüglich, längstens innerhalb von zwei Wochen erfolgt. Die rechtzeitige Bewertung kann beispielsweise durch einen Eingangsdatumsstempel der Änderungen in Verbindung mit einem Datumsvermerk z.B. auf einer Änderungscheckliste oder einer Checkliste zur Herstellbarkeitsbewertung nachgewiesen werden, eventuell auch durch einen Verteilerdatumsstempel. Die Bewertung innerhalb von zwei Wochen bedeutet nicht, dass die technischen Vorgaben innerhalb von zwei Wochen umgesetzt sein müssen, sondern dass die Unterlagen gesichtet worden sind und weitere Maßnahmen festgelegt sind. Bei umfangreichen Dokumenten wie Qualitätssicherungsvereinbarungen kann die Bewertung darin bestehen, wer welche Teile der QSV zu prüfen hat, bei Änderungen einer technischen Richtlinie eines Kunden kann die Bewertung eine Prüfung der technischen Umsetzbarkeit beinhalten sowie eine Überprüfung, welche Produkte betroffen sind und welche Maßnahmen sich daraus ableiten.

Darüber hinaus muss gewährleistet sein, dass in den Kundenspezifikationen enthaltene relevante und wichtige Anforderungen durchgängig umgesetzt werden. Ein Beispiel ist eine kundenspezifische Anforderung an die Prozessfähigkeit $C_{pk} = 2,0$. Hierzu muss es einen Prozess (im Sinne von definiertem Ablauf) geben, in dem diese Anforderungen geprüft und bewertet werden (z.B. hinsichtlich Realisierbarkeit), in dem ermittelt wird, für welche Produkte die Anforderungen relevant sind und wie die Anforderungen in die bestehenden Vorgaben eingepflegt werden müssen. Dies können beispielsweise Verfahrens-, Arbeits- oder Prüfanweisungen oder projekt- und/oder kundenbezogene Vorgaben sein. Wie bereits erwähnt, ist bei komplexen technischen Vorgaben eine Abarbeitung innerhalb von zwei Wochen nicht immer möglich. Es reicht aus, die notwendigen Aktivitäten zur Prüfung der technischen Vorgaben und deren Umsetzung innerhalb der zwei Wochen festzulegen. Der Nachweis der Bewertung innerhalb der vorgegebenen Frist kann z.B. durch Eingangsdatumsstempel in Verbindung mit dem Erstellungsdatum des Aktivitätenplans nachgewiesen werden.

Das Verfahren zur Bewertung technischer Vorgaben kann Bestandteil des Verfahrens zur Lenkung von Änderungen (Änderungsmanagement) sein. Für Produktänderungen ist in der Regel ein komplexeres Verfahren zur durchgängigen Einführung sinnvoll. Hierzu kann beispielsweise eine Checkliste erarbeitet werden, in der alle durchzuführenden Änderungen von Dokumenten (Zeichnungen, Auftragsunterlagen, Prüfanweisungen etc.) und alle erforderlichen Aktivitäten festgelegt werden (in der Checkliste werden die für die jeweilige Änderung relevanten Punkte angekreuzt; die Durchführung kann jeweils durch Eintrag von Name, Datum und Unterschrift in vorgesehene Felder bestätigt werden). Bei aufwendigen Änderungen kann die Erstellung eines Projektplans sinnvoll sein. Aus Gründen der Nachvollziehbarkeit muss insbesondere das Datum aufgezeichnet werden, an dem die Änderung in der Produktion umgesetzt wird (typischerweise im Teilelebenslauf).

2.3.2.5 Aufzeichnungen

Aufzeichnungen im Sinne des Qualitätsmanagements sind Unterlagen und Daten wie Prüfberichte und -aufzeichnungen, Aufzeichnungen zu Kundenaufträgen, Erprobungsdaten und Freigabeprotokolle aus der Entwicklungsphase, Materialüberprüfungsberichte, Qualitätsaufzeichnungen von Lieferanten, Ergebnisse der Lieferantenbeurteilung und -bewertung, Protokolle der Managementbewertung, Auditberichte, Schulungsnachweise, Kalibrierdaten, Qualitätsberichte und -analysen etc.

Die Unterscheidung zwischen Dokumenten und Aufzeichnungen fällt häufig schwer. Dokumente zeichnen sich dadurch aus, dass sie Vorgabecharakter haben und geändert werden können, also dem Änderungsdienst unterliegen. Aufzeichnungen werden grundsätzlich nicht geändert (abgesehen von unmittelbaren Korrekturen); eine Änderung von Aufzeichnungen wäre praktisch „Urkundenfälschung". Die Schwierigkeiten bei der Bestimmung, ob es sich bei einer Unterlage um ein Dokument oder um eine Aufzeichnung handelt, liegen darin begründet, dass viele Unterlagen sowohl Dokument als auch Aufzeichnung sind. So hat eine Checkliste gleichzeitig Dokumentencharakter (sie gibt die abzuarbeitenden Checkpunkte vor) und Aufzeichnungscharakter (durch Abhaken bzw. Aufzeichnung von Ergebnissen). Die Checkliste ist als Formular ein Dokument, für dessen Erstellung und Pflege die Zuständigkeiten festzulegen sind. Für die (ausgefüllte) Checkliste als Aufzeichnung müssen ebenfalls Zuständigkeiten festgelegt werden (Erstellung, Archivierung usw.). Die Zuständigkeiten für Erstellung, Prüfung usw. sollten nicht für jedes Formular einzeln, sondern zusammengefasst für alle Formulare oder Gruppen von Formularen festgelegt werden. Ein weiteres Beispiel ist eine Stückliste, die eine Aufzeichnung von Entwicklungsergebnissen ist (Output), dann aber der Produktion als Vorgabe dient (Input). In diesem Fall kann es sinnvoll sein, die Stückliste in der Zuständigkeitsmatrix sowohl als Dokument als auch als Aufzeichnung aufzuführen.

In den Vorgabedokumenten (z. B. Verfahrens- und Arbeitsanweisungen) sind Umfang, Art und Zeitpunkt zur Erstellung von Qualitätsaufzeichnungen festzulegen. Die Verantwortlichkeiten und Abläufe zur Erstellung, Identifikation, Sammlung, ggf. Auswertung (und Verteilung der Auswertung), Aufbewahrung, Lagerung und Pflege aller festgelegten Qualitätsaufzeichnungen sind festzulegen. Die Zuständigkeiten können beispielsweise in der Dokumenten- und Aufzeichnungsmatrix festgelegt werden (siehe Abb. 2.6). Bei Bedarf kann je eine Matrix für Dokumente und Aufzeichnungen erstellt werden. Eine Aufteilung kann auch sinnvoll sein für verschiedene Dokumenten- bzw. Aufzeichnungsgruppen oder nach Funktionsbereichen.

Aus Gründen der Nachvollziehbarkeit müssen für Dokumente und Aufzeichnungen Identifikations- und Ablagekriterium festgelegt werden, zur Wiederauffindbarkeit müssen zusätzlich Art und Ort der Aufbewahrung festgelegt werden.

Unter Berücksichtigung gesetzlicher Bestimmungen, Kundenanforderungen und ggf. Normanforderungen müssen Aufbewahrungsfristen festgelegt werden. Eine gängige Kundenforderung deutscher Automobilhersteller ist die Umsetzung der Festlegungen des VDA Band 1 „Nachweisführung – Leitfaden zur Dokumentation und Archivierung von Qualitätsforderungen" [30]. Hinweise auf typische Festlegungen geben die Anforderungen der QS-9000 und des VDA 6.1 (siehe Tab. 2.3). In der DIN EN ISO 9001:2000 und der ISO/TS 16949:2002 sind keine konkreten Aufbewahrungsfristen festgelegt.

Tab. 2.3: Aufbewahrungsfristen nach QS-9000 und VDA 6.1

VDA 6.1	QS-9000
1 Jahr nach Produktauslauf	
- Produkt-/Prozessfreigaben - Werkzeugprüfberichte - Kaufverträge und Ergänzungen dazu etc.	- Produktionsfreigaben - Werkzeugberichte - Bestellungen - Produktänderungen
Produktänderungen 1 Jahr nach Ablauf des Kalenderjahrs	
	- Aufzeichnungen über Qualitätsleistung (Qualitätsregelkarten, Prüf- und Testergebnisse)
2 Jahre	
- Aufzeichnungen über Qualitätsleistung (Qualitätsregelkarten, Prüfergebnisse, ppm-Aufstellungen etc.)	
3 Jahre	
- Berichte für die (oberste) Leitung - Aufzeichnungen über interne Qualitätsaudits, QM-Bewertungen usw.	
länger	
- Dokumente mit besonderer Archivierung, siehe VDA Band 1 [30]	

Weitere Aufbewahrungsfristen für finanzbezogene, zivilrechtliche und sicherheitsrelevante Aufzeichnungen werden vom Gesetzgeber definiert. Hier sind als Quellen zu nennen:

Tab. 2.4: Beispiele für gesetzliche Aufbewahrungsfristen (Hinweis: Diese Angaben erheben keinen Anspruch auf Vollständigkeit und Aktualität!)

Handelsgesetzbuch (§ 257 HGB)	6 Jahre	Handelsbriefe
	10 Jahre	Handelsbücher, Inventare, Eröffnungsbilanzen, Jahresabschlüsse, Lageberichte, Konzernabschlüsse, Konzernlageberichte, Buchungsbelege
Gefahrstoffverordnung (§ 20 GefStoffV)	2 Jahre	Unterweisungen im Umgang mit Gefahrstoffen
Strahlenschutzverordnung (§ 38 StrlSchV)	5 Jahre	Unterweisungen bei Durchführung von Betriebstätigkeiten in Kontrollbereichen
	1 Jahr	Unterweisung sonstiger Personen bei Zutritt von Kontrollbereichen
Produkthaftungsgesetz (§§ 12, 13 ProdHaftG)	3 Jahre	Verjährung nach Eintritt eines Schadens
	10 Jahre	Erlöschen von Ansprüchen nach Inverkehrbringen eines Produkts

Die Aufbewahrung von Dokumenten und Aufzeichnungen muss so erfolgen, dass die Lesbarkeit der Unterlagen gewährleistet bleibt und Schutz vor Verlust oder Beschädigung (Feuer, Wasser, Entmagnetisierung von Datenträgern usw.) gegeben ist. Eventuell sind Sicherungskopien, Redundanzen usw. vorzusehen.

2.3.2.6 Gesetze, Normen und Kundenrichtlinien

Um allen Mitarbeitern im Unternehmen transparent zu machen, welche Gesetze, Normen und Kundenrichtlinien jeweils aktuell sind, ist es zweckmäßig, Übersichtslisten zu erstellen und aktuell zu halten (z. B. mit einem Formular wie in Abb. 2.7 dargestellt). Die Listen können entweder in Papierform oder als Rechnerdokumente (Liste, die mit Textverarbeitung, Tabellenkalkulation oder einer Datenbank erstellt wurde oder im HTML-Format) geführt werden. Rechnergestützte Dokumente sind in der Regel wegen des geringeren Verteileraufwands wesentlich einfacher zu pflegen als Papierdokumente. Dazu sollte im DV-Netz-

Firmen-Logo	Übersichtsliste **Normen und Richtlinien**		FM 4-1 Seite 1 von 1	

Norm / Richtlinie	Ausgabe	Titel	Aufbewahrung	Bemerkung / letzte Aktualisierung
DIN EN ISO 9001	2000-12	Qualitätsmanagementsysteme; Anforderungen	QB	
DIN EN ISO 9000	2000-12	Qualitätsmanagementsysteme; Grundlagen und Begriffe	QB	
DIN ISO 10 011-1	1992-06	Leitfaden für das Audit von QM-Systemen	QB	ersetzt durch 19011
DIN EN 10051	1997-11	Kontinuierlich warmgewalztes Blech und Band ohne Überzug aus unlegierten und legierten Stählen	QB	
DIN EN 10111	1998-03	Kontinuierlich warmgewalztes Band und Blech aus weichen Stählen zum Kaltumformen; technische Lieferbedingungen	QB	
DIN EN 10130	1999-02	Kaltgewalzte Flacherzeugnisse aus weichen Stählen zum Kaltumformen; technische Lieferbedingungen	QB	
DIN EN 10131	1992-01	Kaltgewalzte Flacherzeugnisse ohne Überzug aus weichen Stählen sowie aus Stählen mit höherer Streckgrenze zum Kaltumformen; Grenzabmaße und Formtoleranzen	QB	
DIN EN 10140	1996-10	Kaltband; Grenzabmaße und Formtoleranzen	QB	
DIN EN 10149-1	1995-11	Warmgewalzte Flacherzeugnisse aus Stählen mit hoher Streckgrenze zum Kaltumformen; allgemeine Lieferbedingungen	QB	
DIN EN 10204	1995-08	Metallische Erzeugnisse; Arten von Prüfbescheinigungen	QB	
DIN EN 10268	1999-02	Kaltgewalzte Flacherzeugnisse mit hoher Streckgrenze zum Kaltumformen aus mikrolegierten Stählen; technische Lieferbedingungen	QB	
DIN EN 20898-2	1994-02	Mechanische Eigenschaften von Verbindungselementen Teil 2; Muttern mit festgelegten Prüfkräften; Regelgewinde	QB	
DIN EN 20898-7	1995-04	Mechanische Eigenschaften von Verbindungselementen Teil 7; Torsionsversuch und Mindest-Bruchdrehmomente für Schrauben mit Nenndurchmessern 1 mm bis 10 mm	QB	
DIN ISO 2768-1	1991-06	Allgemeintoleranzen; Toleranzen für Längen- und Winkelmaße ohne einzelne Toleranzeintragung	QB	
DIN ISO 2768-2	1991-04	Allgemeintoleranzen; Toleranzen für Form und Lage ohne einzelne Toleranzeintragung	QB	
Dateiname			Stand: X vom 03. Mai 2006	

Abb. 2.7: Beispielformular für eine Liste aktueller Normen und Richtlinien

werk ein Verzeichnis eingerichtet werden, auf das alle Mitarbeiter im Unternehmen zugreifen können. Werden diese Listen aktualisiert, sollten alle betroffenen Mitarbeiter informiert werden, z. B. mit Hilfe von E-Mails.

> **Tipp:** Für Normen bietet der *Beuth Verlag* einen Aktualisierungsservice, wobei dem Abonnenten monatlich eine Liste über zurückgezogene Normen und Veränderungen von Normen zugesandt wird, und zwar bezogen auf eine individuelle Auswahl der von ihm benutzten Normen (es handelt sich hierbei nicht um ein kostspieliges Normenabo). Für Abonnenten gibt es außerdem Rabatte beim Erwerb der Normen selber.
>
> Der jeweils aktuelle Stand der Normen kann auch durch eine Recherche im Internet auf der Homepage des Beuth Verlags überprüft werden (*http://www.beuth.de*).
>
> Zu empfehlen ist außerdem der Sammelband „Qualitätsmanagement, Statistik, Umweltmanagement", der zahlreiche Normen zum Qualitäts- und Umweltmanagement enthält – zu einem Bruchteil des Preises der Einzelnormen [49].
>
> Neue gesetzliche und steuerliche Regelungen werden im Bundesgesetzblatt veröffentlicht (im Bundesanzeiger, erhältlich bei der Bundesanzeiger Verlagsgesellschaft mbH, Pf. 100534 in 50445 Köln, *http://www.bundesanzeiger.de*) bzw. im Bundessteuerblatt (Teil 1 und 2, erhältlich beim Stollfuß-Verlag, Pf. 2428 in 53014 Bonn, *http://www.stollfuss.de*). Informationen können auch übers Internet abgerufen werden (Bundesministerium der Justiz: *http://www.bundesjustizministerium.de*, Bundesministerium der Finanzen: *http://www.bundesfinanzministerium.de*).
>
> Alle bundesdeutschen Gesetze und Verordnungen können in einer nicht amtlichen Fassung im Internet abgerufen werden unter *http://bundesrecht.juris.de*. Als amtliche Fassung der Gesetzestexte gilt ausschließlich das Bundesgesetzblatt.
>
> **Anmerkung:** Das Internet ist ein äußerst schnelllebiges Medium. Daher ist es möglich, dass die hier angegebenen Internetadressen nicht dauerhaft verfügbar bzw. aktuell sind. Auf unserer Homepage bieten wir eine Link-Sammlung an, die ständig aktualisiert wird. Diese ist erreichbar unter *http://www.michael-cassel.com*.

> *Zusammenfassung der erforderlichen Maßnahmen:*
> - Liste aller qualitätsrelevanten Dokumente und Aufzeichnungen erstellen.
> - Zuständigkeiten, Aufbewahrungsfristen, Änderungskennzeichnung und Verteiler von Dokumenten und Aufzeichnungen festlegen.
> - Verfahren zur Verteilung von Dokumenten festlegen.
> - Verfahren zur Lenkung von Qualitätsaufzeichnungen festlegen.
> - Nachvollziehbarkeit von Änderungen durch Dokumentenhistorien sicherstellen.
> - Maßnahmen zum Schutz von Dokumenten und Aufzeichnungen ergreifen, insbesondere zum Schutz von EDV-Daten.

- Aktualität und Verteilung (Bekanntgabe) von externen Dokumenten wie Gesetze, Normen und Kundenrichtlinien sicherstellen.
- Prozess zur rechtzeitigen Bewertung, Verteilung und Verwirklichung technischer Normen, Vorgaben und Kundenänderungen festlegen.

2.4 Verantwortung der Leitung (Abschnitt 5)

2.4.1 Verpflichtung der Leitung (Abschnitt 5.1)

Anforderungen der ISO 9001:2000

- Die oberste Leitung ist verpflichtet:
  - zur Entwicklung und Verwirklichung des QM-Systems und zur Verbesserung seiner Wirksamkeit,
  - zum Vermitteln der Bedeutung der Erfüllung der Kunden- und gesetzlichen/behördlichen Forderungen,
  - zur Festlegung von Qualitätspolitik und Qualitätszielen,
  - zur Durchführung von Managementbewertungen,
  - Sicherstellung der Verfügbarkeit der erforderlichen Ressourcen.

Zusätzliche Anforderungen der ISO/TS 16949:2002

- Effizienz von Prozessen
  - Produktrealisierungsprozesse und unterstützende Prozesse durch die oberste Leitung zur Sicherstellung deren Wirksamkeit und Effizienz bewerten.

2.4.2 Kundenorientierung (Abschnitt 5.2)

Anforderungen der ISO 9001:2000

- Die oberste Leitung hat sicherzustellen, dass Kundenbedürfnisse und -erwartungen
  - ermittelt werden,
  - mit dem Ziel der Erhöhung der Kundenzufriedenheit erfüllt werden.

Zusätzliche Anforderungen der ISO/TS 16949:2002

Keine

2.4.2.1 Allgemeines zur Verantwortung der Leitung

Die im Normabschnitt 5.1 „Verantwortung der Leitung" genannten Punkte werden in weiteren Normabschnitten der ISO 9001:2000 bzw. ISO/TS 16949:2002 nochmals aufgegriffen und näher spezifiziert. Die Umsetzung der oben aufgelisteten Forderungen ergibt sich daher aus den Beschreibungen in den nachfolgenden Kapiteln dieses Buchs. Die nachfolgende Tabelle enthält eine Übersicht über die genannten Managementaufgaben, deren Umsetzung und die Normabschnitte, in denen die Aufgaben näher spezifiziert werden:

Tab. 2.5: Managementaufgaben und deren Umsetzung

Aufgabe	Umsetzung	Detaillierte Anforderungen
Effizienz von Prozessen bewerten	– Kenngrößen zur Prozesseffizienz in Geschäftsplan und Managementbewertung aufnehmen – Prozessaudits durchführen	5.1.1 Effizienz von Prozessen
Bedeutung der Erfüllung der Anforderungen vermitteln	– Ziele festlegen und verfolgen – Unternehmens- und Qualitätspolitik kommunizieren und umsetzen – Mitarbeiter schulen und informieren	5.2 Kundenorientierung 7.2 Kundenbezogene Prozesse
Qualitätspolitik festlegen	– Unternehmens- und Qualitätspolitik festlegen	5.3 Qualitätspolitik
Qualitätsziele festlegen	– Geschäftsplan mit Unternehmens- und Qualitätszielen erstellen	5.4.1 Qualitätsziele
Managementbewertung durchführen	– Managementbewertung durchführen	5.6 Managementbewertung
Verfügbarkeit von Ressourcen sicherstellen	– Kapazitätsplanung – Finanzplanung einschließlich Investitionsplanung	6 Management von Ressourcen

2.4.2.2 Kundenorientierung

Die Ermittlung von Kundenanforderungen und -bedürfnissen wird im Zusammenhang mit den kundenbezogenen Prozessen erläutert (siehe Kapitel 2.6.3).

Die vollständige Erfüllung der Kundenanforderungen im Unternehmen wird durch Umsetzung der Maßnahmen zur Planung des Managementsystems sichergestellt (siehe Kapitel 2.4.5). Das erfordert Engagement der Unternehmensleitung bei der Festlegung der Prozesse (insbesondere im Zusammenhang mit den kundenbezogenen Prozessen, Abschnitt 7 der ISO 9001:2000) und in der Qualitätsplanung. Die Unternehmensleitung muss kontinuierlich bewerten, inwieweit die Kundenanforderungen während der Realisierung erfüllt werden (Qualitätsberichtswesen) und inwieweit die Kunden mit den Produkten/Dienstleistungen zufrieden sind (die Bewertung der Kundenzufriedenheit ist Bestandteil der Managementbewertung, siehe Kapitel 2.4.7).

Das Engagement der Unternehmensleitung drückt sich in Aktivitäten wie der Veranlassung von Kunden- bzw. Marktanalysen aus, Ermittlung der für die Kunden und Endabnehmer wichtigen Schlüsselmerkmale von Produkten bzw. Dienstleistungen, Durchführung von Wettbewerbsanalysen, Ermittlung von Chancen, Risiken und potentiellen Wettbewerbsvorteilen im Markt sowie in der Ableitung und Umsetzung geeigneter Maßnahmen daraus.

Die Auswertung von Rückmeldungen des Kunden und des Marktes (Marktbeobachtung) trägt ebenfalls zur Ermittlung der Kundenbedürfnisse und -erwartungen bei, etwa die Auswertung von Kundenbefragungen, Markt- und Wettbewerberanalysen, Reklamationsanalysen, externen Qualitätskosten, ppm-Kennzahlen von Kunden, Kundenzufriedenheitsanalysen etc.

Zusammenfassung der erforderlichen Maßnahmen:
- Kundenbezogene Prozesse festlegen (siehe Kapitel 2.6.3).
- Falls relevant, Prozess zur Marktbedarfsermittlung bzw. Analyse von Wettbewerbern festlegen.
- Kundenbezogene Daten auswerten.

2.4.3 Qualitätspolitik (Abschnitt 5.3)

Anforderungen der ISO 9001:2000

- Sicherstellen, dass die Qualitätspolitik
  - für den Zweck des Unternehmens angemessen ist,
  - zur Erfüllung der Forderungen und zur ständigen Verbesserung verpflichtet,
  - Festlegung und Bewertung der Qualitätsziele ermöglicht,
  - im gesamten Unternehmen vermittelt und verstanden wird,
  - fortdauernd auf Angemessenheit bewertet wird.
  - Die Qualitätspolitik muss gelenkt werden.

Zusätzliche Anforderungen der ISO/TS 16949:2002

(Keine)

2.4.3.1 Allgemeines zur Qualitätspolitik

Die Qualitätspolitik als Bestandteil der Unternehmenspolitik soll den Anspruch des Unternehmens in Bezug auf Qualität (der Produkte und Dienstleistungen) gegenüber den Kunden, den Lieferanten, den Mitarbeitern und anderen Interessierten verdeutlichen.

Die Erfahrung zeigt, dass in vielen Unternehmen die Qualitätspolitik nur halbherzig gestaltet ist. Eine Qualitätspolitik, bei der die Mitarbeiter die „Handschrift" der Unternehmensleitung nicht wiedererkennen, findet bei den Mitarbeitern keine Akzeptanz. Daher werden hier keine Beispiele für eine Qualitätspolitik gegeben; denn sie könnten keinem Unternehmen gerecht werden.

Die Qualitätspolitik muss Verpflichtungen zur Erfüllung der Anforderungen und zur Verbesserung der Wirksamkeit des Managementsystems enthalten. Außerdem muss sie so formuliert sein, dass sich Ziele daraus ableiten lassen (Beispiel: „Wir wollen unsere Kunden zufrieden stellen durch einwandfreie Produkte ..." Abgeleitetes Ziel: Reklamationsquote < 0,5 %).

> Die Qualitätspolitik muss so formuliert sein,
> - dass sie für alle Mitarbeiter verständlich ist,
> - dass die Mitarbeiter sie als authentisch anerkennen,
> - dass sich Ziele daraus ableiten lassen.

In der ISO 9000:2005 wird im Abschnitt 2.5 erläutert, dass Qualitätspolitik und Qualitätsziele festgelegt werden, um Schwerpunkte für die Unternehmensführung zu setzen. Sie sollen die gewünschten Ergebnisse festlegen und einen zielorientierten Ressourceneinsatz unterstützen. Die Qualitätspolitik soll den Rahmen zur Festlegung und Bewertung der Qualitätsziele bieten und die Zielerreichung muss messbar sein. Die Verpflichtung zur ständigen Verbesserung muss dabei berücksichtigt werden.

> Die Erreichung der Qualitätsziele kann sich positiv auf die Qualität der Produkte, auf die Effizienz und Effektivität der Betriebsabläufe, auf das finanzielle Ergebnis und damit auf das Vertrauen und die Zufriedenheit der Interessenpartner (siehe unten) auswirken.

Zur Hilfestellung bei der Festlegung der Qualitätspolitik folgt eine Zusammenfassung der Anforderungen und Hinweise aus einschlägigen Normen, Richtlinien und Modellen:

Der Abschnitt 5.2 der ISO 9001:2000 befasst sich mit den Kundenanforderungen, der Abschnitt 7.2 mit den Produkt- und den gesetzlichen/behördlichen Forderungen. Demgegenüber ist der Fokus der ISO 9004:2000 weiter gefasst: Diese bezieht als weitere Interessenpartner die Eigentümer und/oder Investoren, die Lieferanten, Partner und die Gesellschaft (Allgemeinheit) mit ein.

2.4.3.2 Qualitätspolitik in der DIN EN ISO 9004:2000

Die Interessenpartner und deren Erwartungen, die in der Qualitätspolitik berücksichtigt werden sollten, sind (DIN EN ISO 9000-1: 1994-08 [06], Abschnitt 4.2; DIN EN ISO 9004:2000, Abschnitt 5.2.2 [10]):

Tab. 2.6: Erwartungen der Interessenpartner

Interessen-partner	Erwartungen laut 9000-1:1994	Erwartung laut 9004:2000 (5.2.2)
Kunden	Zufriedenstellende Produktqualität	Konformität, Zuverlässigkeit, Verfügbarkeit, Lieferung, Tätigkeiten nach der Realisierung, Preis und Lebenszykluskosten, Produktsicherheit, Produkthaftung, Umweltauswirkungen
Personen in der Organisation	Zufriedenheit mit Karriere/Arbeit	Anerkennung, Arbeitszufriedenheit, persönliche Entwicklung
Investoren/Eigentümer	Ergebnis des Kapitaleinsatzes	Finanzielle und andere Ergebnisse

Interessen-partner	Erwartungen laut 9000-1:1994	Erwartung laut 9004:2000 (5.2.2)
Lieferanten/ Partner	Andauernde Geschäftsverbindung	–
Gesellschaft	Verantwortungsvolles Handeln	Gesundheit und Sicherheit, Umweltauswirkungen, Erhaltung von Energie und natürlichen Ressourcen, gesetzliche und behördliche Anforderungen, Auswirkungen der Produkte, Prozesse und Tätigkeiten auf die Gesellschaft

In der ISO 9004:2000 heißt es, die „Qualitätspolitik sollte ein gleichwertiger und konsistenter Bestandteil der gesamten Politik und Strategie der Organisation sein". Das lässt sich am einfachsten und sinnvollsten realisieren, wenn die Qualitätspolitik integrierter Bestandteil der Unternehmenspolitik wird. Darüber hinaus empfiehlt die ISO 9004:2000, die Qualitätspolitik als Mittel einzusetzen, um eine Leistungsverbesserung des Unternehmens zu erreichen. Weiterhin gibt sie folgende Hinweise, welche Punkte bei der Formulierung der Qualitätspolitik zu berücksichtigen sind:

– Art und Niveau künftiger Verbesserungen, die für den Unternehmenserfolg erforderlich sind,
– erwarteter oder gewünschter Grad der Kundenzufriedenheit,
– Weiterentwicklung der Mitarbeiter,
– Erfordernisse und Erwartungen anderer interessierter Parteien,
– benötigte Ressourcen zur Erfüllung von Anforderungen, die über die Forderungen der ISO 9001:2000 hinausgehen,
– potentielle Beiträge von Lieferanten und Partnern.

In der DIN EN ISO 9000:2005 ([05], Abschnitt 0.2) und der DIN EN ISO 9004:2000 ([10], Abschnitt 4.3) sind als Anleitung für das Management zur Wahrnehmung der Aufgaben acht Qualitätsmanagement-Grundsätze dargestellt. Diese Grundsätze dienen zur Leistungsverbesserung der Organisation und liefern ebenfalls Anregungen für die inhaltliche Gestaltung der Qualitätspolitik. Die Grundsätze sind (Details siehe DIN EN ISO 9001/9004:2000):

1. Kundenorientierung,
2. Führung,
3. Einbeziehung der Personen,
4. prozessorientierter Ansatz,
5. systemorientierter Managementansatz,

6. ständige Verbesserung,
7. sachbezogener Ansatz zur Entscheidungsfindung,
8. Lieferantenbeziehungen zum gegenseitigen Nutzen,

2.4.3.3 Qualitätspolitik im EFQM-Modell

Zahlreiche Anregungen zu Politik und Strategie liefert das EFQM-Modell für Business Excellence (EFQM: European Foundation for Quality Management). Im EFQM-Modell bilden Politik und Strategie eines von neun Bewertungskriterien für das Unternehmen. Bewertet wird, wie „die Organisation ihre Vision und Mission durch eine klare, auf die Interessengruppen ausgerichtete Strategie eingeführt hat und wie diese durch entsprechende Politik, Pläne, Ziele, Teilziele und Prozesse unterstützt wird" [54]. Dabei ist die Vision (das Leitbild) die Vorstellung davon, wie die Organisation sein will; die Mission ist der Zweck oder die Daseinsberechtigung der Organisation. Unterpunkte des Kriteriums sind:

- wie Politik und Strategie auf gegenwärtigen und zukünftigen Bedürfnissen und Erwartungen der Interessengruppen beruhen,
- wie Politik und Strategie auf Informationen aus Leistungsmessung, Untersuchungen, Lernprozessen und nach außen gerichteten Aktivitäten beruhen,
- wie Politik und Strategie entwickelt, bewertet und aktualisiert werden,
- wie Politik und Strategie kommuniziert und durch ein Netzwerk von Schlüsselprozessen umgesetzt werden.

Wer sich eingehender mit dem Thema Politik und Strategie auseinander setzen möchte, dem sei die Lektüre zur Selbstbewertung empfohlen [54], die u. a. bei der DGQ – Deutsche Gesellschaft für Qualität – in Frankfurt erhältlich ist. Äußerst informativ sind auch die Internetseiten der EFQM (*www.efqm.org*).

2.4.3.4 Kommunikation der Qualitätspolitik

Die Qualitätspolitik soll allen Mitarbeitern des Unternehmens als Leitlinie für ihr Handeln dienen. Daher muss sie allen Mitarbeitern bekannt gemacht und näher gebracht werden. Dies kann z. B. durch folgende Maßnahmen umgesetzt werden:

- Aushang am „schwarzen Brett" oder Infotafeln (z. B. im Eingangsbereich des Unternehmens),
- persönliches Anschreiben für jeden Mitarbeiter,
- Informationsveranstaltung zur Qualitätspolitik,
- Nutzung der Qualitätspolitik als Grundlage für Qualitätszirkel/Verbesserungsteams (welche konkreten Maßnahmen können aus einzelnen Grundsätzen in der Qualitätspolitik abgeleitet werden?),
- Firmenzeitung.

Die Qualitätspolitik muss regelmäßig auf Aktualität überprüft werden. Die Aktualität muss im Rahmen der Managementbewertung beurteilt werden.

Die Qualitätspolitik muss ein gelenktes Dokument sein, was gewährleistet ist, wenn die Qualitätspolitik Bestandteil des Managementhandbuchs ist.

> *Zusammenfassung der erforderlichen Maßnahmen:*
> - Unternehmens- und Qualitätspolitik formulieren.
> - Unternehmens- und Qualitätspolitik bekannt machen.
> - Unternehmens- und Qualitätspolitik regelmäßig im Rahmen der Managementbewertung auf Aktualität überprüfen.
> - Unternehmens- und Qualitätspolitik als gelenktes Dokument führen.

2.4.4 Qualitätsziele und Geschäftsplan (Abschnitt 5.4)

Anforderungen der ISO 9001:2000

- Festlegung der Qualitätsziele für alle relevanten Funktionen und Ebenen im Unternehmen
  - messbar machen,
  - in Einklang mit Qualitätspolitik bringen,
  - Produktforderungen berücksichtigen (siehe Normabschnitt 7.1).

Zusätzliche Anforderungen der ISO/TS 16949:2002

- Qualitätsziele und geeignete Bewertungskriterien (Kennzahlen) festlegen
  - in den Geschäftsplan aufnehmen,
  - zur Umsetzung der Qualitätspolitik nutzen.

2.4.4.1 Allgemeines zu Qualitätszielen

Die Qualitätsziele sollen aus der Qualitätspolitik (siehe Kapitel 2.4.3) abgeleitet werden und die Zielsetzungen müssen quantifiziert sein. Es ist dabei nicht sinnvoll, zwischen Unternehmens- und Qualitätszielen bzw. zwischen Unternehmens- und Qualitätspolitik zu unterscheiden. Die klassischen „Managementsäulen" Qualität, Zeit und Kosten lassen sich nie losgelöst voneinander betrachten. Daher sollten die Qualitätsziele Bestandteil der Unternehmensziele sein und die Qualitätspolitik Bestandteil der Unternehmenspolitik.

Was die Ziele anbetrifft, ist es sinnvoll, grundsätzlich zu unterscheiden in (vergleiche DIN EN ISO 9004:2000 Abschnitt 5.4.2)

- operative Ziele, die sich aus der strategischen Planung ergeben,
- quantifizierbare Ziele zur Unternehmensleistung (Zielgrößen).

Ein operatives Ziel könnte z.B. die Errichtung eines Vertriebsstützpunktes in Nordamerika sein, die sich aus einer weltweiten Vertriebsstrategie ergibt. Die aus den operativen Zielen abgeleiteten Maßnahmen können beispielsweise in Maßnahmen- oder Projektplänen dokumentiert werden.

Quantifizierbare Ziele (Zielgrößen) sollen Auslöser von Verbesserungsmaßnahmen sein. Diese können innovativen (sprunghaften) Charakter haben oder kontinuierlich durchgeführt werden (ständige Verbesserung in kleinen Schritten). Für innovative Verbesserungen werden in der Regel temporär agierende Projektteams gebildet, ständige Verbesserung kann z.B. Aufgabe permanenter Qualitätszirkel sein. Sinnvoll ist insbesondere die Bildung von Prozessteams wie sie in Abb. 1.11 auf Seite 30 dargestellt ist. Die ständige Verbesserung wird dann in den Aufgabenbereich der einzelnen Prozessteams aufgenommen und von diesen umgesetzt.

2.4.4.2 Festlegung quantifizierbarer Ziele

Zur Festlegung der quantifizierbaren Ziele geht man zweckmäßigerweise in folgenden Schritten vor:

1. Formulierung der Unternehmens- und Qualitätspolitik.
2. Ermitteln aller Unternehmensprozesse und Identifizierung der Schlüsselprozesse.
3. Formulieren der Ziele (im Sinne von Zielformulierungen, nicht von Zielgrößen) der Prozesse.
4. Zusammenstellung von quantifizierbaren Größen, die eine Aussage über die Unternehmens- und Prozessleistung bzw. über die Qualitätsleistung des Unternehmens machen. Dabei ist es insbesondere wichtig, die Leistung der Schlüsselprozesse messbar zu machen. Die Messgrößen lassen sich aus den Zielen (Zielformulierungen) ableiten. Eine Empfehlung ist, den vorhandenen Managementbericht dahingehend zu prüfen, ob alle notwendigen qualitätsrelevanten Daten enthalten sind (also insbesondere auch die Daten, die zur Erfüllung der Anforderungen der DIN EN ISO 9001:2000 und der ISO/TS 16949:2002 notwendig sind), und den Managementbericht ggf. zu ergänzen. Zu beachten ist dabei die Umsetzung der Forderungen des ISO 9001:2000-Abschnitts 8.2 „Überwachung und Messung". Die im Zusammenhang mit diesen Forderungen festgelegten Daten aus der Überwachung und Messung sollten zu quantifizierbaren Daten komprimiert werden, z.B. in Form von Gesamtfehleranteilen, Kennzahlen für die Kundenzufriedenheit, Produktivität usw.
5. Identifizierung der wichtigsten messbaren Größen (z.B. in der Managementbewertung) und Festlegung von quantifizierten Zielen (Zielgrößen, normalerweise für das Geschäftsjahr). Darüber hinaus können kurzfristige quantifizierbare Ziele z.B. im Rahmen von KVP-Projekten (ständige Verbesserung) projektbezogen festgelegt werden.

6. Anhand der Ziele sollte dann noch einmal die Unternehmens- und Qualitätspolitik überprüft werden, ob die als wichtig identifizierten Größen und Prozesse in der Qualitätspolitik angemessen berücksichtigt sind.
7. Ist dies nicht der Fall, ist die Qualitätspolitik entsprechend anzupassen.

Beispiel: Als wichtige messbare Größe (Schlüsselgröße) wird in einem Bürowarenversand die Bearbeitungszeit von Kundenaufträgen identifiziert, als Messgröße dient der Anteil von Lieferungen, die innerhalb eines Tages nach Auftragseingang vollständig versandt werden. Diese Messgröße ist Bestandteil des Managementberichts. Als Ziel(größe) wird festgelegt, innerhalb eines halben Jahres zu erreichen, dass 90 % der Lieferungen spätestens einen Tag nach Auftragseingang versandt werden. Diese Ziele korrespondieren mit der Unternehmens- und Qualitätspolitik, wenn Lieferzeiten mit Formulierungen wie „schnellstmögliche Bedienung des Kunden", „prompter Service", „hohes Maß an Lieferfähigkeit" usw. berücksichtigt sind. In der Regel ergeben sich zwangsläufig weitere Kenngrößen wie Lagerumschlagshäufigkeit, Artikelverfügbarkeit etc. Diese sind verbunden mit dem Schlüsselprozess *Disponieren und Lagern*. Ziele (Zielformulierungen) der Disposition und Lagerhaltung können beispielsweise die Sicherstellung der Verfügbarkeit von Waren sein (um Kunden schnell beliefern zu können) sowie die Minimierung der Lagerbestände (um die Kosten für die Lagerhaltung zu minimieren). Die Verfügbarkeit korreliert mit hohen Lagerbeständen, das Ziel *Verfügbarkeit* steht damit im Widerspruch zum Ziel *Minimierung der Lagerbestände*. Folglich ist die Aufgabe, einen Kompromiss zu finden. Mit dem Kompromiss konform geht das Unterziel, die richtigen Artikel am Lager zu haben (also keine „Ladenhüter"), mit anderen Worten bedarfsgerecht zu lagern. Aus den genannten Zielen ergeben sich beispielsweise Messgrößen wie Lagerbestände (z.B. in Euro pro Monat), Verfügbarkeit (z.B. in Anzahl ab Lager gelieferter Artikel dividiert durch Anzahl bestellter Artikel pro Monat) und Umschlagshäufigkeit (z.B. Lagerentnahme dividiert durch durchschnittlichen Lagerbestand pro Zeitperiode). Das Beispiel macht deutlich, dass es Zielkonflikte geben kann und dass die Festlegung mehrerer Messgrößen sinnvoll und erforderlich sein kann.

Die Festlegung von Zielen steht in direkter Wechselwirkung mit den Forderungen zu Messung, Analyse und Verbesserung (siehe Kapitel 2.7), da wesentliche Elemente von Verbesserungen immer sind:

- Festlegung von Elementen, die verbessert werden sollen,
- Festlegung von Verbesserungszielen,
- Bestimmen von Messgrößen,
- Festlegung von Zielgrößen,
- Problemanalyse,
- Erarbeiten von Lösungen/Lösungsalternativen,
- Festlegen von Maßnahmen,
- Umsetzen der Maßnahmen,
- Überprüfung der Wirksamkeit der Maßnahmen/der Zielerreichung.

Verbesserungen, Bestimmung von Mess- und Überwachungsgrößen, Datenanalyse, Festlegung und Überwachung von Zielen sind also immer im Zusammenhang zu sehen. Wesentlich ist, dass (in Verbindung mit der Managementbewertung) Unternehmensdaten genutzt

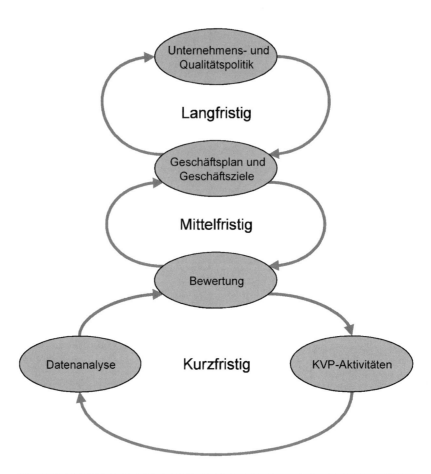

Abb. 2.8: Integration der Aktivitäten zur Verantwortung der Leitung und Messung, Analyse und Verbesserung

werden, um die Zielerreichung zu überprüfen (gemessen an der Unternehmens- und Qualitätspolitik). Darüber hinaus sollte überprüft werden, ob die Unternehmensentwicklung im Einklang mit den Entwicklungen der Kunden und des Marktes ist. Das bedeutet, dass Kundenzufriedenheitsdaten und Marktdaten mit berücksichtigt werden müssen.

2.4.4.3 Geschäftsplan, Berichte und Managementbewertung

Um das Managementsystem effizient zu gestalten, ist es wichtig, die notwendigen Aktivitäten, die sich aus den einzelnen Forderungen ergeben, als koordiniertes, integriertes Maßnahmenpaket umzusetzen. In vielen Unternehmen wird der Fehler gemacht, dass die Maßnahmen zum einen für sich isoliert betrachtet werden, zum anderen nicht in die „normalen" Geschäftstätigkeiten integriert werden. So ist es beispielsweise wichtig, den klassischen Qualitätsbericht mit Qualitätskennzahlen als Teil des Managementberichts (einschließlich des Geschäftsberichts mit seinen rein kaufmännischen Daten) zu sehen und die Managementbewertung als Teil der Gesamtbewertung des Unternehmens zu betrachten.

In der ISO/TS 16949:1999 ist ebenso wie in der QS-9000 und im VDA 6.1 die Erstellung eines Geschäftsplans gefordert. In der ISO/TS 16949:2002 ist der Geschäftsplan nur im Abschnitt 5.4.1.1 „Qualitätsziele – Ergänzung" genannt, und zwar im Zusammenhang mit der Anforderung, dass Qualitätsziele und geeignete Bewertungskriterien in den Geschäftsplan aufgenommen werden müssen. Selbstverständlich ist die Erstellung eines Geschäftsplans in jedem vernünftig geführten Unternehmen sinnvoll. Im Zertifizierungsaudit wird nur der Bestandteil des Geschäftsplans betrachtet, der die Qualitätsziele beinhaltet.

Die ISO/TS 16949:1999 gibt Anhaltspunkte zu den Inhalten des Geschäftsplans:
- Marktdaten einschließlich Plänen zur Ermittlung und Aufrechterhaltung der Kundenzufriedenheit,
- Finanzplanung und Kostenziele,
- Wachstumshochrechnungen einschließlich Werks- und Anlagenplanung,
- Personalentwicklung,
- Forschungs- und Entwicklungspläne, Hochrechnungen und angemessene Projektfinanzierung,
- Leistungsziele, Messgrößen und Verbesserungspläne,
- Gesundheits-, Arbeitssicherheits- und Umweltthemen.

Die QS-9000 nennt darüber hinaus folgende Inhalte:
- projizierte Verkaufszahlen,
- wesentliche interne Daten über Qualitäts- und Prozessleistungen,
- Vergleich mit anderen Unternehmen (Benchmarking),
- Produktanalyse von Wettbewerbserzeugnissen.

Hilfreich kann es sein, die Kennzahlen, die in die Managementbewertung eingehen, in einer Übersichtsmatrix festzulegen (siehe z. B. Abb. 2.9). Diese beinhaltet eine Übersicht über alle quantifizierbaren Größen des Geschäftsplans, die als Managementbericht in die Managementbewertung eingehen.

Zu empfehlen ist auch, die mit Zielen belegten quantifizierbaren Größen des Geschäftsplans anhand anschaulicher grafischer Darstellung zu veröffentlichen, z. B. durch Aushang am schwarzen Brett (VDA 6.1-Forderung, keine Anforderung der ISO/TS 16949:2002). Sinnvoll ist, aus den Unternehmenszielen Bereichsziele für die verschiedenen Unternehmensbereiche abzuleiten und diese in den Bereichen zu kommunizieren und umzusetzen bzw. im Rahmen von bereichs- oder prozessbezogenen KVP-Aktivitäten zu bearbeiten.

Aufbau des Managementberichts

Firmen-Logo

FM 5-3
Seite 1 von 2

Bezeichnung	Bezugsgröße	Erfassungsart	Erfassung durch	Auswertung durch	Bericht durch	Berichtsintervall	Darstellung	Darstellung Detail
Reklamations-kosten (Kunde)	Umsatz	Reklamations-formular	Vertrieb	Vertrieb	QB	monatlich	Rekl.kosten / Umsatz (Liniendiagramm)	Rekl.-Kosten / Prod.gruppe (Balkendiag.)
Auditergebnisse	–	Auditbericht	QB	–	QB	halbjährlich	Bericht	
Kunden-bewertungen	–	Kundenschreiben / Internetumfrage	Vertrieb	Vertrieb	Vertrieb	halbjährlich	Anteil ABC-Bewertungen	
Kundenbefragung	–	Fragebogen	Vertrieb	Vertrieb	Vertrieb	jährlich	Durchschnittswert	Stärken- / Schwächenanalyse
Kosten der Feldausfälle	Umsatz	Reklamations-formular	Vertrieb	Vertrieb	Vertrieb	monatlich	Kosten / Umsatz (Liniendiagramm)	
Fehlerkosten	Umsatz	Reklamations-system	QS	QB	QB	monatlich	Kosten / Umsatz (Liniendiagramm)	Kosten / Kostenarten
Lieferanten-leistung	–	CAQ	–	QS	QB	halbjährlich	Anteil ABC-Bewertungen	
Termintreue Lieferanten	Anzahl Lieferpositionen	ERP	Wareneingang	Einkauf	Einkauf	halbjährlich	prozentuale Abweichung vom Soll-Termin	
Termintreue Kunden	Anzahl Lieferpositionen	ERP	Versand	Verkauf	Verkauf	halbjährlich	prozentuale Abweichung vom Soll-Termin	
Materialintensität	Umsatz	ERP	Einkauf	Einkauf	Einkauf	monatlich	Materialkosten / Umsatz (Liniendiagr.)	
Personalintensität	Umsatz	Lohnbuchhaltung	Personalwesen	Personalwesen	Personalwesen	monatlich	Personalkosten / Umsatz (Liniendiagr.)	
Angebotserfolg	Anzahl abgegebener Angebote	Angebotsliste	Vertrieb	Vertrieb	Vertrieb	quartalsweise	Anzahl erteilter Aufträge / Anzahl abgegebener Angebote (Liniendiagramm)	

Dateiname

Stand: A vom 5. Nov. 2005

Abb. 2.9: Beispiel einer Übersicht der Kennzahlen für den Managementbericht

Anregungen zur Umsetzung der Anforderungen zu Qualitätszielen sowie zur Messung, Analyse und Verbesserung bietet QOS (Quality Operating Systems), eine Methodik zur Unterstützung des KVP-Prozesses und zur Erhöhung der Kundenzufriedenheit. Hierzu gibt es umfangreiches Material zur Information und Schulung, welches die Ford-Werke veröffentlicht haben [26]. Für Ford-Zulieferer ist QOS im Zusammenhang mit der Umsetzung der Anforderungen zum Qualitätsstandard Q1 [19] gefordert.

> *Zusammenfassung der erforderlichen Maßnahmen:*
> - Qualitätsziele festlegen (als Bestandteil der Unternehmensziele).
> - Qualitätsziele und die damit verbundenen Kennzahlen in den Geschäftsplan aufnehmen.
> - Zuständigkeiten für die Erfassung und Auswertung der Daten zum Managementbericht definieren.
> - Fehlende Daten und Auswertungen zum Managementbericht/Qualitätsbericht zusammentragen.
> - Qualitätsziele (als Teil der Unternehmensziele) allen betroffenen Mitarbeitern bekannt machen.

2.4.5 Planung des Qualitätsmanagementsystems (Abschnitt 5.4)

Anforderungen der ISO 9001:2000

- Planung des QM-Systems zur Erreichung der Qualitätsziele und der Forderungen aus Normabschnitt 4.1.
- Gelenkte Durchführung von Änderungen, so dass die Funktionsfähigkeit des QM-Systems während der Planung und Umsetzung sichergestellt ist.

Zusätzliche Anforderungen der ISO/TS 16949:2002

(Keine)

2.4.5.1 Allgemeines zur Qualitätsplanung

Der Umfang der Tätigkeiten zur Qualitätsplanung umfasst im Wesentlichen:
1. Planung der Prozesse im Managementsystem,
2. Planung der einzusetzenden Mittel,
3. Planung der zur Produktrealisierung benötigten Prozesse und damit verbundenen Qualitätsmerkmale,
4. Planung der Verifizierungstätigkeiten, Annahmekriterien und zugehörige Aufzeichnungen.

2.4.5.2 Planung der Prozesse

Zur Planung der Prozesse ist es zweckmäßig, sich zunächst einen Überblick über alle qualitätsrelevanten Prozesse zu verschaffen. Dazu ist die Erstellung einer grafischen Übersicht über die Geschäftsprozesse zu empfehlen („Netzwerk der Geschäftsprozesse", siehe Abb. 1.2 auf Seite 9).

Einbezogen werden nicht nur die Prozesse, die direkt mit der Produktrealisierung zu tun haben (wie Entwicklung und Produktion), sondern auch die indirekt beteiligten Prozesse (wie Schulung, Prüfmittelüberwachung usw.). Die Gesamtheit der Planungsergebnisse lässt sich grob in zwei Kategorien einteilen:

1. allgemein gültige organisatorische Festlegungen,
2. auftrags-/projekt-/produktbezogene Festlegungen.

Dokumentation

Die allgemein gültigen organisatorischen Festlegungen sind dabei diejenigen, die in Verfahrens- und Organisationsanweisungen sowie teilweise in Arbeitsanweisungen festgelegt sind. Auftrags-, projekt- und produktbezogene Festlegungen werden jeweils bei Bedarf individuell in festgelegter Form erstellt, wobei in der Regel auftrags- und produktbezogene Daten in der EDV festgelegt werden. Im Managementsystem müssen also allgemein gültige (übergreifende) Festlegungen getroffen werden. Dies schließt Festlegungen ein, in welcher Form spezifische (variable) Festlegungen gemacht werden, z.B. die Erfassung von (spezifischen) Kundenaufträgen mit Hilfe eines bestimmten DV-Programms. Die nachfolgende Tabelle enthält zur Verdeutlichung einige Beispiele:

Tab. 2.7: Beispiele für den fixen und variablen Teil der Managementdokumentation

Allgemein gültige Festlegungen (fix)	Spezifische Festlegungen (variabel)
– Handbuch	– Aufträge
– Verfahrensanweisungen	– Arbeitspläne
– Werksnormen	– Projektpläne
– feststehende Arbeitsanweisungen	– Lieferantenbestellungen
– Funktionsbeschreibungen	– Schulungspläne
– Organigramm	– Auditpläne
– …	– Verträge
Form für spezifische Festlegungen:	– Zeichnungen
– Formblätter	– Spezifikationen
– EDV-Stammdatenstruktur	– EDV-Stammdaten
– EDV-Ausdruckformulare	– EDV-Ausdrucke

Bei der Erstellung/Überarbeitung der Dokumentation ist die genannte Unterscheidung der Festlegungsarten von Bedeutung. So sollten zur Erzielung einer schlanken Dokumentation folgende Grundsätze beachtet werden:

- Allgemein gültige Festlegungen jeweils so weit wie möglich in einem Dokument/Datenträger (z.B. in einer Arbeitsanweisung, Verfahrensanweisung, DV-Ausdruck) zusammenfassen, und zwar prozess-, verfahrens-, tätigkeits- oder arbeitsplatzbezogen.
- Doppelfestlegungen in zwei oder mehr unterschiedlichen Dokumenten vermeiden.
- Variable Festlegungen so weit wie möglich DV- bzw. datenbankunterstützt treffen.

Bei der Betrachtung der oben aufgeführten planerischen Tätigkeiten (das sind Planung der Prozesse im Managementsystem, Planung der Ressourcen, Planung der zur Produktrealisierung benötigten Prozesse und damit verbundenen Qualitätsmerkmale, Verifizierungstätigkeiten, Annahmekriterien und zugehörige Aufzeichnungen) enthält die Planung der Prozesse im Unternehmen im Wesentlichen fixe Festlegungen (überwiegend in Verfahrensanweisungen), die Planung zur Produktrealisierung enthält sowohl fixe als auch variable Festlegungen. Fixe Festlegungen finden sich in Verfahrens- und Arbeitsanweisungen. Produkt- und auftragsspezifische Festlegungen, Verifizierungstätigkeiten, Annahmekriterien und Aufzeichnungen werden überwiegend produkt- und auftragsspezifisch festgelegt.

Planung der Produktrealisierung

Die Produktrealisierung kann beispielsweise in folgende Phasen unterteilt werden (vergleiche QS-9000, Referenzhandbuch APQP – Advanced Product Quality Planning [18]):

1. Planung und Definition,
2. Produkt- oder Dienstleistungsdesign und -entwicklung,
3. Prozessdesign und -entwicklung,
4. Produkt-/Dienstleistungs- und Prozessvalidierung,
5. Produktion/Dienstleistungserbringung,
6. ggf. Service (nach Verkauf/Lieferung/Dienstleistungserbringung).

Vorgeschaltet sind noch die kundenbezogenen Prozesse wie Markt- und Kundenbedarfsermittlung, Akquisition, Anfrage- und Auftragsbearbeitung. Die Festlegung dieser Tätigkeiten wird mit Umsetzung der Forderungen im Normabschnitt 7 „Produktrealisierung" abgedeckt (siehe Kapitel 2.6 dieses Buches). Die Beschaffung ist Bestandteil der Produkt- und Prozessentwicklung sowie der Produktion/Dienstleistungserbringung. In diesem Zusammenhang werden auch die Verifizierungstätigkeiten, Annahmekriterien und die zugehörigen Aufzeichnungen mit festgelegt (teilweise auch im Abschnitt 8 „Messung, Analyse und Verbesserung") sowie die zu verwendenden Mittel bzw. Ressourcen. Alle darüber hinaus wichtigen Prozesse sind ebenfalls im System festzulegen.

Aus den genannten Forderungen zur Qualitätsplanung lassen sich keine Einzelforderungen ableiten, sondern die Erfüllung der Forderungen ergibt sich aus der Summe der Maßnahmen zum QM-Projekt einschließlich der Erstellung der Managementdokumentation. Bei der Planung geht es darum, dass die Struktur des Managementsystems (im Sinne von Aufbau- und Ablauforganisation) festgelegt wird. Darüber hinaus sollte in diesem Zusammenhang festgelegt werden, wie die Systemdokumentation aufgebaut werden soll. In Unternehmen, in denen noch kein Managementsystem eingeführt ist, sind meistens auftrags- und projektbezogene Dokumente vorhanden, während häufig die Beschreibung der Verfahren, teilweise auch die Dokumentation und Aufzeichnungen zu Prüfungen fehlen.

2.4.5.3 Ausrichtung und Implementierung der Prozesse

Unter dem Aspekt der Verantwortung der Leitung ist ausschlaggebend, dass die Unternehmensleitung alle wichtigen Prozesse im Unternehmen identifiziert und dafür sorgt, dass diese Prozesse so gestaltet werden, dass sie sich im Einklang mit den Zielen des Unternehmens und den Anforderungen der Kunden bzw. des Marktes befinden.

Wesentliche Voraussetzung für eine Zertifizierung des Managementsystems sind die Konformität der festgelegten Verfahren mit dem Bezugsstandard (ISO 9001:2000 bzw. ISO/TS 16949:2002) und der Nachweis der Umsetzung im Unternehmen.

Die Forderung der DIN EN ISO 9001:2000 nach kontrollierter Einführung von Neuerungen in der Organisation bezieht sich auf das praktische Problem, dass bei Änderungen im Managementsystem (organisatorische Änderungen) Reibungsverluste entstehen können. Der Grund für diese Forderung ist, dass es bei der Einführung neuer Arbeits- oder Prüfverfahren, neuer Zuständigkeiten, neuer Aufzeichnungsverfahren, Verfahrensanweisungen, Prüf- oder Arbeitsanweisungen häufig Umstellungsprobleme gibt. Dies wird verursacht durch mangelnde Information, unklare Regelungen zur Einführung (z.B. Termine, Übergangsfristen usw.), mangelnde Überprüfung der Durchführung und Wirksamkeit in der Einführungsphase, mangelnde Einarbeitung, mangelnde Realisierbarkeit der Verfahren, Widerstand der Mitarbeiter gegen Veränderungen etc. Um solche Probleme zu vermeiden, ist ein geregelter Ablauf bei der Einführung neuer Verfahren zu empfehlen. Dieser Ablauf umfasst beispielsweise:

1. Festlegung des neuen Verfahrens,
2. Erstellung der Dokumentation,
3. Vorbereitung und Schulung,
4. Umsetzen der Verfahren,
5. Feedback und Korrekturmaßnahmen sowie erforderlichenfalls Anpassung der Dokumentation,
6. Überprüfung des Verfahrens (Audit),
7. ggf. Korrekturmaßnahmen festlegen, durchführen und hinsichtlich Wirksamkeit bewerten.

Die Vorgehensweise ist ausführlich im Kapitel 1.2. „Projektdurchführung" dieses Buches beschrieben.

2.4.5.4 Ständige Verbesserung

Der Normabschnitt zur Qualitätsplanung enthält die Forderung nach ständiger Verbesserung. Die Verbindung zwischen Qualitätsplanung und ständiger Verbesserung wird am PDSA- bzw. PDCA-Zyklus klar (Anmerkung: Der in der QS-9000 mit „PDSA" bezeichnete Zyklus, Plan – Do – Study – Act, wird in der ISO/TS 16949:2002 als „PDCA-Zyklus" bezeichnet: Plan – Do – Check – Act).

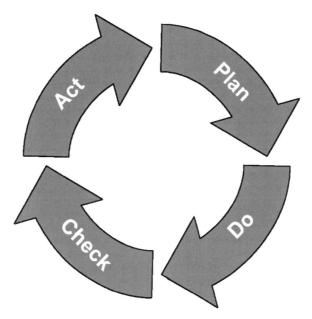

Abb. 2.10: PDCA-Zyklus

Die Funktionsweise des PDCA-Zyklus wird verdeutlicht am Beispiel der Änderung eines Fertigungsprozesses (siehe Tab. 2.8).

Ständige Verbesserung setzt zunächst immer eine Standardisierung (d.h. eine Festlegung, im Beispiel ist dies die Festlegung der Prozessparameter und der sonstigen Randbedingungen) und Messungen voraus. Ohne vorhergehende Festlegung und ohne vergleichbare Daten (im Beispiel: Ergebnisse der Produktprüfung) ist kein Vorher-nachher-Vergleich möglich. Je nach Ergebnis des Vergleichs wird die Veränderung (neue Parameter) fest implementiert oder revidiert. Vom nun bestehenden Status kann die nächste Veränderung geplant werden. So ergibt sich eine ständige, schrittweise Verbesserung. Einer der wesentlichen Punkte des PDCA-Zyklus ist, dass er immer wieder durchlaufen wird.

Tab. 2.8: PDCA- bzw. PDSA-Zyklus am Beispiel einer Prozessänderung mit dem Ziel einer Produktverbesserung

	Tätigkeit	Beispiel
Plan	Planung	Veränderung bestimmter Prozessparameter beim Spritzgießen
Do	(Probeweise) Umsetzung	Fertigung eines kleinen Fertigungsloses mit den neuen Parametern
Check/Study	Überprüfen der Wirksamkeit	Prüfung der Auswirkung der Veränderung auf das Produkt (Validierung)
Act	Dauerhafte Umsetzung	Dauerhafte Programmierung der Parameter in der Maschinensteuerung, sofern die Änderung eine Produktverbesserung ergeben hat
Plan	(Erneute) Planung	Veränderung bestimmter Prozessparameter beim Spritzgießen

Das Beispiel zeigt, dass Planung und ständige Verbesserung eng zusammenhängen. Die Planung aller wichtigen Prozesse im Unternehmen und das Anstoßen und Antreiben des ständigen Verbesserungsprozesses sind ebenso Aufgabe der Führungskräfte wie die Installation von Messpunkten zur Messung (zum „Check") der Unternehmensleistung (siehe Kapitel 2.7.7 „Datenanalyse und Verbesserungen (Abschnitte 8.4 und 8.5)").

Zusammenfassung der erforderlichen Maßnahmen:
- Steuerung der Planung aller qualitätsrelevanten Prozesse einschließlich Prüfkonzept im Unternehmen durch die Unternehmensleitung.
- Erstellung eines Konzepts zur Festlegung von Prozessen und Mitteln (Ressourcen).
- Vorgehen bei Änderungen im Managementsystem festlegen.

2.4.6 Verantwortung, Befugnis und Kommunikation (Abschnitt 5.5)

Verantwortung und Befugnis

Anforderungen der ISO 9001:2000

- Verantwortungen und Befugnisse festlegen und bekannt machen.

Zusätzliche Anforderungen der ISO/TS 16949:2002

Verantwortung für Qualität

- Managementverantwortliche bei Auftreten nicht anforderungsgerechter Produkte/Prozesse informieren.
- Qualitätsverantwortlichem Personal Befugnis erteilen, die Produktion bei Qualitätsproblemen zu stoppen.
- Anwesenheit von qualitätsverantwortlichem Personal in allen Produktionsschichten sicherstellen.

Beauftragter der obersten Leitung

Anforderungen der ISO 9001:2000

- Benennung eines Beauftragten durch die oberste Leitung.
- Verantwortungen und Befugnisse zuweisen für:
  – Einführung, Verwirklichung und Aufrechterhaltung der für das QM-System erforderlichen Prozesse,
  – Berichte über Leistungsfähigkeit des QM-Systems und notwendige Verbesserungen,
  – Förderung des Bewusstseins für Kundenanforderungen im gesamten Unternehmen,
  – ggf. Kontakte zu externen Organisationen.

Zusätzliche Anforderungen der ISO/TS 16949:2002

Beauftragter für Kunden

- Verantwortliche benennen, die intern die Berücksichtigung von Kundenanforderungen sicherstellen für
  – Qualitätsziele,
  – Schulungen,
  – Korrektur- und Vorbeugungsmaßnahmen,
  – Produktentwicklung.

Interne Kommunikation

Anforderungen der ISO 9001:2000

- Die oberste Leitung muss
  - die Einführung interner Kommunikationsprozesse sicherstellen,
  - eine Kommunikation über die Wirksamkeit des QM-Systems sicherstellen.

Zusätzliche Anforderungen der ISO/TS 16949:2002

(Keine)

2.4.6.1 Festlegung von Befugnis und Verantwortung

Die Aufgaben der einzelnen Mitarbeiter können in Funktions- oder Stellenbeschreibungen und in einem Organigramm festgelegt werden. Eine Alternative ist die Festlegung der Aufgaben innerhalb des Handbuchs. Dazu kann ein Gliederungspunkt „Aufgabenbeschreibung" eingefügt werden, unter dem die Aufgaben der Führungskräfte beschrieben werden (Vorteil: Die Zuständigkeiten sind für jeden im Unternehmen zusammengefasst sichtbar).

Aus den Funktionsbeschreibungen kann Schulungsbedarf abgeleitet werden und sie können gleichzeitig Grundlage für regelmäßige Mitarbeiterbesprechungen sein, z.B. was Zielerreichung und Zielsetzung anbetrifft (vergleiche Normabschnitt 6.2 „Personelle Ressourcen"). Ausgangspunkt sind jeweils die Aufgaben der Mitarbeiter. Zur Ermittlung des Schulungsbedarfs wird die zur Aufgabenerfüllung erforderliche Qualifikation mit der tatsächlich vorhandenen Qualifikation verglichen. Bei der Mitarbeiterbesprechung wird die Erfüllung der Aufgaben beurteilt.

In Unternehmen, in denen stark projektbezogen gearbeitet wird, kann die starre und hierarchische Festlegung von Organigrammen schwierig oder unmöglich sein. Beispielsweise können im Entwicklungsbereich die Zuständigkeiten projektbezogen in Projektplänen festgelegt werden. Der Projektleiter eines Projekts kann dabei durchaus Teammitglied in einem anderen Projekt sein. In der Praxis ist wichtig, die projektübergreifenden Verantwortlichkeiten festzulegen. Die Schwierigkeit bei einer solchen Organisationsform besteht normalerweise in der Planung der Ressourcen, sofern die Teammitglieder nicht ausschließlich in einem Projekt tätig sind (Welche Projektteammitglieder wenden wie viel Zeit pro Projekt auf? Wie werden Ressourcen von Mitarbeitern geplant, die nur kurzzeitig in den verschiedenen Teams arbeiten?).

Firmen-Logo	**Funktionsbeschreibung**	FB 001
	Ltr. Qualitätsstelle und Q-Beauftragter	Seite 1 von 1

Stellenbezeichnung	Leiter Qualitätsstelle und Qualitätsbeauftragter
Name des Stelleninhabers	Toni Controletti
Vorgesetzte Stelle	Geschäftsführung
Unterstellter Bereich	Der Leiter Qualitätswesen ist weisungsbefugt gegenüber allen Mitarbeitern des Bereichs Qualitätsstelle und entsprechend den Festlegungen im QM-Handbuch mit besonderen Befugnissen in Qualitätsbelangen ausgestattet.
Der Stelleninhaber vertritt	–
Der Stelleninhaber wird vertreten von	Willi Müller (stellvertr. QS-Leiter)
Aufgabenbeschreibung	

- Leitung und Organisation der Qualitätsstelle mit folgenden Tätigkeiten:
  – Prüfmittelmanagement inkl. Beschaffung
  – Durchführung von Laborprüfungen
  – Optimierung des Prüfkonzepts für Wareneingang, Fertigung, Endprüfung
  – Prüfung bei Lieferanten
  – Koordination der Prüftätigkeiten in der Fertigung
  – Überwachung und Auswertung der Ergebnisse der Fertigungsprüfung/Erstbemusterung
  – Einleitung und Überwachung der Wirksamkeit von Korrekturmaßnahmen
  – Durchführung von Bemusterungen und Fähigkeitsuntersuchungen
  – im Rahmen von APQP
  – Durchführen von dimensionellen Prüfungen an Werkzeugen
  – Auswertung von Ausschuss-, Nacharbeits-, Fehlerstatistiken
  – Initiieren und Überwachen von Problemlösungen
- Koordination aller Aktivitäten zum QM-System einschließlich Weiterentwicklung
- Pflege der QM-Dokumentation
- Ansprechpartner des Kunden in Qualitätsfragen
- Koordination und Überwachung von Kundenreklamationen und internen Reklamationen
- Regelmäßiges Berichten an die Geschäftsführung zum Geschäftsplan und außerordentlich über wesentliche Qualitätsprobleme
- Erstellen von Berichten zur Managementbewertung (management review)
- Durchführung und Koordination von Schulungen zum Qualitätsmanagement und zu Qualitätsmethoden
- Initiierung von Maßnahmen zur Förderung des Bewusstseins über Kundenanforderungen im gesamten Unternehmen
- Mitwirkung im APQP-Team/Qualitätsvorausplanung
- Planung, Einführung und Pflege von Software (CAQ)
- Vorbereitung, Durchführung/Begleitung, Nachbereitung von Kunden-/Zertifizierungs-/Lieferantenaudits, interne Audits
- Lieferantenentwicklung
- Koordination der Leistungen von Unterauftragnehmern

Dateiname	Stand: X vom 4. Mai. 06

Abb. 2.11: Beispiel für eine Funktionsbeschreibung (Seite 1)

Firmen-Logo	**Funktionsbeschreibung**	FB 001
	Ltr. Qualitätsstelle und Q-beauftragter	**Seite 2** von 2

Anforderungen an den Stelleninhaber
- Diplom-Ingenieur, QM-Ausbildung, DGQ-Auditor
- Fremdsprachenkenntnisse: Englisch in Wort und Schrift
- PC-Kenntnisse: MS-Office
- mehrjährige Berufserfahrung im Qualitätswesen
- erforderliche Fach-/ Spezialkenntnisse: ISO 9000ff., ISO/TS 16949 (QS-9000 / VDA 6)
- Kenntnisse der in der Automobilindustrie üblichen Qualitätsmethoden

Ausbildung:
- Diplom-Ingenieur Maschinenbau
- DGQ QM und Q II
- Auditorenausbildung ISO 9000, ISO/TS 16949 (IATF)

Erfahrung:
- Personalführung
- Qualitätsmanagement in der Automobilzulieferindustrie
- Einsatz von CAQ-Systemen
- Umformtechnik

zusätzl. Kenntnisse:
- PC-Kenntnisse MS-Office
- Englisch Sprachkenntnisse in Wort und Schrift

Handlungsbefugnis
Der Leiter der Qualitätsstelle entscheidet über:
- Sortier- und Nacharbeitskosten bei Kundenreklamationen bis EUR 7.000,–
- Investitionen, Schulungsmaßnahmen usw. für die Qualitätsstelle im Rahmen des jährlichen Budgets

zeichnet
i.V.

FM_5-2.doc   Stand: X vom 3. Jul. 06

Abb. 2.12: Beispiel für eine Funktionsbeschreibung (Seite 2)

2.4.6.2 Verantwortung für Qualität

Die Forderung der ISO/TS 16949 nach qualitätsverantwortlichem oder entsprechend beauftragtem Personal bezieht sich insbesondere auf die Zielsetzung, dass in Spät-, Nacht- oder Wochenendschichten auf Qualitätsprobleme genauso reagiert wird wie tagsüber, wenn alle Funktionsbereiche normal besetzt sind. Kritische Punkte sind dabei zum einen die qualifizierte Beurteilung der Produkt- und Prozessqualität, die Verifizierung von Einrichtvorgängen und das Vorgehen bei Auftreten von Qualitätsproblemen. In allen Produktionsschichten muss das Personal entsprechend qualifiziert sein und die Vorgehensweise sowie Entscheidungsbefugnisse müssen klar definiert sein (Aufgabenbeschreibungen, Arbeitsanweisungen).

Die ISO/TS 16949:2002 fordert explizit, dass Befugnisse zum Stoppen der Produktion festgelegt sein müssen („Reißleinenprinzip"). Dies kann in Aufgabenbeschreibungen, Arbeitsanweisungen und/oder Verfahrensanweisungen festgelegt werden. Darüber hinaus muss geregelt sein, dass bei Auftreten von Qualitätsproblemen Managementverantwortliche informiert werden. Es kann beispielsweise in Arbeitsanweisungen und in Verfahrensanweisungen zu internen Fehlern geregelt werden, welche verantwortlichen Personen bei Auftreten von Qualitätsproblemen zu informieren sind. Wesentlich ist, dass die Informationskette in Abhängigkeit von der Bedeutung des Problems festgelegt ist.

2.4.6.3 Beauftragter für Kunden

Die Kundeninteressen müssen intern vertreten werden. Verantwortlich kann z. B. der Qualitätsbeauftragte sein (in kleinen Unternehmen), das interdisziplinäre Team (wie es im Abschnitt 7.3.1.1 „Bereichübergreifender Ansatz" der ISO/TS 16949:2002 gefordert ist) oder es werden verschiedene Mitarbeiter für unterschiedliche Fragestellungen verantwortlich gemacht (z.B. für Reklamationen, für Planungs- und Entwicklungsfragen, für Fragen zu Aufträgen und Lieferungen etc.). Da im Abschnitt 5.5.2.1 „Beauftragter für Kunden" der ISO/TS 16949:2002 u. a. die Auswahl von besonderen Merkmalen und die Produktentwicklung als Aufgaben des Beauftragten für Kunden genannt werden, bietet es sich an, das bereichsübergreifende Team verantwortlich für die Berücksichtigung der Kundenanforderungen zu machen, da die genannten Aufgaben sich mit den im Abschnitt 7.3.1.1 „Bereichübergreifender Ansatz" der ISO/TS 16949:2002 geforderten Tätigkeiten decken. Auf die Schnittstellen zum Kunden wird auch im Kapitel 2.6.3 dieses Buches eingegangen, und zwar im Zusammenhang mit den Anforderungen zur Kommunikation mit dem Kunden (Abschnitt 7.2.3 der ISO/TS 16949:2002).

Die Nahtstellen zwischen den verschiedenen Bereichen bzw. Prozessen („Wechselwirkungen") werden in den Verfahrensanweisungen festgelegt, Schnittstellen zum Kunden in den Verfahrensanweisungen zu Normabschnitt 7.2 „Kundenbezogene Prozesse".

2.4.6.4 Interne Kommunikation

Neu in der ISO 9001:2000 ist die Forderung zur Regelung der internen Kommunikation. Diese Forderung trägt der Erfahrungstatsache Rechnung, dass in vielen Unternehmen die bereichsübergreifende Zusammenarbeit verbesserungswürdig ist. Die Aussage, dass 80 % aller Qualitätsprobleme auf mangelnde Information zurückzuführen sind, findet bei erfahrenen Qualitätsmanagern starke Zustimmung.

Im Zusammenhang mit der Kommunikation sind die Normabschnitte „Lenkung von Dokumenten" und „Lenkung von Qualitätsaufzeichnungen" von Bedeutung. Die Lenkung der Dokumente ist Voraussetzung dafür, dass Informationen rechtzeitig zur Verfügung gestellt werden.

Um Struktur in das komplexe Thema „interne Kommunikation" zu bekommen, kann zwischen horizontaler Kommunikation und vertikaler Kommunikation unterschieden werden. Horizontale Kommunikation findet zwischen den Unternehmensbereichen statt, vertikale Kommunikation von oben nach unten (*top-down*) und von unten nach oben (*bottom-up*).

Der horizontale Informationsfluss kann mit „Sender" und „Empfänger" sowie Übertragungsmedium (Daten, Dokumente, Aufzeichnungen, mündliche Information) in den Verfahrensanweisungen (Prozessbeschreibungen) als „Input" und „Output" definiert werden. So kann der Informationsfluss wirkungsvoll festgelegt und geregelt werden sowie die ISO-Forderung zur Festlegung qualitätsrelevanter Informationen erfüllt werden. Die Erfahrung zeigt, dass der Nutzen dieser Festlegungen erheblich ist, da – wie erwähnt – eine Vielzahl von Qualitätsproblemen durch Defizite in der Information verursacht werden.

Top-down müssen beispielsweise Ziele und Pläne, organisatorische Festlegungen, Projekte usw. kommuniziert werden.

Bei der *Bottom-up*-Kommunikation hat das Berichtswesen eine besondere Bedeutung. Dieses hat zur Aufgabe, von unten nach oben Daten und Informationen gezielt zu sammeln und zu verdichten.

Sinnvoll ist die Festlegung, welche Medien zur Kommunikation eingesetzt werden und zu welchem Zweck. Beispiele für Medien sind:

- Besprechungsprotokolle und -berichte,
- Besprechungen,
- Zielvereinbarungs- und Mitarbeitergespräche,
- Aushänge,
- Firmenzeitungen,
- Rundschreiben,
- audiovisuelle Medien und elektronische Medien (z. B. Intranet, E-Mail),
- Betriebsversammlungen.

Die Wirksamkeit der Kommunikation im Unternehmen kann zweckmäßigerweise im Rahmen von internen Audits überprüft werden. Dazu sollten insbesondere die Nahtstellen zwischen den Bereichen näher betrachtet werden, d. h., dass verfolgt wird, wie (bzw. ob) der

Output eines Bereichs zum Input eines anderen Bereichs wird und ob der Input den Anforderungen und Erwartungen des Empfängers gerecht wird. Ein weiterer Schwerpunkt in Audits ist die Kommunikation von Zielen, Plänen usw. von der Unternehmensleitung bis in die operativen Ebenen sowie die Berichterstattung von unten nach oben.

2.4.6.5 Beauftragter der Leitung

Im Abschnitt 5.5.2 der ISO 9001:2000 sind folgende Forderungen hinsichtlich der Aufgaben des Beauftragten der Leitung formuliert:

a) sicherstellen, dass Prozesse des Qualitätsmanagementsystems eingeführt und aufrechterhalten werden,
b) der obersten Leitung über die Leistung des QM-Systems und notwendige Verbesserungen berichten,
c) die Förderung des Bewusstseins für Kundenforderungen im gesamten Unternehmen sicherstellen.

Diese Aufgaben sollten in der Funktionsbeschreibung des QM-Beauftragten enthalten sein. Die drei genannten Aufgaben bedeuten in der Praxis:

a Koordination des Aufbaus und der Pflege des QM-Systems einschließlich der Managementdokumentation, Mitwirkung oder Durchführung der Auditplanung und Ausführung von Audits.
b Zusammenführung von qualitätsrelevanten Daten des Unternehmens (Qualitätsbericht) sowie Berichten über Audits und Korrektur-, Vorbeugungs- und Verbesserungsmaßnahmen.
c Weitertragen des Gedankens der Kundenorientierung/-zufriedenheit durch Information, Schulung und Vertreten dieser Standpunkte im Unternehmen.
d Optional kann zu den Aufgaben des Beauftragten der Leitung das Unterhalten von Kontakten zu externen Stellen gehören. Typischerweise sind dies Kunden, Lieferanten und Zertifizierer in Fragen des QM-Systems.

> *Zusammenfassung der erforderlichen Maßnahmen:*
> - Aufgaben der Mitarbeiter festlegen (z.B. in Funktions-/Stellenbeschreibungen).
> - Qualitätsbeauftragten benennen.
> - Beauftragte(n) für Kundenanforderungen benennen.
> - Organisationsstruktur festlegen (z.B. Organigramm).
> - Verantwortung für Qualität festlegen (Information des Managements bei Qualitätsproblemen; Befugnis, die Produktion zu stoppen; Qualitätsverantwortung in den Produktionsschichten).
> - Kommunikationswege, d.h. Informationsfluss bzw. Dokumenten- und Datenfluss in Verfahrensanweisungen festlegen.

2.4.7 Managementbewertung (Abschnitt 5.6)

Allgemeines

Anforderungen der ISO 9001:2000

- QM-System in geplanten Intervallen zur Sicherstellung seiner dauerhaften Eignung, Angemessenheit und Wirksamkeit bewerten.
- Managementbewertung muss Verbesserungspotential und Änderungsbedarf für QM-System, Politik und Ziele bewerten.
- Aufzeichnungen über Managementbewertungen aufrechterhalten.

Zusätzliche Anforderungen der ISO/TS 16949:2002

Leistung des QM-Systems

- Alle Anforderungen und Leistungstrends im Rahmen des Prozesses der ständigen Verbesserung bewerten
  - Erreichung der Qualitätsziele überwachen,
  - regelmäßig Bericht erstatten,
  - qualitätsbezogene Verluste auswerten (Fehlerkosten).
- Ergebnisse aufzeichnen zum Nachweis der Erreichung
  - der Qualitätsziele,
  - der Kundenzufriedenheit.

Eingaben für die Bewertung

Anforderungen der ISO 9001:2000

- Verwendung folgender Informationen in der Managementbewertung:
  - der Auditergebnisse,
  - der Rückmeldungen von Kunden,
  - Prozessleistung und Produktkonformität,
  - des Status von Vorbeugungs- und Korrekturmaßnahmen,
  - der Folgemaßnahmen vorangegangener Managementbewertungen,
  - Änderungen mit möglichem Einfluss auf das QM-System,
  - Empfehlungen für Verbesserungen.

Zusätzliche Anforderungen der ISO/TS 16949:2002

- Tatsächliche und potentielle Ausfälle in der Gebrauchsphase bewerten sowie deren Auswirkungen auf
  - Qualität,
  - Sicherheit,
  - Umwelt.

Ergebnisse der Bewertung

Anforderungen der ISO 9001:2000

- Managementbewertung muss Maßnahmen enthalten zu:
  - Verbesserung der Wirksamkeit des QM-Systems und seiner Prozesse,
  - Produktverbesserungen bezüglich Kundenanforderungen,
  - Bedarf an Ressourcen.

Zusätzliche Anforderungen der ISO/TS 16949:2002

(Keine)

2.4.7.1 Durchführung der Managementbewertung

Die Managementbewertung sollte in regelmäßigen, festgelegten Intervallen durchgeführt werden. Sie dient der Feststellung des Status quo und der Bewertung der Angemessenheit des Managementsystems im Hinblick auf Unternehmens- und Qualitätspolitik und -ziele, zur Zielfestlegung und zur Festlegung zukünftiger Aktivitäten. Zu berücksichtigen sind dabei als Input die in der ISO aufgezählten Informationen (Auditergebnisse etc.) und als Output die neuen Forderungen in Bezug auf Maßnahmen zur Verbesserung des Managementsystems und seiner Prozesse (Maßnahmenfestlegung, Einsetzen von Teams zur ständigen Verbesserung etc.), zu Produktverbesserungen und Bedarf an Ressourcen (z.B. Investitionsplan).

Die folgende Aufzählung dient als Anregung, welche Punkte im Rahmen der Managementbewertung vorgestellt und diskutiert werden können:

- Unternehmensleistung
  - Betriebswirtschaftliche Auswertungen (BWA, Monatsbilanz),
  - Soll-Ist-Vergleich der Vorgaben aus dem Geschäftsplan,
  - Ressourcenplanung:
    - Stand der Investitionen gemessen am Investitionsplan,
    - Personalplanung,

- Analyse der Abweichungen und ggf. Ableiten von Maßnahmen,
- Stand der Folgemaßnahmen vorangegangener Managementbewertungen.

- Managementsystem
  - Ergebnisse interner und Third-Party-Audits,
  - Auditpläne,
  - Stand der Korrektur-, Vorbeugungs- und Verbesserungsmaßnahmen aus oben genannten Audits,
  - Feststellung der Notwendigkeit von Aktualisierungen des Managementsystems, bedingt durch:
    - neue Technologien,
    - neue Qualitätskonzepte,
    - neue Marktstrategien,
    - organisatorische Änderungen,
    - neue Randbedingungen in Gesellschaft und Umwelt,
  - Überprüfung der Aktualität der Unternehmens- und Qualitätspolitik (ggf. Anpassung),
  - Stand der Folgemaßnahmen vorangegangener Managementbewertungen.

- Kundenzufriedenheit
  - Vorstellung der Ergebnisse von Kundenbefragungen,
  - Zusammenfassung der Ergebnisse von Audits durch Kunden,
  - Zusammenfassung von Kundenrückmeldungen
    - Ergebnisse von Kundenbefragungen,
    - Lieferantenbewertungen,
    - ppm-Raten,
    - tatsächliche und potentielle Ausfälle in der Gebrauchsphase (Feldausfälle),
  - Kundenreklamationen,
  - Liefertreue (einschließlich Auswertung von Zusatzfrachten und Kundenbenachrichtigungen),
  - Stand der Folgemaßnahmen vorangegangener Managementbewertungen.

- Benchmarking und Marktanalyse
  - Benchmarkingergebnisse,
  - Marktanalyseergebnisse,
  - Stand der Folgemaßnahmen vorangegangener Managementbewertungen.

- Realisierungsprozess: kundenbezogene Prozesse
  - Auftragseingang,
  - Trefferquote,
  - durch den Verkauf verursachte interne Fehlerkosten,
  - Stand der Folgemaßnahmen vorangegangener Managementbewertungen.

- Realisierungsprozess: Entwicklung
  - geplante Produkt-/Dienstleistungsinnovationen,
  - Ergebnisse von Herstellbarkeitsbewertungen,

- Stand der Entwicklungsprojekte in Bezug auf:
  - Produktanforderungen,
  - Kosten,
  - Termine,
  - Umsetzung von Korrektur- und Vorbeugungsmaßnahmen (z. B. aus FMEAs),
- durch die Entwicklung/Produktionsplanung verursachte interne Fehlerkosten,
- Stand der Folgemaßnahmen vorangegangener Managementbewertungen.

- Realisierungsprozess: Beschaffung
  - Ergebnisse der Lieferantenbewertungen,
  - Stand der Lieferantenentwicklung,
  - durch Lieferanten verursachte interne Fehlerkosten,
  - Stand der Folgemaßnahmen vorangegangener Managementbewertungen.

- Realisierungsprozess: Produktion
  - Produktivität,
  - Stückkosten,
  - Prozessfähigkeiten,
  - Durchlaufzeiten,
  - Liefertreue (einschließlich Auswertung von Zusatzfrachten),
  - durch die Produktion verursachte interne Fehlerkosten,
  - Stand der Folgemaßnahmen vorangegangener Managementbewertungen.

- Mitarbeiter
  - Vorstellung der Ergebnisse der Mitarbeiterbefragung,
  - Stand der Schulungsaktivitäten,
  - Schulungspläne und Qualifizierungsmaßnahmen,
  - Vorstellung der Maßnahmen,
  - Stand der Folgemaßnahmen vorangegangener Managementbewertungen.

- KVP-Aktivitäten
  - Vorstellung des Projektstands und des Stands der Umsetzung von Verbesserungsmaßnahmen.

2.4.7.2 Inhalte der Managementbewertung

Eingaben für die Bewertung (Input)

Neben den im Normabschnitt 5.6.2 „Eingaben für die Bewertung" genannten Punkten sind an verschiedenen weiteren Stellen der ISO/TS 16949:2002 Anforderungen genannt, die in der Managementbewertung berücksichtigt werden müssen (z. B. im Abschnitt 7.3.4.1 „Überwachung der Entwicklung"). Darüber hinaus sind einige Anforderungen in der ISO/TS 16949:2002 enthalten, aus denen sich Input ergibt, der in die Managementbewertung einfließen sollte. Die nachfolgende Tabelle enthält eine Auflistung des notwendigen und sinnvollen Inputs mit der Angabe der Abschnittsnummer der ISO/TS 16949:2002 (in der Spalte „Abs.") und der Angabe, ob es sich um eine Anforderung der ISO/TS 16949:2002 handelt („A" = Anforderung) oder ob es sinnvoll ist, den Punkt als Input in die Managementbewertung aufzunehmen („O" = Option). Mit anderen Worten heißt dies, dass die mit „A" gekennzeichneten Fakten in die Managementbewertung berichtet werden *müssen*, während die mit „O" gekennzeichneten Fakten zwar in der ISO/TS 16949 gefordert sind, allerdings nicht als Input in die Managementbewertung. Es macht jedoch Sinn, auch die mit „O" gekennzeichneten Fakten in die Managementbewertung zu berichten.

Tab. 2.9: Notwendiger und sinnvoller Input für die Managementbewertung im Rahmen der ISO/TS 16949:2002

Eingaben für die Managementbewertung (Input)	Abs.	A/O
Auditergebnisse	5.6.2	A
Rückmeldungen von Kunden	5.6.2	A
Prozessleistung und Produktkonformität	5.6.2	A
Status von Vorbeugungs- und Korrekturmaßnahmen	5.6.2	A
Folgemaßnahmen vorangegangener QM-Bewertungen	5.6.2	A
Änderungen mit Auswirkungen auf das QM-System	5.6.2	A
Empfehlungen für Verbesserungen	5.6.2	A
Tatsächliche und potentielle Ausfälle in der Gebrauchsphase	5.6.2.1	A
Wirksamkeit und Effizienz der Produktrealisierungs- und unterstützender Prozesse	5.1.1	A
Berichte und Auswertungen über qualitätsbezogene Verluste (Fehlerkosten)	5.6.1.1	A
Messergebnisse zum Mitarbeiterbewusstsein	6.2.2.4	O
Ergebnisse von Herstellbarkeitsbewertungen	7.2.2.2	O
Messgrößen und deren Analysen aus definierten Phasen der Produkt- und Prozessentwicklung	7.3.4.1	A
Leistung von Lieferanten	7.4.3.2	O
Informationen über Kundenzufriedenheit/-unzufriedenheit (aus der Sicht des Kunden)	8.2.1	O
Leistung des Realisierungsprozesses als Indikator für Kundenzufriedenheit	8.2.1.1	O
Qualitätsleistung gelieferter Teile als Leistungsindikator für Kundenzufriedenheit	8.2.1.1	O
Störungen beim Kunden (einschließlich Rücklieferungen aus dem Feld) als Leistungsindikator für Kundenzufriedenheit	8.2.1.1	O

Eingaben für die Managementbewertung (Input)	Abs.	A/O
Liefertreue (einschließlich Zusatzfrachtkosten) als Leistungsindikator für Kundenzufriedenheit	8.2.1.1	O
Kundenbenachrichtigungen zu Qualität/Lieferproblemen als Leistungsindikator für Kundenzufriedenheit	8.2.1.1	O
Ergebnisse der Überwachung und Messung von Prozessen	8.2.3	O
Produktionsprozessfähigkeit und -leistung	8.2.3.1	O
Ergebnisse der Überwachung und Messung von Produktmerkmalen (Erfüllung der Produktanforderungen)	8.2.4	O
Trends der Qualität und Betriebsleistung (eventuell in Verbindung mit Benchmarkingdaten)	8.4.1	O

Legende: Abs.: Abschnitt in der ISO/TS 16949:2002
A/O: Anforderung/Option (sinnvoll)

Ergebnisse der Bewertung (Output)

Tab. 2.10: Notwendiger und sinnvoller Output aus der Managementbewertung im Rahmen der ISO/TS 16949:2002

Ergebnisse der Managementbewertung (Output)	Abs.	A/O
Aussagen über die Angemessenheit der Qualitätspolitik	5.3	O
Messbare Qualitätsziele	5.4.1	A
Qualitätsziele und geeignete Bewertungskriterien (Kennzahlen) als Bestandteil des Geschäftsplans	5.4.1.1	A
Ergebnisse und Maßnahmen zur Verbesserung der Wirksamkeit des QM-Systems und seiner Prozesse	5.6.3	A
Ergebnisse und Maßnahmen zu Produktverbesserungen bezüglich Kundenanforderungen	5.6.3	A
Maßnahmen zum Bedarf an Ressourcen	5.6.3	A

Legende: Abs.: Abschnitt in der ISO/TS 16949:2002
A/O: Anforderung/Option (sinnvoll)

Berichtsintervalle

Die Termine der Managementbewertung sollten auf die Berichtsintervalle des Managementberichts abgestimmt sein. Sinnvoll ist in der Regel die monatliche Durchführung einer Managementbewertung, da normalerweise monatlich betriebswirtschaftliche Auswertungen vorliegen, die einen großen Teil des finanziellen Aspekts der Managementbewertung abdecken. Der Umfang der Managementbewertung variiert je nachdem, welchen Umfang der Input in die Managementbewertung hat. Der Umfang des Inputs variiert normalerweise, da verschiedener Input in die Managementbewertung in unterschiedlichen Intervallen berichtet wird (monatlich, quartalsmäßig, halbjährlich, jährlich). Die monatlichen Termine dienen im Wesentlichen dem Soll-Ist-Abgleich sowie der Festlegung und Fortschrittsüberwachung von Maßnahmen. Mindestens einmal jährlich werden Ziele festgelegt. Nach Abschluss des Geschäftsjahrs und vor Beginn des Geschäftsplanungsprozesses wird der Umfang am größten sein. Die Managementbewertung wird gemeinsam durch die Leitungskräfte durchgeführt. Teilnehmer sind alle Führungskräfte sowie Mitarbeiter, die zur Behandlung spezieller Themen einzubeziehen sind.

Bewertung der Effizienz von Prozessen

Im Abschnitt 5.1.1 „Effizienz von Prozessen" der ISO/TS 16949:2002 sind Anforderungen zur Bewertung der Produktrealisierungsprozesse und unterstützenden Prozesse hinsichtlich deren Effizienz und Wirksamkeit enthalten. Diese Anforderungen können über die Bewertung entsprechender Kennzahlen erfüllt werden. Beispiele für solche Kennzahlen sind Kapazitätsauslastungen, Durchlaufzeiten, Termintreue, Stückkosten, Produktivität etc. Ein weiteres Mittel zur Bewertung der Effizienz von Prozessen sind Prozessaudits.

Anregungen aus der DIN EN ISO 9004

Anregungen zu Inhalten der Managementbewertung gibt auch die ISO 9004:2000:
– Stand und Ergebnisse der Qualitätsziele und Verbesserungstätigkeiten,
– Stand der einzelnen Maßnahmen der Managementbewertung,
– Ergebnisse von Audits und Selbstbewertungen in der Organisation,
– Rückmeldungen zur Zufriedenheit interessierter Parteien,
– marktbezogene Faktoren wie Technologie, Forschung und Entwicklung und Leistung der Wettbewerber,
– Ergebnisse von Benchmarkingtätigkeiten,
– Leistung von Lieferanten,
– neue Verbesserungsmöglichkeiten,
– Lenkung von Prozess- und Produktfehlern,
– Marktbeurteilung und -strategien,
– Stand der Aktivitäten für strategische Partnerschaften,
– finanzielle Auswirkungen qualitätsbezogener Tätigkeiten,
– sonstige Faktoren, die sich auf die Organisation auswirken können.

Zusammenfassung der erforderlichen Maßnahmen:
- Inhalte, Teilnehmer und Termine zur Managementbewertung festlegen einschließlich erforderlichen Inputs und Ergebnissen.

2.5 Management von Ressourcen (Abschnitt 6)

2.5.1 Bereitstellung von Ressourcen und Arbeitsumgebung (Abschnitte 6.1 und 6.4)

Bereitstellung von Ressourcen

Anforderungen der ISO 9001:2000

- Benötigte Ressourcen ermitteln und bereitstellen
  - zur Verwirklichung, Aufrechterhaltung und Verbesserung der Wirksamkeit des QM-Systems,
  - zum Erreichen der Kundenzufriedenheit durch Erfüllung der Kundenforderungen.

Zusätzliche Anforderungen der ISO/TS 16949:2002

(Keine)

Arbeitsumgebung

Anforderungen der ISO 9001:2000

- Ermittlung und Aufrechterhaltung der zur Erreichung der Produktkonformität benötigten Arbeitsumgebung.

Zusätzliche Anforderungen der ISO/TS 16949:2002

Arbeitssicherheit zur Erreichung der Produktqualität

- Produktsicherheit und Maßnahmen zur Risikominimierung für Mitarbeiter berücksichtigen, besonders in Entwicklung und Produktion.

Sauberkeit der Betriebsstätten

- Ordnung, Sauberkeit und Instandhaltung der Betriebsstätten gewährleisten.

2.5.1.1 Allgemeines zum Management von Ressourcen

Das Management der Ressourcen umfasst in der ISO 9001:2000 die Punkte:
- Personal,
- Infrastruktur und
- Arbeitsumgebung.

Die wesentlichen Aktivitäten zum Management von Ressourcen für diese einzelnen Punkte sind jeweils:

- Planung und ggf. Beschaffung der Ressourcen,
- Bereitstellung der Ressourcen,
- laufende Überwachung und Bewertung des Ressourceneinsatzes,
- Pflege und Verbesserung der Ressourcen.

Ziele des Managements von Ressourcen sind ein effizienter Einsatz der Mittel und ein ökonomischer und verantwortungsvoller Umgang mit Ressourcen (Ressourcenplanung). Schwerpunkte der Ressourcenplanung sind die Investitionsplanung beispielsweise von Maschinen, Ausrüstungen, Einrichtungen, Werkzeugen, Gebäuden, Informationstechnologie etc. sowie die Personalplanung und -entwicklung.

2.5.1.2 Arbeitsumgebung

Ein Bestandteil des Managements der Ressourcen ist die Arbeitsumgebung der Mitarbeiter, wobei menschliche und physikalische Faktoren von Bedeutung sind. Zu den menschlichen Aspekten zählen kreative Arbeitstechniken, Einbeziehung der Mitarbeiter, Arbeitsschutz einschließlich Arbeitsausrüstung, Ergonomie und Einrichtungen für die Mitarbeiter. Zu den physikalischen Aspekten zählen Wärme, Lärm, Licht, Hygiene, Feuchtigkeit, Sauberkeit, Schwingungen, Verschmutzung, Luftstrom usw. Alle diese Faktoren haben direkt oder indirekt Einfluss auf die Qualität.

Sofern die Umgebungsbedingungen Einfluss auf den Prozess haben, ist das Arbeitsumfeld entsprechend zu gestalten, z.B. durch Festlegungen zu Ordnung und Sauberkeit (Arbeits- und Lagerplätze, Transportmittel, Beleuchtung, Schwingungsfreiheit, Staubfreiheit etc.). Die erforderlichen Bedingungen in der Produktion sollten im Rahmen der Produktionsprozessentwicklung ermittelt und definiert werden – z.B. in Arbeitsplatzstudien – und in Arbeitsanweisungen festgeschrieben werden (vergleiche Kapitel 2.6.4.11 „Produktionsprozessentwicklung" und Kapitel 2.6.7 „Produktion und Dienstleistungserbringung (Abschnitt 7.5.1)").

Die Einrichtungen und die Arbeitsumgebung sollten bei der Durchführung von internen Audits in allen Bereichen mitbewertet werden (hierzu eignen sich besonders Prozessaudits). Aspekte des Arbeitsschutzes werden im Rahmen von Sicherheitsbegehungen beurteilt. Bewährt haben sich auch separate „Housekeeping-Audits" oder „SOS-Audits" (Sicherheit, Ordnung, Sauberkeit), bei denen bereichsweise das Arbeitsumfeld (einschließlich Ordnung, Sauberkeit und Arbeitsdisziplin) überprüft wird. Für die administrativen Bereiche werden z.B. Kriterien wie Ordnung, Ablagesystematik etc. bewertet, in produktiven Bereichen Kriterien wie Kennzeichnung, Lagerung, Vollständigkeit der Dokumente und Aufzeichnungen, Zustand und Pflege von Werkzeugen und Einrichtungen, Zustand und Nutzung von Arbeitsschutzeinrichtungen, Beachtung umweltrelevanter Vorgaben etc. Hierzu kann ein entsprechender Bewertungsbogen mit den verschiedenen Bewertungskriterien erstellt werden. Etwas schwieriger ist die Bewertung selber. Hierfür sollte ein Bewertungsschema (z.B. „Schulnoten 1 bis 6") erstellt werden, bei dem die Bewertung möglichst eindeutig ist (siehe

z. B. Abb. 2.13), so dass verschiedene Mitarbeiter bei der Bewertung zu vergleichbaren Ergebnissen kommen.

Firmen-Logo	**Housekeeping-Audit**					FM 8-10 Seite 1 von 1
Abteilung	Stanzerei		Durchgeführt von	Bondurant	Datum	21.10.2005

Bewertungsart	max. Pkt.	% i.O.	Pkt.	Soll-Zustand	Bemerkungen
1. Sauberkeit					
Haupt-, Fahr- und Nebenwege	4	100	4	frei von Ölen, Granulat, Lappen, Unrat	
Ragale, Abstellflächen, Container	4	75	3	frei von Putzlappen, Unrat, Kippen, Flaschen, Bechern	
an (um / hinter) Maschinen	4	75	3	aufgeräumt, frei von Unrat, Kippen, Flaschen, Bechern	
2. Ordnung					
an Maschinen	4	75	3	Container und Handkästen ordentlich aufgestellt	
in Regalen	4	50	2	Container und Handkästen ordentlich aufgestellt, Kennzeichnungen vorhanden und lesbar	
an / auf Werkbänken / WZ-Wagen	4	75	3	Werkzeuge, Messgeräte aufgeräumt und geordnet	
an Abstellplätzen	4	25	1	Container und Handkästen ordentlich aufgestellt	
an Entsorgungsplätzen	4	0	0	Container und Handkästen ordentlich aufgestellt, nicht überfüllt, sichtbar gekennzeichnet	
3. Einrichtungen					
Zustand	4	50	2	sauber, funktionstüchtig, gewartet	
Ergonomie	4	75	3	ergonomisches Arbeiten möglich	
4. Behälter / Container					
Behälter in Fertigung gekennzeichnet	4	100	4	Artikel-Nr., Fertigungsstatus, Prüfstatus	
n.i.O. - Schrottbehälter gekennzeichnet	4	100	4	Artikel-Nr., richtige Farbe (Rot)	
Zubehörbehälter gekennzeichnet	4	75	3	Artikel-Nr., richtige Farbe (blau)	

Bewertung % i.O.:	keine Abweichung:	100 %	eine große Abweichung:	25 %
	eine kleine Abweichung:	75 %	mehrere große Abweichungen:	0 %
	mehrere kleine Abweichungen:	50 %		

| Dateiname | | | | | Stand: X vom 03. Mai 2006 |

Abb. 2.13: Bewertungsbogen für ein Housekeeping-Audit

2.5.1.3 Sicherheitstechnische Belange

Sowohl während der Produkt- und Prozessentwicklung als auch während der Serienfertigung sind sicherheitstechnische Belange zu beachten. Ziel ist es, die potentiellen Risiken für die Mitarbeiter zu reduzieren. Dazu sind Gefährdungspotentiale für Mitarbeiter beispielsweise im Rahmen einer Arbeitsplatzanalyse zu ermitteln, d.h. es sind Tätigkeiten, Einrichtungen und Materialien zu untersuchen (z.B. anhand zugehöriger Sicherheitsdatenblätter). Ein weiterer Gesichtspunkt ist die Gestaltung der Ergonomie. Beispiele hierzu sind Montagen über Kopf oder an schwer zugänglichen Stellen. Diese Punkte müssen ggf. bereits bei der Entwicklung berücksichtigt werden. Neben der Gefährdung der Sicherheit und/oder Gesundheit der Mitarbeiter besteht hierbei auch die Gefahr der Minderung der Produktqualität (im konkreten Beispiel durch mangelhafte Montage).

2.5.1.4 Weitere Ressourcen aus der DIN EN ISO 9004

Die ISO 9004:2000 geht im Abschnitt 6 „Management von Ressourcen" zusätzlich zu den in der ISO 9001:2000 genannten Ressourcen auf folgende Punkte ein:

- Informationen,
- Lieferanten und Partner,
- natürliche Ressourcen,
- finanzielle Ressourcen.

Diese Punkte müssen nicht umgesetzt werden, sind jedoch wegen ihrer Relevanz für die Unternehmensorganisation nachfolgend kurz erläutert. Das Management von Informationen gewinnt vor dem Hintergrund einer sich stark entwickelnden Informationstechnologie und der international zusammenwachsenden Märkte zunehmend an Bedeutung.

Informationen

Informationen sind die Voraussetzung für alle Tätigkeiten im Unternehmen und die Grundlage aller Entscheidungen im Unternehmen. Informationen werden verwendet für (ISO 9004:2000):

- Erfassung und Verteilung von Daten und Wissen,
- Verbesserung der Prozesse und Produkte,
- Kommunikation,
- Prozesse einschließlich Führungsprozessen,
- Entscheidungsfindung.

Lieferanten und Partnerschaften

In der ISO 9004:2000 sind Lieferanten und Partnerschaften (z.B. zu anderen Unternehmen) als weitere Ressource aufgeführt. Die Kommunikation mit den Lieferanten/Partnern ist dabei von ausschlaggebender Bedeutung, z.B. mit dem Ziel, auftretende Qualitätsprobleme schnellstmöglich zu lösen, Kosten durch Zusammenarbeit bei der Produkt- und Prozessentwicklung, durch Zusammenarbeit im Vertrieb oder bei der Beschaffung zu reduzieren.

Natürliche Rohstoffe

Die ISO 9004:2000 geht außerdem auf natürliche Rohstoffe ein. Wo diese einen starken Einfluss auf das Unternehmen haben, so dass sich daraus erhebliche Risiken ergeben könnten, sollte Vorsorge für die Verfügbarkeit der Rohstoffe getroffen werden (z. B. Sicherheitsbestände aufbauen, Ersatzquellen oder -stoffe ermitteln etc.).

Finanzen

Obwohl dies keine explizite Forderung der ISO 9001:2000 oder der ISO/TS 16949:2002 ist, muss das Management von Ressourcen natürlich auch die finanziellen Ressourcen umfassen. Dazu gehört eine Finanzplanung einschließlich Investitionsplanung sowie eine damit verbundene Überwachung der Kosten. Wie bereits erwähnt, sollte die Finanzplanung in die Managementbewertung mit einbezogen werden. Neben der Planung ist der ständige Vergleich der Ist-Daten mit den Plandaten von Bedeutung. Diese beziehen sich sowohl auf die klassischen betriebswirtschaftlichen Kennzahlen als auch auf Zahlen zur Messung der Qualitätsleistung (interne Kosten für Fehler am Produkt oder Prozess, Verschwendung von Material und Zeit, externe Kosten durch Produktfehler, Garantie- und Gewährleistung).

Zusammenfassung der erforderlichen Maßnahmen:
- Personal, Infrastruktur und Arbeitsumgebung planen (Personaleinsatzpläne, Einrichtungsbelegungspläne, Arbeitsplatzgestaltung).
- Instandhaltungssystem einführen (siehe Kapitel 2.5.3).

2.5.2 Personelle Ressourcen (Abschnitt 6.2)

Personal: Allgemeines

Anforderungen der ISO 9001:2000

- Sicherstellen, dass das Personal für qualitätsrelevante Aufgaben fähig ist aufgrund von Ausbildung, Schulung, Fertigkeiten und Erfahrungen.

Zusätzliche Anforderungen der ISO/TS 16949:2002

(Keine)

Personal: Fähigkeit, Bewusstsein und Schulung

Anforderungen der ISO 9001:2000

- Bedarf an Fähigkeiten des Personals ermitteln.
- Schulung oder andere Maßnahmen zur Deckung des Bedarfs durchführen.
- Wirksamkeit der (Schulungs-)Maßnahme beurteilen.
- Bewusstsein bei den Mitarbeitern schaffen für:
  - Bedeutung und Wichtigkeit der eigenen Tätigkeit,
  - ihren Beitrag zur Erreichung der Qualitätsziele.
- Aufzeichnungen führen zu Ausbildung, Erfahrung, Schulung und Qualifikation.

Zusätzliche Anforderungen der ISO/TS 16949:2002

Fähigkeiten der Produktentwicklung

- Personal mit Entwicklungsverantwortung muss
  - notwendige Fähigkeiten besitzen,
  - anwendbare Werkzeuge und Methoden beherrschen.
- Anwendbare Werkzeuge und Methoden müssen identifiziert werden.

Schulung

- Dokumentiertes Verfahren zur Feststellung des Schulungsbedarfs einführen.
- Personal für spezifisch zugeordnete Aufgaben entsprechend qualifizieren
  - insbesondere hinsichtlich Erfüllung der Kundenanforderungen.

Ausbildung am Arbeitsplatz

- Arbeitsunterweisungen am Arbeitsplatz durchführen
  - bei neuen oder geänderten Tätigkeiten,
  - auch bei Kurzzeitbeschäftigten oder Leihpersonal.
- Mitarbeiter mit Einfluss auf die Qualität über mögliche Fehlerfolgen beim Kunden informieren.

Mitarbeitermotivation und Übertragung von Befugnissen

- Prozess zur Mitarbeitermotivation nachweisen bezüglich
  - ständiger Verbesserung,
  - Zielerreichung,
  - Förderung von Innovationen,
  - Förderung des Qualitätsbewusstseins.
- Mitarbeiterbewusstsein über Bedeutung und Wichtigkeit ihrer Tätigkeiten und der Beiträge zur Zielerreichung messen.

2.5.2.1 Qualifizierung der Mitarbeiter

Der ISO-Abschnitt „Personelle Ressourcen" zielt auf die Qualifizierung der Mitarbeiter zur Ausführung ihrer Tätigkeiten. Der Schulungsprozess beinhaltet die Bedarfsermittlung, Genehmigung, Planung, Durchführung, Nachweisführung und Überprüfung der Wirksamkeit von internen und externen Schulungen, und zwar für alle Mitarbeiter einschließlich der Führungskräfte. Weitere Zielsetzungen des Managements der „Human Resources" sind:

- die Auswahl und Einarbeitung/Schulung von neuen Mitarbeitern,
- die Unterstützung bei der Einführung von Neuerungen,
- die Verbesserung des Qualitätsverständnisses,
- die Verbesserung der Motivation, einen Beitrag zur Erreichung der Unternehmensziele zu leisten,
- die Karriereplanung.

Der „Bedarf an Fähigkeiten des Personals" ist zu klären, z.B. auf der Grundlage einer Beschreibung der Aufgaben des Personals und der Definition der Anforderungen an die Stelle. Fähigkeit bedeutet in diesem Zusammenhang, dass das Personal in der Lage ist, die festgelegten Anforderungen zu erfüllen.

2.5.2.2 Ermittlung des Schulungsbedarfs

Der Schulungsbedarf aller Mitarbeiter ist regelmäßig zu ermitteln und festzulegen. Dies kann im Jahresrhythmus erfolgen, z.B. in Einzelgesprächen der Vorgesetzten mit ihren Mitarbeitern. Aufbauend auf der Aufgaben- bzw. Funktionsbeschreibung und den individuellen Zielsetzungen wird dem Mitarbeiter ein Feedback über seine Leistung gegeben und es werden eventuell anstehende Änderungen bezüglich Aufgaben und Verantwortlichkeiten besprochen. Schulungsbedarf kann sich dann aus Defiziten in der Aufgabenerfüllung ergeben, aus neuen Aufgaben oder aus Bedarfsmeldungen bzw. Wünschen des Mitarbeiters. Darüber hinaus sind selbstverständlich gesetzlich/behördlich und/oder vom Kunden vorgeschriebene Schulungen in die Schulungsplanung einzubeziehen, etwa Schulungen zur Erlangung von Schweißer-Zeugnissen, zum Arbeitsschutz etc. Über die mittel- und langfristige Schulungsplanung hinaus müssen die Schulungspläne ergänzt werden, wenn sich kurzfristig Bedarf ergibt.

2.5.2.3 Schulungsplanung

In einem mittelständischen Unternehmen könnte die Qualifizierung von Mitarbeitern folgendermaßen organisiert werden: Die Bereichsverantwortlichen erstellen in der oben beschriebenen Weise Schulungspläne (siehe Abb. 2.14) für ihren Bereich und legen diese der Geschäftsführung zur Genehmigung vor. Dabei können Termine und Inhalte zunächst grob (z.B. Termin „3. Quartal") und später detailliert festgelegt werden.

Firmen-Logo	Schulungsplan Qualitätsstelle								FM 6-1 Seite 1 von 1
Maßnahme	Teilnehmer	Veranstalter	Ort	Datum (von ... bis)	genehmigt	Kosten EUR	Nachw. vorh.	Bewertung ☺ ☺ ☹	Unterschrift
Einführung in die Anforderungen der ISO/TS 16949:2002	QB (Toni Controletti)	Michael Cassel GmbH, Ratingen	Ratingen	22.10.2004	GF	360,-	ja	X	(Unterschrift)
Interner Auditor TS 16949 (IATF-lizensiert)	QB (Toni Controletti)	DGQ-VDA	München	30.3. – 1.4.05	GF	1020,-	ja	X	(Unterschrift)
Grundlehrgang QM	Gaby Schramm Heinz Hertel	DGQ	Frankfurt	6.12. – 10.12.04	GF	700,- p. P.	ja	X	(Unterschrift)
QM: Methoden und Werkzeuge	Gaby Schramm Heinz Hertel	DGQ	Bielefeld	16.11. – 18.11.05	GF	440,- p. P.			
QM: Statistische Methoden zur Entscheidungsfindung	Gaby Schramm Heinz Hertel	DGQ	Stuttgart	20.2. – 24.2.06	GF	840,- p. P.			
QA Prüfung	Gaby Schramm Heinz Hertel	DGQ	Augsburg	08.4.06	GF	115,- p. P.			
QM prozessorientiert einführen	QB (Toni Controletti)	DGQ	Frankfurt-Rauhheim	8.5. – 12.5.06	GF	810,-			
Erstellung einer papierlosen, prozessorientierten Managementdokumentation	QB (Toni Controletti)	Michael Cassel GmbH, Ratingen	Ratingen	3. Quartal 2006	GF	360,-			

Dateiname   Stand: 27. Mai 2006

Abb. 2.14: Beispiel für einen Schulungsplan

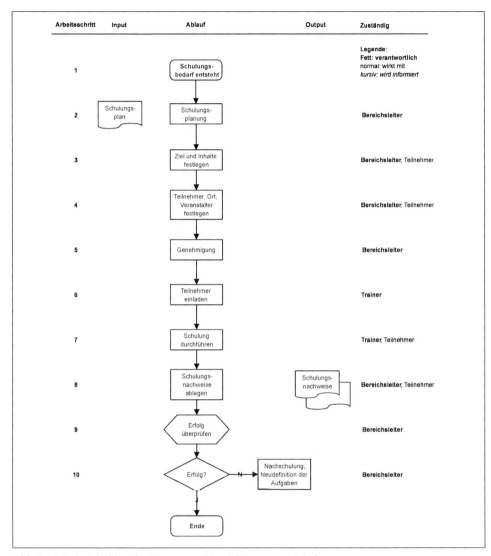

Abb. 2.15: Beispiel-Ablauf für Planung und Durchführung von Schulungen

Die bereichsbezogenen Schulungspläne können zu einem zentralen Schulungsplan zusammengefasst oder separat geführt werden. Die Schulungsmaßnahmen für die Führungskräfte werden in den zentralen Schulungsplan integriert oder es wird ein separater Schulungsplan für die Führungskräfte erstellt.

Die Schulungspläne werden dem Bedarf und dem Planungsfortschritt entsprechend (Konkretisierung der Maßnahmen und Termine) innerhalb der Planungsperiode laufend aktualisiert und ggf. um kurzfristig erforderlich werdende Schulungsmaßnahmen ergänzt.

2.5.2.4 Schulungsnachweise

Schulungsnachweise werden bei externen Schulungen über Teilnahmebescheinigungen, Zertifikate, Zeugnisse usw. erbracht. Interne Schulungen können durch Teilnehmerlisten nachgewiesen werden. Nachweise über Schulbildung, Erfahrung und Qualifikation können in Form von Zeugnissen (Schule, Berufsbildung, Arbeitszeugnisse), Lebensläufen, Leistungsbeurteilungen, Protokollen von Mitarbeitergesprächen usw. erbracht werden. Insbesondere bei Schulungen und Unterweisungen, welche die Arbeitssicherheit betreffen, ist das Führen und Aufbewahren von Aufzeichnungen gesetzlich vorgeschrieben.

2.5.2.5 Wirksamkeit von Schulungen

Die Wirksamkeit der durchgeführten Schulungen kann z.B. durch eine kurze Nachbesprechung zwischen Vorgesetztem und Mitarbeiter geklärt werden. Auch über die Beurteilung der Veränderung der Arbeitsleistung kann die Wirksamkeit durchgeführter Schulungsmaßnahmen bewertet werden. Die Bewertung kann z.B. nach folgendem einfachen Raster erfolgen:

- ☺ Schulungsinhalte konnten im Tagesgeschäft/in Projekten sinnvoll umgesetzt werden.
- ☺ Schulung war informativ und lehrreich, die Inhalte konnten im Tagesgeschäft/in Projekten jedoch nicht sinnvoll genutzt werden.
- ☹ Schulung war nicht effektiv.

In der ISO/TS 16949:1999 und der QS-9000 werden als Beispiele zur Bewertung der Wirksamkeit Vorher-/Nachher-Tests, Audits und/oder Leistungsbeurteilungen vorgeschlagen.

Bewährt haben sich insbesondere in produktiven Bereichen Schulungsmatrizen. Jede Zeile der Matrix ist einem Mitarbeiter zugeordnet und in die Spalten werden die verschiedenen Qualifikationen eingetragen, d.h. die Tätigkeiten, die im jeweiligen Bereich durchgeführt werden. Gegebenenfalls kann pro Mitarbeiter noch der Grad der Qualifikation angegeben werden, z.B. indem wie folgt unterschieden wird:

- Der Mitarbeiter kann die Tätigkeit unter Anleitung ausführen.
- Der Mitarbeiter kann die Tätigkeit eigenständig ausführen.
- Der Mitarbeiter kann andere zur Tätigkeit anleiten.

Eine solche Matrix kann u. a. auch für die Schichtplanung hilfreich sein. Auch der Schulungsfortschritt wird aus Schulungsmatrizen deutlich, wenn diese über einen Zeitraum fortgeschrieben werden.

2.5.2.6 Methodenschulung

Im Bereich Entwicklung werden Kenntnisse und Fähigkeiten des verantwortlichen Personals in anwendbaren Werkzeugen und Methoden verlangt. Die anwendbaren Methoden müssen ermittelt werden. Die anzuwendenden Werkzeuge und Methoden sollten in der Managementdokumentation festgelegt sein. Qualifikationsnachweise können durch Schulungsmaßnahmen und/oder erfolgreiche Anwendung der Werkzeuge und Methoden nachgewiesen werden. Folgende Beispiele für anwendbare Methoden sind in der ISO/TS 16949:1999, der QS-9000 und im „IATF Leitfaden zur ISO/TS 16949:2002" [20] genannt:

- computerunterstütztes Design (CAD),
- Konstruktion für Produktion (DFM)/Konstruktion für Montage (DFA),
- statistische Versuchsmethodik (SVM, DoE),
- computerunterstützte Konstruktion (CAE),
- Fehlermöglichkeits- und -einflussanalyse für Design und Prozess (D-FMEA/P-FMEA etc.),
- Analyse finiter Elemente (FEA),
- Form- und Lagetolerierung (GD&T),
- kundenorientierte Produktentwicklung (QFD),
- Zuverlässigkeitsplanung,
- Simulationstechniken,
- Volumenmodelle,
- Wertanalyse (VE).

Auch im Falle der Methoden kann eine Qualifikationsmatrix sinnvoll sein, wie sie im vorigen Kapitel beschrieben wurde. Dabei kann beispielsweise eine Unterscheidung im Grad der Qualifikation nach folgendem Schema sinnvoll sein:

- Der Mitarbeiter kann die Methode anwenden.
- Der Mitarbeiter kann die Methode moderieren/anleiten.

2.5.2.7 Einarbeitung von Mitarbeitern

Als Anregung zur Durchführung von Ein- und Unterweisungsprogrammen bei Neubesetzung von Positionen kann die Checkliste aus Tab. 2.11 dienen. Zweckmäßig ist es, einen „Paten" (Betreuer und Ansprechpartner) für die Einarbeitungszeit zu benennen. Neben den allgemein gültigen Punkten für die Einarbeitung laut Checkliste sollten spezielle Schulungen/Unterweisungen (z.B. für bestimmte EDV-Anwendungsprogramme) auf der Checkliste ergänzt werden. Die Checkliste wird abgearbeitet und zum Abschluss vom Vorgesetzten und Mitarbeiter anlässlich eines Feedback-Gespräches zum Stand der Einarbeitung unterzeichnet, um die Durchführung aller Checkpunkte zu bestätigen.

Darüber hinaus kann ein Einarbeitungsplan erstellt werden, der die verschiedenen Tätigkeiten und Bereiche enthält, die der Mitarbeiter kennen lernen soll.

Laut ISO/TS 16949:2002 ist das Augenmerk insbesondere auf die Unterweisung bei neuen oder geänderten Arbeitsgängen sowie von befristet eingestelltem oder vertraglich beauftragtem Personal (z.B. Leiharbeiter) zu richten. Arbeitsunterweisungen können gemeinsam mit Sicherheitsunterweisungen durchgeführt und dokumentiert werden.

Tab. 2.11: Beispiel für eine Checkliste „Einarbeitung neuer Mitarbeiter"

Name:
Eintrittsdatum:
Funktion (lt. Stellenbeschreibung):
Abteilung/Arbeitsgruppe:
Vorgesetzter u. dessen Stellvertreter:
Pate (Betreuer) für die Einarbeitungsphase:

– Begrüßung/Empfang des neuen Mitarbeiters
– Basisinformation über das Unternehmen:
   Historie, Tätigkeitsschwerpunkte, Stärken und Schwächen des Betriebes, Wachstumsphasen, Krisenzeiten, Zielvorstellungen
– Darstellung der Unternehmensphilosophie:
   Ist-Situation, mittel- und langfristige Ziele, Wettbewerbslage, Qualitätsprobleme, Zielgruppen, Ausbau der Organisation, allgemeine und firmenbezogene Konjunkturlage
– Vorstellung bei der Geschäftsleitung, im Beisein des Vorgesetzten
– Vorstellung beim Betriebsrat
– Vorstellung am Arbeitsplatz, Rundgang durch den Betrieb
– Mit den betriebsspezifischen Umgangsformen vertraut machen:
   Anrede (mit Titel?), Art der firmenüblichen Begrüßung, Verhalten bei Geburtstagen, Feiern im Betrieb
– Einweisung in die Unfallverhütungsvorschriften:
   a) am Arbeitsplatz, b) Betrieb allgemein
– Erste Einweisung am Arbeitsplatz:
   Beschaffung von Arbeitsmitteln, Magazin, Bestellwesen, Einkauf
– Aufklärung über das betriebsübliche Maß an Pünktlichkeit, Schnelligkeit der Reaktion gegenüber Vorgesetzten
– Bei Gleitzeit:
   Übliche Zeiteinteilung und Abstimmung mit den Gruppenmitgliedern
– Allgemeine Organisation und Ordnung im Betrieb:
   Gang zum Arzt; Behördengänge; Betreten und Verlassen des Betriebes; Regeln bezüglich der Firmenparkplätze; sonstige Verkehrsverbindungen; Einkaufsmöglichkeiten; Wohnungsmarkt
– Soziale Einrichtungen des Betriebes
– Vorstellung bei der Personalabteilung, Besprechung der Zahlung des Gehaltes und des Urlaubsgeldes, Verhalten im Krankheitsfall, Urlaub und Urlaubsantrag, Tarifvertrag, Weiterbildungsmöglichkeiten, Arbeitszeit und Pausenregelung
– Verbesserungsvorschlagswesen, allgemeine Ermunterung zur konstruktiven Kritik am Bestehenden, Meckerkasten etc.
– Betrieb und Freizeit:
   Sportgruppen, Kegelklub etc.
– Kontrollgespräch/Erfolgskontrolle:
   Beobachtungen des neuen Mitarbeiters; wurden die vereinbarten Ziele erreicht?

2.5.2.8 Mitarbeitermotivation und Qualitätsbewusstsein

Eine neue Forderung der ISO 9001:2000 ist die Durchführung von Maßnahmen zur Motivation und Förderung des Qualitätsbewusstseins (diese Anforderung gab es schon im VDA 6.1). Dies begründet sich in der Tatsache, dass die Einstellung der Mitarbeiter zu ihrer Arbeit eine ähnlich hohe Bedeutung für die Qualität hat wie technische und organisatorische Voraussetzungen im Unternehmen. Die Motivation von Mitarbeitern lässt sich durch die unterschiedlichsten Maßnahmen verbessern, z. B. durch:

- gute Arbeitsbedingungen/Einrichtungen am Arbeitsplatz,
- Information der Mitarbeiter (z. B. über neue Produkte, Kunden, strategische Unternehmensplanung und mittel- und langfristige Zielsetzungen, organisatorische Änderungen im Unternehmen, Qualitätsforderungen und -erwartungen von Kunden),
- Mitarbeiterbewertung, Zielvereinbarung, Laufbahnplanung,
- Information über die Erwartungen an ihre Arbeit,
- Kenntnis der Unternehmens-/Qualitätspolitik und Unternehmensstrategie,
- klare Festlegung von Verantwortung und Befugnissen,
- Einbeziehung in Entscheidungen, Ausweitung der Verantwortungsbereiche,
- Anerkennung und Belohnung von Leistungen einschließlich Anreizsystemen,
- Führungsstil,
- Sicherheit des Arbeitsplatzes,
- Beteiligung bei Qualitätszirkeln und an KVP-Projekten,
- betriebliche Zusatzeinrichtungen und -leistungen.

Die ISO/TS 16949:2002 nennt als Schwerpunkte:
- Motivation zur Erreichung der Qualitätsziele,
- Motivation zur ständigen Verbesserung,
- Motivation zur Schaffung eines Umfelds zur Förderung von Innovation.

Beispiele für konkrete Maßnahmen zur Motivation der Mitarbeiter in Bezug auf diese Schwerpunkte sind Schulungen/Informationsveranstaltungen, Qualitätszirkel, Workshops sowie Null-Fehler-Programme und Plakataktionen/Wettbewerbe. Zu empfehlen sind möglichst konkrete Maßnahmen, z. B. vom Führungskreis initiierte und gesteuerte Verbesserungsprojekte, die direkt aus den Unternehmens- und Qualitätszielen des Unternehmens abgeleitet werden und auf unterschiedlichen Ebenen des Unternehmens durchgeführt werden.

Der Erfolg dieser Maßnahmen kann beispielsweise gemessen werden anhand von:
- Verbesserungsvorschlägen, ggf. differenziert nach Vorschlägen zu Qualität und neuen Technologien,
- umgesetzten Maßnahmen im Rahmen des Verbesserungsmanagements,
- neu eingeführte Technologien einschließlich diesbezüglicher Verbesserungsmaßnahmen,
- durchgeführte Informations- und Schulungsveranstaltungen zu neuen Technologien.

Die Förderung und Ermittlung des Mitarbeiterverständnisses für die Unternehmens- und Qualitätsziele erfordert einen intensiven Dialog zwischen Führungskräften und Mitarbeitern, z. B. im Rahmen der Durchführung von Qualitätszirkeln, KVP-Teams etc. In diesen Gruppen können dann beispielsweise aus den Unternehmens- und Qualitätszielen konkrete Maßnahmen abgeleitet werden (siehe Kapitel 2.4.4 „Qualitätsziele und Geschäftsplan (Abschnitt 5.4)" und Kapitel 2.7.7 „Datenanalyse und Verbesserungen (Abschnitte 8.4 und 8.5)"). Weitere Möglichkeiten sind Wettbewerbe und Preisausschreiben, in denen qualitätsrelevante Themen spielerisch vermittelt werden.

In der ISO/TS 16949:2002 wird gefordert, dass Mitarbeitern mit Einfluss auf die Qualität die Folgen für den Kunden bei Nichteinhaltung von Qualitätsstandards (Spezifikationen, Verfahrens-, Arbeits- und Prüfmaßnahmen) bewusst gemacht werden. Über solche Maßnahmen lassen sich ebenfalls die Motivation und das Qualitätsbewusstsein erhöhen. Im Bereich der Entwicklung und Planung sind Risikoanalysen (z. B. FMEA) und Rückinformationen von Kunden ein geeignetes Instrument zur Sensibilisierung der Mitarbeiter. Das Qualitätsbewusstsein von Mitarbeitern der Produktion kann ebenfalls durch Einbeziehung in Risikoanalysen (Prozess-FMEA) verbessert werden. Informationen über Fehlerfolgen beim Kunden können durch Mitwirkung bei der Reklamationsbearbeitung weitergegeben werden, durch Information/Schulung der Produktionsmitarbeiter hinsichtlich der Folgen für den Kunden und andere Maßnahmen. Beispiele sind Information in Form von Fehlerstatistiken (im eigenen Bereich, bei internen und externen Kunden), Anschauungsmodelle fertig montierter Produkte, Einbeziehung der Mitarbeiter bei der Lösung von Problemen am Produkt oder Prozess etc. Die Erfahrung zeigt, dass Produktionsmitarbeiter häufig nicht einmal den Verwendungszweck der produzierten Teile kennen, was eine Bewertung der Produktqualität erheblich erschwert.

Möglichkeiten zur Messung der Mitarbeiterzufriedenheit bestehen wie bei der Messung der Kundenzufriedenheit in der Analyse von Daten oder in der Durchführung von Befragungen. Indikatoren für Mitarbeiterzufriedenheit können sein [36]:

– Abwesenheits- und Krankheitsquoten,
– Personalfluktuation,
– problemlose Nachwuchsbeschaffung,
– Inanspruchnahme betrieblicher Einrichtungen.

Diese Indikatoren haben den Nachteil, dass sie nicht unbedingt zwangsläufig mit der Mitarbeiterzufriedenheit korrelieren. So wird die Abwesenheits- und Krankheitsquote durch Grippewellen und Wirtschaftskonjunktur ebenso beeinflusst wie durch Mitarbeitermotivation.

Eine direkte Möglichkeit zur Ermittlung der Mitarbeiterzufriedenheit ist die Durchführung von Mitarbeiterbefragungen. Diese können per Umfrage mit Hilfe von Fragebögen (siehe z. B. Abb. 2.16) oder persönlich durchgeführt werden. Die persönliche Befragung kann z. B. im Rahmen jährlicher Mitarbeitergespräche erfolgen.

Zu empfehlen ist eine direkte Verknüpfung der Mitarbeiterbefragung mit den Aktivitäten zur Mitarbeitermotivation, indem die Akzeptanz der durchgeführten motivierenden Maßnahmen hinterfragt wird. Dann können die Ergebnisse der Befragung direkt genutzt werden, um den Prozess zur Mitarbeitermotivation zu verbessern.

Firmen-Logo	**Mitarbeiterbefragung**	FM 6-4
		Seite 1 von 1

Frage 1
Bitte bewerten Sie Ihren Arbeitsplatz anhand folgender Kriterien:

	☺☺	☺	☹	☹☹
Ich bin mit meinen äußeren Arbeitsbedingungen zufrieden	☐	☐	☐	☐
Mein Arbeitsplatz gefällt mir	☐	☐	☐	☐
Ich kann mein Können und Wissen richtig einsetzen	☐	☐	☐	☐
Die Arbeit entspricht meinen Fähigkeiten und Neigungen	☐	☐	☐	☐
Ich kann Vorschläge zur Verbesserung der Zusammenarbeit einbringen	☐	☐	☐	☐
Die Arbeitsbelastung sollte höher (☺) / sollte niedriger sein (☹)	☐	☐	☐	☐
Die Arbeit ermöglicht es mir, mich über Leistung und Erfolge zu freuen	☐	☐	☐	☐
Ich fühle mich über die wesentlichen Dinge im Unternehmen ausreichend informiert	☐	☐	☐	☐
Ich bin mit den Weiterbildungsmöglichkeiten zufrieden (Lehrgänge, Seminare, Fortbildungen)	☐	☐	☐	☐
Die dabei erworbene Qualifikation kann ich gut einsetzen	☐	☐	☐	☐

Frage 2
Bitte bewerten Sie Ihren Vorgesetzten anhand folgender Kriterien:

	☺☺	☺	☹	☹☹
Fachliche Erfüllung der Aufgaben	☐	☐	☐	☐
Führung der Mitarbeiter	☐	☐	☐	☐
Rechtzeitige und ausreichende Information	☐	☐	☐	☐
Beachtung Ihrer Meinung bei wichtigen Entscheidungen	☐	☐	☐	☐
Förderung von Einsatzbereitschaft	☐	☐	☐	☐
Anerkennung von Leistung	☐	☐	☐	☐
Sachliche Kritik bei Fehlern	☐	☐	☐	☐
Gerechte Beurteilung	☐	☐	☐	☐

Dateiname   Stand: X vom 4. Mai. 06

Abb. 2.16: Beispiel zur Mitarbeiterbefragung

> *Zusammenfassung der erforderlichen Maßnahmen:*
> - Dokumentiertes Verfahren zur Bedarfsermittlung, Genehmigung, Planung, Durchführung, Bewertung und Nachweisführung von internen und externen Schulungen festlegen und praktizieren.
> - Schulungsplan erstellen/aktualisieren.
> - Anzuwendende Werkzeuge und Methoden in der Entwicklung festlegen und Personal qualifizieren.
> - Verfahren zur Prüfung der Wirksamkeit von Schulungen festlegen und einführen.
> - Einarbeitungs- und Unterweisungsprogramme festlegen und durchführen.
> - Maßnahmen zur Verbesserung des Qualitätsbewusstseins der Mitarbeiter initiieren (z. B. Qualitätsziele und damit verbundene Aufgaben bekannt machen).
> - Prozess zur Steigerung der Mitarbeitermotivation festlegen und umsetzen.
> - Prozess zur Messung des Mitarbeiterbewusstseins festlegen und umsetzen.
> - Kenngrößen zur Messung des Mitarbeiterbewusstseins festlegen und in den Geschäftsplan integrieren.

2.5.3 Infrastruktur (Abschnitte 6.3 und 7.5.1 c)

Anforderungen der ISO 9001:2000

- Ermittlung, Bereitstellung und Aufrechterhaltung der qualitätsrelevanten Infrastruktur einschließlich
  - Gebäude, Arbeitsort und angeschlossener Einrichtungen,
  - Ausrüstungen, Hardware, Software,
  - unterstützender Dienstleistungen.
- Aufrechterhaltung der Ressourcen.
- Gebrauch und Instandhaltung geeigneter Ausrüstungen für Produktion und Dienstleistungserbringung.

Zusätzliche Anforderungen der ISO/TS 16949:2002

Werks-, Anlagen- und Einrichtplanung

- Bereichsübergreifenden Ansatz zur Werks-, Anlagen- und Einrichtplanung anwenden.
- Werkstrukturpläne erstellen zur Optimierung von
  - Materialtransport,
  - Handhabung,
  - Flächenverbrauch,
  - synchronem Materialfluss.
- Bereichsübergreifende Methoden zur Überwachung der Wirksamkeit vorhandener Arbeitsgänge und Prozesse entwickeln.

Notfallpläne

- Pläne erstellen zur Sicherstellung der Erfüllung von Kundenanforderungen in Notfällen (z.B. Ausfall der Energieversorgung oder wichtiger Betriebsmittel, Arbeitskräftemangel, Feldbeanstandungen).

Vorbeugende und vorausschauende Instandhaltung (7.5.1.4)

- Zur vorbeugenden, vorausschauenden Instandhaltung
  - Schlüsselprozesse identifizieren,
  - wirksames, geplantes System aufbauen,
  - Ressourcen bereitstellen.
- Berücksichtigung von
  - geplanten Instandhaltungstätigkeiten,
  - Verpackung und Konservierung von Betriebsmitteln, Werkzeugen und Prüfmitteln,
  - Ersatzteilverfügbarkeit,
  - Dokumentation und Weiterentwicklung von Zielen.
- Vorausschauende Methoden anwenden zur Verbesserung der Wirksamkeit und Effizienz der Produktionsmittel.

Management von Produktionswerkzeugen (7.5.1.5)

- Werkzeugmanagementsystem einführen
  - Instandhaltungs- und Reparatureinrichtungen,
  - Instandhaltungs- und Reparaturpersonal,
  - Ein- und Auslagerung,
  - Werkzeugwechselprogramme,
  - Dokumentation von Werkzeugänderungen,
  - Kennzeichnung von Werkzeugen.
- Ressourcen bereitstellen für Entwicklung, Herstellung und Verifizierung von Werkzeugen und Prüfmitteln.
- Ausgegliederte Arbeiten zum Werkzeugmanagement systematisch überwachen.

2.5.3.1 Allgemeines zur Infrastruktur

Zur Infrastruktur zählen Anlagen, Arbeitsräume, Hardware, Software, Werkzeuge und Ausrüstungen, unterstützende Dienstleistungen, Informations- und Kommunikationsmittel, Transportmittel usw. (ISO 9004:2000 [10]).

Ziele, Funktionen, Leistungen, Verfügbarkeit, Kosten, Sicherheit, Schutz und Erneuerung der Einrichtungen müssen geplant und realisiert werden (z.B. durch Pflichtenhefte) und die

Verfügbarkeit muss gewährleistet werden. Letzteres erfordert das Durchführen einer Instandhaltung (Wartung) auf der Basis von Risikoabschätzungen und Benutzungshäufigkeit.

2.5.3.2 Instandhaltung und Werkzeugmanagement

Die Installation eines Instandhaltungssystems umfasst folgende Punkte:
- Erfassung aller Einrichtungen (Maschinen, Werkzeuge, Vorrichtungen, Spannmittel, Hilfseinrichtungen, Lehren, Rechner, Software). Hierzu können Karteikarten, Listen oder Rechnerdateien benutzt werden (Tabellenkalkulation, Datenbank, Instandhaltungssoftware).
- Festlegung der durchzuführenden Wartungs- und Instandhaltungstätigkeiten in Checklisten, Instandhaltungsplänen, Wartungsplänen (ein Beispiel ist in Abb. 2.17 gezeigt) oder mittels Wartungssoftware, ggf. Erstellung von Anweisungen für die Wartungs- und Instandhaltungstätigkeiten.
- Gegebenenfalls Ermittlung des Bedarfs an speziellen Werkzeugen, Prüfgeräten etc. zur Ausführung der Tätigkeiten.
- Festlegung der Intervalle für die einzelnen Instandhaltungstätigkeiten.
- Festlegung der Verantwortlichkeiten für die unterschiedlichen Instandhaltungs- und Reparaturtätigkeiten (intern: Maschinenbediener, Einrichter, Vorarbeiter, Elektriker, EDV, Schlosser usw. oder externe Instandhalter).
- Festlegen, wie die Wartungs- und Instandhaltungsintervalle aufgezeichnet werden.
- Festlegen, für welche Einrichtungen Historien aufgezeichnet werden sollen und welche Ereignisse in der Historie aufgezeichnet werden (Änderungen, Reparaturen, Wartungen, Instandhaltungen, Defekte und deren Ursachen, verbrauchte Ersatzteile, gefertigte Stückzahlen, Verschleißdaten etc.).
- Ermitteln/Festlegen des Bedarfs an Ersatzteilen, Hilfs- und Betriebsstoffen.
- Gegebenenfalls Festlegung, Überwachung, Durchführung und Optimierung von Wechselintervallen (bei Verschleißwerkzeugen).

Die ISO/TS 16949:1999 [12] und der IATF Leitfaden [20] empfehlen die Berücksichtigung folgender Punkte bei der Festlegung der Instandhaltungsmethoden:

- Herstellerempfehlungen der Maschinen und Einrichtungen,
- Lagerung,
- Werkzeugverschleiß,
- Optimierung der Betriebszeit,
- Vergleich von SPC-Daten mit den vorbeugenden Instandhaltungstätigkeiten,
- Aktivitäten der vorausschauenden Instandhaltung,
- Wartungsaktivitäten,
- wichtige Merkmale von Verschleißwerkzeugen,
- Analyse von Flüssigkeiten (Schmier- und Kühlmittel, Bäder),
- Infrarotlicht-Überwachung,
- Überwachung von Stromkreisen,
- Schwingungsanalyse.

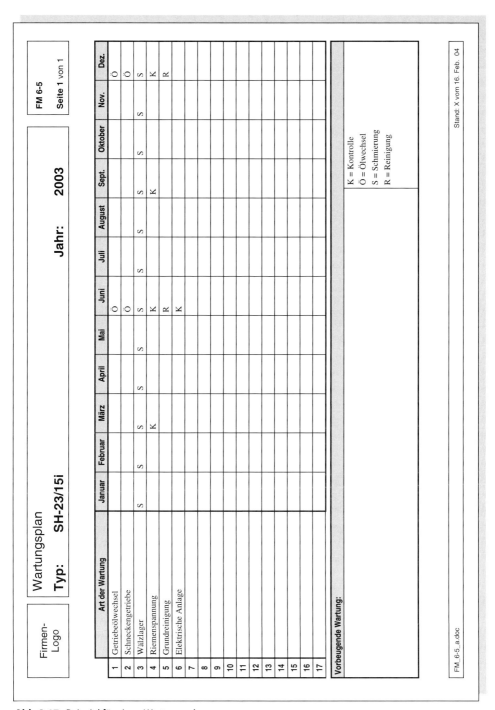

Abb. 2.17: Beispiel für einen Wartungsplan

Im Abschnitt 3 der ISO/TS 16949:2002 werden folgende Begriffe zur Instandhaltung definiert:

> **Vorausschauende Instandhaltung:**
> „Tätigkeiten, abgeleitet aus Prozessdaten, die auf Vermeidung von Instandhaltungsproblemen durch Vorhersage möglicher Ausfallarten gerichtet sind."
>
> **Vorbeugende Instandhaltung:**
> „Geplante Tätigkeit als Ergebnis der Produktionsprozessentwicklung zur Beseitigung von Ausfallursachen der Anlagen sowie nicht planmäßiger Unterbrechungen der Produktion."

Instandhaltungstätigkeiten ergeben sich einerseits aus den Aktivitäten zur Produktionsprozessentwicklung, andererseits während der Serienproduktion durch die Auswertung von Prozessdaten. Typische Beispiele für Auswertungen von Prozessdaten sind Schwingungsanalysen, Flüssigkeitsanalysen usw.

Die vorausschauende Instandhaltung wird durch Auswertung von Prozessdaten ausgelöst. Beispielsweise handelt es sich um eine vorausschauende Instandhaltungstätigkeit, wenn nach einer bestimmten Nutzungsdauer einer Maschine eine Ölanalyse durchgeführt wird und dann über die Ausführung eines Ölwechsels entschieden wird. Um eine vorbeugende Instandhaltungsaktivität handelt es sich, wenn unbeachtet der Ölqualität das Öl nach einem bestimmten Intervall gewechselt wird.

2.5.3.3 Werks-, Anlagen- und Einrichtungsplanung

Für die Entwicklung von Anlagen, Prozessen und Einrichtungen (mit Erstellung eines Werksstrukturplans) ist im Unterabschnitt „Werks-, Anlagen- und Einrichtungsplanung" der ISO/TS 16949 (Abschnitt 6.3.1) ein bereichsübergreifender Ansatz gefordert (diese Forderung ist aus der QS-9000 übernommen worden).

Die Optimierung von Materialbewegung, -handhabung, -fluss und Werksflächennutzung kann z.B. mit Hilfe von Werksstrukturplänen (Floor Plan Layout) und/oder Prozessablaufplänen (Prozess-Flowchart) durchgeführt werden. Werksstrukturpläne sind Werks- bzw. Hallenpläne, in denen alle Einrichtungen, Lagerplätze, Arbeitsplätze (Fertigung, Montage, Prüfung und Versand) dargestellt sind. In diese Pläne wird jeweils der Materialfluss vom Wareneingang bis zum Versand eingezeichnet und auf potentielle Fehlerquellen und Verbesserungsmöglichkeiten analysiert. Hierzu kann die Checkliste A-5 im Anhang A des QS-9000-APQP-Referenzhandbuchs [18] verwendet werden. Die festgelegten Maßnahmen werden im Rahmen der Produktionsprozessplanung durchgeführt. Der Prozessablaufplan (ein Ausführungsvorschlag ist in Abb. 2.18 dargestellt; auch andere, einfachere Darstellungen sind möglich) stellt alle Bearbeitungs-, Prüf-, Handhabungs- und Lagerschritte dar. Er zeigt die einzelnen Schritte im Zusammenhang und dient ebenfalls zur Analyse potentieller Abweichungen und Streuungsquellen. Die in Abb. 2.18 dargestellte Form eignet sich darüber

2.5 Management von Ressourcen (Abschnitt 6)

Geschäftsprozeßanalyse (IST-Analyse)
Geschäftsprozeß „Auftragsbearbeitung (mit Beschaffung)"

FM 7.5-10
Seite 1 von 1

Arbeitsschritt					Ergebnis / Output	Zuständig	Änderung und / oder Verbesserung
Nr.	Art / Typ		Zeit	$	Bezeichnung		
1	⇧	☺	1		Auftragseingang (Fax, Post, Telefon)		Zentrale Verkauf, Sekr.	
2	□	⊗	45		Zwischenlagerung		Zentrale Verkauf, Sekr.	
3	⇧	☺	3		Verteilung		Zentrale Verkauf, Sekr.	
4	□	⊗	45		Zwischenlagerung		Verkauf	
5	●	☺	8		Auftragsbearbeitung	Auftrag (EDV)	Verkauf	
6	●	☺	1		Bedarfsmeldung	Position auf der Rückstandsliste	Verkauf	
7	⇧	☺	3		Übermittlung an Einkauf		Einkauf	
8	□	⊗	120		Zwischenlagerung		Einkauf	
9	●	☺	2		Terminklärung	Liefertermin	Einkauf	1) Bestätigten Termin in EDV kenntlich machen 2) Terminklärung mit Lieferanten durch EK
10	□	⊗	90		Zwischenlagerung		Einkauf	
11	⇧	☺	3		Rückinfo		Verkauf	
12	□	⊗	60		Zwischenlagerung		Verkauf	
13	●	☺	2		Erstellung AB u/o Lieferschein	AB / Lieferschein	Verkauf	
14	□	⊗	60		Zwischenlagerung		Verkauf	
15	⇧	⊗	5		Lieferschein an Versand		Verkauf	

- ● Bearbeiten
- ○ Prüfen
- ☺ In-Process-Prüfung

- ⇧ Transportieren
- □ Lagern
- ◆ Altern. Bearbeitung bzw. Nacharbeit

- ☺ Wertschöpfung
- ⊗ Verschwendung

Verbesserungen:
Für jeden einzelnen Arbeitsschritt ist zu überlegen, inwieweit sich Maßnahmen zur Reduzierung von Umlaufbestand, genutzter Fläche, Durchlaufzeit sowie zur Erhöhung der Qualität und Produktivität realisieren lassen

ZERO DEFECT · GESELLSCHAFT FÜR QUALITÄTSMANAGEMENT MBH
POSTFACH 106330 · 40860 RATINGEN
TELEFON: (02102) 963 900 · FAX: (02102) 963 90 11

DATEINAME:
FM_7.5-10A.DOC

REVISIONSSTAND:
F VOM 11.04.2000

Abb. 2.18: Beispiel für einen Werkstrukturplan (Prozess-Flowchart)

hinaus auch zur Verbesserung des Durchlaufs (welche Schritte können eliminiert oder hinsichtlich Qualität, Produktivität, Durchlaufzeit, Flächennutzung, Umlaufbeständen verbessert werden?). Für Prozessablaufpläne enthält das APQP-Referenzhandbuch [18] ebenfalls eine Checkliste (A-6 im Anhang A), die Hilfestellung bei der Analyse der Prozessablaufpläne gibt.

Die ISO/TS 16949:2002 fordert die Bewertung und Überwachung der Wirksamkeit der Fertigungsprozesse, z.B. hinsichtlich Fertigungsschritten, Automatisierungsgrad, Ergonomie, Anteil wertschöpfender Tätigkeiten, Lagerbestandsführungssystem etc. Die Bewertung kann (wie oben beschrieben) z.B. mit Hilfe des Prozess-Flowcharts erfolgen oder im Rahmen von Prozessaudits näher untersucht werden. Auch entsprechende Kennzahlen wie Lagerbestandsvolumen etc. können zur Bewertung und Überwachung der Wirksamkeit der Fertigungsprozesse herangezogen werden.

Als Methoden zur Bewertung und Überwachung der Wirksamkeit vorhandener Arbeitsgänge können beispielsweise Prozessaudits angewendet werden. Eine weitere Methode ist z.B. die Durchführung von Zweitagesproduktionen vor Serienstart.

Methoden zur Optimierung der Wirksamkeit von Arbeitsschritten und Fertigungsprozessen sind z.B. im Kapitel 2.7.7 genannt. Das heißt, dass hier ein klassischer Ansatzpunkt für KVP-Projekte vorhanden ist.

2.5.3.4 Notfallpläne

Für Notfälle wie Unterbrechung der Stromversorgung, Arbeitskräftemangel, Ausfall von wichtigen Betriebsmitteln und bei Feldbeanstandungen sind Vorsorgemaßnahmen in Form von Notfallplänen zu erstellen. Die Notfälle betreffen z.B. Ausfälle von Maschinen, Werkzeugen, Lieferanten, Streiks usw.

Vorsorgemaßnahmen können beispielsweise sein:
- redundante Maschinen / Werkzeuge / Produktionsstätten (eigene oder fremde) / Lieferanten,
- Verfügbarkeit interner/externer Instandsetzungsunternehmen,
- Sicherheitslagerbestände.

Sicherheitsbestände sollten zweckmäßigerweise im Rahmen der Vertragsgestaltung mit dem Kunden vereinbart werden, da die Risikobewertung hinsichtlich Lieferfähigkeit nur im Dialog mit dem Kunden sinnvoll durchgeführt werden kann.

Sinnvoll können Listen mit Adressen, Telefonnummern und Geschäftszeiten externer Dienstleister zur Instandhaltung sein, Benennung von Ansprechpartnern für die Kunden (z.B. auch in der zweiten Schicht oder bei Zeitverschiebungen gegenüber Kunden in Übersee). Die Verantwortlichkeiten bei der Ausführung der Notfallpläne sollten festgelegt werden.

> *Zusammenfassung der erforderlichen Maßnahmen:*
> - Zuständigkeit und Vorgehen zur Planung und Realisierung der Infrastruktur festlegen.
> - Instandhaltungssystem installieren mit:
>   - Inventarisierung aller relevanten (Produktions-)Einrichtungen,
>   - Planung der Wartung und Instandhaltung einschließlich
>   - Tätigkeiten,
>   - Durchführungsverantwortung,
>   - Verfolgung der Intervalle (zeit- oder mengenabhängig),
>   - Ersatzteilbevorratung,
>   - Aufzeichnung von Tätigkeiten und Historien,
>   - ggf. Festlegung von Wechselintervallen.
> - Notfallpläne erstellen.
> - Werks-, Anlagen- und Einrichtungsplanung durch ein interdisziplinäres Team ausführen (vergleiche Kapitel 2.5.3).

2.6 Produktrealisierung (Abschnitt 7)

2.6.1 Planung der Produktrealisierung (Abschnitt 7.1)

Anforderungen der ISO 9001:2000

- Die Prozesse zur Produktrealisierung müssen geplant und entwickelt werden und mit den Anforderungen anderer Prozesse des QM-Systems vereinbar sein.
- Planung der Realisierungsprozesse einschließlich
  - Qualitätszielen und Produktanforderungen,
  - Bedarf an Prozessen, Dokumenten und produktspezifischen Ressourcen,
  - produktspezifischer Verifizierungs-, Validierungstätigkeiten, Überwachungs- und Prüftätigkeiten sowie Annahmekriterien,
  - Festlegung erforderlicher Aufzeichnungen.
- Das Planungsergebnis muss in einer für die Organisation geeigneten Form vorliegen.

Zusätzliche Anforderungen der ISO/TS 16949:2002

- Kundenanforderungen und Verweise auf technische Spezifikationen in den QM-Plan einbeziehen.

Annahmekriterien

- Annahmekriterien festlegen
  - ggf. vom Kunden genehmigen lassen,
  - „null Fehler" bei attributiven Stichprobenprüfungen.

Vertraulichkeit

- Vertraulichkeit von Produktinformationen bei Entwicklungen im Kundenauftrag sicherstellen.

Lenkung von Änderungen

(Siehe Kapitel 2.6.2 „Lenkung von Änderungen".)

2.6.1.1 Allgemeines zur Planung der Produktrealisierung

Abschnitt 4 der ISO/TS 16949:2002 enthält Anforderungen zur Festlegung der Prozesse. Diese sind in engem Zusammenhang mit der QM-Planung und der Planung der Realisierungsprozesse zu sehen. Eine wesentliche Aufgabe der QM-Planung ist dabei, durch Festlegung von Prüf- und Freigabepunkten zu gewährleisten, dass die Erfüllung der Kunden- bzw. Produktanforderungen sich wie ein roter Faden durch den Produktrealisierungsprozess zieht.

Die für die Erfüllung der Produktanforderungen wichtigen Prozesse sind diejenigen, die im Netzwerk der Geschäftsprozesse (Abb. 1.2, Seite 9) im mittleren Block zwischen *Kunde-Input* und *Kunde-Output* angeordnet sind. Diese – häufig als „Leistungsprozesse" bezeichneten – Prozesse sind (nach DIN EN ISO 9001:2000):

- Vertrieb/Marketing,
- Entwicklung,
- Beschaffung von Material/Produkten/Dienstleistungen,
- Produktion/Dienstleistungserbringung,
- Betreuung von Produkten/Dienstleistungen.

Für alle Prozesse sind laut ISO 9001:2000 Abschnitt 7.1 „Planung der Produktrealisierung" folgende Festlegungen zu treffen:

- Produkt-/Dienstleistungs- und kundenbezogene Ziele (gemeint sind Ziele im Sinne von Anforderungen),
- Festlegung der notwendigen Realisierungsprozesse mit benötigten Dokumenten und Ressourcen,
- Überwachungs- und Prüftätigkeiten, Verifizierungstätigkeiten (verifizieren = prüfen und Konformität mit Anforderungen nachweisen) und Validierungstätigkeiten (validieren = prüfen und Konformität mit Anforderungen unter Anwendungsbedingungen nachweisen) mit Annahmekriterien (das sind Entscheidungskriterien, wann ein Produkt/eine Dienstleistung oder ein Liefer- bzw. Fertigungslos als i. O. akzeptiert wird),
- zu erstellende Aufzeichnungen zu Produkten/Dienstleistungen und Prozessen.

Werden die Prozesse in Form von Ablaufdiagrammen (Flowcharts) dargestellt (siehe z. B. Abb. 2.20 auf Seite 133), so entspricht dies den allgemeinen Anforderungen des Abschnitts

7.1 der ISO 9001:2000. Bei der Erstellung der Flowcharts ist auf eine sorgfältige Darstellung der Wechselwirkungen zu achten. Diese werden durch die Verbindungspunkte zu anderen Prozessen dargestellt sowie durch Inputs von und Outputs zu anderen Prozessen.

Wie bereits im Zusammenhang mit der QM-Planung (Kapitel 2.4.5) erläutert, werden die oben genannten Festlegungen je nach Zweckmäßigkeit allgemein gültig beschrieben (in produkt- bzw. auftragsneutralen Verfahrens-, Arbeits- und Prüfanweisungen) oder in produkt- bzw. auftragsbezogenen Unterlagen wie Auftragspapieren, Arbeitsplänen, Projektplänen etc.

2.6.1.2 Advanced Product Quality Planning (APQP)

Anhaltspunkte, wie diese Aktivitäten verschiedenen Phasen der Produktrealisierung zugeordnet werden können, gibt das QS-9000-Referenzhandbuch APQP – Advanced Product Quality Planning [18]. Da das APQP-Verfahren – weltweit betrachtet – das Verfahren mit der breitesten Anwendung und Akzeptanz ist, wird empfohlen, sich an dem im APQP-Referenzhandbuch beschriebenen Verfahren zu orientieren. Ein inhaltlich ähnliches Verfahren ist in VDA Band 4 Teil 3 „Projektplanung" [34] beschrieben.

Wie bereits erwähnt, wird der Qualitätsplanungsprozess im APQP-Handbuch in vier, einschließlich Produktionsanlauf in fünf Phasen unterteilt:

- Planung und Definition,
- Produktdesign und -entwicklung,
- Prozessdesign und -entwicklung,
- Produkt- und Prozessvalidierung,
- Produktion.

Zunächst sollte versucht werden, unabhängig von dieser Unterteilung die typische eigene Planung und Entwicklung von Produkten im Unternehmen in einzelne Phasen zu untergliedern, wobei jede Phase durch einen „Meilenstein" beendet wird. An Meilensteinen – am Abschluss aller Tätigkeiten einer Phase – erfolgt eine Prüfung der Ergebnisse der Phase und im Erfolgsfall die Freigabe zum Start der nächsten Phase in der Produkt- bzw. Produktionsprozessentwicklung.

Dann sind diesen (unternehmensspezifischen) Phasen die verschiedenen Tätigkeiten zuzuordnen, die im APQP-Referenzhandbuch [18] beschrieben sind. Beispielhaft sind in Abb. 2.25 bis Abb. 2.27 auf den Seiten 150 bis 151 solche Prozesse dargestellt.

Zur Projektplanung (Festlegung von Tätigkeiten, Start- und Endterminen sowie Verantwortlichkeiten) und -verfolgung können Formblätter entwickelt werden (ein Beispiel zeigt Abb. 2.19). Weitere Anregungen zur Gestaltung der Projektplanung enthalten neben dem VDA Band 4 Teil 3 [34] auch der VDA Band 4 Teil 1 „Partnerschaftliche Zusammenarbeit bei Automobilherstellern und Lieferanten" [32] sowie der VDA Band 4 Teil 2 „Sicherung der Qualität vor Serieneinsatz – System-FMEA" [33]. Eine sinnvolle Möglichkeit zur Projektplanung ist die Erstellung eines Projektplans mit Hilfe von Software (z.B. Microsoft Project). Dazu wird ein Standardprojektplan (oder mehrere Standardprojektpläne) erstellt, der

130 2 Umsetzung der Einzelanforderungen

Firmen-Logo		Projektplan zur Produktqualitätsplanung																					FM 7.3-1
																							Seite 1 von 1
Kunde: Schulze & Co.		Teile-Bez.: Halter			Teile-Nr./Index: 4711 / 2										Datum: 29.10.2005								
Vorgang		verantwortlich	KW 8.	KW 9.	KW 10.	KW 11.	KW 12.	KW 13.	KW 14.	KW 15.	KW 16.	KW 17.	KW 18.	KW 19.	KW 20.	KW 21.	KW 22.	KW 23.	KW 24.	KW 25.	KW 26.	KW 27.	KW 28.	KW 29.	Fort-schritt	Bemerkung
Phase 1: Planung und Programmdefinition																								
1.1	Festlegung der Entwicklungsziele	Konstr.																							
1.2	Festlegung der Zuverlässigkeits- und Qualitätsziele	QS																							
1.3	Erstellung einer vorläufigen Stückliste	Konstr.																							
1.4	Prüfung und Freigabe	QB																							
Phase 2: Produktentwicklung																								
2.1	Durchführung einer Fehlermöglichkeits- und -einflussanalyse für Design (DFMEA)																								
2.2	Fertigungs- und montagegerechte Entwicklung																								
2.3	Durchführung von Designverifizierungen																								
2.4	Durchführung einer Designbewertung																								
2.5	Erstellung von technischen Zeichnungen (einschließlich rechnerunterstützter Daten)																								
2.6	Erstellung von technischen Spezifikationen																								
2.7	Erstellung von Materialspezifikationen																								
2.8	Änderung von Zeichnungen und Spezifikationen																								
2.9	Festlegung neuer Anforderungen an Ausrüstung, Werkzeuge und Einrichtungen																								
2.10	Festlegung der wichtigen und kritischen Produkt- und Prozessmerkmale																								
2.11	Festlegung der Prototypenprüfungen																								
Dateiname																							Stand: X vom 23. Feb. 2006	

Abb. 2.19: Projektplan zur Produkt- und Produktionsprozessentwicklung (Beispiel)

jeweils für individuelle Projekte kopiert, mit den projektspezifischen Daten ergänzt und – falls erforderlich – modifiziert wird.

Bei der gesamten Planung der Produktrealisierung ist zu beachten, dass das Annahmekriterium bei Prüfungen bzw. Freigaben immer „null Fehler" sein muss. Dies ist insbesondere bei Stichprobenprüfungen und qualitativen Prüfungen zu beachten (qualitative Prüfungen sind Prüfungen mit reinem „i. O."- oder „n. i. O."-Ergebnis). Werden Stichprobenpläne nach ISO 2859 [03] benutzt, so können zwar anhand der Stichprobenpläne Stichprobenumfänge festgelegt werden, jedoch muss die Annahmezahl immer c = 0 betragen.

2.6.1.3 Vertraulichkeit von Kundeninformationen

Eine weitere spezifische Anforderung der ISO/TS 16949:2002 ist es, die Vertraulichkeit von Kundeninformationen sicherzustellen. Das heißt, dass der Personenkreis, dem vertrauliche Informationen zugänglich sind, festgelegt sein muss, dass eine entsprechende Aufbewahrung von Kundenunterlagen gewährleistet sein muss und dass mit dem betroffenen Personenkreis Verschwiegenheitsvereinbarungen getroffen werden müssen (im Rahmen des Arbeitsvertrages oder durch gesonderte, individuelle Vereinbarungen).

Zusammenfassung der erforderlichen Maßnahmen:
- Produktrealisierungsprozesse ermitteln und in das Netzwerk der Geschäftsprozesse aufnehmen.
- Produktrealisierungsprozesse festlegen einschließlich erforderlicher Dokumente, Ressourcen sowie Überwachungs- und Prüfkonzepte (bei der Bearbeitung der Abschnitte 7.2 bis 7.5 sowie 8.2.3 und 8.2.4 der ISO 9001:2000 bzw. der ISO/TS 16949:2002).
- Annahmekriterium „null Fehler" durchgängig berücksichtigen.
- Vertraulichkeit von Kundeninformationen sicherstellen.

2.6.2 Lenkung von Änderungen (Abschnitt 7.1.4)

Anforderungen der ISO 9001:2000

(Siehe „Lenkung von Entwicklungsänderungen, Kapitel 2.6.4.)

Zusätzliche Anforderungen der ISO/TS 16949:2002

- Prozess zur Lenkung von Änderungen mit Einfluss auf die Produktrealisierung festlegen.
- Auswirkungen von Änderungen (einschließlich der von Lieferanten) bewerten.
- Verifizierungs- und Validierungsaktivitäten festlegen, um die Erfüllung der Kundenanforderungen sicherzustellen.

- Änderungen vor der Einführung validieren.
- Auswirkungen auf Gestaltung, Passform und Funktion bei geschützten Entwicklungen mit dem Kunden bewerten.
- Zusätzliche Anforderungen an Verifikation und Kennzeichnung erfüllen, sofern gefordert.
- Alle Änderungen in der Produktrealisierung mit Auswirkung auf die Kundenanforderungen dem Kunden mitteilen und durch diesen genehmigen lassen.

2.6.2.1 Änderungsmanagement

Die Anforderung der ISO/TS 16949:2002, einen Prozess zur Lenkung und Reaktion auf Änderungen (zum Änderungsmanagement) zu installieren, ist weder in der ISO/TS 16949:1999 noch in QS-9000 oder VDA 6.1 in dieser Form enthalten. Einzelanforderungen aus Abschnitt 7.1.4 „Lenkung von Änderungen" sind allerdings in den Abschnitten 4.2.4.11 der ISO/TS 16949:1999, dem Abschnitt 4.2.4.3 der QS-9000 und Frage 14.2 des VDA 6.1 enthalten, die sich jedoch im Wesentlichen auf das Produktionsprozess- und Produktfreigabeverfahren beziehen (siehe Kapitel 2.6.5 „Produktionsprozess- und Produktfreigabe").

Die Umsetzung der Anforderungen zur Lenkung von Änderungen sind im Zusammenhang mit der Umsetzung der Anforderungen in folgenden Abschnitten der ISO/TS 16949:2002 zu sehen:

- 4.2.3.1   Technische Vorgaben
- 7.3.7   Lenkung von Entwicklungsänderungen
- 7.5.2   Validierung der Prozesse zur Produktion
- 7.5.2.1   Validierung der Prozesse zur Produktion – Ergänzung

Zu beachten sind auch die Anforderungen aus den folgenden Abschnitten:
- 4.2.3   Lenkung von Dokumenten
- 7.2.2.1   Bewertung der Anforderungen in Bezug auf das Produkt
- 7.2.2.2   Bewertung der Herstellbarkeit
- 7.3.1.1   Bereichsübergreifender Ansatz
- 7.3.4   Entwicklungsbewertung

Abb. 2.20 zeigt beispielhaft einen Prozessablauf für das Änderungsmanagement. Die Schwierigkeit in der Festlegung des Änderungsprozesses liegt in der Vielzahl der möglichen auslösenden Stellen für Änderungen und in den verschiedenen auftretenden Arten von Änderungen (Produktänderungen, Prozessänderungen, Liefermengenänderungen etc.).

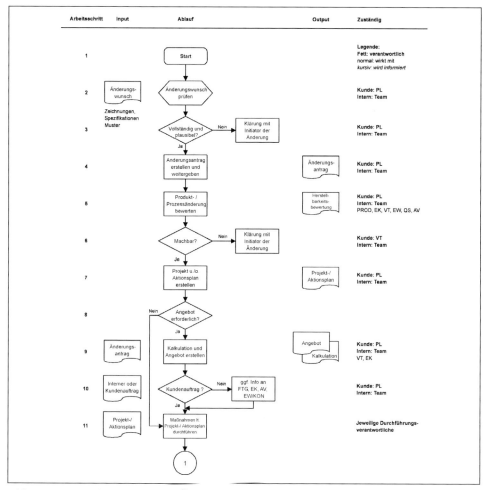

Abb. 2.20: Beispiel für den Ablauf des Änderungsprozesses (Teil 1)

Auslösende Stellen für Änderungen können beispielsweise sein:
- Kunde,
- Lieferant,
- intern:
  – Vertrieb,
  – Entwicklung/Konstruktion,
  – Fertigungsplanung/Arbeitsvorbereitung,
  – Fertigung,
  – Qualitätsstelle.

Bei den Arten von Änderungen ist im Wesentlichen zwischen Produktänderungen und Produktionsprozessänderungen zu unterscheiden. Neben Änderungen, die ein konkretes Pro-

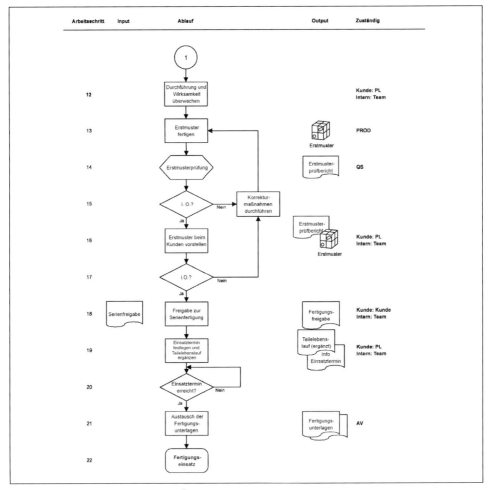

Abb. 2.21: Beispiel für den Ablauf des Änderungsprozesses (Teil 2)

dukt oder einen konkreten Prozess betreffen, können auch Spezifikationsänderungen auftreten, die mehrere Produkte betreffen. Dann ist es Aufgabe des Änderungsmanagements, die betroffenen Produkte zu identifizieren und für durchgängige Änderungen zu sorgen. Auch Stückzahländerungen – zumindest solche mit größerem Ausmaß – sind im Änderungsmanagement zu berücksichtigen, da beispielsweise bei großen Stückzahlerhöhungen die Lieferfähigkeit gefährdet sein kann.

2.6.2.2 Bewertung von Änderungen

Die Bewertung von Änderungen (die laut Anforderungen im Abschnitt 4.2.3.1 „Technische Vorgaben" unverzüglich und innerhalb von zwei Arbeitswochen erfolgen muss) sollte wie bei Neuprodukten durch ein bereichsübergreifendes Team durchgeführt werden. Hier ist der Prozess der Herstellbarkeitsbewertung zu durchlaufen. Dabei sind die Forderungen aus Abschnitt 4.2.3.1 der ISO/TS 16949:2002 zu berücksichtigen hinsichtlich der Bewertung innerhalb von zwei Wochen (vergleiche Kapitel 2.3.2.4 „Technische Vorgaben"). Eine vollständige Bewertung ist bei komplexen Änderungen innerhalb von zwei Wochen in der Regel nicht möglich. Es ist mindestens erforderlich, innerhalb von zwei Wochen alle erforderlichen Aktivitäten zur vollständigen Bewertung mit Terminen und Durchführungsverantwortlichen festzulegen.

2.6.2.3 Produkt- und Prozessänderungen

Das Vorgehen bei Produkt- bzw. Produktionsprozessänderungen entspricht dem Vorgehen bei der Produkt- und Produktionsprozessentwicklung (siehe Kapitel 2.6.1 „Planung der Produktrealisierung", Kapitel 2.6.4.7 „Produktentwicklung" und Kapitel 2.6.4.11 „Produktionsprozessentwicklung"). Wie bei der Produkt- und Produktionsprozessentwicklung sollten Projektpläne, Checklisten und/oder Maßnahmenpläne angewendet werden, damit eine durchgängige Umsetzung der Änderungen gewährleistet wird.

Die wesentlichen Schritte zur Umsetzung von Produktänderungen sind:
1. Bewerten der Änderungsspezifikation hinsichtlich Vollständigkeit und Realisierbarkeit.
2. Erstellung eines Projektplans/Maßnahmenplans.
3. Produktänderungen durchführen, verifizieren und validieren.
4. Prozessänderungen planen und durchführen.
5. Produkt- und Produktionsprozessänderungen validieren (Produktionsprozess- und Produktfreigabeverfahren).
6. Einsatztermin planen und realisieren.

Auf eine durchgängige Anpassung der Dokumentation ist zu achten, insbesondere der FMEAs und Produktionslenkungspläne sowie der Produktionsunterlagen.

Produktänderungen können (bzw. müssen, wenn dies eine Kundenforderung ist) in einem Teilelebenslauf aufgezeichnet werden. Ein Beispiel zeigt Abb. 2.22.

Weitere wichtige Punkte sind Information und Schulung der betroffenen Mitarbeiter hinsichtlich der Änderungen und die Information des Kunden bei Prozessänderungen in Verbindung mit der Einholung der Kundenfreigaben entsprechend dem vom Kunden geforderten Freigabeverfahren, z.B. dem PPAP-Verfahren (QS-9000) [25] oder dem PPF-Verfahren (VDA) [31].

2.6.2.4 Änderungen im Prüfablauf

Änderungen im Prüfablauf, z.B. neu aufgenommene Prüfmerkmale aufgrund von Reklamationen oder erhöhte Stichprobenumfänge wegen nicht-stabiler Prozesse, müssen zu einer Überarbeitung des Produktionslenkungsplans (Control Plan) führen, ggf. auch zu einer FMEA-Überarbeitung (z.B. Neufestlegung der Bewertungszahl für die Auftretenswahrscheinlichkeit). Die Änderungen können beispielsweise durch die Zuständigen für die Pro-

Firmen-Logo	**Teilelebenslauf**	FM 7.3-2
		Seite 1 von 1

Zeichnungsnummer:	Teilebezeichnung:	Kunde:
4711	Halter	Schulze & Co.

lfd. Nr. Index (Teil)	Änd.datum	Art der Änderung	Änderungs-Mitteilung vom	Einsatztermin Fertigung
3	24.05.2004	$\varnothing\,20{,}0^{\,+0{,}020}$ in $\varnothing 20{,}0^{\,+0{,}030}$	24.05.2004	27.05.2004

FM_7-3-2_a.doc   Stand: A vom 5. Nov. 2002

Abb. 2.22: Beispielformular zur Aufzeichnung eines Teilelebenslaufs

duktionsprozessentwicklung durchgeführt oder initiiert werden, und zwar anlässlich der Bearbeitung interner Reklamationen und Kundenreklamationen bzw. anlässlich der Auswertung von Prozessstabilität und -fähigkeit. Voraussetzung für das Funktionieren dieses Verfahrens ist die Meldedisziplin bei internen Reklamationen und Abweichungen.

2.6.2.5 Beurteilung der Auswirkung von Änderungen

Zu beachten ist die Forderung der ISO 9001:2000 zur Beurteilung der Auswirkung von Änderungen auf Bestandteile des Produkts oder auf gelieferte Produkte.

Bei Prozessänderungen, die eine Auswirkung auf das Produkt haben können, muss ein erneutes Produktionsprozess- und Produktfreigabeverfahren durchgeführt werden (siehe Kapitel 2.6.5 „Produktionsprozess- und Produktfreigabe (Abschnitt 7.3)").

> Prozessänderungen erfordern ein erneutes Produktionsfreigabeverfahren.

> *Zusammenfassung der erforderlichen Maßnahmen:*
> - Produktionsprozess- und Produktfreigabeverfahren (PPAP/PPF) einführen und umsetzen.
> - Verfahren bei Produkt- und Produktionsprozessänderungen regeln.

2.6.3 Kundenbezogene Prozesse (Abschnitt 7.2)

Ermittlung der Anforderungen in Bezug auf das Produkt

Anforderungen der ISO 9001:2000

- Kundenanforderungen ermitteln einschließlich
  - spezifizierter Kundenanforderungen mit Lieferung und Tätigkeiten nach der Lieferung,
  - nicht-spezifizierter Kundenanforderungen, die für den Gebrauch nötig sind,
  - der gesetzlichen und behördlichen Forderungen,
  - aller weiteren von der Organisation festgelegten Anforderungen.

Zusätzliche Anforderungen der ISO/TS 16949:2002

Vom Kunden festgelegte besondere Merkmale

- Kundenanforderungen zu besonderen Merkmalen erfüllen hinsichtlich Festlegung, Dokumentation und Lenkung.

Bewertung der Anforderungen in Bezug auf das Produkt

Anforderungen der ISO 9001:2000

- Bewertung der Produktanforderungen vor Eingehen einer Lieferverpflichtung zur Sicherstellung
    - der Festlegung aller Produktanforderungen,
    - der Klärung von Widersprüchen zwischen Vertrag/Auftrag bzw. vorausgegangenen Festlegungen wie Angebot/Kostenvoranschlag,
    - auf Erfüllbarkeit der festgelegten Anforderungen.
- Aufzeichnung der Bewertungsergebnisse und deren Folgemaßnahmen.
- Bestätigung der Kundenanforderungen vor Annahme, wenn keine dokumentierten Kundenanforderungen vorliegen.
- Bei Änderungen von Produktanforderungen sicherstellen, dass
    - die Dokumentation geändert wird,
    - zuständigem Personal die Änderungen bewusst gemacht werden.

Zusätzliche Anforderungen der ISO/TS 16949:2002

- Genehmigung des Kunden einholen, wenn auf formelle Bewertung der Produktanforderungen verzichtet werden soll.

Bewertung der Herstellbarkeit

- Herstellbarkeit im Rahmen der Vertragsprüfung
    - bewerten,
    - bestätigen.
- Einschließlich Risikoanalyse aufzeichnen.

Kommunikation mit dem Kunden

Anforderungen der ISO 9001:2000

- Regelungen zur Kommunikation mit dem Kunden treffen in Bezug auf:
    - Informationen über Produkt,
    - Anfragen, Verträge oder Auftragsbearbeitung einschließlich Änderungen,
    - Kundenreaktionen einschließlich Kundenbeschwerden.

Zusätzliche Anforderungen der ISO/TS 16949:2002

- Übermittlung von Daten und Informationen
    - in vom Kunden festgelegter Sprache,
    - in vom Kunden festgelegtem Format.

2.6.3.1 Allgemeines zu Kundenanforderungen

Die wesentlichen Punkte in Bezug auf „Produktanforderungen" sind die Klärung und das Verstehen der Kundenanforderungen sowie die Prüfung der Realisierbarkeit (Erfüllbarkeit der Anforderungen).

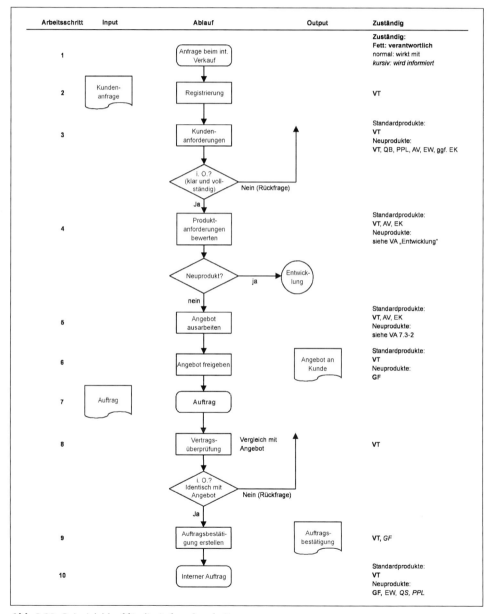

Abb. 2.23: Beispielablauf für die Anfragebearbeitung

2.6.3.2 Klärung der Anforderungen

Beispiele für mögliche relevante Punkte bei der Klärung der Anforderungen sind:
- Eindeutigkeit von Einzelforderungen,
- Widersprüchlichkeit von Einzelforderungen,
- Fehlen von Einzelforderungen,
- Terminvorgaben,
- Spezifikationen, Zeichnungen,
- Anforderungen an die Personalqualifikation,
- Einsatzbedingungen des Produkts/Rahmenbedingungen für die Erbringung der Dienstleistung,
- Qualitätsvereinbarungen, Kundenrichtlinien,
- durchzuführende Prüfungen (im Labor usw.),
- Lastenhefte,
- relevante Normen,
- Einkaufsbedingungen,
- Bestellunterlagen,
- Lieferabrufe/Anlaufkurven/Mengengerüste,
- Preise,
- Verpackung/Kennzeichnung/Transport/Lieferung,
- Anforderungen in Bezug auf beigestellte Materialien, Produkte, Werkzeuge, Prüfmittel,
- Anforderungen an Lieferanten (insbesondere in Bezug auf Produktionsprozess- und Produktfreigabeverfahren, Auditierung/Zertifizierung, gesetzliche, sicherheitstechnische und umweltbezogene Auflagen, Einhaltung von Lieferverpflichtungen, Erhalt statistischer Daten usw.),
- Notfallpläne (redundante Werkzeuge/Fertigungsstätten, Sicherheitsbestände etc.),
- Anforderungen an das Qualitätsmanagementsystem (Art, Umfang, Aufbau, Zertifikate, anzuwendende Qualitätsmethoden, zu erstellende Aufzeichnungen, Reaktionszeiten z. B. bei Reklamationen, EDV-Schnittstellen z. B. CAD, EDIFACT usw.).

Die festzulegenden Punkte können in eine Checkliste (oder in mehrere Checklisten, z. B. für verschiedene Produktgruppen bzw. Dienstleistungskategorien) aufgenommen werden, anhand derer die Kundenanforderungen geprüft bzw. ermittelt werden.

Die Anforderungen an das Produkt/die Dienstleistung bestehen nicht nur aus der Ermittlung der von Kunden geäußerten Anforderungen, sondern beinhalten auch die vorausgesetzten Erwartungen des Kunden und das Einbringen eigenen Know-hows. Dazu ist im Kundenberatungsgespräch der Anwendungszweck und ggf. Anwendungsbereich des Produkts/der Dienstleistung zu hinterfragen und auf der Basis der eigenen Fachkompetenz und Erfahrung sind die von Kunden geäußerten Anforderungen im Sinne des Produktverwendungszwecks zu korrigieren und zu ergänzen. Die Festlegung der Kundenanforderungen muss:

1. den Anforderungen und Erwartungen des Kunden entsprechen,
2. ggf. Anforderungen Dritter enthalten (Auflagen, Gesetze),
3. eine eindeutige und vollständige Grundlage für die Realisierung sein.

Die Tab. 2.12 enthält eine grundsätzliche Darstellung der Festlegung von Produkteigenschaften und deren Formulierung aus Sicht des Kunden.

Tab. 2.12: Die verschiedenen Kategorien von Produkteigenschaften

Produkteigenschaften aus der Sicht des Kunden	Wahrnehmung aus der Sicht des Kunden
Zusätzlicher Nutzen	positiv überrascht, nicht ausgesprochen
Festgelegte Anforderungen	vereinbart, ausgesprochen
Vorausgesetzte Anforderungen	erwartet, nicht ausgesprochen

In der ISO 9001:2000 wird unterschieden zwischen den Kunden- und den Produktanforderungen. Kundenanforderungen sind die Anforderungen an das Produkt/die Dienstleistung, wie sie von Kunden festgelegt sind. Die Produktanforderungen sind die um interne Forderungen ergänzten Kundenanforderungen. In ähnlicher Weise wird normalerweise zwischen Lastenheft und Pflichtenheft unterschieden. Das Lastenheft enthält die aus Kundensicht beschriebenen Anforderungen an das Produkt (was für eine Aufgabe ist wofür zu lösen?). Das Pflichtenheft enthält die Forderungen des Lastenheftes und wird vom Anbieter weiter detailliert und um Realisierungsforderungen ergänzt (vergleiche DIN 69905 [17] und VDI/VDE 3694 [17]). Es beschreibt, wie und womit die Forderungen zu realisieren sind.

2.6.3.3 Erfüllbarkeit der Kundenanforderungen

Bei der Ermittlung, ob die Kundenanforderungen erfüllbar sind (Machbarkeit, Herstellbarkeit), müssen alle beteiligten Funktionsbereiche einbezogen werden. Ein handfester praktischer Nutzen liegt darin, dass mögliche Probleme bei der Produkterstellung vermieden werden können und dass Meinungsverschiedenheiten zwischen den Vertretern verschiedener Bereiche reduziert werden (auf den bereichsübergreifenden Ansatz wird im Kapitel 2.6.4 „Entwicklung" näher eingegangen).

Eine spezielle Anforderung der ISO/TS 16949:2002 hinsichtlich Erfüllbarkeit der Kundenanforderungen bezieht sich auf die vom Kunden festgelegten *besonderen Merkmale* (siehe Kapitel 2.6.4.2, Seite 155). Die Organisation muss in der Lage sein, die Kundenanforderungen hinsichtlich Festlegung, Dokumentation und Lenkung spezieller Merkmale zu erfüllen. Praktisch heißt dies,

– dass die besonderen Merkmale mittels FMEA-Methode ermittelt und in den Produktionslenkungsplänen festgelegt werden,
– dass die Fähigkeit dieser Merkmale sichergestellt werden kann und
– dass die besonderen Merkmale mit Hilfe der statistischen Prozessüberwachung gelenkt werden.

Die Erfüllbarkeit der Forderungen (Machbarkeit, Herstellbarkeit) muss anhand von Checklisten von allen beteiligten Funktionsbereichen durch Unterschrift bestätigt werden, denn es ist eine *formelle* Herstellbarkeitsbewertung gefordert. Dazu kann ein Formular zur „Herstellbarkeitsbewertung" (z. B. aus dem Anhang des APQP-Referenzhandbuchs [18]) oder ein ähnliches (eigenentwickeltes) Formular verwendet werden (siehe Abb. 2.24). Sinnvoll kann eine kombinierte Checkliste für Forderungen und Erfüllbarkeit sein. Diese kann so aufgebaut werden, dass in drei Spalten Checkpunkte, zugehörige Kundenanforderungen und jeweils ein Vermerk zur Erfüllbarkeit aufgelistet werden. Optional kann eine vierte Spalte für erforderliche Maßnahmen/Änderungen vorgesehen werden.

> Die Durchführung einer Herstellbarkeitsbewertung ist zwingend vorgeschrieben.

Auf eine formelle Herstellbarkeitsbewertung kann nur mit Genehmigung des Kunden verzichtet werden. Zur Herstellbarkeitsbewertung gehört auch die Durchführung einer Risikoanalyse.

Eine neue Forderung der ISO 9001:2000 ist die Bestätigung von Kundenanforderungen vor Auftragsannahme, wenn es vom Kunden keine schriftlichen Vorgaben gibt. Beispiele für die Bestätigung vor Auftragsannahme sind die Erstellung von Angeboten und/oder Pflichtenheften, Bereitstellung von Produktbeschreibungen, Katalogen, Spezifikationen, Mustern usw.

2.6.3.4 Kommunikation mit dem Kunden

Für die Kommunikation mit dem Kunden sind die jeweils zuständigen Stellen festzulegen. Beispiele sind:

Tab. 2.13: Zuständigkeiten bei Kundenkontakten

Kundenkontakt zu	Zuständigkeit
Produktinformationen	Marketing, Verkauf, Außendienst
Anfragen	Verkauf, Projektierung
Aufträge	Verkauf, Auftragsbearbeitung, Disposition
Kundenreaktion	Verkauf, Marketing, Beschwerdemanagement, Qualitätsstelle, Kundendienst

Das Festlegen und Bekanntmachen der Kontaktstellen ist u. a. wichtig, um ein „Durchreichen" des Kunden über mehrere Ansprechpartner zu vermeiden, oder um zu vermeiden, dass ein Kunde mehrere Stellen im Unternehmen parallel anspricht und dadurch Doppelarbeit entsteht.

2.6 Produktrealisierung (Abschnitt 7)

Firmen-Logo	Herstellbarkeitsbewertung Team Feasibility Commitment	FM 7.2-1 Seite 1 von 1

KUNDE Customer		DATUM Date	
TEILENAME Part Name		TEILENR. Part No.	

Herstellbarkeitsüberlegungen

Unser Produktqualitätsplanungs-Team hat nachstehende Fragen berücksichtigt und – soweit möglich – alle Aspekte bei der Durchführung der Herstellbarkeitsbewertung berücksichtigt. Die Zeichnungen und Spezifikationen wurden als Grundlage der Beurteilung verwendet. Alle „Nein" Antworten sind durch beigefügte Anmerkungen erläutert, die unsere Problembereiche und vorgesehenen Änderungen darlegen.

Ja	Nein	Überlegungen
		Ist das Produkt angemessen beschrieben (Anforderungen bezüglich Anwendung usw.), um eine Herstellbarkeitsbewertung durchzuführen?
		Sind die technischen Leistungsspezifikationen wie beschrieben erfüllbar?
		Ist das Produkt gemäß den auf den Zeichnungen vorgegebenen Toleranzen herstellbar?
		Kann das Produkt innerhalb der geforderten C_{pk}-Werte hergestellt werden?
		Ist eine angemessene Produktionskapazität zur Herstellung der Teile vorhanden?
		Erlaubt der Entwurf den Einsatz effizienter Handhabungseinrichtungen?
		Kann das Produkt hergestellt werden ohne daß folgende Zustände in ungewöhnlicher Weise auftreten?
		• Kosten für Produktionsmittel
		• Werkzeugkosten
		• Alternative Fertigungsmethoden?
		Wird Statistische Prozeßlenkung für das Produkt gefordert?
		Ist die Statistische Prozeßlenkung an vergleichbaren Produkten verwendet worden?
		Wo die Statistische Prozeßlenkung an vergleichbaren Produkten verwendet wurde
		• Sind die Prozesse beherrscht und stabil?
		• Sind die C_{pk}-Werte größer als 1,33?

Schlußfolgerung

	Herstellbar	Produkt kann gemäß Spezifikation ohne Änderung hergestellt werden.
	Herstellbar	Änderungen sind erforderlich (siehe Anlage).
	Nicht herstellbar	Designänderungen sind zur Produktion der Produkte gemäß Spezifikation notwendig.

Unterschriften

_____   _____
Teammitglied / Position / Datum   Teammitglied / Position / Datum

_____   _____
Teammitglied / Position / Datum   Teammitglied / Position / Datum

_____   _____
Teammitglied / Position / Datum   Teammitglied / Position / Datum

FM_7-2-1_a.doc   Stand: A vom 31. Okt. 2002

Abb. 2.24: Beispiel für eine Herstellbarkeitsbewertung

Hilfreich ist die Erstellung einer Liste der verschiedenen Ansprechpartner einschließlich Telefondurchwahlen, E-Mail-Adressen etc., die den Kunden ausgehändigt wird. So können diese die Verantwortlichen in den Firmen stets erreichen. Der Informationsaustausch muss in der vom Kunden festgelegten (Landes-)Sprache und ggf. in (Daten-)Formaten erfolgen, die vom Kunden festgelegt sind (EDI, CAD, ASN etc.).

Eine Reihe der Forderungen zu den kundenbezogenen Prozessen werden über die Festlegungen im Prozessablauf zur Anfrage-, Angebots- und Auftragsbearbeitung (Abb. 2.23) abgedeckt, z. B. die Bewertung der Produktanforderungen, die Naht-/Schnittstellen (intern, Kunde, Lieferanten), die zu erstellenden Aufzeichnungen, die Information des Kunden bei Widersprüchen und Nichteinhaltbarkeit von Anforderungen vor Abgabe eines Angebotes, die Ermittlung technischer und kaufmännischer Kosten im Rahmen der Kalkulation.

Neben einer Verfahrensanweisung/Prozessbeschreibung zur Anfrage-, Angebots- und Auftragsbearbeitung können Verfahrensanweisungen/Prozessbeschreibungen zur Akquisition, zu den Außendiensttätigkeiten und zur Erstellung der Kalkulation sinnvoll sein, je nachdem, welche Bedeutung diese Prozesse für den Erfolg des Unternehmens, für die Erfüllung der Kundenanforderungen bzw. die Kundenzufriedenheit haben.

Zur Sicherstellung der Bekanntgabe aller Produktspezifikationen an alle beteiligten Stellen müssen für alle relevanten Dokumente die Verteilerschlüssel und die zugehörigen Zuständigkeiten festgelegt werden (z. B. in einer Matrix, wie in Abb. 2.6 auf Seite 16 dargestellt). Zu berücksichtigen ist dabei auch die Erfüllung der ISO/TS 16949:2002-Forderung zur zeitgerechten Bewertung technischer Vorgaben (siehe Kapitel 2.3.2 „Dokumentationsanforderungen: Lenkung von Dokumenten und Qualitätsaufzeichnungen") sowie bei Änderungen die im Kapitel 2.6.2 „Lenkung von Änderungen" beschriebenen Anforderungen.

Zusammenfassung der erforderlichen Maßnahmen:
- Verfahren zur Anfrage-, Angebots- und Auftragsbearbeitung festlegen und einführen.
- Kriterien zur Prüfung und Festlegung der Kundenanforderungen festlegen, ggf. Checkliste erstellen.
- Kriterien zur Bewertung der Produktanforderungen (Herstellbarkeitsbewertung) festlegen und beteiligte Stellen definieren.
- Machbarkeit besonderer Merkmale nachweisen.
- Naht-/Schnittstellen von der Anfrage-/Auftragsbearbeitung zu Kunden, zu Lieferanten und internen Stellen festlegen.
- Verfahren bei Produktänderungen festlegen und einführen.

2.6.4 Entwicklung (Abschnitt 7.3)

Entwicklungsplanung

Anforderungen der ISO 9001:2000

- Entwicklung der Produkte planen und lenken.
- Festlegung der
  - Phasen des Entwicklungsprozesses,
    - angemessene Bewertungs-, Verifizierungs- und Validierungsmaßnahmen für jede Entwicklungsphase,
    - Verantwortlichkeiten und Befugnisse für Entwicklungstätigkeiten.
- Schnittstellen zwischen den unterschiedlichen beteiligten Stellen lenken und leiten (Kommunikation und klare Verantwortung).
- Planungsergebnis dem Fortschritt entsprechend aktualisieren.

Zusätzliche Anforderungen der ISO/TS 16949:2002

Bereichsübergreifender Ansatz

- Der Vorbereitung der Produktrealisierung muss ein bereichsübergreifender Ansatz zugrunde liegen.
- Besondere Merkmale
  - entwickeln,
  - festlegen,
  - überwachen.
- FMEAs entwickeln und überarbeiten (einschließlich Maßnahmen zur Risikominimierung).
- Produktionslenkungspläne entwickeln und überarbeiten.

Entwicklungseingaben

Anforderungen der ISO 9001:2000

- Vorgaben zu Produktforderungen ermitteln und aufzeichnen einschließlich
  - Funktions- und Leistungsanforderungen,
  - behördlicher und gesetzlicher Anforderungen,
  - aus früheren ähnlichen Entwicklungen abgeleiteter Informationen,
  - aller für die Entwicklung maßgebenden Anforderungen,
  - sonstiger maßgebender Anforderungen.
- Bewertung der Vorgaben auf Angemessenheit.
- Klärung unvollständiger, mehrdeutiger oder sich widersprechender Anforderungen.

Zusätzliche Anforderungen der ISO/TS 16949:2002

Eingaben für die Produktentwicklung

- Ermitteln, dokumentieren und bewerten der Anforderungen zu Eingaben für die Produktentwicklung hinsichtlich
  - Kundenanforderungen (besondere Merkmale, Kennzeichnung, Rückverfolgbarkeit, Verpackung),
  - Anwendung von Informationen, Wettbewerberanalysen, Lieferantenrückmeldungen, Felddaten,
  - Ziele für Produktqualität, Lebensdauer, Zuverlässigkeit, Haltbarkeit, Instandhaltbarkeit, Zeitplanung und Kosten.

Eingaben für die Produktionsprozessentwicklung

- Eingaben der Produktionsprozessentwicklung ermitteln, dokumentieren und bewerten
  - Produktentwicklungsergebnisse,
  - Ziele für Produktivität, Prozessfähigkeit, Prozesskosten,
  - ggf. Kundenanforderungen,
  - Erfahrungen aus früheren Entwicklungen.

Besondere Merkmale

- Besondere Merkmale ermitteln und
  - in den Produktionslenkungsplan aufnehmen,
  - vom Kunden festgelegte Zeichen und Symbole für besondere Merkmale verwenden.
- Besondere Merkmale in allen Vorgabedokumenten kennzeichnen, z.B. in
  - Zeichnungen,
  - Produktionslenkungsplänen,
  - FMEAs,
  - Bedieneranweisungen.

Entwicklungsergebnisse

Anforderungen der ISO 9001:2000

- Aufzeichnung der Ergebnisse, die eine Verifizierung gegenüber den Vorgaben ermöglichen.
- Entwicklungsergebnisse müssen:
  - vor der Freigabe genehmigt werden,
  - die Vorgaben erfüllen,
  - Informationen für Produktion/Dienstleistungserbringung enthalten,

- Annahmekriterien für das Produkt/die Dienstleistung enthalten oder darauf verweisen,
- Produktmerkmale festlegen, die für einen sicheren und bestimmungsgemäßen Gebrauch wesentlich sind.

Zusätzliche Anforderungen der ISO/TS 16949:2002

Entwicklungsergebnisse der Produktentwicklung

- Die Ergebnisse der Produktentwicklung
  - in verifizierbarer und validierbarer Form aufzeichnen,
  - enthalten Design-FMEAs und Zuverlässigkeitsprüfungen,
  - enthalten besondere Merkmale, Spezifikationen, Produktdefinitionen,
  - enthalten Fehlervermeidungsmaßnahmen, Ergebnisse der Entwicklungsbewertung,
  - enthalten ggf. Diagnoseleitfäden.

Ergebnisse der Produktionsprozessentwicklung

- Ergebnisse der Produktionsprozessentwicklung in verifizierbarer und validierbarer Form aufzeichnen, einschließlich
  - Spezifikationen und Zeichnungen,
  - Prozessablaufplan und Prozess-FMEAs,
  - Produktionslenkungsplänen und Arbeitsanweisungen,
  - Annahmekriterien für Prozessfreigaben,
  - Daten zu Qualität, Zuverlässigkeit, Instandhaltbarkeit, Messbarkeit,
  - Methoden zur Rückmeldung von Fehlern,
  - Methoden zur Fehlervermeidung.

Entwicklungsbewertung

Anforderungen der ISO 9001:2000

- Systematische Entwicklungsbewertungen durchführen
  - Fähigkeit zur Erfüllung der Anforderungen beurteilen,
  - Probleme erkennen und Lösungen vorschlagen.
- Beteiligung von Vertretern aller Funktionsbereiche der jeweiligen Phase.
- Aufzeichnung der Ergebnisse von Entwicklungsbewertungen und der notwendigen Maßnahmen.

Zusätzliche Anforderungen der ISO/TS 16949:2002

Überwachung

- In definierten Phasen der Entwicklung festgelegte Messgrößen analysieren und in die Managementbewertung berichten.

Entwicklungsverifizierung

Anforderungen der ISO 9001:2000

- Entwicklungsergebnisse gegen die Entwicklungsvorgaben verifizieren.
- Verifizierungsergebnisse und ggf. notwendige Maßnahmen aufzeichnen.

Zusätzliche Anforderungen der ISO/TS 16949:2002

(Keine)

Entwicklungsvalidierung

Anforderungen der ISO 9001:2000

- Entwicklungsvalidierung vor Auslieferung (falls nicht vollständig möglich, zumindest teilweise) durchführen, um Eignung für den beabsichtigten Gebrauch sicherzustellen.
- Validierungsergebnisse und ggf. notwendige Maßnahmen aufzeichnen.

Zusätzliche Anforderungen der ISO/TS 16949:2002

- Entwicklungsvalidierung durchführen gemäß
  - den Anforderungen des Kunden,
  - den Terminplänen des Kunden.

Prototypenprogramm

- Wenn vom Kunden gefordert, ein Prototypenprogramm durchführen
  - anhand eines Produktionslenkungsplans, wenn möglich unter Serienbedingungen,
  - termin- und anforderungsgerechte Leistungserprobung,
  - Beibehaltung der technischen Federführung und Verantwortung bei ausgegliederten Dienstleistungsprozessen (an Lieferanten/Subunternehmer).

Produktionsprozess- und Produktfreigabe

(Siehe Kapitel 2.6.5.)

Lenkung von Entwicklungsänderungen

Anforderungen der ISO 9001:2000

- Entwicklungsänderungen kennzeichnen und aufzeichnen.
- Beurteilung der Auswirkungen von Änderungen auf Bestandteile des Produkts und auf gelieferte Produkte.
- Änderungen vor Einführung bewerten, verifizieren, validieren und vor Verwirklichung genehmigen.
- Bewertungsergebnisse und notwendige Maßnahmen aufzeichnen.

Zusätzliche Anforderungen der ISO/TS 16949:2002

(Keine)

2.6.4.1 Allgemeines zur Entwicklung

Die Tätigkeiten zur Planung des QM-Systems (Abschnitt 5.4.2 in der ISO 9001:2000 bzw. der ISO/TS 16949:2002), der Planung der Realisierungsprozesse (Abschnitt 7.1) und die Tätigkeiten zur Entwicklung sind in der Praxis eng miteinander verbunden. Die Planungs- und Entwicklungstätigkeiten laufen teilweise nacheinander, teilweise parallel und teilweise ineinander übergehend ab.

Die Planung und Entwicklung von Produkten/Dienstleistungen lässt sich in einzelne Phasen untergliedern, wobei jede Phase durch einen „Meilenstein" abgeschlossen wird. An Meilensteinen – zum Abschluss aller Tätigkeiten einer Phase – erfolgt eine Prüfung der Ergebnisse der Phase und im Erfolgsfall die Freigabe zum Start der nächsten Phase in der Planung bzw. Entwicklung von Produkten und Dienstleistungen. Ziel ist dabei, die wesentlichen Phasen der Entwicklung anforderungsgerecht abzuschließen. Dadurch sollen hohe Kosten zur Fehlerbeseitigung vermieden werden, wenn Fehler erst in einer späteren Phase entdeckt werden. Ein Fehler im Entwurf kann hohe Folgekosten verursachen, wenn er beispielsweise erst in der Produktionsprozessentwicklung entdeckt wird und bereits durchgeführte Entwicklungsschritte überarbeitet werden müssen.

Den Phasen sind die jeweils zugehörigen Tätigkeiten zuzuordnen. Beispielhaft ist dies in Abb. 2.25 bis Abb. 2.27 dargestellt. In der ISO/TS 16949:2002 wird unterschieden in Produktentwicklung und Produktionsprozessentwicklung. Normalerweise entfallen einzelne Phasen der Planung und Entwicklung oder einzelne Tätigkeiten aus bestimmten Phasen, wenn die Produktentwicklung durch den Kunden ausgeführt wird. Diese Tätigkeiten können beispielsweise in den Verfahrensanweisungen durch „*" gekennzeichnet werden (mit entsprechender Erläuterung). Die so gekennzeichneten Tätigkeiten werden im Falle von Kundenentwicklungen nicht ausgeführt. Tab. 2.14 zeigt die mögliche Aufteilung der Entwicklungstätigkeiten zwischen Kunde und Lieferant, wenn die Verantwortung für die Produktentwicklung beim Kunden liegt. Produkte, die beim Kunden entwickelt worden sind,

150 2 Umsetzung der Einzelanforderungen

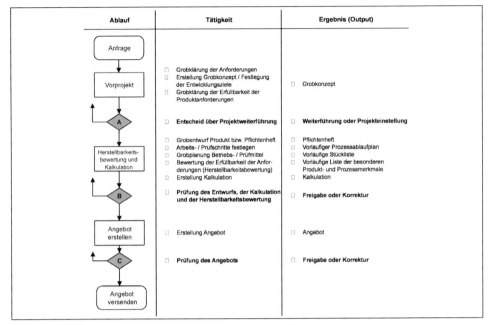

Abb. 2.25: Produktplanung (Tätigkeiten in der Angebotsphase)

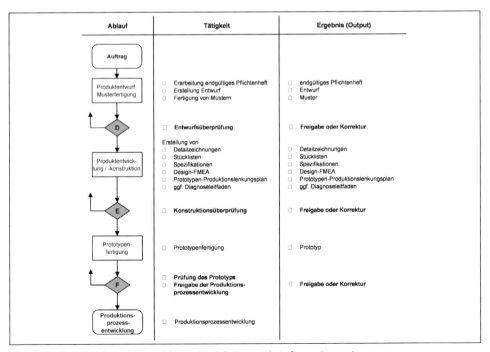

Abb. 2.26: Produktplanung/-entwicklung (Tätigkeiten nach Auftragseingang)

2.6 Produktrealisierung (Abschnitt 7)

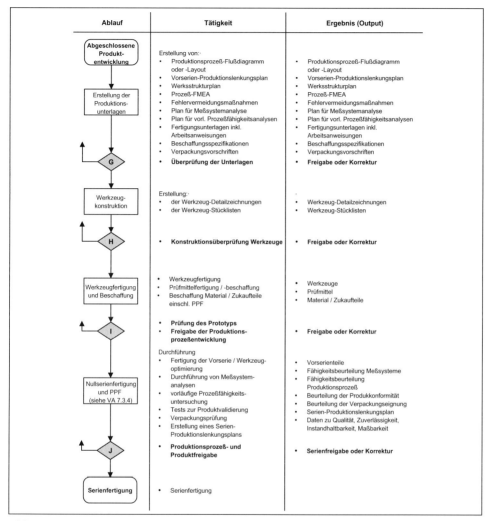

Abb. 2.27: Produktionsprozessplanung/-entwicklung (Tätigkeiten nach Produktentwicklung)

werden beispielsweise auf technische Realisierbarkeit und Produktionsfreundlichkeit geprüft und ggf. werden dem Kunden Vorschläge zur Produktverbesserung unterbreitet. Darüber hinaus wird der Produktionsprozess geplant. Werden komplexere Entwicklungsprozesse durchlaufen, sollte für jedes Entwicklungsprojekt ein individueller Projektplan erstellt werden.

In jeder Phase der Produktentwicklung sind festzulegen:
- Input: Vorgaben und deren Dokumentation (bezogen auf die Forderungen an das Produkt), einschließlich durchzuführender Überprüfungen mit Annahmekriterien, Qualitäts-, Zeit- und Kostenzielen,

- Tätigkeiten und deren Aufzeichnung (Schnittstellen/Informationsfluss zu beteiligten Bereichen berücksichtigen) sowie Ressourcen,
- Zuständigkeiten (projektübergreifend oder projektspezifisch),
- Output: Ergebnisse der Tätigkeiten,
- Prüfung der Ergebnisse (laut Input).

Die Ergebnisse (Output) einer Phase sind die Vorgaben (Input) für die nächste Phase. Die Kriterien zur Prüfung der Ergebnisse einer Phase müssen vor Beginn der Tätigkeiten als Input vorliegen, und zwar in geprüfter und freigegebener Form.

In der nachfolgenden Tabelle sind beispielhaft für einen Produktionsbetrieb Einzelforderungen aufgelistet (in Anlehnung an das APQP-Verfahren der QS-9000), aufgeteilt in vier Phasen. Die Aktivitäten sind unterteilt nach Aktivitäten des Kunden und des Unternehmens. Je nach Entwicklungstiefe bei unterschiedlichen Produkten können einzelne Entwicklungsaktivitäten durch den Kunden oder durch den Lieferanten durchgeführt werden:

Tab. 2.14: Beispiel für Tätigkeiten in den Entwicklungsphasen

Tätigkeiten des Kunden bei Kundenentwicklungen	Tätigkeiten des Unternehmens bei Kundenentwicklungen
Phase 1: Konzeption	
– Festlegung der Entwicklungsziele – Festlegung der Zuverlässigkeits- und Qualitätsziele – Erstellung einer vorläufigen Stückliste – Erstellung einer vorläufigen Liste der besonderen Produkt- und Prozessmerkmale – Erstellung eines Pflichtenheftes	– Erstellung eines vorläufigen Prozessablaufplans
Phase 2: Produktentwicklung	
– Durchführung einer Analyse potentieller Fehler (Design-FMEA) – Fertigungs- und montagegerechte Entwicklung – Durchführung von Designverifizierungen – Durchführung einer Designprüfung – Erstellung von technischen Zeichnungen (einschließlich rechnerunterstützter Daten)	– Festlegung neuer Anforderungen an Ausrüstung, Werkzeuge und Einrichtungen. – Erstellung eines Produktionslenkungsplans (Control Plan) für Prototypen – Festlegung von Anforderungen an Lehren und Prüfeinrichtungen – Teamverpflichtung bezüglich der Herstellbarkeit und Unterstützung durch die Leitung

Tätigkeiten des Kunden bei Kundenentwicklungen	Tätigkeiten des Unternehmens bei Kundenentwicklungen
– Erstellung von technischen Spezifikationen – Erstellung von Materialspezifikationen – Änderung von Zeichnungen und Spezifikationen	– Herstellung von Prototypen
Phase 3: Prozessdesign und -entwicklung	
– Erstellung von Verpackungsnormen und -richtlinien	– Bewertung des QM-Systems für Produkt und Prozess – Erstellung von Prozessablaufplänen und Prozessanweisungen – Durchführung einer Analyse potentieller Fehler (Prozess-FMEA) – Erstellung eines Werksstrukturplans – Erstellung eines Produktionslenkungsplans (Control Plan) für die Vorserie – Erstellung eines Plans für Prüfsystemanalysen – Erstellung eines Plans für vorläufige Prozessfähigkeitsuntersuchungen – Erstellung von Verpackungsspezifikationen – Unterstützung durch die Leitung
Phase 4: Produkt- und Prozessvalidierung	
	– Versuchsproduktion – Untersuchung von Prüfsystemen – Durchführung von vorläufigen Prozessfähigkeitsuntersuchungen – Durchführung eines Produktionsprozess- und Produktfreigabeverfahrens – Durchführung von Tests zur Produktvalidierung – Bewertung der Verpackung

Tätigkeiten des Kunden bei Kundenentwicklungen	Tätigkeiten des Unternehmens bei Kundenentwicklungen
	– Erstellung des Produktionslenkungsplans für die Produktion – Abschluss der Qualitätsplanung und Unterstützung durch die Leitung
Phase 5 Produktion	
	– Verringerung der Streuung – Kundenzufriedenheit – Versand und Service

Die geforderten „Messgrößen zur Überwachung" (ISO/TS 16949, Abschnitt 7.3.4.1) sind Rückmeldungen aus der Produkt- und Produktionsprozessplanung, die eine Aussage über Projektstand und vorhandene bzw. zu erwartende Probleme machen. Praktikabel ist die Erstellung zusammenfassender Berichte anlässlich der Entwicklungsbewertungen (Review), wie sie in den Verfahren zur Entwicklung festgelegt sind.

Wichtig ist die klare Festlegung der Verantwortlichkeit für die Projektplanung sowie für das Projektcontrolling (Überwachung der Qualitäts-, Zeit- und Kostenziele). Die Zuständigkeit für die Projektplanung kann projektbezogen (für jedes Projekt wird ein Verantwortlicher benannt) oder projektübergreifend festgelegt werden (eine Stelle ist für alle Projekte verantwortlich). Das Projektcontrolling sollte durch ein interdisziplinäres Team durchgeführt werden (z. B. mit Beteiligung von Verkauf, Einkauf, Produktion, QS).

Die ISO/TS 16949:2002 stellt die Anforderung, dass in festgelegten Phasen der Entwicklung Messgrößen festgelegt, analysiert und zusammengefasst in die Managementbewertung eingehen sollten (vergleiche Kapitel 2.4.7 „Managementbewertung"). Diese Anforderung kann umgesetzt werden, indem an den festgelegten Meilensteinen oder periodisch in die Managementbewertung berichtet wird, wie weit die Entwicklung fortgeschritten ist. Abweichungen vom Projektplan bzw. von den Projektzielen (Qualität, Preis, Termine, Lieferfähigkeit) sollen rechtzeitig erkannt werden, um Korrektur- oder Vorbeugungsmaßnahmen zu ergreifen. Dazu sollten die Informationen, die in die Managementbewertung eingehen, einen Soll-Ist-Vergleich zu Qualität, Kosten und Terminen beinhalten. Darüber hinaus sollten besondere Risiken, die in den Entwicklungsbewertungen ermittelt werden, in die Managementbewertung berichtet werden.

Produkt- und Produktionsprozessentwicklungen stehen in der Praxis in engem Zusammenhang. Deshalb ist es normalerweise sinnvoll, Produkt- und Produktionsprozessentwicklung als einen Prozess (oder als Kette von mehreren Prozessen) einheitlich und durchgängig zu beschreiben, wie dies in Abb. 2.25 bis Abb. 2.27 beispielhaft dargestellt ist. Bei komplexeren Entwicklungsvorgängen ist es zweckmäßig, den Prozess in mehrere Teilprozesse (und ggf. Verfahrensanweisungen) zu zerlegen. Die Beschreibung in (sequentiellen) Ablaufdiagrammen, in denen sich Abfolgen gut darstellen lassen, ist bei der Entwicklung meistens deswegen schwierig, weil in der Regel mehrere Tätigkeiten parallel durchgeführt werden.

Für den Fall, dass im Unternehmen keine Produktentwicklungen durchgeführt werden, sondern nur die Produktionsprozesse entwickelt (d.h. geplant) werden, kann die Produktionsprozessentwicklung in derselben Systematik beschrieben werden wie die Produktentwicklung.

> Anmerkung: In der QS-9000 definiert sich ein designverantwortlicher Lieferant dadurch, dass er die Befugnis hat, Produktspezifikationen für Produkte, die er an den Kunden liefert, einzuführen oder zu verändern.

Eingabe bzw. Input für die Entwicklung sind jeweils die Anforderungen an das Produkt (Produktentwicklung) und an den Prozess (Prozessentwicklung).

Die Erfüllung dieser Vorgaben wird während des Entwicklungsprozesses bewertet, verifiziert und validiert.

2.6.4.2 Besondere Merkmale

Bestandteil des Entwicklungsprozesses ist die Festlegung der besonderen Merkmale. Diese untergliedern sich (laut QS-9000) wie folgt:

- Besondere Merkmale:
  - (Funktions-)wichtige Merkmale,
  - (Sicherheits-)kritische Merkmale.

> Besondere Merkmale:
> „Produktmerkmale oder Produktionsprozessparameter, die Auswirkung auf die Sicherheit oder Einhaltung behördlicher Vorschriften, die Passform, die Funktion, die Leistung oder die weitere Verarbeitung des Produktes haben können."

In der ISO/TS 16949:2002 Abschnitt 3.1.2 sind besondere Merkmale wie folgt definiert:

Die Klassifizierung als besonderes Merkmal ergibt sich aufgrund der Risikobewertung (konkret: Bewertung der Auswirkungen eines möglichen Fehlers) in der FMEA.

Besondere Merkmale müssen mit den Symbolen der Kunden oder mit eigenen, referenzierten Symbolen gekennzeichnet werden, und zwar mindestens in:

- FMEAs,
- Produktzeichnungen,
- Produktionslenkungsplänen,
- Arbeitsanweisungen.

Innerhalb des Unternehmens muss die Bedeutung der Symbole und der besonderen Merkmale bekannt sein. Im IATF Leitfaden [20] wird vorgeschlagen, für die sicherheitskritischen

Merkmale ein Paragraphenzeichen („§") und für die funktionswichtigen Merkmale einen symbolisierten Schlüssel („⚷") zu verwenden.

> Tipp: Unter Windows ist ein Zeichen für einen Schlüssel im Zeichensatz „Webdings" enthalten (ANSI 0209).

Für die besonderen Merkmale ist die Fähigkeit mit Hilfe statistischer Methoden nachzuweisen und die Merkmale sind mit Hilfe der statistischen Prozesslenkung (SPC) zu überwachen und/oder zu lenken, sofern keine 100%-Prüfung vorgenommen wird. Für sicherheitskritische Teile gibt es spezielle Anforderungen hinsichtlich Rückverfolgbarkeit und Aufbewahrungsfristen von Aufzeichnungen (daher werden diese Teile auch als dokumentationspflichtige Teile bezeichnet bzw. DmbA „Dokumente mit besonderer Archivierung"). Die Anforderungen enthält beispielsweise der VDA Band 1 „Nachweisführung – Leitfaden zur Dokumentation und Archivierung von Qualitätsforderungen" [27].

2.6.4.3 Bereichsübergreifendes Team

Im Zusammenhang mit der Ermittlung der besonderen Merkmale ist zu beachten, dass die ISO/TS 16949:2002 die Anwendung eines bereichsübergreifenden Ansatzes fordert. Dieser ist anzuwenden bei:

– Entwicklung, Festlegung und Überwachung besonderer Merkmale,
– Entwicklung und Überarbeitung der FMEA,
– Entwicklung und Überarbeitung der Produktionslenkungspläne.

Der bereichsübergreifende Ansatz kann am einfachsten durch ein bereichsübergreifendes Team realisiert werden. Das Team sollte Vertreter aus Entwicklung, Produktion, Produktionsplanung und Qualitätsstelle umfassen, darüber hinaus kann eine (zumindest temporäre) Beteiligung z.B. der Bereiche Beschaffung, Vertrieb, Logistik usw. zweckmäßig sein. Auch der im Abschnitt 5.5.2.1 der ISO/TS 16949:2002 geforderte „Beauftragte für Kunden" sollte – zumindest zeitweise – Mitglied im bereichsübergreifenden Team sein. Neben den in der ISO/TS 16949:2002 genannten, oben aufgezählten Aktivitäten, die, wie beschrieben, in engem Zusammenhang stehen, ist zu empfehlen, folgende Tätigkeiten zur Aufgabe des bereichsübergreifenden Teams zu machen:

– Durchführung der Herstellbarkeitsbewertung,
– Bewertung des Pflichtenheftes,
– Durchführung von Entwicklungsbewertungen.

Der gegenseitige Vorwurf von Verkauf und Produktion: „Was hast du da wieder produziert?" bzw. „Was hast du da wieder verkauft?", macht Ziel und Zweck des Ansatzes deutlich, bereits frühzeitig die Kommunikation zwischen den Bereichen zu gewährleisten: In einem frühen Planungsstadium soll das Wissen aus allen relevanten Bereichen/Disziplinen zusammengeführt werden, um Fehler im Ansatz zu eliminieren und so Zeit und Kosten zu sparen. Dies ist die Zielsetzung der Installation eines bereichsübergreifenden (interdisziplinären) Teams.

Das bereichsübergreifende Team kann dauerhaft installiert sein oder es können Teams mit teilweise festen, teilweise wechselnden Mitgliedern (z.B. Mitglieder aus Vertrieb und Entwicklung wechseln je nach Projekt) gebildet werden. Alternativ kann für jedes Entwicklungsprojekt ein eigenes Team festgelegt werden. Die Zweckmäßigkeit der Teamzusammensetzung hängt im Wesentlichen von der Unternehmensgröße und -struktur sowie von der Komplexität der Entwicklungen ab. Beispielsweise können in einem (größeren) produzierenden Unternehmen durch das interdisziplinäre Team folgende Funktionen abgedeckt werden:

- Entwicklung/Technik,
- Fertigung/Produktion,
- Werktechnik (Fabrikplanung),
- Einkauf/Materialdisposition,
- Qualität/Zuverlässigkeit,
- Kostenschätzung,
- Arbeitsvorbereitung,
- Organisation/Datenverarbeitung,
- Verpackungstechnik,
- Werkzeugtechnik/Instandhaltung.

2.6.4.4 Entwicklungseingaben

Entwicklungseingaben können z.B. in Form eines Pflichtenheftes erstellt werden. Die Vorgaben sind vor dem Start der Entwicklung festzulegen. Sie müssen so gestaltet sein, dass sie sich objektiv und nachvollziehbar verifizieren und validieren lassen. Dazu gehören messbare Qualitätsmerkmale, durchzuführende Prüfungen bzw. Tests und Randbedingungen für die Validierung. Zu den Vorgaben gehören beispielsweise:

- Kundenanforderungen (Lastenheft),
- gesetzliche/behördliche Anforderungen,
- Normen und Richtlinien,
- Anwendungs-/Einsatzbedingungen,
- Zuverlässigkeitsforderungen,
- Forderungen zum Realisierungsprozess (z.B. zur Produzierbarkeit, Montierbarkeit, Wartungsfreundlichkeit),
- zu erstellende Dokumentationen/Bedienungsanleitungen.

2.6.4.5 Entwicklungsergebnisse

Die Entwicklungsergebnisse als Output des Entwicklungsprozesses müssen
- dokumentiert sein, so dass sie verifiziert und validiert werden können,
- die Entwicklungsvorgaben erfüllen.

Die Entwicklungsergebnisse sind Input für die nachfolgenden Prozesse, das sind der Produktionsprozess, der Montageprozess beim direkten Kunden und die Nutzung beim Endkunden. Daher müssen die Entwicklungsergebnisse auch die erforderlichen Informationen für die Produktion, Montage und Nutzung beinhalten.

2.6.4.6 Entwicklungseingaben zur Produktentwicklung

In der ISO/TS 16949:2002 sind als Beispiele für Kundenanforderungen an das Produkt besondere Merkmale, Anforderungen zu Kennzeichnung, Rückverfolgbarkeit und Verpackung genannt. Darüber hinaus müssen Ziele für Produktqualität, Lebensdauer, Zuverlässigkeit, Haltbarkeit, Instandhaltbarkeit, Zeitplanung und Kosten festgelegt sein.

Bei der Ermittlung der Produktanforderungen müssen Informationen aus folgenden Quellen berücksichtigt werden:

- Erkenntnisse früherer Entwicklungsprojekte,
- Wettbewerberanalysen,
- Lieferantenrückmeldungen,
- Produktanforderungen anderer Produkte,
- Felddaten.

Hierzu müssen im Rahmen des Produktentwicklungsprozesses Verantwortungen für die Auswahl, das Zusammentragen und die Auswertung der jeweiligen Daten festgelegt werden.

2.6.4.7 Produktentwicklung

Die Produktentwicklung beinhaltet die konstruktive Erstellung des Produkts einschließlich aller Spezifikationen. Die Durchführung von Risikoanalysen (z.B. FMEA), Simulationen (z.B. Finite-Elemente-Methode), Erprobungen und Tests soll die Erfüllung der in den Entwicklungseingaben festgelegten Anforderungen sicherstellen. Darüber hinaus sind Vorgaben für die Produktionsprozessentwicklung zu erarbeiten.

2.6.4.8 Prototypenprogramm

Gibt es mit dem Kunden vertragliche Vereinbarungen zur Herstellung von Prototypen, so ist ein Prototypen-Produktionslenkungsplan zu erstellen (hierfür ist das Formblatt zum Control Plan aus dem QS-9000-Handbuch APQP [18] zu empfehlen, da dieses am besten bekannt und anerkannt sein dürfte). Der Prototypen-Control Plan enthält alle Herstellprozesse der Prototypen und den Prozessen zugeordnet die durchzuführenden Prüfungen am Prototyp. Um eine größtmögliche Aussagekraft der Prototypenprüfungen zu erreichen, sollten, wenn immer dies möglich ist, dieselben Lieferanten, Werkzeuge und Produktionsprozesse eingesetzt werden wie in der späteren Serienproduktion.

2.6.4.9 Entwicklungsergebnisse

Die Produktentwicklungsergebnisse müssen
- dokumentiert sein, so dass sie verifiziert und validiert werden können,

- die Entwicklungsvorgaben erfüllen (vergleiche Kapitel 2.6.4 „Entwicklung"),
- Angaben zur Produktion bzw. Dienstleistungserbringung enthalten sowie Beschaffungsspezifikationen,
- Annahmekriterien enthalten (z.B. Grenzwerte, mittlere Lebensdauern, Abnahmebedingungen etc.),
- Merkmale festlegen, die wesentlich sind für sicheren und bestimmungsgemäßen Gebrauch (das sind funktionswichtige Merkmale wie geometrische Formen von Gewinden, Viskositäten von Ölen etc. sowie sicherheitsrelevante Merkmale wie der Schaltweg eines Schalters am ABS-System eines KFZ etc.).

Darüber hinaus fordert die ISO/TS 16949:2002, dass die Entwicklungsergebnisse Folgendes beinhalten:

- Design-FMEAs,
- Zuverlässigkeitsprüfungen,
- besondere Merkmale,
- Spezifikationen,
- Produktdefinitionen (Zeichnungen, mathematische Daten etc.),
- Fehlervermeidungsmaßnahmen,
- Ergebnisse der Produktentwicklungsbewertung,
- ggf. Diagnoseleitfäden.

2.6.4.10 Eingaben für die Produktionsprozessentwicklung

Ausgangspunkt für die Produktionsprozessentwicklung sind die Ergebnisse der Produktentwicklung. Zusätzlich zu den Produktspezifikationen sind Vorgaben für den Produktionsprozess als Eingabe (Input) für den Prozess der Produktionsprozessentwicklung zu ermitteln und festzulegen. Dazu gehören laut ISO/TS 16949:2002

- Ziele für
  - Produktivität (z.B. Taktzeiten laut Kalkulation),
  - Prozessfähigkeit (z.B. Fähigkeitsindizes C_p, C_{pk}),
  - Prozesskosten (z.B. Kosten laut Kalkulation),
  - falls vorhanden, Kundenanforderungen (zum Produktionsprozess),
  - Erfahrungen aus vorangegangenen Entwicklungen.

2.6.4.11 Produktionsprozessentwicklung

Die Entwicklung von Produktionsprozessen beinhaltet die Festlegung der Arbeitsgänge im Arbeitsplan, darauf basierend die Festlegung der Prüfmerkmale und -methoden (im Produktionslenkungsplan/Control Plan). Aus dem Produktionslenkungsplan gehen insbesondere die besonderen Merkmale hervor, außerdem sind Prüfmittel, Prüfmethode, Prüfumfang und Intervall sowie Reaktionen bei Abweichungen festgelegt. Der Produktionslenkungsplan beinhaltet darüber hinaus die Annahmekriterien in Form von Grenzwerten bei quantifizierbaren Merkmalen bzw. Verweise auf Grenz- oder Soll-Muster bei qualitativen

Merkmalen. Die Inhalte des Produktionslenkungsplans sind im Anhang der ISO/TS 16949:2002 festgelegt. Die genannten Festlegungen müssen sich auf den Vorgabedokumenten für die Produktion wiederfinden, z. B. auf Arbeitsplänen und -scheinen, in Arbeitsanweisungen, Prüfplänen und Prüfanweisungen. Auf die Inhalte von Produktionslenkungsplänen und Arbeitsanweisungen wird in Kapitel 2.6.7.3 näher eingegangen.

Im VDA 6.1 [36] sind Beispiele für die benötigten Fertigungsunterlagen aufgelistet:
- Spezifikationen, Zeichnungen, Rezepturen, Normen mit jeweils letztem Änderungsstand,
- Prüfanweisungen, Qualitätsregelkarten, Instandhaltungsanweisungen,
- Fertigungspläne/Prozessdaten,
- Fertigungsabläufe/Fertigungsumgebung/Arbeitsanweisungen.

Bei der Strukturierung der Unterlagen ist es wichtig, möglichst pflegeleichte und papierarme Lösungen zu realisieren. Dabei ist zu unterscheiden, welche Festlegungen arbeitsgangbezogen sind (Dokumentation in arbeitsplatzbezogenen Arbeits-/Prüfanweisungen) und welche Festlegungen produktbezogen sind (Dokumentation in produktbezogenen Dokumenten wie Fertigungsaufträgen, Laufkarten, Arbeitsscheinen etc.). Produktbezogene Festlegungen sollten nach Möglichkeit in die Dokumente integriert werden, die durch das vorhandene EDV-System zur Produktionsplanung und -steuerung erzeugt werden. Erfahrungsgemäß sind handgeführte Systeme pflegeaufwendig und daher fehleranfällig.

2.6.4.12 Ergebnisse der Produktionsprozessentwicklung

Die Ergebnisse der Produktionsprozessentwicklung müssen gegen die Eingaben (Vorgaben) verifiziert werden. Dazu ist es notwendig, Eingaben nach Möglichkeit in quantifizierter Form mit Grenzwerten festzulegen oder in anderer Art und Weise die Annahmekriterien festzulegen, z. B. in Form von Grenzmustern. Laut ISO/TS 16949:2002 müssen die Ergebnisse der Produktionsprozessentwicklung Folgendes beinhalten:

- Spezifikationen und Zeichnungen (aus der Produktentwicklung),
- Produktionsprozess-Flussdiagramm oder -Layout,
- Prozess-FMEA,
- Produktionslenkungspläne,
- Arbeitsanweisungen,
- Annahmekriterien zur Prozessfreigabe (z. B. Mindestfähigkeitsindizes),
- Daten zu Qualität, Zuverlässigkeit, Instandhaltbarkeit und Messbarkeit,
- Ergebnisse der Maßnahmen zur Fehlervermeidung, soweit anwendbar,
- Methoden zur schnellen Ermittlung und Rückmeldung von Fehlern am Produkt oder im Produktionsprozess.

Die Verwendung fehlervermeidender Methoden wird z. B. durch die Benutzung von Regelkarten realisiert. Wesentlich ist die Verwendung von messenden Prüfverfahren, da nur so Trends oder Abweichungen erkannt werden können, bevor sie zu fehlerhaften Produkten führen. Andere fehlervermeidende Methoden können automatische Regelungen sein, Steuerung von Prozessparametern etc. Für automatisch geregelte Prozessparameter müssen Soll-

Werte vorgegeben werden, manuell geregelte Prozessparameter sollten laut VDA 6.1 [36] aufgezeichnet werden. Wo sinnvoll, sollten Grenzwerte für Prozessparameter vorgegeben werden.

2.6.4.13 Entwicklungsänderungen

Die Vorgehensweise bei Produktentwicklungsänderungen ist im Kapitel 2.6.2 „Lenkung von Änderungen" beschrieben. Charakteristisch für Änderungen ist, dass einzelne Phasen der Entwicklung noch einmal durchlaufen werden, allerdings nur bezogen auf die Änderungen. Bezieht sich die Änderung z. B. auf eine andersartige Beschichtung der Oberfläche eines Teils, so wird eine Herstellbarkeitsbewertung hinsichtlich der Oberflächenbeschichtung durchgeführt, die anderen Produktmerkmale werden nicht berücksichtigt (es sei denn, sie werden durch die geänderte Oberflächenbeschichtung beeinflusst).

Eine neue Anforderung der ISO 9001:2000 ist die Beurteilung der Auswirkung von Änderungen auf Bestandteile des Produkts oder auf gelieferte Produkte. Typische Beispiele sind die Auswirkungen von geänderten elektronischen Steuerungen auf andere Systeme, mit denen ein Datenaustausch erfolgt, Schwierigkeiten mit der späteren Ersatzteilversorgung, Unverträglichkeiten mit anderen Komponenten.

Zusammenfassung der erforderlichen Maßnahmen:
- Festlegung der Entstehungsphasen der Produkte mit Tätigkeiten, Zuständigkeiten, Prüf- und Freigabeschritten (Bewertung, Verifizierung, Validierung), Input, Output.
- Bereichsübergreifenden Ansatz umsetzen.
- Erstellung der erforderlichen Checklisten, Formulare und Projektplanungsinstrumente.
- Erforderlichenfalls Installation eines Projektmanagements für die Produkt- und Produktionsprozessentwicklung.
- Verfahren bei Produktänderungen festlegen.
- Ermittlung und Kennzeichnung besonderer Merkmale in den Entwicklungsprozess integrieren.
- Ermittlung, Dokumentation und Bewertung der Produktanforderungen im Entwicklungsprozess berücksichtigen.
- Gebrauch von Informationen im Entwicklungsprozess berücksichtigen.
- Festlegung von Zielen im Entwicklungsprozess berücksichtigen.
- Erforderliche Ergebnisse der Produktentwicklung festlegen.
- Ermittlung, Dokumentation und Bewertung der Prozessanforderungen im Prozess der Produktionsprozessentwicklung berücksichtigen.
- Erforderliche Ergebnisse der Produktionsprozessentwicklung festlegen.

2.6.5 Produktionsprozess- und Produktfreigabe (Abschnitt 7.3)

Anforderungen der ISO 9001:2000

(Keine)

Zusätzliche Anforderungen der ISO/TS 16949:2002

Entwicklungsvalidierung: Produktionsprozess- und Produktfreigabe

- Verfahren zur Produktionsprozess- und Produktfreigabe
  – vom Kunden anerkannten Verfahrens anwenden,
  – auch auf Lieferanten anwenden.

2.6.5.1 Umsetzung des Verfahrens zur Produktionsprozess- und Produktfreigabe

Das Produktionsprozess- und Produktfreigabeverfahren muss den Anforderungen des Kunden entsprechend durchgeführt werden, und zwar wie in den jeweiligen Verträgen, Qualitätssicherungsvereinbarungen oder im Lastenheft festgelegt. Wie beim APQP-Verfahren hat das QS-9000-Verfahren, welches im Handbuch Produktionsteil-Freigabeverfahren – PPAP [25] beschrieben ist, international die größte Verbreitung. In Deutschland wird häufig die Anwendung des PPF-Verfahrens (Produktionsprozess- und Produktfreigabe nach VDA Band 2 [31]) verlangt. Leider sind jedoch die Abnahmeverfahren bei den unterschiedlichen Automobilherstellern bzw. großen Zulieferern im Detail immer noch recht unterschiedlich, so dass je nach Kunde verschiedene Verfahren anzuwenden sind.

Die wesentlichen Punkte, die beachtet werden müssen, sind:
- Wann werden Produktions-/Erstmuster verlangt?
- Welche Prüfungen sind durchzuführen (vorläufige Prozessfähigkeitsuntersuchungen, Prüfung des Erscheinungsbilds, dimensionelle Prüfung, …)?
- Welche Informationen/Aufzeichnungen sind zu erstellen?
- Welche Informationen/Aufzeichnungen sind dem Kunden vorzulegen (submission levels/Vorlagestufen beachten)?
- ggf. Durchführung von Korrekturmaßnahmen.
- Aufzeichnung von Mustern und Unterlagen.

In der ISO/TS 16949:2002 wird die Anwendung des Produktionsprozess- und Produktfreigabeverfahrens auf die Lieferanten verbindlich gefordert. Es sind daher dementsprechende Vereinbarungen mit den Lieferanten zu treffen (QSV oder Lastenheft), bzw. es sind die Verfahren in den Beschaffungsunterlagen zu spezifizieren.

Die Verfahren sind im PPAP-Handbuch [25] respektive im VDA Band 2 [31] bzw. in entsprechenden Kundenrichtlinien detailliert beschrieben, so dass an dieser Stelle auf umfangreiche Erläuterungen verzichtet wird. In Abb. 2.28 und Abb. 2.29 sind Formblätter für den

- Deckblatt -

Absender
Land
Werkbezeichnung
Werkschlüsselzahl
Name, Lieferant, Straße od. Postfach, PLZ, Stadt

Adresse
Name, Kunde
Werkbezeichnung
Werkschlüsselzahl
Straße, Postfach
Land, PLZ, Stadt

☐ **Erstmusterprüfbericht VDA**   Blatt 1 von
☐ Erstbemusterung
☐ Nachbemusterung
☐ Neuteil
☐ Produktänderung
☐ Produktionsverlagerung
☐ Änderung von Produktionsverfahren
☐ längeres Aussetzen der Fertigung
☐ neuer Unterlieferant
☐ Dokumentationspflichtiges Teil
☐ Fertigungs-/Prüfplan erstellt
☐ FMEA durchgeführt
☐ **Prüfbericht sonstige Muster**

Anlagen

☐ 01 Funktionsprüfung
☐ 02 Maßprüfung
☐ 03 Werkstoffprüfung
☐ 04 Zuverlässigkeitsprüfung
☐ 05 Prozessfähigkeitsnachweis
☐ 06 Prozessablaufdiagramm

☐ 07 Prüfmittelfähigkeitsnachweis
☐ 08 Prüfmittelliste
☐ 09 EG-Datensicherheitsblatt
☐ 10 Haptik
☐ 11 Akustik
☐ 12 Geruch

☐ 13 Erscheinungsbild
☐ 14 Zertifikate
☐ 15 Konstruktionsfreigabe
☐ 16 Inhaltsstoffe in Zukaufteilen
☐ 17 Sonstiges

Kennnummer, Lieferant:		Kennnummer, Kunde:	
Prüfberichts-Nr.:	Version:	Prüfberichts-Nr.:	Version:
Sachnummer:		Sachnummer:	
Zeichnungsnummer:		Zeichnungsnummer:	
Stand/Datum:		Stand/Datum:	
Änderungsnummer:		Änderungsnummer:	
Benennung:		Benennung:	
Bestellabruf-Nr./-datum:			
Lieferschein-Nr./-datum:		Wareneingangs-Nr./-datum:	
Liefermenge:		Abladestelle:	
Chargennummer:			
Mustergewicht:			

Bestätigung Lieferant:
Hiermit wird bestätigt, dass die Bemusterungen entsprechend der VDA Schrift 2 Ziffer 4 durchgeführt worden sind.
Name: Bemerkung:
Abteilung:
Telefon/Fax/E-Mail::

Datum   Unterschrift

Entscheidung Kunde	gesamt	gemäß Anlage:
		01 02 03 04 05 06 07 08 09 10 11 12 13 14 15 16 17
frei	☐	☐ ☐ ☐ ☐ ☐ ☐ ☐ ☐ ☐ ☐ ☐ ☐ ☐ ☐ ☐ ☐ ☐
frei mit Auflagen	☐	☐ ☐ ☐ ☐ ☐ ☐ ☐ ☐ ☐ ☐ ☐ ☐ ☐ ☐ ☐ ☐ ☐
abgelehnt, Nachbemusterung erforderlich	☐	☐ ☐ ☐ ☐ ☐ ☐ ☐ ☐ ☐ ☐ ☐ ☐ ☐ ☐ ☐ ☐ ☐

Abweich-Genehmigung-Nr.:
bei Rücksendung Lieferschein-Nr./-datum:
Name :   Bemerkung:
Abteilung:
Telefon/Fax/E-Mail::

Datum   Unterschrift

Verteiler:	1	2	3	4	5	6	7	8	9	10	11	12	13	14

Abb. 2.28: Erstmusterprüfbericht nach VDA (Quelle: VDA Band 2 [31])

| Firmen-Logo | **Teilevorlagezertifikat** / **Part Submission Warrant** | FM 7.3-6 / Seite **1** von 1 |

Part Name: _____   Cust. Part Number: _____

Shown on Drawing No. _____   Org. Part Number: _____

Engineering Change Level _____   Dated _____

Additional Engineering Changes _____   Dated _____

Safety and/or Government Regulation ☐ Yes ☐ No   Purchase Order No. _____   Weight _____ kg

Checking Aid No. _____   Checking Aid Engineering Change Level _____   Dated _____

Organization Manufacturing Information | **Customer Submittal Information**

Supplier Name & Supplier Code | Customer Name/Division

Street Address | Buyer/Buyer Code

City   Region   Postal Code   Country | Application

Materials Reporting
Has customer-required Substances of Concern in formation been reported? ☐ Yes   ☐ No   ☐ n/a
Submitted by IMDS or other customer format: _____

Are polymeric parts identified with appropriate ISO marking codes? ☐ Yes   ☐ No   ☐ n/a

Reason for Submission (Check at least one)
☐ Initial Submission   ☐ Change to Optional Construction or Material
☐ Engineering Change(s)   ☐ Sub-Supplier or Material Source Change
☐ Tooling: Transfer, Replacement, Refurbishment or additional   ☐ Change in Part Processing
☐ Correction of Discrepancy   ☐ Parts Produced at Additional Location
☐ Tooling Inactive > than 1 year   ☐ Other - please specify _____

Requested Submission Level (Check one)
☐ Level 1 – Warrant only (and for designated appearance items, an Appearance Approval Report) submitted to customer
☐ Level 2 – Warrant with product samples and **limited** supporting data submitted to customer
☐ Level 3 – Warrant with product samples and **complete** supporting data submitted to customer
☐ Level 4 – Warrant and other requirements as defined by customer
☐ Level 5 – Warrant with product samples and complete supporting data reviewed at organization's manufacturing location

Submission Results
The results for ☐ dimensional measurements ☐ material and functional tests ☐ appearance criteria ☐ statistical process package
These results meet all drawing and specification requirements: ☐ Yes   ☐ No   (if „No" – Explanation Required)
Mold / Cavity / Production Process: _____

Declaration
I affirm that the samples represented by this warrant are representative of our parts, which were made by a process that meets all Production Part Approval Process Manual 4th Edition Requirements. I further affirm that these samples were produced at the production rate of _____ / _____ hours. I also certify that documented evidence of such compliance is on file and available for review. I have noted any deviations from this declaration below.

EXPLANATION/COMMENTS: _____
Is each Customer Tool properly tagged and numbered?   ☐ Yes   ☐ No

Organization Authorized Signature _____   Date _____

Print Name _____   Phone No. _____   FAX No. _____

Title _____   E-Mail _____

FOR CUSTOMER USE ONLY (IF APPLICABLE)
PPAP Warrant Disposition: ☐ Approved   ☐ Rejected   ☐ Other _____

Customer Signature _____   Date _____

Print Name _____   Customer Tracking Number (optional): _____

T7_3f06b.doc   CFG-1001   Stand: X vom 3. Jul. 06

Abb. 2.29: Teilevorlagezertifikat (Part Submission Warrant) nach QS-9000 PPAP [25]

Erstmusterprüfbericht nach VDA und für das Teilevorlagezertifikat nach QS-9000 PPAP dargestellt.

Bei neuen und geänderten Prozessen sind Produktionsprozess- und Produktfreigaben erforderlich. Sie sind bei neuen Produkten durchzuführen sowie bei

- neuem technischen Änderungsstand,
- neuem Fertigungsort,
- neuem Materiallieferanten,
- jeder Umstellung der Fertigung.

Im Rahmen des Produktionsprozess- und Produktfreigabeverfahrens ist auch die vorläufige Prozessfähigkeit nachzuweisen, ggf. in Verbindung mit einem Prozessaudit.

Die vorläufigen Prozessfähigkeitsuntersuchungen werden bei Durchführung der Vorserie bzw. Nullserie ermittelt. Je nachdem, ob der Prozess fähig ist oder nicht, müssen Korrektur- und zusätzliche Prüfmaßnahmen ergriffen werden. Die Definitionen von Stabilität und Fähigkeit und die erforderlichen Maßnahmen können dem QS-9000-Referenzhandbuch PPAP [25] bzw. dem SPC-Referenzhandbuch [29] entnommen werden sowie dem VDA Band 2 [31] und Band 4 Teil 1 [32].

Vor der internen Freigabe der Serienfertigung sind folgende Voraussetzungen zu erfüllen:
- Nachweis der vorläufigen Prozessfähigkeit,
- freigegebene Materialien/Zulieferprodukte,
- freigegebene Zulieferanten,
- freigegebene maschinelle Einrichtungen, Sonderbetriebsmittel, Prüfmittel,
- freigegebene Produktionsunterlagen,
- qualifiziertes Personal,
- Standortfestlegung.

Zur Sicherstellung, dass alle Freigaben erfolgt und die Unterlagen vollständig vorhanden sind, ist eine Checkliste zum Abschluss der Prozessentwicklung sinnvoll (das ist z.B. die vierte Phase des APQP-Verfahrens).

Bei Serienstart kann es sinnvoll sein, zusätzliche Prozessüberwachungsmaßnahmen festzulegen (z.B. verkürzte Stichprobenintervalle), um auf Anlaufschwierigkeiten besser und schneller reagieren zu können. Dazu sollten generelle Festlegungen getroffen werden und die Fertigungsauftragspapiere sollten einen deutlichen Hinweis auf den Neuanlauf enthalten.

Der VDA 6.1 fordert bei neuen oder überholten Maschinen, Anlagen oder Werkzeugen Maschinenfähigkeitsuntersuchungen durch den Hersteller oder Abnehmer. Dies ist in der ISO/TS 16949:2002 nicht gefordert, aber für die Praxis dringend zu empfehlen. Dazu ist es notwendig, in der entsprechenden Bestellung die Maschinenfähigkeitsuntersuchungen mit gefordertem Fähigkeitsindex als Teil der Abnahme schriftlich zu fixieren. Die Untersuchungen sind nach VDA unter folgenden Umständen zu wiederholen:

- Neuteileauftrag,
- neue Werkzeuge/Einrichtungen,

- Einengung der Toleranz,
- Änderung des Fertigungsablaufs/Ausgangszustands,
- nach Instandsetzungen (mit Einfluss auf das Produkt),
- nach einer Maschinenverlagerung,
- nach längerer Produktionsunterbrechung.

Die Durchführung von Maschinenfähigkeitsuntersuchungen bei neu beschafften Maschinen, Anlagen oder Werkzeugen ist sinnvoll zur Absicherung der geforderten Prozessfähigkeiten und zur Absicherung gegenüber dem Hersteller. Bei Sondermaschinen sollten die besonderen Merkmale des geplanten Produkts zugrunde gelegt werden, bei universell genutzten Maschinen die Produkte mit den engsten Toleranzen. Bei neuen Produkten sind vorläufige Fähigkeitsuntersuchungen (mehrere kleine Stichproben über einen längeren Zeitraum) den Maschinenfähigkeitsuntersuchungen (eine große zusammenhängende Stichprobe) vorzuziehen, da sie aussagekräftiger für den Serienproduktionsprozess sind.

> *Zusammenfassung der erforderlichen Maßnahmen:*
> - Produktionsprozess- und Produktfreigabeverfahren entsprechend den Kundenanforderungen einführen und umsetzen.

2.6.6 Beschaffung (Abschnitt 7.4)

Beschaffungsprozess

Anforderungen der ISO 9001:2000

- Beschaffungsprozesse lenken, um die Qualität beschaffter Produkte bzw. Dienstleistungen sicherzustellen.
- Lieferanten beurteilen, auswählen und neu beurteilen (Art und Umfang je nach Einfluss auf nachfolgende Prozesse)
  - bezüglich Fähigkeit, anforderungsgerecht zu liefern,
  - nach festgelegten Kriterien.
- Aufzeichnung der Ergebnisse der Beurteilung und der Folgemaßnahmen.

Zusätzliche Anforderungen der ISO/TS 16949:2002

Erfüllung behördlicher Vorschriften

- Jeweils geltende behördliche Vorschriften einhalten bei allen in das Produkt eingehenden Teilprodukten und Materialien.

Entwicklung des QM-Systems von Lieferanten

- Lieferanten mit dem Ziel entwickeln, die Anforderungen der ISO/TS 16949 zu erfüllen.
- Wenn vom Kunden nicht anders festgelegt, müssen alle Lieferanten nach ISO 9001:2000 zertifiziert sein.

Vom Kunden freigegebene Bezugsquellen

- Wenn vertraglich vereinbart, muss bei vom Kunden freigegebenen Bezugsquellen beschafft werden
  - einschließlich Werkzeug- und Messgerätelieferanten,
  - die Qualitätsverantwortung verbleibt dabei bei der bestellenden Organisation.

Beschaffungsangaben

Anforderungen der ISO 9001:2000

- Klare Beschreibung des Produktes in den Beschaffungsdokumenten
  - Anforderungen für die Genehmigung von Produkten, Verfahren, Prozessen und Ausrüstung,
  - Anforderungen an die Qualifikation von Personal,
  - Forderungen an das QM-System.
- Angemessenheit der Beschaffungsunterlagen vor Freigabe sicherstellen.

Zusätzliche Anforderungen der ISO/TS 16949:2002

(keine)

Verifizierung von beschafften Produkten

Anforderungen der ISO 9001:2000

- Notwendige Prüfungen oder Maßnahmen zur Sicherstellung anforderungsgerechter Produkte/Dienstleistungen festlegen und verwirklichen.
- Verifizierungsmaßnahmen und -methoden beim Lieferanten ggf. in den Beschaffungsunterlagen festlegen.
- Prozesse in Übereinstimmung mit den ISO 9001-Forderungen leiten und lenken.

Zusätzliche Anforderungen der ISO/TS 16949:2002

Anlieferqualität

- Prozess zur Sicherstellung der Qualität beschaffter Produkte einführen.
- Qualität der eingehenden Produkte sicherstellen durch (alternativ):
  - Erhalt und Bewertung statistischer Daten,
  - Eingangsprüfungen (z.B. Stichproben),
  - Bewertung oder Audit des Lieferanten durch dessen Kunden oder unabhängige Dritte verbunden mit Lieferqualitätsaufzeichnungen,

- Teilebewertung durch festgelegtes Prüflaboratorium,
- andere mit dem Kunden vereinbarte Methode.

Lieferantenüberwachung

- Leistung von Lieferanten überwachen anhand
  - der Qualität der gelieferten Produkte,
  - Störungen beim Kunden einschließlich Rücklieferungen aus dem Feld,
  - Liefertreue einschließlich Zusatzfrachtkosten,
  - Sonderstatusbenachrichtigungen von Kunden.
- Förderung der lieferanteneigenen Überwachung der Produktionsprozessleistung.

2.6.6.1 Allgemeines zur Beschaffung

Die wesentlichen Punkte, die im Zusammenhang mit der Beschaffung festgelegt werden müssen, sind:

- Beschaffungsprozess,
- Beschaffungsunterlagen (eindeutige und vollständige Festlegung der Anforderungen),
- Bewertung und Auswahl (neuer) Lieferanten,
- Durchführung von Wareneingangsprüfungen/Qualitätsabsicherung gegenüber Lieferanten,
- Bewertung (vorhandener) Lieferanten,
- Entwicklung von Lieferanten.

Zu berücksichtigen sind mindestens die Lieferanten (einschließlich Subunternehmer) von Produkten und Dienstleistungen, die einen direkten Einfluss auf die Qualität der herzustellenden Produkte/zu erbringenden Dienstleistungen haben (d.h., die Bestandteil des Produkts/der Dienstleistung werden). Das sind Material, Halbzeuge und Teile, die in das Endprodukt einfließen, Auftragnehmer von externen Arbeitsgängen (einschließlich Nacharbeit), extern beschaffte Dienstleistungen, Oberflächenveredelung, Spediteure (sofern die Lieferung nicht in der Verantwortung des Kunden liegt; „ab Werk"), Kalibrierdienste etc. Einen beispielhaften Ablauf zur Beschaffung zeigt Abb. 2.30. Je nach Bedeutung sollten auch Lieferanten von Werkzeugen, Maschinen und Prüfmitteln, Prototypen und Entwicklungsdienstleistungen (z. B. Ingenieurbüros) einbezogen werden.

2.6.6.2 Beschaffungsunterlagen

Die Beschaffungsunterlagen müssen eindeutige und vollständige Festlegungen aller Forderungen an die Lieferanten enthalten. Diese lassen sich grob unterteilen in:

- Kaufmännische Inhalte
  - Einkaufs- und Lieferbedingungen,
  - Zahlungsbedingungen.

2.6 Produktrealisierung (Abschnitt 7)

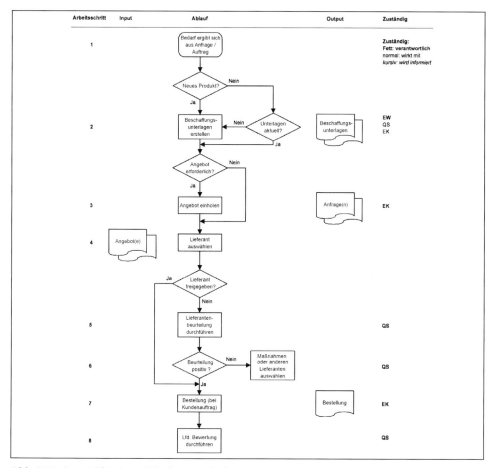

Abb. 2.30: Beispiel für einen Ablauf zur Beschaffung

- Material-/Produkt-/Dienstleistungsspezifikationen
  – Zeichnungen, technische Richtlinien, Normen, wichtige Qualitätsmerkmale.
- Verpackung und Lieferung
  – Verpackungs- und Kennzeichnungsvorschriften,
  – Forderungen hinsichtlich Lieferfähigkeit.
- Anforderungen an das Managementsystem und bezüglich QM-Maßnahmen, die zweckmäßigerweise in einer Qualitätssicherungsvereinbarung (QSV) mit dem Lieferanten zusammengefasst werden können, ggf. zusammen mit den Verpackungs- und Liefervorschriften und den sonstigen Anforderungen:
  – Status des QM-Systems (z.B. zertifiziert nach DIN EN ISO 9001:2000, ggf. nach ISO/TS 16949:2002),
  – Abgrenzung von qualitätsbezogenen Verantwortungen einschließlich Schnittstellen zwischen Kunde und Lieferant,

- Grundlage durchzuführender Audits (z. B. Systemaudit nach ISO/TS 16949:2002, Prozessaudit nach VDA Band 6 Teil 3),
- Vereinbarungen zur Anlieferqualität (ppm-Raten),
- Anforderungen an das Umweltmanagementsystem des Lieferanten,
- Vereinbarungen von Geheimhaltungsbestimmungen,
- Qualifikation des eingesetzten Personals,
- durchzuführende Prüfungen, Prüfverfahren, Prüfmittel, Prüfablauf, Endprüfung (z. B. mittels Prüfablaufplan),
- Gewährleistungsabwicklung (technisch und logistisch),
- ggf. Prototypenfertigung und -prüfung einschließlich Termine,
- ggf. Forderungen an die Prüfmittelüberwachung, z. B. Messsystemanalysen,
- Erstellung von Arbeitsanweisungen,
- Art und Inhalte mitzuliefernder Prüfaufzeichnungen (Erstmuster-Prüfberichte, statistische Daten, Werkszeugnisse, Bewertungsbögen etc.), Aufbewahrungszeiten, Berichtswesen,
- Durchführung von Bewertungen der Produktanforderungen,
- regelmäßige Berichterstattung über den Fortschritt von Entwicklungen,
- Ermittlung, Kennzeichnung und Lenkung besonderer Merkmale,
- ggf. Anwendung spezifischer Methoden wie FMEA, statistische Prozessüberwachung (SPC) und Durchführung von Prozessfähigkeitsuntersuchungen,
- Anforderungen an die Produktionsprozessentwicklung und das Produktionsprozess- und Produktfreigabeverfahren einschließlich Termine, Produktlebenslauf sowie Vorgehen bei Produkt- bzw. Prozessänderungen,
- Anforderungen an Unterlieferanten des Lieferanten,
- Kennzeichnung des Bearbeitungs- und Prüfstatus,
- ggf. Chargenkennzeichnung/Rückverfolgbarkeit,
- ggf. besondere Kennzeichnung bei sicherheitsrelevanten Produkten,
- Vorgehen bei Fehlern (Korrekturmaßnahmen, Abweichungsgenehmigungen usw.),
- Sonstige Forderungen
  - ggf. Durchführung von Prüfungen beim Lieferanten bzw. Prüfungen durch den Kunden (wenn gefordert) beim Lieferanten.

Die in der Strichaufzählung unter „Forderungen an das QM-System" zusammengefassten Forderungen beinhalten die in der DIN EN ISO 9001:2000 geforderten Genehmigungen bzw. Qualifikationen von Produkt (z. B. Abnahmen), Verfahren (z. B. Vorgehen bei Fehlern), Prozessen (z. B. anzuwendende Fertigungsverfahren) und Ausrüstung (z. B. einzusetzende Prüfmittel) sowie Personal (z. B. ausgebildete Schweißfachkräfte).

2.6.6.3 Behördliche Vorschriften

Die ISO/TS 16949:2002 fordert explizit, dass beschaffte Produkte und Materialien, die im Produkt verwendet werden, die behördlichen Vorschriften erfüllen. Dazu müssen die jeweils geltenden Vorschriften im Unternehmen bekannt sein und Bestandteil der Beschaffungsanforderungen gegenüber dem Lieferanten sein. Die relevanten Vorschriften sollten daher (direkt oder indirekt über externe Stellen) verfügbar sein. Die Verfahren zur Lenkung von Dokumenten und technischen Vorgaben sollten dabei auch auf relevante behördliche Vorschriften angewendet werden (siehe Kapitel 2.3.2 „Dokumentationsanforderungen: Lenkung von Dokumenten und Qualitätsaufzeichnungen"). Erforderlichenfalls sind Sicherheitsdatenblätter bei Lieferanten anzufordern.

2.6.6.4 Qualitätssicherungsvereinbarungen

Qualitätssicherungsvereinbarungen ergänzen Lieferverträge bzw. Lieferbedingungen. Im Detail auf die Erstellung einer QSV einzugehen würde den Rahmen dieses Buches sprengen. Bei der Erstellung von Qualitätssicherungsvereinbarungen sind rechtliche Aspekte zu beachten, z.B. hinsichtlich Garantie, Gewährleistung (§§ 459, 462, 480 BGB) und Mängelrügen (§§ 377, 378 HGB). Umfassend wird das Treffen von Qualitätssicherungsvereinbarungen in [50] behandelt, eine Zusammenfassung vom selben Autor findet sich in [51]. Eine Checkliste zur Erstellung von Qualitätssicherungsvereinbarungen befindet sich im Anhang 1 des VDA Band 2 [31]. Die Zuhilfenahme einer Rechtsberatung ist zu empfehlen, um die QSV mit bestehenden Lieferbedingungen und den rechtlichen Gegebenheiten abzustimmen. Auch der Haftpflichtversicherer sollte konsultiert werden.

Bei der Beschaffung von Werkzeugen und Maschinen sollten Anforderungen hinsichtlich CAD-Einsatz und Datenverarbeitung berücksichtigt werden. Bei Werkzeugen und ggf. Sondermaschinen sollten Maschinenfähigkeitsuntersuchungen (mit Merkmalen, Verfahrensweise, zu erreichendem Mindestfähigkeitsindex und Vorgehen bei Nicht-Erreichen) vorgeschrieben werden einschließlich deren Nachweis bei der Abnahme vor Einsatz (vergleiche Kapitel 2.6.5 „Produktionsprozess- und Produktfreigabe"). Darüber hinaus sollte die Verantwortung und Durchführung einer Fortschrittsüberwachung extern gefertigter Werkzeuge bzw. Maschinen festgelegt werden und der Einsatz von CAD geklärt werden.

Die interdisziplinäre Zusammenarbeit (z.B. von Entwicklung, Produktion, Qualitätsstelle) bei Vergabe von Aufträgen und Abnahme von Werkzeugen und Maschinen ist zu empfehlen, wie sie der VDA 6.1 fordert. Auch bei externen Dienstleistern wie Wartungsunternehmen, Personalvermittlern etc. sind qualitätsrelevante Festlegungen sinnvoll.

2.6.6.5 Auswahl von Lieferanten

Für die Auswahl von Lieferanten ist in der ISO/TS 16949:2002 erstmalig die Zertifizierung nach DIN EN ISO 9001:2000 Mindestkriterium, es sei denn, es gibt vom Kunden eine andere Festlegung. Solch eine andere Festlegung ist beispielsweise das Vorschreiben bestimmter Lieferanten oder die Freigabe nicht zertifizierter Lieferanten durch den betroffenen Kunden. Darüber hinaus können z.B. folgende Kriterien zugrunde gelegt werden:

- Auditierung der Lieferanten,
- Bewertungen des Lieferanten durch den Endkunden,
- Probelieferung/Visitation,
- Bewertung nach festgelegten Einzelkriterien.

Eines oder mehrere der genannten Kriterien können ergänzend zum DIN EN ISO 9001:2000-Zertifikat Grundlage der Bewertung und ggf. Freigabe des Lieferanten sein, je nach Einfluss der gelieferten Produkte auf die Qualität der eigenen Produkte und Dienstleistungen.

Die Auswahlkriterien und die Verantwortungen für die Auswahl der Lieferanten müssen festgelegt werden. Dabei ist es sinnvoll, die Auswahlkriterien nach Produktgruppen bzw. Dienstleistungskategorien getrennt festzulegen. Die Erfüllung der Auswahlkriterien kann dann über Lieferantenunterlagen, Protokolle von Lieferantenbesuchen oder Lieferantenfragebögen nachgewiesen werden.

Wenn vertraglich vereinbart, sind Produkte, Werkstoffe, Dienstleistungen, Werkzeug- und/oder Messgeräte bei vom Kunden vorgeschriebenen, bzw. freigegebenen Bezugsquellen zu beziehen. Für diesen Fall wird in der ISO/TS 16949:2002 ausdrücklich darauf hingewiesen, dass die Verantwortung für die Qualität der beschafften Produkte beim beschaffenden Unternehmen bleibt. In der Praxis sind solche Lieferantenverhältnisse oft problembehaftet, da es bei vorgeschriebenen Lieferanten oft schwierig ist, bei der Nichteinhaltung von Qualitätsanforderungen und/oder Lieferterminen Druck auszuüben.

2.6.6.6 Wareneingangsprüfungen

Die Alternativen zu Wareneingangsprüfungen sind im Kapitel 2.7.5 „Überwachung und Messung von Produkten" beschrieben. Bei eingehenden Lieferungen erfolgt mindestens eine Prüfung von Ident, Menge und Unversehrtheit. Die Qualitätsfähigkeit des Lieferanten spielt bei der Festlegung eine Rolle, ob Wareneingangsprüfungen durchgeführt werden sollen.

Werden Qualitätsaufzeichnungen mitgeliefert (z. B. die bei Materiallieferungen häufig verwendeten Werkszeugnisse nach DIN EN ISO 10204/3.1b), sollten diese in regelmäßigen Abständen gegengeprüft werden. Die zu bescheinigenden Prüfmerkmale sind in den Beschaffungsunterlagen festzulegen.

In der ISO/TS 16949 sind die Alternativen zur Sicherung der Qualität eingehender Ware klar festgelegt:

– Erhalt und Bewertung statistischer Daten,
– Eingangsprüfungen (z. B. Stichproben),
– Bewertung oder Audit des Lieferanten durch dessen Kunden oder unabhängige Dritte verbunden mit Lieferqualitätsaufzeichnungen,
– Teilebewertung durch festgelegtes Prüflaboratorium.

Lieferqualitätsaufzeichnungen sind beispielsweise 3.1b-Zeugnisse.

2.6.6.7 Bewertung von Lieferanten

Für die Bewertung von Lieferanten enthält die ISO/TS 16949:2002 im Abschnitt 7.4.3.2 konkrete Kriterien, die der Lieferantenbewertung mindestens zugrunde liegen müssen:

- Ergebnisse von Lieferantenaudits,
- Ergebnisse von Wareneingangsprüfungen,
- Liefererfüllung (Termin/Menge),
- (Sammel-)Ausschuss,
- Bewertung durch den Endkunden (wenn diese auf Lieferanten zurückführbar ist),
- Reklamationen,
- Gewährleistung,
- Qualität der gelieferten Produkte,
- Störungen beim Kunden einschließlich Rücklieferungen aus dem Feld,
- Liefertreue einschließlich der mit Zusatzfrachtkosten verbundenen Vorfälle,
- Sonderstatus-Mitteilung von Kunden über Qualitäts- und Lieferangelegenheiten.

Dazu muss jeweils festgelegt werden, *wer* die entsprechenden Daten (Ergebnisse) *wie* auswertet. Die Daten sollten zu einer Bewertungszahl zusammengefasst werden. Anregungen für ein quantifizierbares Bewertungssystem gibt das VDA-System (VDA Band 2 [31], siehe auch DGQ-Schrift 14-23 „Qualitätskennzahlen (QKZ) und Qualitätskennzahlensysteme" [43]). Sonderstatus-Mitteilungen sind die im Falle von Qualitäts- und Lieferproblemen vom Kunden befristet festgelegten Status „Revocation", „Needs Improvement", „New Business Hold" etc.

Die ISO/TS 16949:2002 fordert die Überwachung der Lieferverpflichtungen u. a. durch Erfassung der mit Zusatzfrachtkosten verbundenen Vorfälle. Die Vorfälle können anhand der entstandenen Kosten bewertet werden, aber auch auf andere Weise ausgewertet werden (Anzahl der Vorfälle, Auswirkungen etc.). Die ermittelte Kennzahl kann in die Lieferantenbewertungskennzahl mit eingehen oder als gesonderte Kennzahl z. B. in den Geschäftsplan aufgenommen werden.

Die Versendung von Lieferantenfragebögen nach dem Gießkannenprinzip zur Lieferantenbewertung ist erfahrungsgemäß ein wenig aussagekräftiges Instrument, da die Angaben der Lieferanten häufig ungenau sind und normalerweise keinerlei qualitätsverbessernde Maßnahmen beim Lieferanten hervorrufen.

Sinnvoll kann ein Kurzfragebogen hinsichtlich der in der Qualitätssicherungsvereinbarung (siehe oben) festgelegten Aktivitäten sein. Dieser wird beim Lieferanten im Zusammenhang mit der Erläuterung der Inhalte der QSV vor Ort abgearbeitet. Im Falle von Defiziten wird ein entsprechender Maßnahmenplan erstellt.

2.6.6.8 Freigabe von Lieferanten

Vorhandene, akzeptierte Lieferanten und neue Lieferanten, die den Auswahlkriterien entsprechen, werden in die *Liste freigegebener Lieferanten* aufgenommen.

Bestellungen dürfen nur bei freigegebenen Lieferanten erfolgen. Dazu muss die Zuständigkeit für die Auswahl und Entscheidung festgelegt werden (z. B. bereichsübergreifendes Team aus Produktion, Entwicklung, Qualitätsstelle und Einkauf). Darüber hinaus ist festzulegen, wer in welchen Fällen Lieferanten sperrt. Die Liste kann über das PPS-System (Materialwirtschaft) geführt werden (in der Regel gibt es im Lieferantenstamm ein Sperrkennzeichen) oder als separate Liste. Es kann sinnvoll sein, Lieferanten nur für bestimmte Produkte/Produktgruppen bzw. Dienstleistungen/Dienstleistungskategorien zuzulassen.

Die Grundvoraussetzung für die Zulassung als Lieferant eines nach ISO/TS 16949:2002 arbeitenden Zulieferers ist eine Zertifizierung nach DIN EN ISO 9001:2000. Die gilt für alle Lieferanten, die Materialien oder Produkte liefern oder Dienstleistungen erbringen, die Bestandteil des Fahrzeugs werden. Dazu gehören beispielsweise Lieferanten von Schmierstoffen (die im Fahrzeug verbleiben), Hersteller von Software für elektronische Steuerungen etc.

2.6.6.9 Entwicklung von Lieferanten

Die Erfahrung zeigt, dass Lieferanten normalerweise nicht von heute auf morgen ein Managementsystem installieren, das den Vorstellungen und Anforderungen des Kunden entspricht. Wichtig ist, die richtigen Prioritäten zu setzen, d.h. sich auf die Lieferanten von wichtigen Produkten, Materialien und Dienstleistungen zu konzentrieren.

Es ist sinnvoll, kontinuierlich auf (schwache) Lieferanten einzuwirken, d.h. die Lieferanten zu „entwickeln". Instrumente zur Entwicklung sind:

– Vertragsgestaltung (u. a. Qualitätssicherungsvereinbarung),
– Schulung,
– Überwachung (Audits/Werksbesuche),
– Korrektur-/Vorbeugungsmaßnahmen (Reklamationsbehandlung),
– Anforderungen hinsichtlich Dokumentation/Aufzeichnungen.

Selbstverständlich setzt die Entwicklung von Lieferanten einen entsprechenden Einfluss auf den Lieferanten voraus. Dieser hängt normalerweise vom Anteil des beschafften Umsatzes am Gesamtumsatz des Lieferanten ab. Daher fällt es besonders kleinen und mittelständischen Unternehmen schwer, Druck auf die Lieferanten auszuüben. Auch eine starke Marktposition des Lieferanten kann der Grund für einen geringen Einfluss auf den Lieferanten sein. Um die Position gegenüber Lieferanten zu stärken, kann die Bildung von Einkaufsgemeinschaften mit anderen Unternehmen sinnvoll sein.

Ein Instrument zur Entwicklung von Lieferanten ist die Qualitätssicherungsvereinbarung. Durch Besuche vor Ort, gezielter Einsicht oder Anforderung von Unterlagen in Verbindung mit der Erstellung von Maßnahmenplänen und deren Verfolgung werden gezielt und Schritt für Schritt Maßnahmen beim Lieferanten durchgesetzt. Die grundlegenden Schritte bei Serienprodukten sind dabei das Produktionsprozess- und Produktfreigabeverfahren sowie durchzuführende Prüfungen und das Führen von Prüfaufzeichnungen (z.B. Anforderung eines Produktionslenkungsplans). Weitere Schritte beziehen sich auf die Produktionsprozessentwicklung und die Aufgaben der Unternehmensleitung. Entwickelt werden schwerpunktmäßig die „entwicklungsbedürftigen" Lieferanten und die Lieferanten wichtiger zugelieferter Produkte. Generell sollten sich die Festlegungen für Lieferanten an den QS-Regelungen im eigenen Unternehmen orientieren, soweit diese sinnvoll auf die Lieferanten übertragbar sind.

Eine neue Anforderung der ISO/TS 16949:2002 ist die Förderung der Überwachung der Produktionsprozessleistung durch den Lieferanten selbst. Die Produktionsprozessleistung kann beispielsweise durch folgende Maßnahmen gesteigert werden:

- statistische Prozessanalysen und statistische Prozesslenkung (SPC),
- kapazitätsorientierte Losgrößenoptimierung,
- Fehlervermeidungsmaßnahmen,
- vorbeugende Instandhaltung,
- Optimierung von Materialbewegung, -handhabung, -fluss und Werksflächennutzung,
- Betriebszeitoptimierung,
- Optimierung der Umschlagzeiten,
- Optimierung der Lagerbestände, z.B. durch Verbesserung der Disposition.

Messgrößen zur Überwachung können beispielsweise Produktivitätsraten, Liefertreue, Durchlaufzeiten, Lagerumschlags- und -bestandszahlen sein.

Zusammenfassung der erforderlichen Maßnahmen:

- Beschaffungsablauf festlegen.
- Beschaffte Produkt-/Dienstleistungskategorien unterscheiden.
- Beschaffungsangaben festlegen (Art und Inhalte, Prüfung und Dokumentation).
- Forderungen an Lieferanten festlegen bezüglich Produkt/Dienstleistung, Verfahren, Prozesse, Ausrüstung, Personal, Qualitätsnachweise, QM-System (z.B. in einer QSV).
- Auswahl- und Beurteilungssystem für Lieferanten festlegen (Kriterien bestimmen), ggf. vom Kunden freigegebene Bezugsquellen berücksichtigen.
- Relevante behördliche Vorschriften ermitteln und in den Beschaffungsanforderungen berücksichtigen.
- Mindestanforderung an Lieferanten hinsichtlich Zertifizierung nach DIN EN ISO 9001:2000 sicherstellen.
- Lieferantenbeurteilungssystem definieren.
- Systematik zur Lieferantenentwicklung festlegen und einführen.
- Art und Umfang der qualitätsbezogenen Überwachung der Lieferanten festlegen (Prüfvereinbarungen, Prüfaufzeichnungen, Wareneingangsprüfungen etc.).
- Liste freigegebener Lieferanten erstellen, Aufnahme/Streichung von Lieferanten regeln.

2.6.7 Produktion und Dienstleistungserbringung (Abschnitt 7.5.1)

Lenkung der Produktion und Dienstleistungserbringung

Anforderungen der ISO 9001:2000

- Lenkung der Produktion/Dienstleistungserbringung durch
  - Verfügbarkeit von Angaben zu Produktmerkmalen,
  - Verfügbarkeit von Arbeitsanweisungen, wo erforderlich,
  - Verfügbarkeit geeigneter Ausrüstungen für Produktion und Dienstleistungserbringung,
  - Verfügbarkeit und Gebrauch geeigneter Überwachungs- und Messmittel,
  - Verwirklichen von Überwachungen und Messungen,
  - festgelegte Verfahren zur Freigabe und Lieferung und ggf. Tätigkeiten nach Lieferung.

Zusätzliche Anforderungen der ISO/TS 16949:2002

Produktionslenkungsplan

- Produktionslenkungspläne für zu liefernde Produkte erstellen (System, Subsystem, Bauteil/Material)
  - Vorserien-Produktionslenkungsplan als Ergebnis der Design- und Prozess-FMEA,
  - Serien-Produktionslenkungsplan.
- Produktionslenkungspläne müssen enthalten:
  - Prozessparameter,
  - Methoden zur Überwachung und Lenkung besonderer Merkmale,
  - vom Kunden geforderte Informationen,
  - Reaktionspläne für nicht beherrschte/nicht fähige Prozesse.
- Produktionslenkungspläne bewerten und überarbeiten bei
  - Änderungen am Produkt oder Produktionsprozess,
  - Änderungen von Messgrößen, Logistik, Lieferquellen, FMEAs.

Arbeitsanweisungen

- Dokumentierte Arbeitsanweisungen
  - müssen verfügbar sein an jedem Arbeitsplatz mit Einfluss auf die Produktqualität,
  - müssen aus Produktionslenkungsplänen, dem QM-Plan oder ähnlichen Quellen abgeleitet werden.

Verifizierung von Einrichtvorgängen

- Einrichtvorgänge nach der Durchführung verifizieren
  (Letzt-Teil-Vergleich wird empfohlen).
- Arbeitsanweisungen für Einrichtvorgänge erstellen.
- Wenn möglich, zur Verifizierung statistische Verfahren anwenden.

Vorbeugende und vorausschauende Instandhaltung

(Siehe Kapitel 2.5.3 „Infrastruktur".)

Management von Produktionswerkzeugen

(Siehe Kapitel 2.5.3 „Infrastruktur".)

Produktionsplanung

- Produktionsplanungssystem zur Erfüllung von Kundenanforderungen anwenden (z.B. Just-in-time-System, auftragsbezogenes Informationssystem).

Rückmeldungen aus dem Kundendienst

- Prozess zur Kommunikation von Problemen aus dem Kundendienst in Entwicklung, Konstruktion und Produktion implementieren und aufrechterhalten.

Kundendienstvereinbarung

- Für bestehende Kundendienstvereinbarungen die Wirksamkeit verifizieren
  – der Kundendienstzentren,
  – der Sonderwerkzeuge bzw. -messmittel,
  – der Schulung des Kundendienstpersonals.

2.6.7.1 Allgemeines zur Produktion und Dienstleistungserbringung

Die Anforderungen der DIN EN ISO 9001:2000 zur Produktion und Dienstleistungserbringung betreffen:

- die Planung von Arbeitsschritten und Prüftätigkeiten,
- die Erstellung der Produktionsunterlagen,
- die Sicherstellung fähiger Prozesse,
- die Planung geeigneter (Produktions-)Mittel und qualifizierten Personals,
- die Lenkung der Produktion bzw. Dienstleistungserbringung selbst, ggf. einschließlich Kundendiensttätigkeiten.

Darüber hinaus stellt die ISO/TS 16949:2002 Anforderungen an

- Anwendung und Umsetzung von Produktionslenkungsplänen,
- Erstellung und Gebrauch von Arbeitsanweisungen,
- Verifizierung von Einrichtvorgängen,
- Anwendung eines vorbeugenden Instandhaltungssystems sowie eines Werkzeugmanagementsystems.

2.6.7.2 Produktionsplanung

Die Planung der Produktionsprozesse ist im Kapitel 2.6.4.11 „Produktionsprozessentwicklung" beschrieben.

Die Produktionsplanung (Fertigungssteuerung) muss die Einhaltung der Liefertermine und -mengen sicherstellen. Die Überwachung der Lieferleistung sollte EDV-gestützt erfolgen. Die Ermittlung der Liefertreue (Einhaltung der zugesagten Liefertermine und -mengen), die als Indikator für die Kundenzufriedenheit gemessen werden muss, ist in der Praxis nicht einfach zu realisieren, weil erfahrungsgemäß die Abrufe der Automobilfirmen häufiger fehlerbehaftet sind, so dass realistischerweise nur korrigierte Abrufzahlen verwendet werden können. Auch die Definition des Soll-Termins ist in der Praxis nicht immer ganz einfach.

Die Instandhaltung der Ausrüstungen für Produktion und Dienstleistungserbringung sowie das Werkzeugmanagement sind im Kapitel 2.5.3 „Infrastruktur" dieses Buches beschrieben. Die Instandhaltung von Prüfmitteln wird in der DIN EN ISO 9001:2000 im Abschnitt 7.6 behandelt (siehe Kapitel 2.6.12 dieses Praxisleitfadens).

In der Produktion sind die im Rahmen der Prozessentwicklung erstellten Vorgaben umzusetzen, die beispielsweise festgelegt sind in:

- Produktspezifikationen,
- Prozessablaufplänen,
- Produktionslenkungsplänen,
- Einrichtanweisungen,
- Arbeits- und Prüfanweisungen,
- Instandhaltungs- und Wartungsanweisungen.

2.6.7.3 Produktionslenkungsplan

Der Produktionslenkungsplan oder Control Plan (siehe Abb. 2.31) ist eine Übersicht über sämtliche durchzuführenden Prüfungen an einem bestimmten Produkt, d.h. vom Wareneingang bis zum Versand mit Angabe von Merkmalen, Grenzwerten, Prüfmitteln, Prüfmethode und -intervallen usw. In den Produktionslenkungsplänen (Control Plans) sind zur Prozesssteuerung verwendete Instrumente anzugeben, z.B. SPC-Prüfungen, Parameterfestlegungen und Steuerungen etc. Reaktionen auf Abweichungen, das sind beispielsweise nicht beherrschte oder fähige Produktionsprozesse, müssen festgelegt werden. Dazu werden die Maßnahmen selbst angegeben oder es wird z.B. auf Arbeitsanweisungen oder Prüfanweisungen verwiesen. Im Control Plan, der im QS-9000-APQP-Handbuch [18] enthalten ist, kann die Maßnahme oder der Verweis in die letzte Spalte des Formulars eingetragen werden.

Die vom Kunden verlangten Informationen, die im Produktionslenkungsplan vorhanden sein müssen, beziehen sich z.B. auf spezielle Kundenforderungen wie individuelle Anforderungen an Prozessfähigkeiten, Anforderungen an die Prozessüberwachungen, Aufzeichnungen z.B. über Parameter wie Temperaturverläufe, Reaktion auf nicht beherrschte bzw. nicht fähige Produktionsprozesse etc. Besondere Merkmale müssen im Produktionslenkungsplan gesondert gekennzeichnet werden (vergleiche Kapitel 2.6.4 „Entwicklung").

Firmen-Logo	**Produktionslenkungsplan** / Control Plan										FM 7.3-4 Seite 1 von 1

Prototyp / Prototype	Vorserie / Pre-launch	Serienfertigung / Production X	Ansprechpartner / Tel. Key Contact / Phone A. Huber / -315				Datum (Erstellung) Date (Orig.) 15.08.2005			Datum (Änderung) Date (Rev.) 08.12.2005	
Produktionslenkungsplan-Nr. Control Plan Number 001			Projekt-Team Core Team Produkt-Entwicklung				Kunden-Konstruktionsfreigabe (falls gefordert) Customer Engineering Approval/Date (if Req'd)				
Teile-Nr. / letzter Änderungsstand Part Number / Latest Change Level 22568834-G / 08.12.05			Lieferant / Werksfreigabe / Datum Supplier / Plant Approval / Date				Kunden-Qualitätsfreigabe (falls gefordert) Customer Quality Approval/Date (if Req'd)				
Teile-Bezeichnung Part Name / Description Grill			Andere Freigabe (falls gefordert) Other Approval / Date (if Req'd)				Andere Freigabe (falls gefordert) Other Approval (if Req'd)				
Lieferant / Werk Supplier / Plant Plaste GmbH	Lieferanten-Nr. Supplier Code 0123										

Teil / Prozess- schritt- Nr. Part / Process Number	Prozessschritt / Arbeitsgang- Bezeichnung Process Name / Operation Description	Maschine, Vorrich- tung, Werkzeuge zur Fertigung Machine, Device, Jig, Tools for Mfg.	Merkmale / Characteristics			Besondere Merkmale Klassifiz. Special Char. Class.	Produkt / Prozess Spezifikation / Grenzwerte Product / Process Specification / Tolerance	Methoden / Methods				Maßnahme(n) bei Abweichungen Reaction Plan
			Nr. No.	Produkt Product	Prozess Process			Messtechnik Measurement Technique	Stichprobe / Sample		Prüfmethode Control Method	
									Umfang Size	Intervall Freq.		
3	Kunststoff Spritzgießen	Maschine Nr. 1 - 5	18	Ober- fläche		*	frei von Graten	Evaluation Sichtprüfung	100%	ständig	100 %-Prüfung	Vorarbeiter benachrichtigen
					Schlieren			Erststückprüfung			Fehlersammel- karte	Einstellen / Wdh.-Prüfung
					Einfallstellen			Erststückprüfung			Fehlersammel- karte	Einstellen / Wdh.-Prüfung

Dateiname   Stand: A vom 7. Feb. 2006

Abb. 2.31: Produktionslenkungsplan (Beispiel nach QS-9000-APQP-Referenzhandbuch [18])

Produktionslenkungspläne müssen zu jedem Teil existieren, es kann jedoch auch ein Produktionslenkungsplan für mehrere Teile z. B. einer Teilefamilie erstellt werden. Produktionslenkungspläne werden für die Phasen Prototyp, Vorserie und Serie gefordert, wobei ein Prototypen-Produktionslenkungsplan nur erstellt werden muss, wenn dies vom Kunden gefordert wird. Bei Änderungen am Produkt, Produktionsprozess, Messgrößen, Logistik, Lieferquellen und/oder FMEA müssen die Produktionslenkungspläne hinsichtlich Änderungsbedarf bewertet und erforderlichenfalls aktualisiert werden (siehe auch Kapitel 2.6.2 „Lenkung von Änderungen").

2.6.7.4 Arbeitsanweisungen

Die ISO/TS 16949:1999 und die QS-9000 stellen sehr dezidierte Anforderungen an die Inhalte von Arbeitsanweisungen. Diese sind in der ISO/TS 16949:2002 nicht mehr aufgelistet, liefern aber Anhaltspunkte für die inhaltliche Gestaltung von Arbeitsanweisungen. Arbeitsanweisungen sollten beinhalten:

- Arbeitsgangbezeichnung und -nummer gemäß Prozessablaufdiagramm,
- Teile-/Produktbezeichnung und -nummer oder Teile-/ Produktfamilie,
- technischer Änderungsstand/Datum,
- erforderliche Werkzeuge, Prüfmittel und andere Einrichtungen,
- Materialkennzeichnung und Dispositionsanweisungen,
- von Kunden und Lieferanten festgelegte besondere Merkmale,
- relevante Konstruktions- und Herstellungsnormen,
- Prüfanweisungen mit Annahmekriterien,
- Maßnahmenpläne,
- Änderungsstand und Freigaben,
- Referenzmuster für Sichtprüfungen,
- Werkzeugwechselintervalle und Einrichtanweisungen,
- SPC- und andere Forderungen an die Prozessüberwachung.

Im VDA 6.1 werden außerdem in Arbeitsanweisungen Hinweise auf eine festgelegte Prüfverantwortung bei Selbstprüfung gefordert. Dies ist generell zu empfehlen.

Abb. 2.32 zeigt ein Beispiel für die Struktur einer produktbezogenen (oder produktgruppenbezogenen) Arbeitsanweisung. Wenn möglich, sollten bildliche oder schematische Darstellungen statt textlicher Erläuterungen verwendet werden. Die Verfügbarkeit von Arbeitsanweisungen an den einzelnen Arbeitsplätzen ist sicherzustellen, z. B. durch ständige Anbringung, Verteilung mit den Auftragspapieren oder separate Verteilung.

Bei Einsatz neuer Arbeitsanweisungen ist die Qualifikation der Mitarbeiter zu klären und die betroffenen Mitarbeiter sind entsprechend zu schulen. Wichtige Punkte für allgemein gültige Arbeitsanweisungen und Schulungen in der Produktion sind (sinngemäß):

- Maschinenbedienung nur nach ausführlicher Einweisung,
- Beachten der Produktionsunterlagen und Prüfen der Vollständigkeit der Unterlagen (z. B. nur Zeichnungen mit rotem Stempel verwenden, wenn nur solche Zeichnungen

2.6 Produktrealisierung (Abschnitt 7))

Firmen-Logo	**Prüf- und Arbeitsanweisung** **Artikelbenennung / -nummer**	AA ??-? Seite 1 von 1

Operation / Arbeitsgang:		Artikel:				Werkzeug:	
Nr.	Bezeichnung	Benennung	Nummer	Änd.stand	Material	Nummer	Wechsel-intervall

Einrichtanweisung:

Arbeits- / Montageanweisung:

Arbeitssicherheitsanweisung:

Lehrennummer(n):

Merkmal		Besond. Merkmals-klassifi-zierung	Produkt / Prozess Spezifikation / Grenzwerte	Prüfmittel	Stichprobe		Prüfmethode	Maßnahme(n) bei Abweichungen
Nr.	Bezeichnung				Umfang	Intervall		

Nr.	Prüfmerkmale	Klassi-fizierung	Prüfmethode / -intervall / -umfang	Prüfmittel	Maßnahmen bei n. i. O.

Prüfanweisung / -skizze:

Verpackungsanweisung:

	Erstellt	Geprüft und freigegeben	Datei:
am:			
von:			Stand:
Unterschr.:			X vom

Abb. 2.32: Beispiel für das Formblatt einer Prüf- und Arbeitsanweisung

dem Änderungsdienst unterliegen, vergleiche Kapitel 2.3.2 „Dokumentationsanforderungen: Lenkung von Dokumenten und Qualitätsaufzeichnungen"),
– Durchführung von Einricht-/Erststückprüfungen (ggf. in separater Einrichtanweisung),
– Berücksichtigung von Einrichtungseinstellungen wie Prozessparameter, Taktzeiten etc., ggf. in Verbindung mit Einstelltabellen,
– Weiterverarbeitung nur von Produkten, die ordnungsgemäß gekennzeichnet sind und Bearbeitungs- und Prüfvermerke aufweisen,
– Durchführung von Prüfungen nach Vorgabe, ggf. in Verbindung mit separaten Prüfanweisungen,
– Umgang mit Prüfmitteln (Handhabung und Lagerung); ausschließlich Benutzung von überwachten Prüfmitteln (mit entsprechender Kennzeichnung),
– Reaktion bei auftretenden Fehlern (alle seit der letzten „i. O."-Prüfung gefertigten Teile sperren, Maschine stoppen oder korrigieren und/oder Schichtführer/Einrichter/Meister informieren),
– Kennzeichnen von Behälterbegleitkarten mit Bearbeitungs- und Prüfstatus,
– Beachten von Arbeits- und Umweltschutzmaßnahmen und Sicherheitseinrichtungen.

Für den Fall, dass Selbstprüfungen durchgeführt werden, sind klare Regelungen für die Selbstprüfer zu treffen und umzusetzen. Dazu gehören das Vorgehen beim Auftreten von Fehlern, die Informationswege und die Entscheidungsbefugnisse bezüglich Korrekturmaßnahmen und der Lenkung fehlerhafter Produkte. Bei Selbstprüfungen in der Produktion ist darüber hinaus wichtig, die Disziplin in der Stichprobenerfassung regelmäßig zu überprüfen (z. B. stichprobenartig Prüfaufzeichnungen hinsichtlich Einhaltung der Prüfintervalle überprüfen). Dies kann beispielsweise im Rahmen von SOS- bzw. Housekeeping-Audits erfolgen (siehe Kapitel 2.5.1).

2.6.7.5 Verifizierung von Einrichtvorgängen

Nach Neueinrichtung von Anlagen/Maschinen müssen die Einrichtvorgänge verifiziert werden. Dazu sollten in den Einrichtanweisungen neben dem Einrichtvorgang selbst die Verifizierungstätigkeiten festgelegt werden. Die Anwendung von statistischen Methoden zur Verifizierung ist – sofern durchführbar – in der ISO/TS 16949:2002 gefordert. Dies wird normalerweise durch eine Stichprobenprüfung der SPC-Merkmale gewährleistet. Darüber hinaus wird ein Letzt-Teil-Vergleich empfohlen, das ist der Vergleich der nach dem Einrichten produzierten Teile mit dem letzten produzierten Teil des vorangegangenen Fertigungslaufs. Alternativ kann ein Vergleich von Aufzeichnungen aus dem vorangegangenen Produktionslauf erfolgen.

In der ISO/TS 16949:2002 werden explizit Einrichtanweisungen gefordert, die Tätigkeiten und Verifizierung des Einrichtvorgangs festlegen. Die Freigabe von Arbeitsgängen (Erststückprüfung) ist hinsichtlich Vorgehen und Zuständigkeiten festzulegen. Dabei ist zu beachten:

– Arbeitsanweisungen zum Einrichtvorgang, ggf. einschließlich Einstellung von Fertigungsparametern,

- Prüfung der Fertigungsunterlagen und Produktions- und Prüfeinrichtungen einschließlich Hilfsmitteln auf Vollständigkeit,
- Festlegung der vor Freigabe zu prüfenden Merkmale,
- Vergleich mit dem Letztstück (letztes im vorangegangenen Fertigungsauftrag gefertigtes Teil),
- Stichprobeneintrag in die Regelkarte für SPC-Merkmale,
- Behandlung von Anlaufprodukten/Anlaufschrott,
- Befugnis zur Freigabe,
- Freigabevermerk z. B. auf Arbeitsschein, Fertigungsauftrag etc.,
- Arbeitsschutzbestimmungen hinsichtlich Fertigungsfreigaben.

2.6.7.6 Kundendienst/Wartung

Zum Abschnitt 7.5 der DIN EN ISO 9001:2000 zählen auch die Kundendiensttätigkeiten (Tätigkeiten nach dem Verkauf eines Produkts/einer Dienstleistung). Das sind die in der 94er-Fassung der ISO 9001 als „Wartung" bezeichneten Tätigkeiten (Abschnitt 4.19 der DIN EN ISO 9001:1994). Danach bezieht sich Wartung auf vorbeugende und wiederherstellende produkt-/dienstleistungsbezogene Maßnahmen an einem gelieferten Produkt bzw. an einer erbrachten Dienstleistung, wenn Wartung eine intern oder extern festgelegte Anforderung ist (Erklärung des Normenausschusses Qualitätsmanagement, Statistik und Zertifizierungsgrundlagen (NQSZ) im DIN vom Mai 1995 [49]). Wartung lässt sich auch als After-Sales-Tätigkeit definieren, die als Vertragsbestandteil mit dem Kunden oder dessen Bestellung ausgeführt wird. Die ISO/TS 16949 definiert die Wartung ähnlich, allerdings wird die Kundenbetreuung nicht auf After-Sales-Tätigkeiten beschränkt. Im VDA 6.1 wird die Wartung als Kundendienst bzw. Aufgabe nach der Produktion interpretiert. Da in der DIN EN ISO 9001:2000 die Wartung als Teil der Produktion bzw. Dienstleistungserbringung betrachtet wird, stellt sich das Problem der Differenzierung in der 94er-Ausgabe der ISO 9001 zwischen Wartung (Abschnitt 4.19) und Produktion (Abschnitt 4.9) mit der 2000er-Revision nicht mehr.

Wird Kundendienst z. B. in Form von vorbeugender und korrektiver Instandhaltung ausgeführt, dann müssen die Kundendiensttätigkeiten und deren Überprüfung in Arbeits-, Prüf- bzw. Verfahrensanweisungen fixiert werden. Über die Kundendiensttätigkeiten müssen Aufzeichnungen geführt werden, z. B. in Form von Kundendienstberichten.

Ein wichtiger Punkt ist die Rückinformation interner Stellen über Kundendiensttätigkeiten und Produkte bzw. Dienstleistungen im Anschluss an Produktion/Lieferung/Verkauf. Die Informationen beziehen sich auf

- Kundendiensttätigkeiten,
- Produktnutzung/Informationen über das Produkt aus dem Markt

und sind z. B. relevant für die Entwicklung/Konstruktion, die Produktion einschließlich Produktionsplanung, den Vertrieb etc. In der ISO/TS 16949 sind die Rückinformationen inhaltlich nicht weiter festgelegt. Die Rückinformation kann durch Verteilung von Besuchs-/Kundendienstberichten, Besprechungsprotokollen, Statistiken, Fehlermeldungen usw.

erfolgen. Diese Informationen müssen in komprimierter Form in die Managementbewertung einfließen.

Auch Rückinformationen aus dem Feld (d.h. von Produkten während der Anwendungsphase) in Form von Produktausfällen, Garantie- und Kulanzfällen etc. können wertvolle Informationen zur Kundenzufriedenheit und zu Verbesserungspotentialen liefern.

Produktausfälle/Rücklieferungen vom Kunden sind vom Ablauf her wie Reklamationen zu behandeln (siehe Kapitel 2.7.8 „Korrektur- und Vorbeugungsmaßnahmen").

Eine Produktbeobachtung (VDA 6.1) erfordert normalerweise Informationen von den Vertragswerkstätten der Automobilfirmen (über Produktausfälle im Feld und/oder Gewährleistung) und ist entsprechend zu klären und zu vereinbaren. Diese Informationen geben frühzeitig Aufschluss über mögliche Fehler bzw. konstruktive Schwächen am Produkt.

In der ISO/TS 16949 wird über die genannten Anforderungen hinaus der Nachweis der Effektivität verlangt für:

– alle Kundendienstzentren,
– Einsatz von Sonderwerkzeugen bzw. Messmitteln,
– Schulung des Kundendienstpersonals.

Die Effektivität der Kundendiensttätigkeiten kann beispielsweise durch Qualifikationsnachweise des Kundendienstpersonals, Prüfungen der Kundendiensttätigkeiten und/oder Kundenbefragungen bzw. -bewertungen nachgewiesen werden.

Zusammenfassung der erforderlichen Maßnahmen:
- Produktionsunterlagen einschließlich Arbeitsanweisungen erstellen und zweckmäßig gestalten.
- Produktionsplanung (Personal und Einrichtungen) ausführen, um die Lieferfähigkeit sicherzustellen.
- Prüfungen und Überwachungen laut Produktionslenkungsplänen und Anweisungen durchführen und aufzeichnen.
- Erforderlichenfalls Produktionslenkungspläne bewerten und aktualisieren.
- Klare Regelungen bei Auftreten von Abweichungen im Prozess festlegen und umsetzen.
- Einrichten/Vorbereiten und Freigeben von Prozessen in Anweisungen klar regeln.
- (Instandhaltungs- und Werkzeugmanagementsystem einführen; siehe Kapitel 2.5.3 „Infrastruktur".)
- Rückinformationen vom Kunden/Markt klären (Zuständigkeiten, Aufzeichnungen, Verteiler etc.).
- Falls relevant, Verfahren zu Kundendiensttätigkeiten festlegen und umsetzen.

2.6.8 Validierung der Prozesse zur Produktion und Dienstleistungserbringung (Abschnitt 7.5.2)

Anforderungen der ISO 9001:2000

- Validierung aller Realisierungsprozesse, deren Ergebnis durch Prüfung nicht verifiziert werden kann (einschließlich der Produkte, deren Mängel sich erst bei Nutzung zeigen).
- Nachweis der Fähigkeit dieser Prozesse.
- Festlegung der Maßnahmen zur Validierung bezüglich:
  – Bewertung und Genehmigung der Prozesse,
  – Genehmigung der Ausrüstung und der Personalqualifikation,
  – Gebrauch spezifischer Methoden und Verfahren,
  – Forderungen bezüglich Aufzeichnungen,
  – erneute Validierung.

Zusätzliche Anforderungen der ISO/TS 16949:2002

- Anforderungen aus Abschnitt 7.5.2 bezüglich Prozessvalidierung auf *alle* Prozesse zur Produktion und Dienstleistungserbringung anwenden.

2.6.8.1 Umsetzung der Prozessvalidierung

Bei Prozessen, deren Ergebnisse am Produkt gar nicht oder erst zu einem späteren Zeitpunkt festgestellt werden können (aus technischen oder wirtschaftlichen Gründen), sind laut DIN EN ISO 9001:2000 besondere Vorkehrungen zu treffen, z. B.:

– Festlegung von Prozessmerkmalen (Temperaturen, Zykluszeiten, Druck usw.),
– Überwachung der Prozessparameter,
– Stichprobenprüfung am Produkt,
– Einsatz besonders qualifizierter oder geschulter Mitarbeiter,
– Qualifizierung der Prozesse und besondere Instandhaltung der Einrichtungen.

Darüber hinaus ist die Qualifikation der entsprechenden Prozesse zu validieren, d. h. die Prozesse sind unter Anwendungsbedingungen zu erproben und es ist nachzuweisen, dass die Prozesse in der Lage sind, Produkte herzustellen oder Dienstleistungen zu erbringen, die mit den Produktanforderungen konform sind. Dazu werden Vor- oder Nullserien gefertigt und anschließend Produktprüfungen in Verbindung mit Fähigkeitsuntersuchungen durchgeführt. Sind die Produkte und Prozesse konform mit den Anforderungen, so ist der Prozess entsprechend den Bedingungen während der Nullserienherstellung so festzulegen und zu beschreiben, dass sichergestellt ist, dass der Prozess in der Lage ist, während der Serienfertigung anforderungsgerechte Produkte herzustellen. Diese Validierungen müssen in regelmäßigen Abständen wiederholt werden (z. B. im Rahmen von Prozessaudits und/oder Requalifikationsprüfungen). Sind die Produkte nicht konform mit den Anforderungen, muss der Prozess verbessert werden (Qualifizierung der Ausrüstung und/oder des Personals) und die Validierung muss wiederholt werden (Revalidierung). Alternativ sind – sofern vertretbar – die Anforderungen an Produkt oder Prozess anzupassen, falls eine Verbesserung nicht wirtschaftlich durchzuführen ist.

Bei Produkten, deren Mängel sich möglicherweise erst bei der Nutzung zeigen, können stichprobenartige Lebensdaueruntersuchungen, Stresstests usw. sinnvoll und erforderlich sein.

Die ISO/TS 16949:2002 fordert die Validierung aller Prozesse. Diese Anforderung wird durch die Umsetzung der Anforderungen zur Produktionsprozessentwicklung (Kapitel 2.6.4.11) und insbesondere zur Produktionsprozess- und Produktfreigabe (Kapitel 2.6.5) erfüllt.

> *Zusammenfassung der erforderlichen Maßnahmen:*
> - Verfahren zur Prozessvalidierung und Revalidierung dieser Prozesse festlegen und dokumentieren; siehe Kapitel 2.6.4.11 „Produktionsprozessentwicklung", 2.6.5 „Produktionsprozess- und Produktfreigabe", 2.6.7 „Produktion und Dienstleistungserbringung" und 2.7.5 „Überwachung und Messung von Produkten".

2.6.9 Kennzeichnung und Rückverfolgbarkeit (Abschnitt 7.5.3)

Anforderungen der ISO 9001:2000

- Kennzeichnung des Produktes während des gesamten Realisierungsprozesses mit geeigneten Mitteln, wo angemessen.
- Kennzeichnung des Produktstatus bezüglich geforderter Überwachungen und Messungen.
- Wenn Rückverfolgbarkeit gefordert ist, eindeutige Kennzeichnung lenken und aufzeichnen.

Zusätzliche Anforderungen der ISO/TS 16949:2002

- Anforderungen unter 7.5.3 zur Kennzeichnung sind während des gesamten Realisierungsprozesses verbindlich (ohne Einschränkung „wo angemessen").

2.6.9.1 Kennzeichnung

Vom Wareneingang bis zum Versand, vom Auftrag bis zur Lieferung (und ggf. bis zum Kundendienst) müssen alle Produkte und Materialien lückenlos gekennzeichnet sein, damit die Produkte bzw. Materialien eindeutig identifizierbar sind und Verwechslungen vermieden werden. Außerdem muss eine eindeutige Zuordnung zu den zugehörigen Unterlagen gewährleistet sein. Zur Identifizierung dienen eindeutige Bezeichnungen wie Auftrags-, Kommissions- oder Projektnummern, Sach- oder Teilenummern in Verbindung mit dem Änderungsstand.

Die Kennzeichnung kann am Produkt direkt oder am Transportbehälter bzw. der Verpackung erfolgen (durch Warenbegleitpapiere, Anhänger, Markierungen, Nummerierungen, Barcodes, Stempelungen, Etiketten, Prüfprotokolle). Eine allgemein gültige Anweisung für alle Produktions- und Lagerbereiche muss vorschreiben, dass nicht gekennzeichnete Produkte/Behälter als gesperrt gelten und nicht weiterverarbeitet oder versandt werden dürfen (vergleiche Kapitel 2.7.6 „Lenkung von Fehlern").

Bei der Festlegung der Art der Kennzeichnung ist gleichzeitig die Kennzeichnung des Prüfstatus (in der 94er-Fassung der ISO 9001 noch ein separates Element), des Bearbeitungsstatus und ggf. der Charge/des Loses zu berücksichtigen. Folgender grundlegender Aufbau von Begleitscheinen zur Produktkennzeichnung hat sich in Produktionsbetrieben bewährt:

Identifizierende Daten (z. B. Artikelnummer und Änderungsstand, Auftragsnummer), ggf. Chargennummer				
Arbeitsgang	Bearbeitungsvermerk		Prüfvermerk	
	Datum	Kurzzeichen	Datum	Kurzzeichen
AG 010				
AG 020				
AG 030				

Abb. 2.33: Beispiel für den Aufbau von Begleitscheinen

Auf dem Begleitschein wird jeder Bearbeitungs- und Prüfschritt mit einem Bearbeitungs- und Prüfvermerk quittiert, so dass jederzeit Bearbeitungs- und Prüfstatus („Produktstatus bezüglich … Prüfungen") erkennbar sind. Eine weitere gängige Methode ist die Rückmeldung von Bearbeitungs- und Prüfschritten durch ein BDE- und/oder CAQ-System. Die räumliche Anordnung (ohne gesonderte Aufzeichnung bzw. Kennzeichnung) reicht laut ISO/TS 16949:2002 nicht aus, um den Prüfstatus eindeutig zu kennzeichnen.

Der Prüfstatus kann außer durch Begleitscheine am Produkt durch folgende Maßnahmen kenntlich gemacht werden:

- Kennzeichnung durch Aufkleber/Label („gesperrt", „geprüft" etc.),
- EDV-Vermerk (typisches Beispiel: EDV-Freigabe eingegangener Ware als verfügbare Bestände erst nach Wareneingangsprüfung),
- Kennzeichnung auf Begleitpapieren (typisches Beispiel: dem Auftrag beigefügtes Prüfprotokoll; Prüfvermerk auf den Auftragsbegleitpapieren).

Der Prüfstatus kann je nach Bedarf neben reinen „i. O."-/„n. i. O."-Vermerken differenzierter gekennzeichnet werden:

- i. O.,
- Prüfung steht aus,
- n. i. O.
  – gesperrt (d.h. Verwendungsentscheid noch offen),
  – Nacharbeit,
  – Ausschuss/Schrott,
  – herabgestufte Ware (z.B. zweite Wahl).

Die Festlegung der Art der Kennzeichnung des Prüfstatus sollte im Zusammenhang mit der Festlegung des Verfahrens zur Lenkung fehlerhafter Produkte erfolgen (siehe Kapitel 2.7.6 „Lenkung von Fehlern").

Zu beachten ist auch, dass vor Auslieferung sichergestellt sein muss, dass alle Prüfungen und Freigaben erfolgt sind (siehe Kapitel 2.6.11.2 „Verpackung und Versand"). Weiterhin ist die Forderung aus Normabschnitt 8.2.4 „Überwachung und Messung des Produkts" zu berücksichtigen, nach der die für Freigaben zuständige Person (bzw. zuständigen Personen) angegeben werden muss (Namenskürzel, Unterschrift, Personalnummer etc.). Mehr zu diesem Thema enthält Kapitel 2.7.5.

2.6.9.2 Rückverfolgbarkeit

Die Rückverfolgbarkeit von Produkten bezieht sich auf die Herkunft von Material und Teilen, auf die Verarbeitungsgeschichte und auf die Verteilung des Produktes nach seiner Auslieferung. Die Rückverfolgbarkeit dient der Eingrenzung des Schadens im Falle von Fehlern sowie der Nachvollziehbarkeit von Ereignissen während der Produktion/Dienstleistungserbringung. Sie muss gewährleistet werden, wenn ein Risiko besteht (gesetzliche Forderungen; Haftung) oder wenn entsprechende Kundenforderungen bestehen.

Da die Rückverfolgbarkeit von Produkten dringend notwendig sein kann und sichergestellt werden muss, fordert der VDA 6.1 eine Risikoanalyse. Diese ist in ISO/TS 16949 und QS-9000 nicht verlangt, sollte aber immer die Grundlage der Entscheidung sein, inwieweit eine Rückverfolgbarkeit realisiert werden soll. Auf der Basis der Ergebnisse der Risikoanalyse ist die Rückverfolgbarkeit festzulegen und deren Grad. Das größte Risiko besteht in der Regel darin, dass sich im Falle von Mängeln am Produkt, die einen Rückruf erforderlich machen, der Schaden nicht eingrenzen lässt. Idealerweise ist die Rückverfolgbarkeit für jedes einzelne Teil zu realisieren, was in der Praxis allerdings mit hohem Aufwand verbunden ist, da alle Teile (z.B. mit Seriennummer) gekennzeichnet und die zugehörigen Aufzeichnungen verwaltet werden müssen. Der Grad der Rückverfolgbarkeit beinhaltet den jeweiligen Umfang, d.h. beispielsweise chargen- oder produktbezogene Rückverfolgbarkeit sowie die Tiefe (bis zu einem bestimmten vorgelagerten Arbeitsschritt, bis zum Lieferanten, bis auf einzelne Prüfdaten bzw. Prozessparameter etc.).

In der Produktion erfordert dies die durchgängige Kennzeichnung von Losen und Chargen und deren saubere Trennung. Das *First in – First out*-Prinzip (FIFO) vereinfacht eine konsequente Los- bzw. Chargentrennung.

> *Zusammenfassung der erforderlichen Maßnahmen:*
> - Kennzeichnung von Material und Produkten vom Wareneingang bis zum Versand regeln einschließlich Los- bzw. Chargenkennzeichnung und Bearbeitungs- und Prüfstatus.
> - Grad der Rückverfolgbarkeit festlegen.
> - Gegebenenfalls Trennung von Losen bzw. Chargen sicherstellen.

2.6.10 Eigentum des Kunden (Abschnitt 7.5.4)

Anforderungen der ISO 9001:2000

- Sorgfältig mit Kundeneigentum innerhalb des eigenen Verantwortungsbereichs umgehen.
- Kennzeichnung, Verifizierung und Schutz sicherstellen.
- Aufzeichnung von Verlust, Beschädigung oder Unbrauchbarkeit und Mitteilung an den Kunden.

Anmerkung: Kundeneigentum schließt geistiges Eigentum und vertrauliche Informationen ein.

Zusätzliche Anforderungen der ISO/TS 16949:2002

Kundeneigene Werkzeuge

- Kundeneigene Werkzeuge, Produktions- und Prüfmittel dauerhaft als Kundeneigentum kennzeichnen.

2.6.10.1 Umsetzung

Im Vergleich zur 94er-Fassung der ISO 9001 ist in der 2000er-Fassung der Abschnitt „Eigentum des Kunden" weiter gefasst als das alte Element „… beigestellte Produkte". Ging es in der 94er-Ausgabe nur um Produkte, die Bestandteil der Lieferung werden (also weiterverarbeitet werden), so ist in der 2000er-Fassung das gesamte Kundeneigentum angesprochen, welches sich „im Lenkungsbereich der Organisation" befindet. Eigentum des Kunden sind in der Regel Produkte, wie beispielsweise solche, die vom Kunden zur weiteren Bearbeitung zur Verfügung gestellt werden. Beispiele sind Teile, die kunststoffumspritzt werden, die oberflächenveredelt werden etc. Zum Kundeneigentum können außerdem kundeneigene Verpackungen, Werkzeuge und Lehren gehören.

Für vom Kunden beigestellte Produkte bzw. Materialien ist im Rahmen der Vertragsprüfung zu klären, ob Eingangsprüfungen durchgeführt werden sollen und – wenn dies der Fall ist – Art und Umfang der Prüfungen. Sollen keine Eingangsprüfungen durchgeführt werden, ist die Frage zu klären, ob der Kunde Prüfaufzeichnungen mitliefert. Darüber hinaus ist zu klären, was beim Auftreten von Fehlern geschieht (dies ist besonders beim Erkennen von Fehlern während oder nach der Bearbeitung wichtig). Diese Regelungen müssen schriftlich vereinbart werden und erforderlichenfalls in Arbeits- und Prüfanweisungen (Wareneingang) einfließen. Dabei sind insbesondere die Fragen interessant, was geschieht, wenn fehlerhaftes Material oder fehlerhafte Produkte des Kunden verarbeitet werden. Hier ist zu klären, wer die Kosten für die Bearbeitung bzw. für das verarbeitete, kundeneigene Material trägt.

Fehlerhafte beigestellte Produkte werden in der Regel wie normale fehlerhafte Produkte behandelt, wobei der Kunde informiert wird und üblicherweise über die weitere Behandlung der fehlerhaften beigestellten Produkte entscheidet (sortieren, nacharbeiten, verschrotten, zurückliefern). Voraussetzung ist eine Produktkennzeichnung, die eine Rückverfolgbarkeit zum Kunden ermöglicht.

In Bezug auf Wareneingangsprüfung, Kennzeichnung, Lagerung und Konservierung kann normalerweise auf die entsprechenden Verfahren für beschaffte Produkte verwiesen werden, da beigestellte Produkte normalerweise genauso (sorgfältig) behandelt werden wie gleiche oder ähnlich beschaffene Produkte.

Kundeneigene Werkzeuge, Einrichtungen und Verpackungen

Werkzeuge und Einrichtungen aus dem Besitz des Kunden müssen direkt mit dem Kundennamen gekennzeichnet werden (z.B. mit einer Plakette oder einem Typenschild). Bei vom Kunden bereitgestellten Prüfmitteln sind Regelungen zur Überwachung, Kalibrierung und Instandhaltung zu treffen.

Bei kundeneigenen (Mehrweg-)Verpackungen (z.B. Transportbehältern) sollte speziell die Frage der Sauberkeit/Reinigung geklärt und die Bestandsführung organisiert werden (Erfassen der Zugänge, Bestände und Abgänge von Behältern).

Geistiges Eigentum des Kunden

Explizit wird dem Kundeneigentum geistiges Eigentum zugerechnet. Dies liegt in der Regel in Form von Informationen, Daten und Unterlagen vor, die vertraulich zu behandeln sind. Geistiges Eigentum kann aber auch in Form von neuartigen Produkten/Dienstleistungskonzepten vorliegen. Die Vertraulichkeit solcher Informationen muss sichergestellt werden, z.B. durch Verschluss von Unterlagen, Zugriffsschutz auf Rechnersystemen, Geheimhaltungsklauseln bzw. Verschwiegenheitsvereinbarungen in Verträgen usw. (siehe auch Kapitel 2.6.1 „Planung der Produktrealisierung"). Gegebenenfalls sind auch mit Lieferanten bzw. Subunternehmern entsprechende Vereinbarungen zu treffen.

Zusammenfassung der erforderlichen Maßnahmen:
- Kundeneigentum benennen.
- Schriftliche Vereinbarungen mit Kunden treffen, die Eigentum bereit- bzw. zur Verfügung stellen.
- Mit den Kundenvereinbarungen korrespondierende Verfahren intern festlegen.
- Verfahren zu Prüfung, Lenkung fehlerhafter beigestellter Produkte bzw. Unterlagen, zu Kennzeichnung und Rückverfolgbarkeit, zu Lagerung und Konservierung festlegen.
- Zuordnung kundeneigener Werkzeuge, Produktions- und Prüfmittel zum Eigentümer durch Kennzeichnung sicherstellen.

2.6.11 Produkterhaltung (Abschnitt 7.5.5)

Anforderungen der ISO 9001:2000

- Sicherstellen, dass Konformität der Produkte (bzw. Teile davon) während der internen Verarbeitung und Lieferung erhalten bleibt.
- Berücksichtigung von Kennzeichnung, Handhabung, Lagerung, Verpackung, und Schutz.
- Die Produkterhaltung muss für alle Bestandteile der Produkte gelten.

Zusätzliche Anforderungen der ISO/TS 16949:2002

- Lagerung und Lagerbestand
- Produktzustand im Lager in geplanten Intervallen beurteilen.
- Lagerbestandsführungssystem anwenden zur
  - Optimierung der Lagerumschlagzeiten,
  - Sicherstellung des Lageraustauschs (z.B. FIFO-Prinzip).
- Veraltete Produkte vergleichbar zu fehlerhaften Produkten behandeln.

2.6.11.1 Umsetzung

Verfahren und Verantwortlichkeiten für Handhabung, Verpackung, Lagerung und Erhaltung (Konservierung) von Produkten sind durchgängig zu regeln für zugelieferte Produkte (wie Rohmaterialien, Halbfertigteile, Teilprodukte etc.), Produkte in der Produktion und Montage sowie fertig gestellte Produkte bis zum Zeitpunkt des Gefahrenübergangs zum Kunden. Die Einhaltung der Verfahren kann mit Hilfe von „Housekeeping-Audits" oder „SOS-Audits" (Sicherheit, Ordnung, Sauberkeit) verifiziert werden (siehe Kapitel 2.5 „Management von Ressourcen").

Handhabung

In Bezug auf die Handhabung von Produkten vom Wareneingang bis zur Lieferung ist in Verfahrens- und Arbeitsanweisungen das Handling zu regeln (z.B. bei internen Transporten). Zu verwendende Transportmittel, Behälter und Schutzvorkehrungen etc. sind für alle Phasen der Produktrealisierung bzw. Dienstleistungserbringung festzulegen. Die erforderliche Personalqualifikation für die Bedienung besonderer Transportmittel wie Hebezeuge, Staplertransporte etc. ist durch entsprechende Anweisungen bzw. Schulung/Unterweisung sicherzustellen. Insbesondere gilt dies für die Handhabung empfindlicher Güter wie aussehensabhängiger Teile, bruchgefährdeter Produkte, gefährlicher Stoffe etc.

Lagerung

Geeignete Lagerplätze und -bereiche (Rohmateriallager, Zwischenlager, Fertigwarenlager etc.) müssen unter Berücksichtigung des Schutzes vor Umwelteinflüssen wie Feuchtigkeit, Beschädigungen, Temperatur etc. gefunden werden. Es müssen Identifikationsverfahren in allen Lagerbereichen und für alle Arten eingelagerter Materialien und Produkte festgelegt und angewendet werden (z.B. mittels gekennzeichneter, EDV-verwalteter Lagerplätze). Die Verantwortlichkeiten und Befugnisse zur Einlagerung und Auslieferung und die korrekte Lagerbestandspflege (EDV) sind zu klären. Bei Produkten mit zeitlich beschränkter Lagerfähigkeit sind Handhabung, Kennzeichnung und Überwachung festzulegen, so dass keine verfallenen Materialien und Produkte verarbeitet oder ausgeliefert werden. Erforderlichenfalls sind Mindestzeitdauern vom Auslieferungsdatum bis zum Verfallsdatum festzulegen.

Veraltete Produkte (das sind Produkte, die zwischenzeitlich geändert wurden) sind vergleichbar wie fehlerhafte Produkte zu behandeln, d.h. beispielsweise besonders zu kennzeichnen und abzusondern (z.B. im Sperrlager). Über die weitere Verwendung ist zu entscheiden (Umarbeitung, Verschrottung, Einlagerung als Ersatzteil etc.).

Zwischen- und Fertiglagerbestände müssen mit folgenden Zielen gelenkt und überwacht werden:

– Minimierung von Lagerbeständen,
– Optimierung der Umschlagzeiten,
– Sicherstellung des Lageraustauschs (z.B. durch „First in – First out").

Eine wesentliche Voraussetzung zur Optimierung der Lagerbestände sind die organisatorisch saubere Disposition und bedarfsgerechte Fertigungslose, die sich am effizientesten mit geeigneter EDV realisieren lässt (Auftragsbearbeitung, Produktionsplanung, Materialwirtschaft) oder durch Anwendung des Kanban-Prinzips (Pull-System, d.h. ausgehend vom letzten Arbeitsgang werden bedarfsgerecht Produkte von den vorgelagerten Arbeitsgängen angefordert).

Der Produktzustand im Lager muss in angemessenen geplanten Intervallen beurteilt werden. Dies kann durch interne Audits erfolgen, vorzugsweise im Rahmen von Produktaudits oder der oben genannten Housekeeping-Audits. Auch eine Überprüfung im Zusammenhang mit Inventuren kann sinnvoll sein.

2.6.11.2 Verpackung und Versand

Verfahren und Verantwortlichkeiten für Verpackung und Versand von Produkten sind durchgängig zu regeln für fertig gestellte Produkte bis zum Zeitpunkt des Gefahrenübergangs zum Kunden.

Verpackungsanweisungen (Art der Verpackung, Verantwortlichkeiten etc.) sind zu erstellen und anzuwenden. Wichtig ist die Aktualisierung der Kundenverpackungsrichtlinien durch entsprechende Lenkung der Dokumente und Daten. Empfindliche Transportgüter (bruchgefährdete Produkte, gefährliche Stoffe etc.) sind besonders zu kennzeichnen. Die Rückgabe bzw. Entsorgung von Verpackungen muss geregelt werden.

Es ist sicherzustellen, dass versandte Produkte vorschriftsmäßig verpackt und gekennzeichnet sind. Lieferungen, für die Sonderfreigaben erteilt sind, müssen besonders gekennzeichnet werden. Falls vom Kunden gefordert, sind auch die ersten Lieferungen im Anschluss an Kundenreklamationen besonders zu kennzeichnen. Die nötigen Versandpapiere sind mit allen erforderlichen Angaben zu erstellen.

> *Zusammenfassung der erforderlichen Maßnahmen:*
> - Verfahren zu Handhabung, Verpackung und Lagerung festlegen.
> - Richtlinien zu Verpackungen, Kennzeichnungen und Versand umsetzen.
> - Verfahren zur Lagerbestandspflege festlegen und umsetzen.
> - Lagerbestände pflegen und optimieren.
> - Lagerumschlag optimieren.
> - Produktzustand im Lager in angemessenen Abständen beurteilen.
> - Termingerechte Lieferung überwachen (Produktionsplanung und -steuerung, Disposition, Auswertung der Liefertreue).
> - Lenkung veralteter Produkte im Verfahren zur Lenkung fehlerhafter Produkte beachten.

2.6.12 Lenkung von Überwachungs- und Messmitteln (Abschnitt 7.6)

Anforderungen der ISO 9001:2000

- Überwachungen und Messungen zur Produktkonformität und die dazu erforderlichen Prüfmittel ermitteln.
- Einsatz und Lenkung von Überwachungs- und Messmitteln, so dass die Fähigkeit der Messungen anforderungsgerecht ist.
- Messmittel
  – kalibrieren, verifizieren,
  – mit rückführbaren Normalen oder – falls diese nicht verfügbar sind – mit aufgezeichnetem Bezug durchführen,
  – bei Bedarf justieren oder nachjustieren,

- mit dem Kalibrierstatus kennzeichnen,
- gegen Verstellen sichern, wo notwendig,
- vor Beschädigung oder Verschlechterung schützen bei Handhabung, Instandhaltung und Lagerung.
• Gültigkeit früherer Messungen bewerten, wenn Messmittel n. i. O. sind, und geeignete Maßnahmen ergreifen.
• Kalibrierung und Verifizierungsergebnisse aufzeichnen.
• Prüfsoftware vor Gebrauch validieren.

Zusätzliche Anforderungen der ISO/TS 16949:2002

Beurteilung von Messsystemen

• Für alle in Produktionslenkungsplänen aufgeführten Messsysteme
    - statistische Untersuchung zur Analyse der Streuung von Messergebnissen,
    - Messsystemanalyse auf Grundlage der Kundenreferenzhandbücher (oder anderer vom Kunden genehmigter Methoden) durchführen.

Aufzeichnungen der Kalibrierung und Verifizierung

• Aufzeichnungen zur Überwachung von Messmitteln führen, die zum Nachweis der Produktkonformität genutzt werden, einschließlich
    - Messmittelkennzeichnung inkl. Rückverfolgbarkeit,
    - konstruktive Änderungen,
    - Messwerte außerhalb der Spezifikation,
    - Bewertung von Auswirkungen fehlerhafter Zustände,
    - Konformitätsbestätigungen,
    - Kundenbenachrichtigungen bei Lieferung fehlerverdächtiger Produkte/Materialien.

2.6.12.1 Umsetzung

Ziel der Prüfmittelüberwachung ist, die Eignung (für den jeweiligen Einsatz) der für qualitätsrelevante Prüfungen eingesetzten Prüfmittel sicherzustellen. Einzubeziehen sind Standardprüfmittel, Lehren, Prüfhilfsmittel, Vergleichsnormale, Messwertaufnehmer (auch zur Überwachung von Prozessparametern, welche die Qualität des Produkts beeinflussen), Vielstellenmessvorrichtungen, Mess- und Prüfmaschinen etc.

Die Eignung von Prüfmitteln bezieht sich jeweils auf die Messunsicherheit des Prüfmittels im Verhältnis zur Produkttoleranz und zur Prozessfähigkeit, auf die Eignung unter den vorgesehenen Einsatzbedingungen (Umgebung und Bediener) sowie auf die Eignung für die angewandte Auswertemethode (die statistische Auswertung von Messwerten stellt in der Regel höhere Anforderungen an das Prüfmittel als einfache Auswertungen).

Prüfmittelplanung

Die Planung von Prüfmitteln erfolgt gewöhnlich im Zusammenhang mit der Prüfplanung für Produkte. Den festgelegten Produkt- bzw. Prozessmerkmalen müssen geeignete Prüfmittel zugeordnet werden. Dabei darf der Grenzwert für Messabweichungen des Prüfmittels ein bestimmtes Maß nicht überschreiten. Dazu kann beispielsweise die „goldene Regel" der Messtechnik zugrunde gelegt werden: „Der Grenzwert für Messabweichungen des Prüfmittels darf 10 % der Produkttoleranz nicht überschreiten". Die ISO 14253-1 [11] behandelt ausführlich das Verhältnis von Messunsicherheit und spezifizierter Produkttoleranz. Neben der Messunsicherheit sind weitere Auswahlkriterien von Bedeutung wie Unempfindlichkeit gegenüber Bedienereinflüssen, Vergleich Prüfmittelkosten bezogen auf die Prüfkosten (wird ein Standardmessmittel oder ein spezifisches Messmittel eingesetzt?), Verschleißverhalten usw. [41].

Prüfmittelbeschaffung

Bei der Beschaffung von Prüfmitteln kann es sich z. B. um Standardprüfmittel und/oder genormte Prüfmittel handeln. In diesem Fall sind die Grenzwerte für Messabweichungen der Prüfmittel in den Normen festgelegt oder vom Hersteller angegeben. Ist dies nicht der Fall oder handelt es sich um spezifische Prüfmittel (z. B. teilegebundene Messvorrichtungen), dann sind entsprechende Vorgaben zu erarbeiten (z. B. Pflichtenheft). Dabei ist es sinnvoll, in diesem Zusammenhang direkt den Kalibriervorgang festzulegen, der bei der Eingangsprüfung (und der laufenden Überwachung) angewendet wird. Falls für das zu beschaffende Prüfmittel Messsystemanalysen z. B. nach VDA Band 5 [35] oder der MSA (QS-9000) [24] durchgeführt werden müssen, wird das Verfahren sinnvollerweise als Abnahmebedingung in der Bestellung bzw. im Pflichtenheft vorgegeben. Sollen Zertifikate zum Nachweis der Messunsicherheit mitgeliefert werden, so sind Art der Prüfung/Kalibrierung und Annahmekriterien vorzugeben.

Wird produktspezifische Prüfsoftware erstellt, z. B. zur elektrischen und mechanischen Prüfung innerhalb einer automatisierten Montagelinie oder zum Testen der elektrischen Funktionen von Platinen, so ist die Software zu validieren. Das heißt, es ist unter Anwendungsbedingungen nachzuweisen, dass die Prüfsoftware die Anforderungen erfüllt, die vor der Erstellung festgelegt wurden. Insbesondere sind Berechnungsalgorithmen auf Richtigkeit zu überprüfen.

Die Prüfmittelbenutzer müssen für die Benutzung der Prüfmittel qualifiziert sein (Schulung/Unterweisung). Teil der Unterweisung sollte der sachgerechte Umgang mit Prüfmitteln sein, d. h. Handhabung, Lagerung und Pflege des Prüfmittels, Meldung bei vermutetem Prüfmittelfehler bzw. Beschädigung, Kennzeichnung der Prüfmittel mit dem Kalibrierdatum, Benutzung ausschließlich überwachter und freigegebener Prüfmittel usw.

Einen beispielhaften Ablauf zur Planung und Beschaffung von Prüfmitteln zeigt Abb. 2.34.

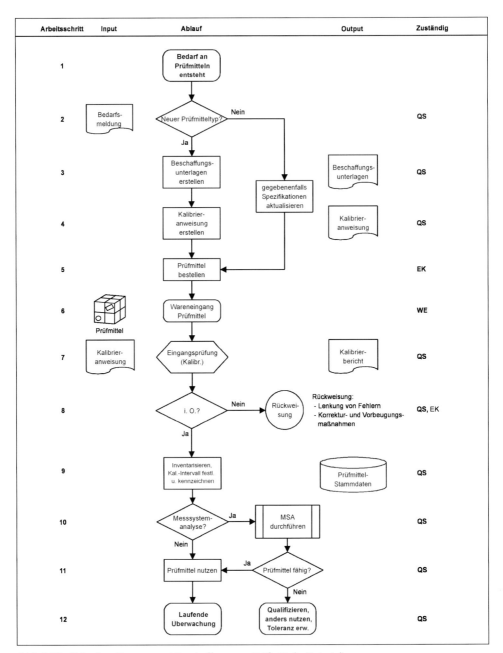

Abb. 2.34: Ablauf zur Planung und Beschaffung von Prüfmitteln (Beispiel)

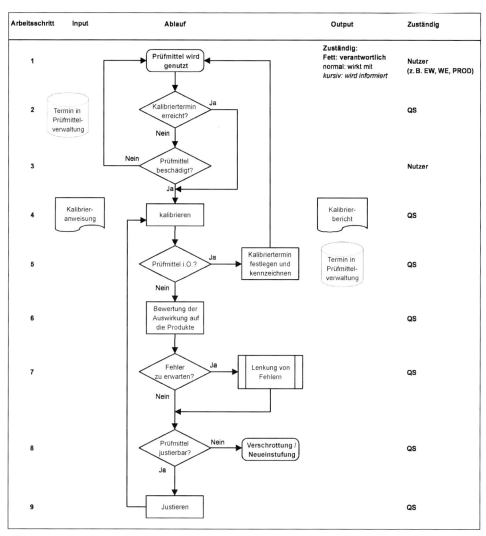

Abb. 2.35: Ablauf der Prüfmittelüberwachung (Beispiel)

Prüfmittelüberwachung

Alle Prüfmittel müssen erfasst und inventarisiert werden. Dabei ist zwischen Prüfmitteln zu unterscheiden, die kalibriert werden, und solchen, die nicht kalibriert werden. Teilegebundene Prüfmittel sollten mit Sachnummer und Änderungsstand gekennzeichnet werden, Prüfmittel im Kundenbesitz mit dem Kundennamen. Zu kalibrieren sind alle Prüfmittel, die direkten oder indirekten Einfluss auf die Qualität der Produkte haben. Indirekten Einfluss haben beispielsweise Prüfmittel im Werkzeugbau und Geräte zur Messung von Prozessparametern. Direkten Einfluss haben beispielsweise Prüfmittel in Messräumen und Laboratorien sowie Prüfmittel, die im Entwicklungsbereich eingesetzt werden. Überwachte Prüfmittel werden in jeweils festgelegten Abständen kalibriert. Bei interner Kalibrierung sind Anweisungen für die Kalibrierung zu erstellen (Kalibrieranweisungen für dimensionelle Prüfmittel enthält [55]). Dazu gehört:

- Vorbereitung (Temperierung, Prüfung des Ist-Zustands, Reinigung usw.),
- Messaufbau und verwendete Normale,
- Kalibriermerkmale und -durchführung (ggf. einschließlich Justierung),
- Aufzeichnung der Kalibrierergebnisse (Kalibrierbericht),
- Auswertung der Kalibrierergebnisse und Ermittlung der maximalen Messabweichung,
- Entscheid über i. O./n. i. O. bzw. andere Verwendung und Festlegung des nächsten Kalibriertermins.

Im Verfahren zur Prüfmittelüberwachung muss festgelegt sein, wie bei fehlerhaften Prüfmitteln vorgegangen wird. Dabei ist insbesondere eine Risikobewertung für die Produkte durchzuführen, die mit dem fehlerhaften Prüfmittel geprüft worden sind (Größe des Prüfmittelfehlers, Bedeutung und Prozessfähigkeit der geprüften Produktmerkmale, ggf. Prüfung von Rückstellmustern usw.).

Aufzeichnungen müssen laut DIN EN ISO 9001:2000 geführt werden hinsichtlich:
- Messmittelkennzeichnung einschließlich Rückführbarkeit auf das verwendete Kalibriernormal,
- Überarbeitung im Anschluss an technische Änderungen,
- alle Kalibrierergebnisse (Messwerte, einschließlich sämtlicher ermittelter Messwerte außerhalb der Spezifikation),
- ggf. Bewertung der Auswirkung fehlerhafter Prüfmittel,
- „i. O."-/„n. i. O."-Entscheid nach der Kalibrierung,
- Information des Kunden bei Lieferung fehlerverdächtiger Produkte bzw. Materialien.

Damit sichergestellt ist, dass Kunde und Lieferanten zu annähernd identischen Messergebnissen kommen, muss der Bezug zu übergeordneten Normalen sichergestellt sein, d.h. bestimmte Normale müssen extern kalibriert werden, damit der Anschluss an nationale bzw. internationale Normale gewährleistet wird. Dies ist bei Kalibrierlaboren gegeben, die für die entsprechende Messgröße (z.B. vom DKD) akkreditiert sind. Sind solche Normale nicht verfügbar, muss die Kalibriergrundlage schriftlich festgelegt werden. In einem solchen Falle ist es zweckmäßig, sich mit dem Kunden auf eine gemeinsame Kalibriergrundlage zu einigen.

Zur Steigerung der Effizienz und Reduktion der Kosten sind folgende Maßnahmen sinnvoll:
- Individuelle Festlegung der Grenzwerte für die laufende Überwachung, wenn die Vorgaben der Norm für die Anwendung zu eng sind. Das bedeutet, dass die Grenzwerte für Messabweichungen des Prüfmittels während der laufenden Überwachung großzügiger ausgelegt werden, wenn die Vorgaben der Norm, gemessen am Anwendungsfall, sehr eng sind. Wenn beispielsweise die maximal zulässige Messabweichung für ein Prüfmittel laut Vorgabe einer Norm wesentlich kleiner als 10 % der Toleranz des Produktmerkmals ist, kann entsprechend der „goldenen Regel der Messtechnik" die maximal zulässige Mess-

abweichung größer festgelegt werden, als von der Norm vorgegeben. Bei der Eingangsprüfung von Prüfmitteln muss selbstverständlich gegen die Normvorgabe geprüft werden, da für den Hersteller die Normangaben maßgebend sind. Das Prüfmittel kann durch die großzügigere Auslegung länger genutzt werden.
- Verwendung von abgestuften Kalibrierplänen, d.h. es gibt z.B. „normale" Kalibrierungen mit einer Reihe von Merkmalen und eine reduzierte Kalibrierung mit einer geringeren Anzahl von Merkmalen. Im Wechsel wird normal und reduziert kalibriert.
- Neufestlegung des nächsten Kalibrierintervalls nach jeder Kalibrierung in Abhängigkeit von den Ergebnissen der gerade durchgeführten und der vorangegangenen Kalibrierungen (Verschleiß? Trend?).

Messsystemanalysen

Für bestimmte Prüfmittel ist die Durchführung von Messsystemanalysen im Rahmen der Qualitätsplanung (APQP) gefordert. Ziel der Analysen ist die Abschätzung der Messunsicherheit eines jeden Prüfmittels. Diese wird in Bezug gesetzt zum Toleranzbereich eines zu messenden Merkmals und auf dieser Grundlage wird entschieden, ob das Prüfmittel für die Überwachung dieses Merkmals geeignet ist. Die ISO/TS 16949 und die QS-9000 fordern die Anwendung von statistischen Untersuchungen (Messsystemanalysen) für alle im Produktionslenkungsplan aufgeführten Prüfmittel. Gängige Verfahren sind im MSA-Referenzhandbuch der QS-9000 [24] sowie im VDA Band 5 [35] beschrieben.

Die Messsystemanalysen werden üblicherweise im Rahmen der Produktionsprozessentwicklung (siehe Kap 2.6.4.11) durchgeführt. Ist die Fähigkeit bzw. die Eignung des Messsystems vor Start der Serienproduktion sichergestellt, so ist es ausreichend, während der Serienproduktion konventionelle Kalibrierungen durchzuführen. In einigen Fällen kann es zweckmäßig sein, die Messsysteme mit Hilfe von Qualitätsregelkarten zu überwachen. Dazu werden in regelmäßigen Abständen Messungen an Normalen bzw. Einstellmeistern durchgeführt, um systematische Veränderungen am Messsystem zu erkennen.

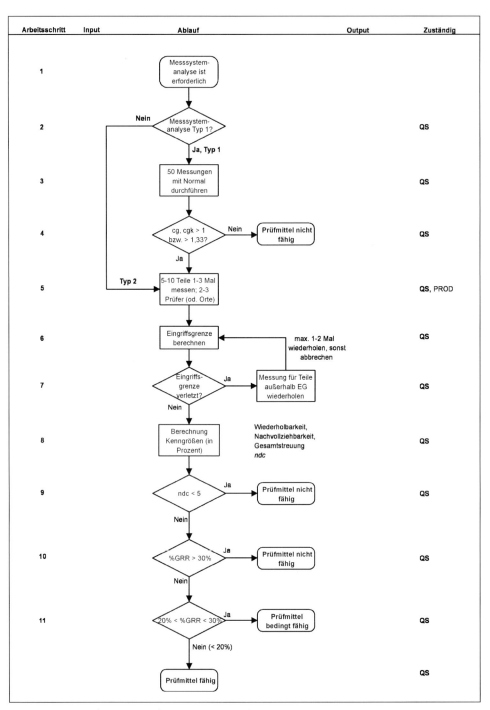

Abb. 2.36: Beispiel für den Ablauf zur Messsystemanalyse

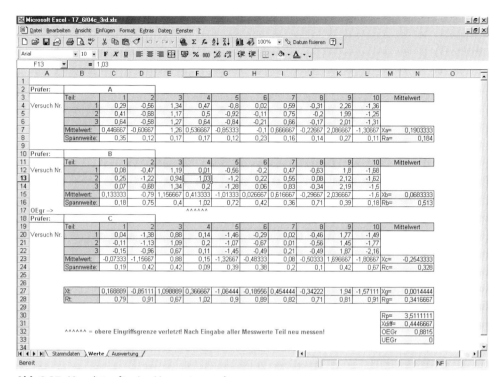

Abb. 2.37: Messdaten für eine Messsystemanalyse

Die Analysen können mit Hilfe spezifischer Programme oder mit einer Excel-Tabelle durchgeführt werden. Abb. 2.37 und Abb. 2.38 zeigen ein Beispiel für eine Messsystemanalyse nach Methode 2 (QS-9000 MSA).

Externe Kalibrierungen

Externe Kalibrierungen sind nach einem geeigneten Verfahren in einem akkreditierten Kalibrierlabor einzuplanen (siehe Kapitel 2.6.13 „Anforderungen an Laboratorien"). Der externe Kalibrierdienst muss den Anschluss seiner Kalibriernormale an übergeordnete Normale sichergestellt haben. Darüber hinaus sollte darauf geachtet werden, dass vom Kalibrierdienst die maximale Kalibrierunsicherheit auf den Kalibrierbescheinigungen angegeben wird, damit die Aussagefähigkeit der Kalibrierung beurteilt werden kann. Auch bei externen Kalibrierungen sollten die Ergebnisse bewertet und sollte das Kalibrierintervall jeweils neu festgelegt werden.

Sofern spezifische Forderungen von Seiten der Kunden bestehen, sind diese zu berücksichtigen (z.B. bezüglich Anwendung des MSA-Referenzhandbuchs [24] oder des VDA Band 5 [35]).

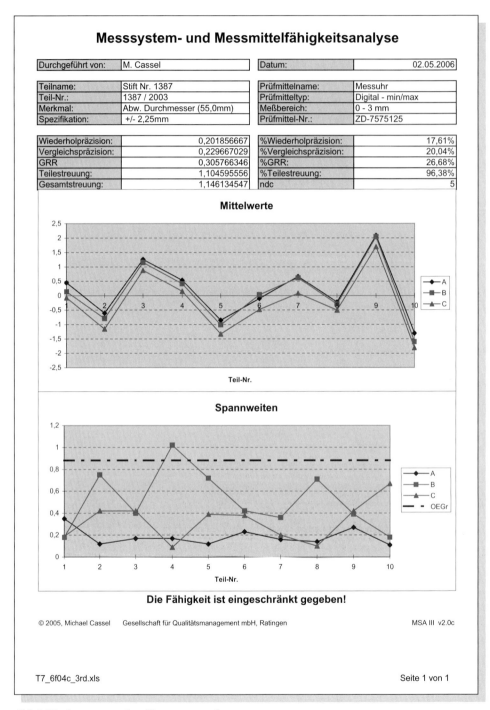

Abb. 2.38: Auswertung einer Messsystemanalyse

> *Zusammenfassung der erforderlichen Maßnahmen:*
> - Prüfmittel erfassen und Prüfmittel festlegen, die überwacht und kalibriert werden.
> - Kalibrierungen planen, durchführen, aufzeichnen und kennzeichnen.
> - Vorgehensweise bei „n. i. O."-Ergebnissen bzw. Beschädigungen festlegen.
> - Festlegen geeigneter Prüfmittel im Rahmen der Prüfplanung.
> - Sicherstellung von Umgebungsbedingungen und geeigneter Konservierung (Handhabung, Schutz, Lagerung).
> - Schulung des Personals in der Prüfmittelhandhabung.
> - Statistische Untersuchungen (Messsystemanalysen) für alle im Produktionslenkungsplan angegebenen Prüfmittel planen und durchführen.
> - Teilegebundene Prüfmittel mit Artikelnummer und Änderungsstand kennzeichnen.

2.6.13 Anforderungen an Laboratorien (Abschnitt 7.6)

Anforderungen der ISO 9001:2000

(Keine)

Zusätzliche Anforderungen der ISO/TS 16949:2002

Anforderungen an interne Laboratorien

- Für interne Prüflaboratorien
  - Fähigkeit zur Durchführung der Prüf- und Kalibriertätigkeiten nachweisen,
  - Anwendungsbereich im QM-Handbuch festlegen.
- Technische Anforderungen festlegen zu
  - Angemessenheit der Laborverfahren,
  - Kompetenz des Personals,
  - Prüfung des Produkts,
  - Fähigkeit zur Einhaltung zutreffender Prozessnormen,
  - Bewertung der Aufzeichnungen.
- Nachweis durch ISO/IEC 17025-Akkreditierung möglich, aber nicht erforderlich.

Anforderungen an externe Laboratorien

- Externe Prüf- oder Kalibrierlaboratorien müssen
  - festgelegten Anwendungsbereich haben,
  - Fähigkeit zur Durchführung der Prüf- und Kalibriertätigkeiten nachweisen,
  - den Kundenanforderungen genügen oder nach ISO/IEC 17025 (oder vergleichbarer Norm) akkreditiert sein.

2.6.13.1 Umsetzung

Interne Laboratorien

In der ISO/TS 16949:2002 werden umfangreiche Forderungen an interne Laboratorien gestellt. Die Verfahren des Laboratoriums sind im Rahmen des vorhandenen Managementsystems zu beschreiben, dabei können und sollten die Anforderungen der ISO/IEC 17025 [14] mit berücksichtigt werden. Eine Akkreditierung kann als Fähigkeitsnachweis für das interne Laboratorium verwendet werden, ist aber nicht zwingend erforderlich. Dies ist aber z. B. dann sinnvoll, wenn Dritten die Labordienstleistungen angeboten werden, um das Labor wirtschaftlicher auszulasten. Das Arbeitsgebiet des Labors muss festgelegt sein, z. B. im Managementhandbuch oder in einem gesonderten Laborhandbuch (als gelenktes Dokument). Das Arbeitsgebiet umfasst (nach ISO/TS 16949:2002 Abschnitt 3.1.1):

– spezifische Tests, Auswertungen und Kalibrierungen, für die das Labor qualifiziert ist,
– Aufstellung der dazu verwendeten Ausrüstung,
– Aufstellung der dazu verwendeten Methoden und Normen.

Folglich sind Auflistungen zu erstellen für:
– sämtliche Tests, Prüfungen und Kalibrierungen, die durchgeführt werden,
– zugehörige Prüfanweisungen und Kalibrieranweisungen,
– angewendete Normen bzw. Kundenrichtlinien,
– Personal, welches qualifiziert ist, die Prüfung bzw. Kalibrierung auszuführen,
– Laborausrüstung.

Dabei sind die entsprechenden Zuordnungen festzulegen, d. h. jedem Test- bzw. Prüfverfahren sind die zugehörigen Prüfanweisungen bzw. Normen/technischen Richtlinien zuzuordnen, das jeweils qualifizierte Personal und die zu verwendende Ausrüstung (Test- und Prüfeinrichtungen). Werden die Tests bzw. Prüfungen nicht exakt nach Norm bzw. technischer Richtlinie durchgeführt, muss eine daraus abgeleitete Prüfanweisung erstellt werden, respektive das Verfahren muss eindeutig festgelegt werden.

Die technischen Anforderungen an das Labor sind festzulegen. Insbesondere sind die Grenzwerte für Messabweichungen, die eingehalten werden können, zu ermitteln und festzulegen. Dabei sind die Laborbedingungen mit zu berücksichtigen. Das heißt, dass die Bedingungen spezifiziert werden (z. B. Grenzwerte für die Raumtemperatur) und die daraus resultierenden maximalen Unsicherheiten bei der Ermittlung der Messunsicherheit berücksichtigt werden. Beispielsweise ergibt sich aus einer festgelegten Temperaturabweichung von maximal zwei Kelvin, die eine Klimaanlage einhalten kann, eine bestimmte Messunsicherheit, die durch die Wärmeausdehnung bei einer Längenmessung verursacht werden kann.

Die Fähigkeit, die Prüfungen ordnungsgemäß und nachvollziehbar auszuführen, kann z. B. durch Ringvergleiche mit anderen Prüflaboratorien ermittelt werden. Dabei führen verschiedene Laboratorien Prüfungen, Tests bzw. Kalibrierungen am selben Objekt durch und vergleichen die Ergebnisse. Ein solcher Vergleich kann beispielsweise durch Gegenprüfung einer im internen Labor durchgeführten Prüfung oder Kalibrierung bei einem akkreditierten externen Laboratorium erfolgen.

Externe Laboratorien

Auch externe Laboratorien, bei denen Prüf- oder Kalibrierdienstleistungen durchgeführt werden, müssen ein festgelegtes Arbeitsgebiet (englisch: „Scope") zum Nachweis ihrer Fähigkeit aufweisen.

Zudem muss nachgewiesen werden,
– dass das Laboratorium den Anforderungen des Kunden entspricht (z.B. mittels Audit durch den Kunden oder durch eine vom Kunden genehmigte zweite Partei) oder
– dass das Laboratorium nach ISO/IEC 17025 bzw. „einer vergleichbaren nationalen Norm" akkreditiert ist.

Anmerkung: Eine vergleichbare nationale Norm war die DIN EN 45001 vom Mai 1990. Diese wurde durch die DIN EN ISO/IEC 17025:2000 ersetzt, in der wiederum die ISO/IEC 17025:1999 wortgleich übernommen wurde. Diese wurde im Jahr 2005 erneut überarbeitet und an die Maßgaben der DIN EN ISO 9001:2000 angepasst. Die wesentlichen Anforderungen dieser Standards sind:

– Festlegung der Prüfverfahren (Prüfanweisungen oder Verweis auf Normen),
– Festlegung der Vorgehensweise bei fehlerhaften Prüfungen/Kalibrierungen einschließlich Reklamationsverfahren,
– Regelungen für die Lenkung von Dokumenten und Aufzeichnungen,
– Aufnahme der relevanten Normen in die vorhandene „Liste Normen/Richtlinien",
– Aufnahme der Prüfeinrichtungen in die Prüfmittelüberwachung einschließlich Regelung der Beschaffung,
– Personalqualifikation und -schulung aufzeichnen,
– Kennzeichnung, Handhabung, Lagerung und Konservierung von Proben regeln (Aufbewahrungsfristen festlegen!),
– Festlegung und Sicherstellung geeigneter bzw. geforderter Umgebungsbedingungen, Verfahren und Einrichtungen bei den Prüfungen/Kalibrierungen,
– Ermittlung der Messunsicherheit,
– Sicherstellung der Rückführbarkeit von Normalen und Referenzmaterialien auf übergeordnete Normale,
– Anwendung statistischer Methoden,
– kontinuierliche Verbesserung des gesamten Managementsystems im Labor.

Eine Liste akkreditierter Prüflaboratorien (einschließlich Kalibrierlaboratorien) ist auf der Homepage des DAR (Deutscher Akkreditierungsrat) angegeben (*http://www.dar.bam.de/ ast/index.html*). Zu beachten ist das jeweilige Arbeitsgebiet. Jedes Labor ist nur für bestimmte Arbeitsgebiete akkreditiert, d.h. nur zur Kalibrierung bzw. Prüfung bestimmter Messgrößen mit einer bestimmten Messunsicherheit.

> Zu den Laboratorien zählt auch die für die Kalibrierung von Prüfmitteln zuständige Stelle.

> *Zusammenfassung der erforderlichen Maßnahmen:*
> - Sofern vorhanden, für internes Labor die Qualifikation nachweisen
> - Arbeitsgebiet festlegen (in der Managementdokumentation),
> - Laborverfahren in Anweisungen festlegen,
> - Personalzuordnung und Qualifikation nachweisen,
> - Arbeitsbedingungen einschließlich Umgebungsbedingungen im Labor festlegen,
> - Rückführbarkeit auf Standards sicherstellen.
> - Sofern vorhanden, für externe Laboratorien die Qualifikation nachweisen.

2.7 Messung, Analyse und Verbesserung (Abschnitt 8)

2.7.1 Planung von Messungen und statistische Methoden (Abschnitt 8.1)

Anforderungen der ISO 9001:2000

- Überwachungs-, Mess-, Analyse- und Verbesserungsprozesse zur Sicherstellung der Produktkonformität, zur Sicherstellung der Konformität des QM-Systems und zur ständigen Verbesserung des QM-Systems planen und verwirklichen.
- Bedarf an Methoden einschließlich statistischer Methoden ermitteln und festlegen.

Zusätzliche Anforderungen der ISO/TS 16949:2002

Festlegung statistischer Methoden

- Statistische Methoden
  - für jeden Prozess im Rahmen der Qualitätsvorausplanung festlegen,
  - im Produktionslenkungsplan (Control Plan) dokumentieren.

Kenntnis statistischer Grundbegriffe

- Grundkenntnisse über Begriffe der Statistik (Streuung, Beherrschung, Fähigkeit, Überregelung) müssen im gesamten Unternehmen verstanden und benutzt werden.

2.7.1.1 Umsetzung

Die Verfahren zur Messung, Analyse und Verbesserung beziehen sich auf:
- Messung an Produkten,
  - um deren Konformität mit den Anforderungen und ggf. notwendige Korrektur- und Vorbeugungsmaßnahmen zu ermitteln,
  - um Verbesserungspotential zu ermitteln und Maßnahmen abzuleiten.

- Messungen an Prozessen,
  - um deren Fähigkeit zu ermitteln, anforderungsgerechte Produkte zu erzeugen/Dienstleistungen zu erbringen,
  - um die Prozessleistung zu ermitteln (Ergiebigkeit, Termintreue, Durchlaufzeiten etc.),
  - und ggf. notwendige Korrektur- und Vorbeugungsmaßnahmen abzuleiten,
  - um Verbesserungspotential zu ermitteln und Maßnahmen abzuleiten.
- Messung der Kundenzufriedenheit,
  - um die Sicht des Kunden mit der eigenen Organisation abzugleichen und ggf. notwendige Korrektur- und Vorbeugungsmaßnahmen abzuleiten,
  - um Verbesserungspotential zu ermitteln und Maßnahmen abzuleiten.
- Messungen am Managementsystem,
  - um dessen Konformität mit den Anforderungen und dessen Angemessenheit zu ermitteln,
  - um dessen Qualitätsleistung zu ermitteln,
  - um die Erreichung der Ziele zu ermitteln,
  - um ggf. notwendige Korrektur- und Vorbeugungsmaßnahmen abzuleiten,
  - um Verbesserungspotential zu ermitteln und Maßnahmen abzuleiten.

Messungen am Managementsystem können z.B. mit Hilfe von Kennzahlen zur Unternehmensleistung vorgenommen werden. Eine andere typische Form der Messung am Managementsystem ist die Durchführung interner Audits.

Messergebnisse

Die Ergebnisse dieser Messungen müssen regelmäßig ausgewertet und analysiert werden,

1. um anhand komprimierter Daten die Leistungsfähigkeit des Managementsystems (der Organisation) zu überwachen,
2. um daraus den Bedarf an Korrektur-, Vorbeugungs- und Verbesserungsmaßnahmen abzuleiten,
3. um die Wirksamkeit (Zielerreichung) von Maßnahmen zu überwachen.

Hierbei handelt es sich um die Umsetzung der klassischen Schritte zur Korrektur, Vorbeugung und Verbesserung (vergleiche ISO 9004:2000 Anhang B [10]). Diese Schritte sind in Tab. 2.15 aufgelistet und jeweils mit einem Beispiel versehen.

Tab. 2.15: Klassische Schritte zur Korrektur, Vorbeugung und Verbesserung (Quelle: [48])

Schritte	Beispiel (Verbesserung)
1. Festlegung des Bereichs, der verbessert werden soll	Verkürzung der Wartezeiten von Kunden am Telefon (Zentrale)
2. Ermittlung von relevanten Daten	Führen einer Strichliste zur Ermittlung der Hauptursachen für Wartezeiten

Schritte	Beispiel (Verbesserung)
3. Auswerten der Daten	Erstellung einer Paretoanalyse für die Ursachen von Wartezeiten
4. Ableiten und Festlegen von Prioritäten (die wenigen gravierenden von den vielen kleinen Problemen trennen)	Hauptursachen: – zeitweise nur ein Telefonist – Empfänger nicht am Platz – ganze Abteilung unbesetzt
5. Analysieren der Probleme	Erstellung eines Ursache-Wirkungs-Diagramms
6. Festlegung von Zielen	Ziel: Reduktion der Anzahl wartender Kunden auf null
7. Erarbeiten von Lösungsalternativen	Brainstorming zur Erarbeitung von Lösungen zu den Hauptursachen
8. Bewertung der Lösungsvorschläge hinsichtlich ihrer Wirkungen und Festlegung von Maßnahmen	Maßnahmen: – versetzte Mittagspause – Mitarbeiter geben Aufenthaltsort an, wenn sie den Arbeitsplatz verlassen – Erstellung einer Liste mit Namen und Funktionen
9. Überwachung der Umsetzung der Maßnahmen	Schulung und Unterweisung der Mitarbeiter, Listenerstellung und Umorganisation der Mittagspause
10. Bewerten der Wirksamkeit der Maßnahmen anhand von Daten	Erfassung von Daten wie unter 2. zur Neubewertung der Wartezeiten und Durchführung eines Vorher-nachher-Vergleichs

Die Forderung zur Festlegung von Art, Ort, Zeitplan und Häufigkeit der Messungen kann je nach Art der Messungen auf unterschiedliche Weise festgelegt werden:

Messungen an Produkten:
– Festlegung in Prüfablaufplänen, Prüfplänen, Verfahrens-, Arbeits- und Prüfanweisungen.

Messungen an Prozessen:
– Festlegung in Prüfablaufplänen, Prüfplänen, Verfahrens- und Arbeits- und Prüfanweisungen (Prozessparameter),
– Festlegung in Verfahrensanweisungen (Prozessleistungen) und im Managementbericht (einschließlich Qualitätsbericht).

Messung der Kundenzufriedenheit:
– Festlegung der Kennzahlen im Managementbericht.

Messungen am Managementsystem:
- Festlegung der Kennzahlen im Managementbericht,
- Festlegung der Auditart, des Audittermins und des Auditumfangs im Auditplan.

Bewertung der Ergebnisse

Die Bewertung der Daten zu den Produktionsprozessen kann z.B. in regelmäßig stattfindenden Produktionsbesprechungen oder in KVP-Arbeitskreisen stattfinden. Die Bewertung der im Managementbericht komprimierten Daten ist Bestandteil der Managementbewertung.

Statistische Methoden

Der Bedarf zur Anwendung statistischer Methoden ist grundlegend zu ermitteln. Die Anwendung der FMEA-Methode (Fehlermöglichkeits- und -einflussanalyse) und von Maschinen- und Prozessfähigkeitsuntersuchungen in Verbindung mit SPC (statistische Prozessüberwachung) wird von den Automobilkunden vorgeschrieben und ist bindend. Eine systematische Ermittlung des Bedarfs an statistischen Methoden kann erfolgen, indem jede Phase der Produktrealisierung und der gesamte Teilefluss (Wareneingang, Produktion mit allen Schritten, Versand) betrachtet werden. Ein weiterer Anwendungsbereich sind die Markt-, Kunden- und Felddaten. Die jeweils angewendeten statistischen Überwachungs-

Tab. 2.16: Statistische Methoden in den verschiedenen Phasen der Produktentstehung

Realisierungsphasen	QFD	Benchmarking	DoE	D-FMEA	Zuverlässigkeitsuntersuchungen	Statistische Toleranzberechnung	P-FMEA	Vorläufige PFU	MSA	SPC/PFU
Planung, Konzeption	X	X								
Produktdesign und -entwicklung	X	X	X	X	X	X				
Prozessdesign und -entwicklung	X	X	X				X		X	
Produkt- und Prozessvalidierung					X			X	X	
Produktion		X	X		X		X			X

Tab. 2.17: Statistische Methoden vom Wareneingang bis zum Feld

Teilefluß	Stichprobensysteme	Fehlersammelkarte	Paretoanaylse	SPC/PFU	DoE	Zuverlässigkeitsanalysen
Wareneingang	X	X	X			
Produktion / Prozesslenkung	(X)	X	X	X	X	X
Warenausgang	X	X	X			
Felddaten		X	X			X

und Prüfmethoden werden im Rahmen der Durchführung der FMEAs ermittelt und in den Produktionslenkungsplänen konkret festgelegt.

Die Abkürzungen in Tab. 2.16 und Tab. 2.17 bedeuten:

- QFD   Quality Function Deployment
- DoE   Design of Experiments
- D-FMEA   Design Failure Mode and Effects Analysis
- P-FMEA   Process Failure Mode and Effects Analysis
- PFU   Prozessfähigkeitsuntersuchung
- MSA   Measurement System Analysis
- SPC   Statistical Process Control

Prinzipiell ist ein wesentlicher Schwachpunkt bei vielen Mittelständlern, dass die zahlreichen vorhandenen Daten nicht oder unzureichend ausgewertet werden. Daher sind die statistische Auswertung vorhandener Daten und das Ableiten von Vorbeugungs-, Korrektur- und Verbesserungsmaßnahmen oft einfacher und effizienter als eine aufwendige Einführung neuer Methoden. Auch die Konsequenz und Effizienz in der Anwendung sind oft nicht gegeben und führen dazu, dass der Nutzen der statistischen Methoden ausbleibt. Ein weiterer Knackpunkt ist die Genauigkeit der Daten, da Ungenauigkeiten zu Fehlinterpretationen und falschen Maßnahmen führen können. Insbesondere das „Frisieren" von Daten (z.B. im Hinblick auf Audits durch Kunden) ist dann kontraproduktiv, wenn tatsächlich Qualitätsprobleme auftreten und die Datenbasis für die Problemanalyse fehlt, weil die Daten nicht zuverlässig sind.

Grundsätzlich ist es sinnvoll, Spezialisten im Unternehmen auszubilden, da fundiertes Hintergrundwissen gerade bei Diskussionen mit den Kunden eine wesentliche Voraussetzung für Argumentation und Diskussion ist. Dies gilt insbesondere für das Thema: Maschinen-/Prozessfähigkeiten und SPC (statistische Prozesslenkung). Auch die erfolgreiche Anwendung der FMEA-Methode benötigt mehr Schulung und Erfahrung, als es die Methode auf den ersten Anschein vermuten lässt. In der ISO/TS 16949 (und in der QS-9000) ist gefordert, dass Grundbegriffe der Statistik im gesamten Unternehmen im erforderlichen Umfang verstanden sind und benutzt werden. Dies erfordert entsprechende Schulungsmaßnahmen im Unternehmen, d.h. im Einzelnen:

- Grundkenntnisse der Methoden, deren Anwendungsbereiche und Nutzung,
- vertiefte Kenntnisse bei den Mitarbeitern, die für die Einführung, Anwendung und Betreuung der Methoden (Planung, Überwachung und Auswertung) verantwortlich sind,
- erforderliche Kenntnisse bei denjenigen Mitarbeitern, welche die Daten erfassen und die Methoden anwenden.

> *Zusammenfassung der erforderlichen Maßnahmen:*
> - Prüfkonzept für Produkte und Prozesse erstellen.
> - Struktur der Datenerfassung und Auswertung festlegen (Managementbericht/Qualitätsbericht).
> - Bedarf an statistischen Methoden ermitteln und in die Produktionslenkungspläne und Anweisungen einarbeiten.
> - Im Bedarfsfalle statistische Methoden anwenden zur Planung und Auswertung von Versuchen, in der Entwicklung (Risikoanalyse, z.B. FMEA, Zuverlässigkeitsuntersuchungen etc.), bei Qualitätsprüfungen an Zulieferungen, zur Prozesslenkung und -optimierung, in der Endprüfung, im Kundendienst und bei Produktausfällen während der Nutzung.

2.7.2 Überwachung und Messung der Kundenzufriedenheit (Abschnitt 8.2.1)

Anforderungen der ISO 9001:2000

- Informationen über die Wahrnehmung der Kunden hinsichtlich Erfüllung der Kundenanforderungen sind als Messgröße für die QM-Systemleistung zu nutzen.
- Methoden zur Erlangung und zum Gebrauch von Kundeninformationen festlegen.

Zusätzliche Anforderungen der ISO/TS 16949:2002

- Kundenzufriedenheit durch ständige Bewertung der Leistung des Realisierungsprozesses (Qualität und Prozesseffizienz) überwachen.
- Objektive Daten als Leistungsindikatoren nutzen:
  – Qualitätsleistung gelieferter Teile,

– Störungen beim Kunden (einschließlich Rücklieferungen aus dem Feld),
– Liefertreue (einschließlich Zusatzfrachtkosten),
– Kundenbenachrichtigungen bei Qualitäts-/Lieferproblemen.

2.7.2.1 Umsetzung

Zweckmäßig zur Feststellung der Kundenzufriedenheit ist die Auswertung kundenrelevanter Daten. Eine weitere Möglichkeit ist die Befragung der Kunden.

Informationsquellen (Kundenzufriedenheits- und Kundenunzufriedenheitsdaten) sind:
– ppm-Zahlen von Kunden (ppm = parts per million; Fehlerraten),
– Kundenreklamationen/-beschwerden,
– Ergebnisse von Audits durch Kunden,
– Lieferantenbewertungen von Kunden (Qualität, Liefertreue),
– Felddaten, -ausfälle.

In der ISO/TS 16949:2002 sind konkret folgende Punkte genannt, die zur Messung der Kundenzufriedenheit genutzt werden müssen:

– Qualitätsleistung gelieferter Teile,
– Störungen beim Kunden (einschließlich Rücklieferungen aus dem Feld),
– Liefertreue (einschließlich mit Zusatzfrachtkosten verbundene Vorfälle),
– Kundenbenachrichtigungen bei Qualitäts-/Lieferproblemen.

Anmerkung: *Zusatzfrachtkosten* sind in der ISO/TS 16949:2002 Abschnitt 3.1.12 definiert als „Kosten oder Gebühren, die zusätzlich zu denen der vertraglich vereinbarten Lieferung entstehen". Es ist nicht zwangsläufig notwendig, die Kosten für Zusatzfrachten zu ermitteln. Es ist ausreichend, beispielsweise die Anzahl der Sonderfahrten auszuwerten. Neben diesen externen Daten müssen auch interne Daten aus dem Produktrealisierungsprozess als Indikatoren für Kundenzufriedenheit genutzt werden (Qualität und Effizienz des Prozesses).

Kundenbenachrichtigungen können Sonderstatus beim Kunden sein (z.B. „New Business Hold", „Revocation") oder eingeholte Sonderfreigaben vom Kunden (Abweichungsgenehmigungen).

Die Ermittlung der Kundenzufriedenheit sollte sich auf folgende Punkte beziehen:
• Erfüllung der Kundenforderungen,
• Erfordernisse und Erwartungen der Kunden,
• Preis und Lieferung des Produkts/der Dienstleistung.

Das Verfahren zur Beschaffung und Nutzung der Informationen und Daten ist festzulegen. Dies kann in den jeweils relevanten Verfahrensanweisungen erfolgen (z.B. Erfassung und Nutzung von Daten zu Kundenreklamationen in der Verfahrensanweisung zur Reklamationsbearbeitung). Auch die beispielhaft in Abb. 2.9 auf Seite 84 enthaltene Struktur kann als Grundlage für Festlegungen zur Beschaffung und Nutzung von Daten dienen. Darüber hinaus muss das Verfahren zur Nutzung der Daten festgelegt werden, z. B. durch Verwendung der Daten in der Managementbewertung und daraus abgeleiteten Verbesserungsmaßnahmen bzw. -projekten. Neben der Bewertung auf Managementebene sollten auch Bewertungen auf Bereichsebene vorgenommen werden, z. B. in regelmäßigen Produktionsbesprechungen.

Kundenbefragungen hinsichtlich Zufriedenheit sind insbesondere für Dienstleistungen ein wichtiges Instrument. Das bezieht sich nicht nur auf reine Dienstleister, sondern auch auf den Dienstleistungsanteil in produzierenden Unternehmen (Beratung, Service usw.). Erfahrungsgemäß lassen sich mit gut durchgeführten Kundenbefragungen recht genaue Aussagen über die Kundenzufriedenheit erzielen. Ein Beispiel sind die Fragebögen von Automobilfirmen, die bei Neukauf oder Garantiefällen an Kunden versandt werden. Diese liefern konkrete Anhaltspunkte, in welchen Punkten die Kundendienstleistung verbessert werden kann. Sie geben auch ein gutes Feedback über durchgeführte Maßnahmen zur Verbesserung der Dienstleistungsqualität. Befragungen machen insbesondere beim Endkunden Sinn. Bei Business-to-Business-Geschäften ist der Gewinn an zusätzlichen Informationen geringer, da durch den direkten Kontakt zum Kunden in der Regel zahlreiche Informationen vorliegen. Kundenbefragungen sollten nur durchgeführt werden, wenn damit konkrete Ziele verbunden werden (beispielsweise die Verbesserung der Kundenbetreuung in der Entwicklungsphase). Neben schriftlichen Kundenbefragungen bieten telefonische oder persönliche Befragungen die Möglichkeit, den Anteil von Rückmeldungen zu erhöhen. Allerdings sind diese mit höheren Kosten und geringerer Objektivität verbunden.

Bei Produktionsunternehmen mit hohem Dienstleistungsanteil ist es sinnvoll, unterschiedliche Bereiche wie z. B. Entwicklung, Einkauf, Disposition, Produktion separat zu unterschiedlichen Aspekten zu befragen. Sinnvollerweise sind die verschiedenen Berührungspunkte zum Kunden zu berücksichtigen:

- Anfragen/Angebote,
- Aufträge,
- Planung/Entwicklung/Prototypenlieferung/Bemusterung,
- Lieferungen,
- Service, Support, Kundendienst
- Reklamationen,
- allgemeine Eindrücke.

Den möglichen Aufbau eines Fragebogens zeigt Abb. 2.39. Bei der Bewertung ist zu empfehlen, eine gerade Anzahl von Bewertungsmöglichkeiten vorzugeben, damit bei der Befragung eindeutige Trends erkennbar werden. Bei einer Bewertung z. B. von 1 bis 5 (hervorragend bis nicht akzeptabel) ist oft die Neigung vorhanden, mit „3" zu bewerten (indifferent; keine klare Aussage).

214   2 Umsetzung der Einzelanforderungen

Firmen-Logo	**Formular** Kundenbefragung	FM 8-1 Seite 1 von 3

Frage 1

Bitte bewerten Sie die technische Qualität unserer Produkte anhand folgender Kriterien:

	☺☺	☺	☹	☹☹
Technische Zuverlässigkeit	☐	☐	☐	☐
Verschleißverhalten	☐	☐	☐	☐
Belastungseigenschaften	☐	☐	☐	☐
Handhabbarkeit	☐	☐	☐	☐
Montierbarkeit	☐	☐	☐	☐
Einhaltung der Spezifikation				
• dimensionell	☐	☐	☐	☐
• Werkstoff	☐	☐	☐	☐
• Aussehen	☐	☐	☐	☐
• ...	☐	☐	☐	☐
Preis-Leistungs-Verhältnis	☐	☐	☐	☐

Frage 2

Bitte bewerten Sie die <u>Betreuung durch unseren Verkauf</u> anhand folgender Kriterien:

	☺☺	☺	☹	☹☹
Beratung durch den Vertrieb	☐	☐	☐	☐
Reaktionszeit auf Fragen	☐	☐	☐	☐
Auftragsbearbeitung	☐	☐	☐	☐
Informationsmaterial wie Prospekte, Kataloge usw.	☐	☐	☐	☐

Bitte bewerten Sie unsere <u>Zusammenarbeit während der Entwicklung / Planung</u> anhand folgender Kriterien:

	☺☺	☺	☹	☹☹
Technische Beratung	☐	☐	☐	☐
Reaktionszeit auf Fragen	☐	☐	☐	☐
Lieferzeit bei Prototypen / Erstmustern	☐	☐	☐	☐
Lösung von Kundenproblemen	☐	☐	☐	☐

Dateiname	Stand: X vom 4. Mai. 06

Abb. 2.39: Formular zur Kundenbefragung (Beispiel)

> *Zusammenfassung der erforderlichen Maßnahmen:*
> - Verfahren zur Ermittlung der Kundenwahrnehmungen festlegen.
> - Kenngrößen zu Kundenwahrnehmungen in den Managementbericht/Geschäftsplan integrieren und in die Managementbewertung einbeziehen.
> - Leistung des Realisierungsprozesses, Qualitätsleistung gelieferter Teile, Störungen beim Kunden, Liefertreue (einschließlich mit Zusatzfrachtkosten verbundene Vorfälle) sowie Kundenbenachrichtigungen bei Qualitäts-/Lieferproblemen als objektive Daten zur Messung der Kundenzufriedenheit heranziehen.

2.7.3 Internes Audit (Abschnitt 8.2.2)

Anforderungen der ISO 9001:2000

- Durchführung interner Audits in geplanten Abständen, um zu ermitteln,
  - ob das QM-System mit den Anforderungen der ISO 9001 und den Anforderungen der Organisation an das QM-System übereinstimmt,
  - mit den Planungen nach Abschnitt 7.1 und internen Forderungen konform ist,
  - wirksam umgesetzt und aufrechterhalten wird.
- Planung des Auditprogramms
  - Berücksichtigung von Stand und Bedeutung der auditierten Prozesse und Bereiche sowie Ergebnisse früherer Audits,
  - Festlegung von Kriterien, Umfang, Häufigkeit, Methodik.
- Auswahl der Auditoren und Auditdurchführung müssen Objektivität und Unparteilichkeit sicherstellen.
- Auditoren dürfen nicht ihre eigenen Tätigkeiten auditieren.
- Das Auditverfahren muss beinhalten:
  - Verantwortungen,
  - Forderungen an die Planung, Durchführung, Berichterstattung und Aufzeichnungen.
- Korrekturmaßnahmen bei Mängeln
  - unverzüglich ergreifen,
  - Verwirklichung der Maßnahmen verifizieren,
  - über die Ergebnisse Bericht erstatten.

Zusätzliche Anforderungen der ISO/TS 16949:2002

QM-Systemaudit

- QM-System auditieren zur Verifizierung
  - der Erfüllung aller Anforderungen der ISO/TS 16949,
  - aller zusätzlichen Anforderungen an das QM-System.

Prozessaudit

- Jeden Produktionsprozess zur Feststellung seiner Wirksamkeit auditieren.

Produktaudit

- Produktaudits in geeigneten Phasen des Produktions- und Lieferprozesses zum Nachweis der Erfüllung aller Spezifikationen durchführen.

Interne Auditpläne

- Alle qualitätsrelevanten Prozesse, Tätigkeiten und Schichten auf Grundlage eines Jahresplans auditieren.
- Bei Auftreten von internen oder externen Fehlern oder bei Kundenbeschwerden die Auditfrequenz erhöhen.

Qualifikation interner Auditoren

- Interne Auditoren müssen qualifiziert sein, entsprechend den Anforderungen der ISO/TS 16949 zu auditieren.

2.7.3.1 Umsetzung

Die Anforderungen zu internen Qualitätsaudits umfassen die Planung und Durchführung von Audits und Aufzeichnung der Ergebnisse. Bei Verbesserungsvorschlägen sollten Verbesserungsmaßnahmen festgelegt werden, bei Abweichungen müssen Korrekturmaßnahmen mit Terminen und Durchführungsverantwortlichkeiten festgelegt werden. Die Wirksamkeit der Verbesserungs- bzw. Korrekturmaßnahmen ist zu überprüfen; normalerweise durch ein Nachaudit (nochmalige Überprüfung des Verfahrens/Prozesses/der Produkte bzw. Dienstleistungen mit Abweichungen) oder durch Auswertung aktueller Informationen zum Sachverhalt, die eine Beurteilung der Wirksamkeit ermöglichen.

Auditpläne

Eine zusätzliche Anforderung der ISO/TS 16949:2002 zum Auditverfahren ist die Auditierung aller Bereiche und aller Schichten. Dies schließt Wochenendschichten ein, in denen bestimmtes Personal ausschließlich eingesetzt wird. Der entsprechende Nachweis lässt sich über den Auditplan (siehe Abb. 2.40) und/oder den Tagesplan des Audits erbringen (der Tagesplan ist ein Zeitplan, der die zu auditierenden Bereiche bzw. Prozesse enthält, siehe z. B. Abb. 4.20 auf Seite 322). Darüber hinaus sind Produkt- und Prozessaudits durchzuführen (siehe unten).

Der Auditplan (siehe Abb. 2.40) muss einen jährlichen „Planungshorizont" haben. Das bedeutet nicht, dass das gesamte Managementsystem einmal jährlich auditiert werden muss. Eine zeitliche Ankopplung an die Managementbewertung ist sinnvoll, da in Abhängigkeit vom Ergebnis der Managementbewertung die Auditfrequenzen angepasst werden sollten.

2.7 Messung, Analyse und Verbesserung (Abschnitt 8)

Firmen-Logo	**Auditplan** Jahr: 2006													FM 8-2 Seite 1 von 1

Funktionsbereich / Produkt / Prozess	Typ	JAN	FEB	MRZ	APR	MAI	JUN	JUL	AUG	SEP	OKT	NOV	DEZ
Verkauf	S			JM									
Art. 4711	Pd		HM										
Beschaffung	S				JM								
Entwicklung	S					JM							
Produktion, Fertigungssteuerung	S						JM						
Montage	S									JM			
Management	S										JM		
Wareneingang, Versand	S											JM	
Stanzen	Pz			HM									
Fräsen	Pz							HM					
Beschichten	Pz											HM	

Auditoren:

Kurzzeichen	JM	HM
Name	J. Meyer	H. Müller

Typ: S - System   Pd - Produkt
 Pz - Prozess   V - Versand

Datum, Unterschrift:

Dateiname

Stand: A vom 19. Feb. 2006

Abb. 2.40: Formular zur Planung von Audits (Beispiel)

Wie bei allen Prüfungen hängen die Prüfintervalle auch bei den internen Audits von den vorausgegangenen Ergebnissen ab. Waren die Auditergebnisse positiv, so können die Intervalle großzügiger gewählt werden, gab es zahlreiche Abweichungen, so werden die Intervalle kürzer festgelegt. Gründe zur Verkürzung der Intervalle können auch Neuerungen im Managementsystem sein, z.B. geänderte Prozesse, vermutetes Verbesserungspotential etc. Darüber hinaus sollten Audits in problematischen Bereichen mit höherer Intensität durchgeführt werden als in weniger problematischen Bereichen.

Im Audit festgestellte Abweichungen werden im Auditbericht vermerkt. Dazu kann ein Formular verwendet werden, wie es Abb. 4.4 auf Seite 290 zeigt.

Der Auditbericht ist wie ein Abweichungsbericht aufgebaut, kann jedoch auch verwendet werden, um aufzuzeichnen, dass keine Abweichungen vorliegen. Außerdem können Anregungen für Verbesserungen aufgezeichnet werden.

Im Anschluss an die Aufzeichnung der Beobachtung unterschreibt der Auditor/unterschreiben die Auditoren im dafür vorgesehenen Feld. Der verantwortliche Bereichsleiter unterzeichnet nach Besprechung der Beobachtung.

Der Auditor unterzeichnet/die Auditoren unterzeichnen nach positiver Überprüfung der Wirksamkeit abschließend den Auditbericht.

Die in der ISO/TS 16949 (und der QS-9000) geforderte Erhöhung der Auditfrequenz bei internen/externen Fehlern oder Kundenbeschwerden lässt sich am sinnvollsten durch Produkt- oder Prozessaudits abdecken, und zwar an den reklamierten Produkten oder an den verursachenden Prozessen.

Außerdem ist zu beachten, dass der von der IATF entwickelte prozessorientierte Auditansatz anzuwenden ist. Der prozessorientierte Auditansatz wird in den Zertifizierungsvorgaben 2. Ausgabe Anhang 5 [23] erläutert.

Produktaudits

Produktaudits beziehen sich auf ein bestimmtes Produkt (oder mehrere Produkte oder eine Produktgruppe). Ziel von Produktaudits ist es, die Konformität mit der Produktspezifikation zu überprüfen. Dies muss aus der Sicht des Kunden geschehen, d.h. die Produkte werden so überprüft, wie der Kunde sie erhalten würde. Dazu sollten versandbereite Produkte hinsichtlich Kennzeichnung, Verpackung, Vollständigkeit und Korrektheit sämtlicher zugehöriger Liefer-, Produktions- und Prüfunterlagen sowie auf Einhaltung der Kundenspezifikationen (dimensionelle und Funktionsprüfung) überprüft werden. Produktaudits lassen sich mit Requalifikationsprüfungen (siehe Kapitel 2.7.5 „Überwachung und Messung von Produkten") kombinieren. Auf diese Weise kann der Aufwand minimiert werden. Beispiele zur Durchführung von Produktaudits enthält der VDA Band 6 Teil 5 [38].

Prozessaudits

Die Anforderungen der ISO/TS 16949:2002 hinsichtlich Prozessaudits beziehen sich auf Produktionsprozesse (in den weiter gehenden Anforderungen der ISO/TS 16949:1999 beziehen sich die Prozessaudits zusätzlich auf den Entwicklungsprozess). In Prozessaudits wird die Erreichung der Konformität mit den Anforderungen an die Prozesse überprüft sowie die Erreichung der Fähigkeit und Leistung (Effizienz) der Prozesse. Darüber hinaus wird die Effektivität der Prozesse bewertet, d.h. es wird bewertet, inwieweit die Prozesse geeignet sind, die Ziele hinsichtlich der Qualität, der Produktivität und der Zeitfaktoren zu erreichen. Eine Anleitung zur Durchführung von Prozessaudits einschließlich Fragenkatalog und Bewertungsschema enthält der VDA Band 6 Teil 3 [37]. Dieser schließt den Entwicklungsprozess mit ein. Gegebenenfalls kann ausschließlich der Teil zur Auditierung der Produktionsprozesse verwendet werden. In kleineren Zulieferbetrieben ist es sinnvoll, in Anlehnung an den VDA Band 6.3 eigene Checklisten und Verfahren zu entwickeln.

Tab. 2.18: Gegenüberstellung der Auditarten

Auditart	Auditgegenstand	Auditzweck
Systemaudit	Managementsystem	Beurteilung der Vollständigkeit und Wirksamkeit der Basisforderungen
Prozessaudit	Produktentstehungsprozess/ Serienproduktion Dienstleistungsentstehungsprozess/Erbringung der Dienstleistung	Beurteilung der Qualitätsfähigkeit für spezielle Produkte/Produktgruppen und deren Prozesse
Produktaudit	Produkte oder Dienstleistungen	Beurteilung der Qualitätsmerkmale

Quelle: [37]

Durchführung von Audits

Die Verwendung einer spezifischen Checkliste ist sinnvoll, um ggf. eine quantifizierte Aussage zu erhalten und um die Auditergebnisse vergleichen zu können. Die neuesten Entwicklungen in der Automobilindustrie hinsichtlich Auditmethodik sind, individuelle, auf die Unternehmensprozesse abgestimmte Auditchecklisten zu erstellen. Das heißt, dass jeder Prozess der zu auditierenden Organisation individuell analysiert wird hinsichtlich der Risiken, die zur Nichterfüllung von Anforderungen oder zur Minimierung der Effizienz oder der Effektivität führen können. Die Abdeckung dieser Risiken wird dann im Audit hinterfragt. Da es Zielsetzung der IATF ist, dass der prozessorientierte Auditansatz bei den Zulieferern angewendet wird, ist der „Auditfragenkatalog zu ISO/TS 16949:2002" [21] im Jahre 2004 zurückgezogen worden. Mit dieser Maßnahme soll verhindert werden, dass Audits mit Hilfe eines nach Normabschnitten untergliederten Fragenkatalogs durchgeführt werden.

Wie bereits erwähnt, soll die Vorbereitung auf das interne Audit prozessbezogen erfolgen, d.h., dass für jeden Prozess die Risiken ermittelt werden und daraus die Auditkriterien abgeleitet werden, also die Sachverhalte, die im Audit überprüft werden. Dieser prozessorientierte Auditansatz ist ausführlich im Kapitel 4.3 beschrieben. Im Audit sollten insbesondere folgende Punkte berücksichtigt werden:

- eingeführte Neuerungen,
- unternehmensspezifische, traditionelle Schwachpunkte,
- „unbeliebte" Aufzeichnungen,
- Schnittstellen zwischen verschiedenen Bereichen (Informationsfluss), d.h. bereichsübergreifende Prozesse und Tätigkeiten,
- Prozesse und Tätigkeiten, die ein hohes Maß an Arbeitsdisziplin und -methodik erfordern (Dokumentenaktualisierung, Prüfmittelüberwachung usw.).

Sinnvolle Empfehlungen, welche Punkte innerhalb eines Unternehmensbereiches oder Prozesses zu beachten sind, gibt die ISO 9004:2000 (Abschnitt 8.2.1.3):

- wirksame und effiziente Prozessverwirklichung,
- Möglichkeiten der ständigen Verbesserung,
- Fähigkeit von Prozessen,
- wirksamer und effizienter Einsatz statistischer Verfahren,
- Einsatz von Informationstechnik,
- Analyse von Daten zu den Qualitätskosten,
- wirksamer und effizienter Einsatz von Ressourcen,
- Ergebnisse und Erwartungen bezüglich der Prozess- und Produktleistung,
- Angemessenheit und Genauigkeit der Leistungsmessung,
- Verbesserungstätigkeiten,
- Beziehungen zu interessierten Parteien.

Zur Prüfung bereichsübergreifender Prozesse/Verfahren müssen Beobachtungen, die in einem Bereich gemacht werden, in den anderen betroffenen Bereichen weiterverfolgt werden. Ein Beispiel ist die Verteilung von Kundenspezifikationen. In dem Bereich, der für die Verteilung verantwortlich ist, wird hinterfragt, in welche Bereiche die Spezifikationen verteilt werden, wo der Verteiler dokumentiert ist und wie die Verteilung aufgezeichnet wird. Für eine Stichprobe von z.B. drei Spezifikationen werden die zugehörigen Artikelnummern mit Änderungsstand zur Überprüfung in den Empfangsbereichen vermerkt. Bei der Auditierung der Empfängerbereiche wird dann überprüft, ob die notierten Spezifikationen in der aktuellen Fassung vorliegen. Da Schnittstellenproblematiken nicht erkannt werden können, wenn nur ein Bereich auditiert wird, ist die zusammenhängende Auditierung aller oder mindestens mehrerer Unternehmensbereiche zu empfehlen. Die genannte Problematik hinsichtlich Schnittstellen (oder besser „Nahtstellen") trifft besonders auf administrative Tätigkeiten zu. In den genannten Fällen ist die Verfolgung bzw. das Nachvollziehen bestimmter Aufträge/Projekte zu empfehlen, wo immer möglich von der Schnittstelle zum Kunden (Input) bis zur Schnittstelle zum Kunden (Output).

Korrekturmaßnahmen aufgrund von Abweichungen in Audits müssen verifiziert werden, d.h., anhand einer objektiven Überprüfung muss die Wirksamkeit der Korrekturmaßnahmen festgestellt und nachgewiesen werden. Die Überprüfungsmaßnahmen können im Abweichungsbericht (siehe Abb. 4.4 auf Seite 290) aufgezeichnet werden, ggf. sind dem Abweichungsbericht Nachweise beizufügen, z. B. die Kalibrieraufzeichnungen von Prüfmitteln, die im Audit als nicht kalibriert festgestellt wurden.

Eine wesentliche Änderung in der 2000er-Fassung der ISO 9001 gegenüber der 1994er-Fassung ist die Änderung der Anforderungen in Bezug auf die Unabhängigkeit. Wird in der 1994er-Ausgabe noch die Unabhängigkeit des Auditors vom direkten Verantwortlichen für die auditierte Tätigkeit gefordert, so fordert die 2000er-Fassung, dass der Auditierende die auditierte Tätigkeit nicht selbst ausführt. Der IATF Leitfaden [20] empfiehlt die Unabhängigkeit des Auditors entsprechend der 94er-Fassung der DIN EN ISO 9001.

Qualifikation von Auditoren

Die ISO/TS 16949:2002 fordert, dass die internen Auditoren qualifiziert sind. Die erforderliche Qualifikation ist in der ISO/TS 16949:2002 nicht näher spezifiziert, von einzelnen Automobilherstellern existieren jedoch kundenspezifische Forderungen. In Anlehnung an die Qualifikationskriterien für Zertifizierungsauditoren aus den Zertifizierungsvorgaben zur ISO/TS 16949:2002 [23] und an die DIN ISO 19011 [15] können die erforderlichen Kompetenzen und Kenntnisse wie folgt zusammengefasst werden:

- ISO-Qualitätsnormen und Qualitätsmanagement,
- Auditmanagement,
- Teamarbeitstechniken und Präsentation,
- Interviewtechniken,
- Führungsfähigkeiten,
- Methoden, die in der Automobilindustrie angewendet werden,
- Ausbildung und Schulung,
- Auditerfahrung,
- Branchenerfahrung (Automobilindustrie und Branche, z. B. Metallverarbeitung, Chemie etc.).

Im IATF Leitfaden [20] wird empfohlen, Mindestanforderungen für interne Auditoren festzulegen.

Zusammenfassung der erforderlichen Maßnahmen:

- Auditverfahren in einer Verfahrensanweisung festlegen.
- Auditplan auf Jahresbasis erstellen (Objektivität und Unparteilichkeit der Auditoren beachten).
- Alle Produktionsschichten und alle Bereiche im Auditplan berücksichtigen.
- Produkt- und Prozessaudits planen (ISO/TS 16949, VDA 6.1).
- Gegebenenfalls spezifische Checkliste erarbeiten.
- Qualifikationskriterien für interne Auditoren festlegen.
- Falls erforderlich, Auditoren qualifizieren.
- Audits nach Plan durchführen.

> - Korrekturmaßnahmen festlegen und aufzeichnen, Ergebnisse verifizieren und aufzeichnen.
> - Auditergebnisse an Unternehmensleitung berichten und in die Managementbewertung einbeziehen.
> - Verfahren zur Erhöhung der Auditfrequenz bei internen/externen Fehlern/Kundenbeanstandungen festlegen.

2.7.4. Überwachung und Messung von Prozessen (Abschnitt 8.2.3)

Anforderungen der ISO 9001:2000

- Geeignete Methoden zur Überwachung und ggf. Messung der Prozesse des QM-Systems anwenden zur
  - Bestätigung der fortdauernden Fähigkeit, die geplanten Ergebnisse zu erreichen.
  - Ergreifen von Korrekturen/Korrekturmaßnahmen, wenn die Ergebnisse nicht erreicht werden.

Zusätzliche Anforderungen der ISO/TS 16949:2002

Überwachung und Messung von Produktionsprozessen

- Für neue Produktionsprozesse die Prozessfähigkeit nachweisen
  - Ergebnisse mit Spezifikationen dokumentieren,
  - Zielvorgaben für Prozessfähigkeit, Zuverlässigkeit, Instandhaltbarkeit und Verfügbarkeit sowie Freigabekriterien festlegen.
- Im Produkt- und Produktionsprozessfreigabeverfahren festgelegte Anforderungen erfüllen.
- Produktionslenkungsplan und Prozessablaufplan einhalten einschließlich festgelegter
  - Messtechniken,
  - Stichprobenpläne,
  - Annahmekriterien,
  - Reaktionspläne bei Abweichungen.
- Wichtige Prozessvorkommnisse (Werkzeugwechsel, Maschinenreparatur etc.) aufzeichnen.
- Für nicht beherrschte oder nicht fähige Prozesse
  - Reaktionspläne im Produktionslenkungsplan festlegen (Separieren bzw. 100%-Prüfung),
  - Korrekturmaßnahmenpläne erstellen und, wenn gefordert, vom Kunden bewerten und freigeben lassen.
- Einsatztermine von Prozessänderungen aufzeichnen.

2.7.4.1 Umsetzung

Der Entwurf zur DIN EN ISO 9004 (E DIN EN ISO 9004:1999-05 [CD2] [09]) hat die Messung und Überwachung von Prozessen in Bezug auf die Effektivität und Effizienz empfohlen. Dies bezieht sich sowohl auf Produktionsprozesse bzw. Prozesse zur Dienstleistungserbringung als auch auf administrative Prozesse wie Angebotserstellung usw. In der aktuellen Ausgabe der DIN EN ISO 9004:2000-12 [10] ist diese – im Grunde sinnvolle – Empfehlung nicht mehr enthalten. Ein effektiver Prozess leistet einen hohen Betrag zur Erreichung der (Unternehmens-)Ziele – in der ISO 9000 ff. wird der Begriff Wirksamkeit als Synonym verwendet – und ein effizienter Prozess läuft mit hohem Wirkungsgrad (siehe Tab. 2.19). Die Messungen an Prozessen befassen sich letztendlich mit folgenden Größen:

- Kundenzufriedenheit (auch interner Kunden),
- Kosten,
- Qualität,
- Zeit
    - Prozesszeiten (aufgewendete Zeit),
    - Termineinhaltung,
    - Durchlaufzeit.

Um Messgrößen für Prozesse sinnvoll festzulegen, ist es zunächst erforderlich, die Ziele klar zu formulieren (welches Ziel wird bei der Ausführung des Prozesses verfolgt?). Dann sind geeignete Messgrößen zu bestimmen, welche die Erreichung der Ziele messbar machen (vergleiche Kapitel 2.4.4 „Qualitätsziele und Geschäftsplan"). Es sollten also die Ziele der Prozesse formuliert werden, welche mit den Unternehmenszielen im Einklang stehen müssen.

Für die Messgrößen müssen Verantwortungen für die Durchführung der Messungen, für die Erfassung und für die Aufzeichnung der Daten, Auswertung und ggf. Berichterstellung sowie Analyse festgelegt werden, z.B. in Verfahrensanweisungen, Prüf- oder Arbeitsanweisungen.

Die Analyse der Messergebnisse dient der Feststellung der Prozesseffektivität und -effizienz, zur Ermittlung von Verbesserungspotential und zur Ableitung von Verbesserungsmaßnahmen (vergleiche Kapitel 2.7.7 „Datenanalyse und Verbesserungen").

So kann es beispielsweise im Verkauf sinnvoll sein, die Anzahl der täglichen Kontakte bei der Akquisition zu A-, B- und C-Interessenten zu messen, um für einen gleichmäßigen Auftragseingang zu sorgen. Parallel kann das potentielle Auftragsvolumen in Form eines Forecasts ermittelt werden (Summe der Angebotsvolumen multipliziert mit der jeweiligen Auftragswahrscheinlichkeit). Auf diese Weise kann u. a. ermittelt werden, welcher Anteil des Angebotsvolumens zum Auftrag wird. So kann der Akquisitions- und Verkaufsprozess gelenkt und überwacht sowie dessen Effektivität beurteilt werden.

Tab. 2.19: Effektivität und Effizienz von Prozessen

Effektivität (Wirksamkeit)	Effizienz
Machen wir die Dinge richtig?	Machen wir die Dinge wirtschaftlich?
Inwieweit stimmen die Ergebnisse des Prozesses mit den Vorgaben überein?	Inwieweit entsprechen Aufwand und Ertrag dem Optimum?
– Genauigkeit – Liefertreue – Kundenzufriedenheit – Anzahl Fehlleistungen – Fehlleistungskosten – Nacharbeit – Mehrarbeit – Ausschuss – Wertminderungen – etc.	– Durchsatz – Nutzungsgrade/Auslastungen – Durchlaufzeiten – Bearbeitungszeiten – Liegezeiten – Prozesskosten – Lagerbestände – Umschlagshäufigkeiten – etc.
Verantwortung: Prozessverantwortlicher	Verantwortung: (Top-)Management

Während der Produktion sind die Beachtung und Umsetzung der Vorgaben laut Fertigungsunterlagen, Freigaben von Arbeitsgängen (Einrichtprüfungen), laufende Prüfungen und Durchführung von Korrektur- und Lenkungsmaßnahmen von Bedeutung.

Dazu müssen Prüfungen an Produkt und Prozess entsprechend den Festlegungen im Produktionslenkungsplan (Control Plan) durchgeführt werden. Die Festlegungen müssen sich in Prüfplänen/Prüfanweisungen vor Ort widerspiegeln (im CAQ-System, als separate Prüf-/Arbeitsanweisung, auf arbeitsgang- oder auftragsbezogenen Fertigungspapieren etc.). Die Prüfergebnisse müssen aufgezeichnet werden.

Für besondere Merkmale wird als Prozesslenkungsmethode normalerweise die Regelkartentechnik eingesetzt (alternativ: 100%-Prüfung). Hierzu sind Anweisungen zu erstellen, die folgende Punkte berücksichtigen:

- Reaktion bei nicht-stabilen Prozessen (i. d. R. Eingriffsgrenzen- oder Grenzwerte überschritten), z. B. Sperren der seit der letzten „i. O."-Stichprobe geprüften Teile, Maschine stillsetzen/weiterlaufen lassen (Letzteres kann sinnvoll sein z. B. bei Prozessen, die lange Wiederanlaufphasen haben).
- Benachrichtigen des Vorarbeiters/Meisters/QS-Mitarbeiters. Bei den Reaktionen sind Kundenforderungen zu berücksichtigen, die in Abhängigkeit von der Prozessfähigkeit (C_{pk} < 133, C_{pk} 1,33–1,67, C_{pk} > 1,67) und von Grenzwertverletzungen die Art der Reaktion vorschreiben (100%-Prüfungen usw., siehe z. B. QS-9000 3rd Edition, Section II, Ford-spezifische Forderungen, Tabelle B [27]).

Die vor Ort festgelegten Maßnahmen müssen mit den im Produktionslenkungsplan festgelegten Maßnahmen übereinstimmen. Ein wichtiger Punkt ist die Erfassung wichtiger Ereignisse (Chargenwechsel, Maschinenstörungen etc.) auf der Regelkarte (oder in anderer Form, wie in Schichtprotokollen), um bei Auswertung der Regelkarten Ereignisse nachvollziehbar zu machen.

Wesentlich sind klare Regelungen (und deren Umsetzung) für die Werker bei Auftreten von Fehlern (bzw. nicht stabilen SPC-Merkmalen), der Informationswege und der Entscheidungsbefugnisse bezüglich Korrekturmaßnahmen und der Behandlung fehlerhafter Produkte. Bei Werkerselbstprüfung ist darüber hinaus wichtig, die Disziplin in der Stichprobenerfassung und die Stabilität und Fähigkeit der Prozesse regelmäßig zu überprüfen (z.B. stichprobenartig Regelkarten hinsichtlich Einhaltung der Prüfintervalle überprüfen, C_{pk}-Übersichten mit Hilfe des SPC-Systems erstellen und gezielt nicht-stabile und nicht-fähige Prozesse analysieren).

Änderungen im Prüfablauf, z.B. neu aufgenommene Prüfmerkmale aufgrund von Reklamationen oder erhöhte Stichprobenumfänge wegen nicht-stabiler Prozesse, müssen zu einer Überarbeitung des Produktionslenkungsplans (Control Plan) führen, ggf. auch zu einer FMEA-Überarbeitung (z.B. Neufestlegung der Bewertungszahl für die Auftretenswahrscheinlichkeit). Die Änderungen können beispielsweise durch die QS durchgeführt oder initiiert werden, und zwar im Rahmen der Bearbeitung interner Reklamationen und Kundenreklamationen bzw. anlässlich der Auswertung von Prozessstabilität und -fähigkeit. Voraussetzung für das Funktionieren dieses Verfahrens ist die Meldedisziplin bei internen Reklamationen und Abweichungen.

Bei Prozessänderungen, die eine Auswirkung auf das Produkt haben können, muss ein erneutes Produktionsprozess- und Produktfreigabeverfahren durchgeführt werden (siehe Kapitel 2.6.5 „Produktionsprozess- und Produktfreigabe").

Zusammenfassung der erforderlichen Maßnahmen:
- Festlegung von durchzuführenden Überwachungen und Messungen an oder in Prozessen.
- Regelmäßige und systematische Analyse der Messdaten zur Überwachung und Verbesserung der Prozesse.
- Prozessfähigkeiten im Rahmen des Produkt- und Produktionsprozessfreigabeverfahrens nachweisen.
- Produktionslenkungspläne umsetzen.
- Art der Aufzeichnung von Prozessvorkommnissen und Prozessänderungen festlegen.
- Reaktionspläne bei Abweichungen festlegen.

2.7.5 Überwachung und Messung von Produkten (Abschnitt 8.2.4)

Anforderungen der ISO 9001:2000

- Überwachung und Messung von Produktmerkmalen in geeigneten Realisierungsphasen zur Verifizierung der Erfüllung der Produktforderungen.
- Nachweise erbringen über Erfüllung der Annahmekriterien.
- Die zur Freigabe befugten Personen müssen in Aufzeichnungen angegeben sein.
- Die Freigabe von Produkten/Dienstleistungen darf erst nach zufriedenstellendem Abschluss aller Tätigkeiten erfolgen, wenn nicht anders von zuständiger Stelle oder vom Kunden genehmigt.

Zusätzliche Anforderungen der ISO/TS 16949:2002

Requalifikationsprüfung

- Vollständige Maß- und Funktionsprüfungen
  - durchführen gemäß Produktionslenkungsplan,
  - Ergebnisse dem Kunden zur Bewertung zur Verfügung stellen.

Aussehensabhängige Produkte

- Bei aussehensabhängigen Teilen sind sicherzustellen:
  - angemessene Ressourcen zur Beurteilung,
  - Referenzmuster/Beurteilungsmittel,
  - Pflege der Muster,
  - Personalqualifikation.

2.7.5.1 Umsetzung

Alle durchzuführenden Prüfungen am Produkt sind während der Produkt- und Prozessentwicklung festzulegen (siehe Kapitel 2.6.4.7 und 2.6.4.11). Produktionslenkungspläne (siehe Abb. 2.31 auf Seite 133), in denen alle Prüfungen vom Wareneingang bis zum Versand aufgelistet sind, geben einen Überblick über alle durchzuführenden Prüfungen. Produktionslenkungspläne können für einzelne Produkte oder für Produktgruppen erstellt werden. Bei Kleinserien oder Einzelanfertigungen können Produktionslenkungspläne als Übersicht über das Prüfkonzept ebenfalls sinnvoll sein, wenn die Produkte ähnlich sind bzw. in Familien gefertigt werden. Es können auch arbeitsgangbezogene Prüfanweisungen sinnvoll sein, die für alle Produkte oder bestimmte Produktgruppen gelten. Eine einfache Möglichkeit zur Festlegung der Prüfmerkmale ist deren Kennzeichnung auf der Konstruktionszeichnung. Damit wird die Forderung nach Festlegung der wesentlichen Produktmerkmale als Entwicklungsergebnis erfüllt (siehe Kapitel 2.6.4 „Entwicklung").

Bei Dienstleistungen ist es häufig sinnvoll, die Prüfanweisungen in Verfahrens- und Arbeitsanweisungen zu integrieren oder Checklisten zu benutzen (Beispiel: Checkliste für durchgeführte Arbeiten in einem Reparaturbericht). Letztendlich ist die Form der Festlegung eine Frage der möglichst einfachen, leicht aktualisierbaren Dokumentation. Oft ist die Kombination von allgemein gehaltenen Prüfanweisungen in Verbindung mit artikelbezogenen Anweisungen sinnvoll, z.B. Beschreibung der Prüfdurchführung in einer Arbeits-/Prüfanweisung in Verbindung mit der arbeitsgangbezogenen Festlegung der Prüfmerkmale in den Arbeitsgangstammdaten des PPS-Systems.

Die im Produktionslenkungsplan (Control Plan) festgelegten Prüfungen werden in entsprechenden Prüfplänen/Prüfanweisungen detailliert festgelegt (normalerweise für die Bereiche Eingangs- und Zwischenprüfungen). Dabei sind die Annahmekriterien festzulegen, damit nach objektiven und nachvollziehbaren Kriterien über Annahme oder Rückweisung eines Produkts/einer Dienstleistung entschieden wird. Annahmekriterien bei Stichprobenprüfungen sind immer „null Fehler", es sei denn, der Kunde hat eine anders lautende Genehmigung erteilt. Die Art der Aufzeichnung wird unter praktischen Gesichtspunkten (Einfachheit und Schnelligkeit der Aufzeichnung, Übersichtlichkeit, geringstmöglicher Papieraufwand usw.) festgelegt, z.B. in Fehlersammelkarten, Regelkarten etc. Für Automobilzulieferer sind eine rechnergestützte Prüfplanung sowie Prüfdatenerfassung und -auswertung im Normalfall eine wirtschaftliche Notwendigkeit.

Eine vollständige Festlegung von Produktprüfungen beinhaltet:
- Zuordnung zum Arbeitsgang/zur Tätigkeit, Artikel/Artikelgruppe, Projekt, Dienstleistungstätigkeit etc.,
- einzusetzende Mittel, z.B. Maschinen, Werkzeuge, Vorrichtungen, Softwaremodule etc.,
- Produkt- und Prozessmerkmale,
- Grenzwerte bzw. Annahmekriterien (auch Grenzmuster, die den „Gerade-noch-i.-O.-Zustand" verkörpern, stellen Annahmekriterien dar),
- Prüffrequenz und -umfang (100 %, Stichprobe 1/h etc.),
- Prüfmethode (SPC, Stichprobenpläne etc.),
- Prüfmittel,
- Abstellmaßnahmen bei Fehlern.

Die Festlegungen der durchzuführenden Prüfungen sind Ergebnis der Produkt- und Produktionsprozessentwicklung (siehe Kapitel 2.6.4.7 und 2.6.4.11). Sie werden aus den FMEAs abgeleitet und in den Produktionslenkungsplänen (Control Plan) dokumentiert.

Wareneingang

Im Wareneingang müssen mindestens Ident, Menge und Unversehrtheit (der Verpackung) kontrolliert werden; bei der Mitlieferung von Prüfaufzeichnungen sind diese auf Konformität mit den Vorgaben (Spezifikationen) zu prüfen, außer bei Konformitätsbescheinigungen (Bescheinigungen, dass die gelieferte Ware die Prüfspezifikationen erfüllt). Wareneingangsprüfungen am Produkt sind durchzuführen. Die ISO/TS 16949:2002 Abschnitt 7.4.3.1 zeigt Alternativen zur Wareneingangsprüfung auf:

- Erhalt und Auswertung statistischer Daten und/oder
- Eingangsprüfung (z. B. Stichproben),
- Bewertung oder Auditierung des Lieferanten durch dessen Kunden oder unabhängige Dritte in Verbindung mit Aufzeichnungen einer akzeptablen Qualität der gelieferten Produkte und/oder
- Bewertung der Teile durch ein festgelegtes Prüflabor,
- eine andere mit dem Kunden vereinbarte Methode.

Die Einstufung oder Auditierung der Lieferanten muss die Bewertung einer akzeptablen Qualitätsleistung einschließen, z. B. durch Ermittlung der ppm-Rate.

Für die vom Kunden oder intern mit Hilfe der FMEA-Methode ermittelten und in den Produktionslenkungsplänen dokumentierten besonderen Merkmale ist die Methode der statistischen Prozessüberwachung (SPC) einzusetzen (alternativ: 100%-Prüfung). Mit den Ergebnissen der Stichprobenprüfungen wird der Prozess gelenkt und sie werden zum (statistischen) Nachweis der Konformität der Produktmerkmale genutzt. Wesentlich ist dabei die Verwendung messender Prüfverfahren, da nur so Trends oder Abweichungen erkannt werden können, bevor sie zu fehlerhaften Produkten führen.

Aussehensabhängige Produkte

Bei Teilen, die als „aussehensabhängig" definiert sind, müssen Soll-Muster und/oder Grenzmuster festgelegt werden (zweckmäßigerweise in Abstimmung mit dem Kunden). *Aussehensabhängig* sind alle Teile, die im Sichtbereich von Fahrzeuginsassen angeordnet sind. Die Soll-Muster bzw. Grenzmuster (und zugehörigen Bewertungseinrichtungen) müssen gepflegt (Reinigung, geeignete Ablage usw.) und überwacht werden. Dazu können die Soll-Muster bzw. Grenzmuster in die Prüfmittelüberwachung aufgenommen werden, um sie regelmäßig zu überprüfen bzw. auszutauschen. Grundsätzlich ist dieselbe Vorgehensweise auch für andere qualitative Merkmale zu empfehlen.

An den Prüfplätzen müssen geeignete Beleuchtungseinrichtungen installiert sein und die Mitarbeiter müssen qualifiziert sein (z. B. durch Schulung, regelmäßige Sehtests).

Zwischenprüfungen

Zwischenprüfungen sind Prüfungen während oder nach einzelnen Schritten der Produkterstellung. Sie können als Stichproben oder als 100%-Prüfungen durchgeführt werden. Zwischenprüfungen können im Prozess, regelmäßig nach dem Prozess oder losweise nach dem Prozess durchgeführt werden.

Produktfreigaben

Im Gesamtkonzept sind auch die Prüfungen zur Freigabe einzelner Fertigungsschritte mit zu beachten (z. B. nach Einrichten einer Maschine). Aus den Freigabevermerken muss ersichtlich sein, wer die Freigabe erteilt hat (Kurzzeichen, Personalnummer, Unterschrift etc.), so dass nachvollziehbar ist, ob die Freigabe durch eine autorisierte Person erfolgt ist.

Endprüfungen

Endprüfungen können direkt am letzten Arbeitsgang oder nach Zwischenlagerung separat durchgeführt werden, je nach praktischen Gegebenheiten. Im Zusammenhang mit der Endprüfung sollte sichergestellt werden, dass alle festgelegten Prüfungen durchgeführt worden sind, z. B. durch Prüfung der Vollständigkeit der Prüfvermerke auf den Laufkarten. Bei konsequenter Durchführung von Zwischenprüfungen kann auf separate Endprüfungen häufig verzichtet werden.

Requalifikationsprüfungen

Requalifikationsprüfungen, bzw. Wiederholbemusterungen, sind ebenfalls zu planen und in den Produktionslenkungsplänen festzulegen (zeitlich und inhaltlich). Die ISO/TS 16949:2002 fordert eine vollständige Maß- und Funktionsprüfung im Rahmen der Requalifikationsprüfung, und zwar für alle Produkte. Die Durchführung von Requalifikationsprüfungen ist oft auch eine kundenspezifische Forderung. Wegen des mit Requalifikationsprüfungen verbundenen Aufwands ist zu empfehlen, bereits im Rahmen der Vertragsvereinbarungen mit dem Kunden Umfang und Frequenz der Requalifikationsprüfungen festzulegen.

Zusammenfassung der erforderlichen Maßnahmen:
- Prüfkonzept für Wareneingangs-/Zwischen- und Endprüfungen erarbeiten und Prüfunterlagen wie Produktionslenkungspläne, Prüfpläne, Prüfanweisungen usw. erarbeiten.
- Falls erforderlich, Vereinbarungen mit Lieferanten bezüglich durchzuführender Prüfungen und mitzuliefernder Aufzeichnungen treffen.
- Gegebenenfalls Pflege der Soll-Muster aussehensabhängiger Teile organisieren, Qualifikation der Prüfplätze und Prüfer sicherstellen.
- Requalifikationsprüfungen planen und durchführen.
- Einrichtprüfungen planen und durchführen.

2.7.6 Lenkung von Fehlern (Abschnitt 8.3)

Anforderungen der ISO 9001:2000

- Sicherstellen, dass nicht-anforderungsgerechte Produkte nicht versehentlich gebraucht oder ausgeliefert werden.
- Verfahren zum Umgang mit nicht-anforderungsgerechten Produkten/Dienstleistungen festlegen einschließlich Verantwortungen und Befugnissen.
- Fehlerhafte Produkte nachbessern und erneut verifizieren.
- Aufzeichnungen über Fehlerart und Folgemaßnahmen führen einschließlich Sonderfreigaben.

- Bei Fehlerentdeckung nach Auslieferung Maßnahmen zur Vermeidung der Fehlerfolgen ergreifen.
- Wo erforderlich, für vorgesehene Nachbesserung durch eine zuständige Stelle oder ggf. den Kunden eine Sonderfreigabe erteilen lassen.

Zusätzliche Anforderungen der ISO/TS 16949:2002

- Fehlerverdächtige oder nicht gekennzeichnete Produkte wie fehlerhafte Produkte lenken.

Lenkung von nachgearbeiteten Produkten

- Arbeitsanweisungen für Nacharbeit einschließlich Nachprüfungen müssen verfügbar sein und befolgt werden.

Kundeninformation

- Den Kunden informieren, falls ein fehlerhaftes Produkt ausgeliefert wurde.

Sonderfreigaben von Kunden

- Bei Abweichungen an genehmigten Produkten/Prozessen
  - vor Produktionsfortsetzung Abweichungsgenehmigung vom Kunden einholen,
  - Abweichungsgenehmigungsanträge von Lieferanten einbeziehen und erst nach eigener Zustimmung dem Kunden vorlegen,
  - Aufzeichnungen über Freigabedatum und Freigabemengen führen,
  - Konformität nach Ablauf der Abweichungsgenehmigung sicherstellen,
  - alle Ladungsträger entsprechend kennzeichnen.

2.7.6.1 Umsetzung

Die Maßnahmen zur Lenkung von Fehlern (fehlerhafter Produkte und Materialien bzw. Dienstleistungen) gehören zu den elementaren Bausteinen des Qualitätsmanagements. Die Frage stellt sich – ähnlich wie bei der Kennzeichnung, dem Prüf- und Bearbeitungsstatus – nach der konsequenten Umsetzung in die Praxis. Gegebenenfalls sind diese Punkte durch Schulungen, regelmäßige Produktionsrundgänge und interne Audits zu verbessern.

Zur „schulmäßigen" Lenkung fehlerhafter Produkte gehört:
1. Bei Auftreten von Fehlern (fehlerhafter oder fehlerverdächtiger Produkte oder Materialien) deutlich sichtbar kennzeichnen (sperren) und absondern (Sperrlager).
2. Aufzeichnen des Fehlers und Meldung an die koordinierende Stelle (Anlass können Kundenreklamationen oder interne Fehlermeldungen sein, und zwar aus Fertigung/Montage oder aus dem Wareneingang).
3. Ermittlung von Beständen der entsprechenden Fertigungscharge, Materialcharge, Produkten/Materialien, an denen derselbe Fehler zu vermuten ist (Umlauf- und Lagerbestände, Bestände auf dem Transportweg und Bestände beim Kunden).

4. Entscheid über die Behandlung der fehlerhaften/fehlerverdächtigen Produkte/Materialien (sortieren, nacharbeiten, verschrotten, neu einstufen, Sonderfreigaben):
   – Bei Nacharbeit müssen entsprechende Nacharbeitsanweisungen erstellt werden (z.B. in Form von auszugsweisen Arbeitsplänen). Darüber hinaus müssen an den nachgearbeiteten Produkten Wiederholungsprüfungen durchgeführt werden. Daher ist es sinnvoll, die durchzuführenden Prüfungen in der Nacharbeitsanweisung mit festzulegen. Einige Kunden verlangen eine besondere Kennzeichnung nachgearbeiteter Produkte.
   – Generell müssen die Informationswege und die Entscheidungsbefugnisse festgelegt werden, insbesondere die Befugnis zu intern erteilten Sonderfreigaben. Kontaktstellen zur Einholung von Sonderfreigaben des Kunden müssen festgelegt werden.
   – Sonderfreigaben können nur erteilt werden, wenn diese vorher schriftlich durch den Kunden genehmigt wurden. Anträge auf Sonderfreigabe durch Zulieferanten müssen erst intern und anschließend durch den Kunden genehmigt werden. Die Lieferungen müssen besonders gekennzeichnet werden (einschließlich Abweichungsgenehmigungsnummer etc.). Nach Ablauf der Frist für die Sonderfreigabe müssen die Produkte selbstverständlich wieder der Spezifikation entsprechen.
5. Wenn der Kunde betroffen ist, muss er kurzfristig über mögliche Ersatzlieferungen und Behandlung der beim Kunden befindlichen fehlerhaften/fehlerverdächtigen Produkte informiert werden.
6. Bewertung des Fehlers und Entscheid über die Einleitung eines systematischen Problemlöseverfahrens im Sinne von Ursachenanalyse und wirksamer Durchführung von Korrekturmaßnahmen mit dem Ziel, Wiederholfehler zu verhindern.

Der Kunde muss informiert werden, wenn im Nachhinein Fehler festgestellt oder vermutet werden, z.B. bei langwierigen Prüfungen, festgestellten Abweichungen bei Prüfmitteln etc. (vgl. Kap. 2.6.12).

Der EDV-Einsatz zur Qualitätsdatenerfassung und -auswertung ist für eine ökonomische Analyse von Wiederholfehlern sinnvoll (Erstellung von Statistiken, z.B. als Paretoanalysen). Dazu sind die Verantwortlichkeiten für die Erfassung und Auswertung der Daten festzulegen. Die komprimierten Daten können zur Datenanalyse dienen, wie sie im Abschnitt 8.4 der ISO 9001:2000 gefordert ist.

Zusammenfassung der erforderlichen Maßnahmen:
- Deutliche Kennzeichnung von fehlerhaften und fehlerverdächtigen Produkten sowie Sperrbereiche regeln.
- Verfahren zur Freigabe von Produkten mittels Sonderfreigabe festlegen (ggf. Kundengenehmigung einholen).
- Verfahren zur Nacharbeit und erneuten Verifizierung festlegen.
- Verfahren zum Erkennen von Wiederholfehlern festlegen.

2.7.7 Datenanalyse und Verbesserungen (Abschnitte 8.4 und 8.5)

Datenanalyse

Anforderungen der ISO 9001:2000

- Daten ermitteln, erfassen und analysieren
  - zur Beurteilung der Eignung und Wirksamkeit des QM-Systems,
  - zum Erkennen von Verbesserungspotential.
- Daten der Mess- und Überwachungstätigkeiten und aus anderen relevanten Quellen nutzen.
- Daten analysieren, um Angaben zu erhalten über:
  - Kundenzufriedenheit,
  - Einhaltung der Produktanforderungen,
  - Prozess- und Produktmerkmale und deren Trends und Potential an vorbeugenden Maßnahmen,
  - die Lieferanten.

Zusätzliche Anforderungen der ISO/TS 16949:2002

- Analyse und Verwendung von Daten
- Trends der Qualitäts- und Betriebsleistung mit den Zielvorgaben vergleichen und ggf. Maßnahmen ergreifen (Benchmarking wird empfohlen).
- Daten verwenden
  - zur Lösung von Kundenproblemen,
  - zur Beurteilung, Entscheidungsfindung und Planung,
  - hinsichtlich frühzeitiger Information über die Produktnutzung.

Verbesserungen

Anforderungen der ISO 9001:2000

- Wirksamkeit des QM-Systems verbessern durch Einsatz von:
  - Qualitätspolitik,
  - Qualitätszielen,
  - Ergebnissen interner Audits,
  - Datenanalysen,
  - Korrektur- und Vorbeugungsmaßnahmen,
  - Managementbewertungen.

Zusätzliche Anforderungen der ISO/TS 16949:2002

Ständige Verbesserung der Organisation

- Prozess zur ständigen Verbesserung festlegen (siehe ISO 9004:2000 Anhang B [10]).

Verbesserung des Produktionsprozesses

- Prozess zur Verbesserung der Produktionsprozesse durch Lenkung und Reduzierung der Streuung bei Produktmerkmalen und Produktionsprozessparametern.

2.7.7.1 Umsetzung

Die ISO 9001:2000 fordert die Analyse von Daten und legt die Zielsetzung dar:
1. Beurteilen der Eignung und Wirksamkeit des Managementsystems,
2. Ermitteln von Verbesserungspotential,

und zwar anhand von Zahlen, Daten und Fakten. Gleichzeitig gibt die ISO 9001:2000 an, worauf sich die Analyse der Daten bezieht:

– Kundenzufriedenheit,
– Erfüllung der Produktanforderungen,
– Prozess- und Produktmerkmale und deren Trends,
– Lieferanten.

Die nachfolgenden Tabellen (Tab. 2.20 bis Tab. 2.23) enthalten Anregungen, welche Daten für die Analyse zugrunde gelegt werden können:

Tab. 2.20: Mögliche Datengrundlage zur Verbesserung der Kundenzufriedenheit

Kundenzufriedenheit
– Ergebnisse von Kundenbefragungen
– Daten über Kundenreklamationen
– ppm-Raten von Kunden
– Produktausfälle während der Nutzung
– Garantie- und Gewährleistungsdaten
– Reparaturen
– Rücksendungen
– Fehllieferungen
– unvollständige Lieferungen
– Zuverlässigkeit/Lebensdauer

Tab. 2.21: Mögliche Datengrundlage zur Verbesserung der Erfüllung der Anforderungen an Produkte

Erfüllung der Produktanforderungen
– Liefertreue
– Daten über Kundenreklamationen
– Fehllieferungen, Rücksendungen, Reparaturen

- Produkt- oder Dienstleistungstests durch Verbraucherverbände, Zeitschriftenverlage etc.
- Produktausfälle während der Nutzung
- ppm-Raten von Kunden
- interne Fehlerraten
- Prozessfähigkeitsdaten
- Daten von Zwischen- und Endprüfungen
- Ergebnisse von Produktaudits und Requalifikationsprüfungen
- Nacharbeiten, Reparatur, Ausschuss, Wertminderung, Herabstufung

Tab. 2.22: Mögliche Datengrundlage zur Verbesserung von Produkt- und Prozessmerkmalen

Prozess- und Produktmerkmale und deren Trends

- Prozesskosten
- Fehlerraten
- Fehlerkosten
- Prozessfähigkeitsindizes
- Nutzungsgrade
- Bearbeitungszeiten (Dienstleistungen, administrative Tätigkeiten)
- Einricht- und Umrüstzeiten
- Mehr- bzw. Nacharbeit, Reparatur, Schrott
- unnötige Handhabung und Lagerung
- Lagerbestände, Lagerumschlagshäufigkeit
- Wartezeiten
- unnötiger Einsatz von Material
- unnötige Nutzung von Flächen
- Taktzeiten
- Nutzungsgrade
- Liefertreue
- Realisierung von Entwicklungsvorgaben
- Ergebnisse von Produkt-, Prozess- und internen Audits
- nicht geplante Stillstandszeiten

Tab. 2.23: Mögliche Datengrundlage zur Verbesserung und Entwicklung von Lieferanten

Lieferanten/Subunternehmer

- Ergebnisse von Wareneingangs- bzw. Abnahmeprüfungen
- Ergebnisse von Audits bei Lieferanten
- Sammelausschuss (bei der Verarbeitung entdeckte fehlerhafte Produkte)
- Liefertreue
- Reklamationen
- Fehllieferungen, Rücksendungen, Reparaturen
- ppm-Raten

Die Auflistung kann nur Anregungen geben, wie die Forderungen der ISO 9001:2000 zu verstehen sind. In jedem Unternehmen müssen individuell die Daten festgelegt werden, die zur Messung der Qualität der Produkte, der Qualität der wichtigen Prozesse und der Kundenzufriedenheit geeignet sind, und zwar aus den jeweils individuellen Zielsetzungen des Unternehmens heraus. Es ist dringend zu empfehlen, die oben genannten Daten in analoger Weise zu den finanziellen Daten zu ermitteln, d.h. nicht neben dem existierenden (Finanz-)Controlling ein zweites (Qualitäts-)Controlling zu errichten. Dafür sind im Wesentlichen zwei Gründe zu nennen:

1. Ein Controlling-System ist kostengünstiger und leichter zu handhaben als zwei Controlling-Systeme.
2. Zum effektiven Steuern und Lenken von Unternehmen ist eine ganzheitliche Betrachtung der klassischen drei Managementsäulen Qualität, Zeit und Kosten in Verbindung mit dem Kundennutzen und der Kundenzufriedenheit notwendig.

Bei der Festlegung der Daten sollte beachtet werden:
- Nur die Daten sammeln und auswerten, die nutzbare Information zu den Leistungen des Unternehmens liefern.
- Nach Möglichkeit Messgrößen bzw. Kennzahlen festlegen, zu denen Daten bereits erfasst werden.
- Unterscheiden zwischen Kennzahlen, die zur Überwachung der Unternehmensleistung dienen, und Kennzahlen, die darüber hinaus zur Ermittlung von Verbesserungspotential benutzt werden sollen (letztere sollten mit Verbesserungszielen verknüpft werden).
- Kennzahlen müssen hinreichend genau sein.
- Kennzahlen müssen so gebildet werden, dass sie vergleichbar sind, in der Regel durch Wahl einer geeigneten Bezugsgröße (z.B. Anzahl fehlerhaft gepackter Lieferungen bezogen auf die Gesamtzahl der Lieferungen in einer Zeitperiode).

Kennzahlen, die Grundlage für Verbesserungsmaßnahmen bilden sollen, müssen höhere Anforderungen erfüllen als Kennzahlen, die nur zur Überwachung dienen. Die der Kennzahl zugrunde liegenden Daten müssen rückführbar sein, d.h. zur Problemanalyse müssen sich die Daten auf bestimmte Produkte, Produktgruppen, Prozessschritte, Merkmale, Zeitintervalle zurückführen lassen.

Prof. Masing [51] nennt Grundsätze für die Einführung von Kenngrößen:

1. Eine gute Kenngröße muss im Sinne der Ziele der Aktivität gebildet sein, die sie überwachen soll. Sie muss die Richtung widerspiegeln, die die Entwicklung nehmen soll.
2. Die betroffenen Mitarbeiter müssen die Kenngröße akzeptieren. Es führt zu nichts, wenn man sie ihnen aufdrücken will. Die Mitarbeiter werden Mittel und Wege finden, sie zu unterlaufen. Der Anordnende wird danach nicht gut aussehen.
3. Kenngrößen sollten nur dort eingerichtet werden, wo Verbesserungen tatsächlich eingeführt und überwacht werden. An jeder anderen Stelle sind sie bald nichts als eine akademische Übung.
4. Keine organisatorische Einheit im Unternehmen sollte mehr als zwei bis drei Verbesserungsaktionen gleichzeitig laufen haben. Folgerichtig sollte es da auch nicht mehr als

zwei bis drei Kenngrößen geben. Wenn eine Maßnahme beendet ist, sollte die entsprechende Kenngröße nur in größeren Zeitabständen überprüft werden.
5. Eine Kenngröße gilt immer nur für die organisatorische Einheit, auf die sie sich bezieht. Sie zu Vergleichen heranzuziehen ist immer nur innerhalb der Einheit zu verschiedenen Zeiten sinnvoll. Vergleiche zwischen verschiedenen Einheiten sind, da deren Gegebenheiten verschieden sind, ohne Aussage, ja oft gefährlich.

Die festgelegten Kenngrößen können Ansatzpunkte für die ständige Verbesserung liefern. Wenn die Kenngrößen Auskunft über alle wichtigen Tätigkeiten und Ergebnisse des Unternehmens geben, so sind dabei auch sicher diejenigen Tätigkeiten, bei denen sich die Durchführung von Verbesserungen lohnt.

Es empfiehlt sich, Verbesserungsprojekte (KVP-Projekte) im Zusammenhang mit der Managementbewertung festzulegen. Für diejenigen Kenngrößen, welche die geplanten Verbesserungen messbar machen, sollten dann quantifizierte Ziele vorgegeben werden.

Die mit Zielen belegten quantifizierbaren Größen sollten anhand von anschaulichen grafischen Darstellungen veröffentlicht werden, z. B. durch Aushang am schwarzen Brett.

Für die Planung von Verbesserungen ist es sinnvoll, zwei Kategorien von Verbesserungen zu unterscheiden (ISO 9004:2000, Anhang B [10]):

1- Innovative, sprunghafte Verbesserungen:
Strategische Schlüsselprojekte, die zu einer Neugestaltung vorhandener Prozesse oder zur Verwirklichung neuer Prozesse führen, die gewöhnlich von funktionsübergreifenden Teams außerhalb des Routinebetriebs durchgeführt werden.

2. Ständige kleine Verbesserungen:
Schrittweise ständige Verbesserung, die von Personen im Rahmen vorhandener Prozesse durchgeführt werden.

Im Rahmen der Aktivitäten zur ständigen Verbesserung können durch Analysen im Detail Maßnahmenpläne entwickelt und umgesetzt werden. Je nach Themen, die bearbeitet werden sollen, können unterschiedliche Verbesserungsteams zusammengestellt werden. Wesentlich ist, dass der Prozess der ständigen Verbesserung von den Führungskräften aktiv gesteuert wird (Zielfestlegung, Verfolgung der Aktivitäten und der Umsetzung und Wirksamkeit von Maßnahmen), und dass durch die Führungskräfte Ressourcen für die Analyse (z. B. Durchführung von speziellen Untersuchungen/Prüfungen) und ggf. finanzielle Mittel für Investitionen bereitgestellt werden. Die Aufgabe, die ständige Verbesserung zu initiieren und zu steuern, kann ein bereichsübergreifendes Team übernehmen. Die Aufgaben dieses Steuerungsteams sind:

- Festlegung der
  – Verbesserungsprojekte,
  – Projektziele,
  – Mitglieder der Projektteams,
  – Start- und Endtermine,
  – erforderlichen Projektdokumentation (einschließlich Berichten).

- Überwachung der
  - festgelegten Maßnahmen,
  - termingerechten Durchführung der Maßnahmen,
  - Wirksamkeit der Maßnahmen/des Projektteams.

Für innovative, sprunghafte Verbesserungen sind temporäre Teams sinnvoll, für die ständige Verbesserung permanente Teams (die zweckmäßigerweise von den Prozessverantwortlichen geleitet werden).

Die Wirksamkeit der Maßnahmen kann unmittelbar anhand der zugehörigen Kenn- bzw. Messgrößen überprüft werden (z.B. Verbesserung von Durchlaufzeiten, Erhöhung von C_p-/C_{pk}-Werten zur Überprüfung der Wirksamkeit von Maßnahmen zur Verbesserung der Prozessfähigkeit).

Zusammenfassung der erforderlichen Maßnahmen:
- Einführung der ständigen Verbesserung im Unternehmen:
- ggf. Installieren eines Steuerungsteams,
- Festlegen der Verbesserungsschwerpunkte (Qualität, Produktivität, Dienstleistungen und Preise; Produktmerkmale; Handhabung und wirtschaftliche Nutzung von Ressourcen),
- ggf. Teams zur ständigen Verbesserung vorsehen,
- Messgrößen bestimmen,
- Maßnahmenpläne zur Verbesserung erarbeiten und umsetzen,
- Wirksamkeit der Verbesserungsmaßnahmen überprüfen.
- Schulungen in Techniken zur ständigen Verbesserung durchführen.

2.7.8 Korrektur- und Vorbeugungsmaßnahmen (Abschnitt 8.5)

Korrekturmaßnahmen

Anforderungen der ISO 9001:2000

- Angemessene Korrekturmaßnahmen zur Beseitigung der Ursachen von Fehlern/Wiederholfehlern ergreifen.
- Dokumentiertes Verfahren festlegen für:
  - Fehlerbewertung (einschließlich der Kundenbeschwerden),
  - Ermittlung der Fehlerursachen,
  - Beurteilung des Handlungsbedarfs zur Vermeidung von Wiederholfehlern,
  - Ermittlung und Verwirklichung von notwendigen Maßnahmen,
  - Aufzeichnung der Ergebnisse,
  - Bewertung der ergriffenen Korrekturmaßnahmen.

Zusätzliche Anforderungen der ISO/TS 16949:2002

Problemlösungsmethoden

- Einen Prozess zur systematischen Problemlösung anwenden, um Grundursachen zu ermitteln und zu beseitigen.
- Wenn der Kunde eine bestimmte Problemlösungsmethode vorschreibt, ist diese anzuwenden.

Fehlervermeidung

- Die Fehlervermeidungsmethodik ist bei Korrekturmaßnahmen anzuwenden.

Auswirkungen von Korrekturmaßnahmen

- Korrekturmaßnahmen auf gleichartige Produkte/Prozesse übertragen.

Befundung reklamierter Teile

- Im Rahmen der Korrektur- und Vorbeugungsmaßnahmen zurückgesandte Teile unter Minimierung der Prozessdauer
  – analysieren,
  – die Ergebnisse aufzeichnen.
- Gegebenenfalls Korrekturmaßnahmen durchführen.

Vorbeugungsmaßnahmen

Anforderungen der ISO 9001:2000

- Angemessene Vorbeugungsmaßnahmen zur Beseitigung möglicher Ursachen von Fehlern ergreifen.
- Dokumentiertes Verfahren festlegen für:
  – Erkennung möglicher Fehler und ihrer Ursachen,
  – Beurteilung des Handlungsbedarfs zur Vermeidung von Fehlern,
  – Ermittlung und Verwirklichung erforderlicher Maßnahmen,
  – Aufzeichnen der Ergebnisse der Maßnahmen,
  – Bewertung der ergriffenen Vorbeugungsmaßnahmen.

Zusätzliche Anforderungen der ISO/TS 16949:2002

(Keine)

2.7.8.1 Umsetzung

Unmittelbar an die Tätigkeiten zur Messung von Produkten und Prozessen, Audits, Managementbewertung sowie Lenkung fehlerhafter Produkte und Materialien schließt sich die Durchführung von Korrekturmaßnahmen an. Korrektur- und Vorbeugungsmaßnahmen beschränken sich allerdings nicht auf Produkte und Materialien, sondern schließen darüber hinaus ein:

- präventive Maßnahmen im Rahmen der Produkt- und Prozessplanung, z. B. Durchführung von Herstellbarkeitsbewertungen, FMEAs etc.,
- Korrektur- und Vorbeugungsmaßnahmen bei organisatorischen Problemen (z. B. nicht klar geregelte Zuständigkeiten/Schnittstellen, die anlässlich eines internen Audits festgestellt werden),
- Analyse von Qualitätsdaten zum Erkennen von Trends, Fehlerschwerpunkten und Wiederholfehlern.

Korrekturmaßnahmen

Wie für die Lenkung fehlerhafter Produkte gibt es auch für Korrekturmaßnahmen nach Auftreten von Fehlern „klassische" Vorgehensweisen im Anschluss an die Sofortmaßnahmen zur Fehlerbeseitigung und Schadensbegrenzung (zweckmäßigerweise im Team):

1. Problem beschreiben und zugehörige Zahlen, Daten, Fakten sammeln.
2. Bedeutung des Problems bewerten (Auswirkungen auf Produktionskosten, Qualitätskosten; Leistung, Funktion und Betriebssicherheit des Produkts; Kundenzufriedenheit).
3. Analyse der Ursache und Prüfung, ob es sich tatsächlich um die Grundursache handelt (kann der Ursache-Wirkungs-Zusammenhang durch Zahlen, Daten, Fakten belegt werden?); bei Bedarf den Sachverstand von Mitarbeitern aus anderen Bereichen, z. B. Entwicklung, Konstruktion, Werkzeugbau, Instandhaltung, Produktion etc. hinzuziehen. Bei der Analyse sollte in Betracht gezogen werden, ob die Fehlerursache auch Auswirkungen auf ähnliche Produkte/Prozesse haben kann.
4. Erarbeiten von Lösungsalternativen und möglichen Abstellmaßnahmen sowie probeweise Prüfung der Wirksamkeit (wenn möglich und wirtschaftlich sinnvoll).
5. Entscheidung für eine oder mehrere Lösungsalternativen, Festlegung der zugehörigen Abstellmaßnahmen mit Verantwortlichen für die Durchführung und mit Terminen.
6. Verfolgen der Abstellmaßnahmen.
7. Überprüfen der Wirksamkeit der Maßnahmen (anhand von Zahlen, Daten, Fakten).
8. Dokumentation von Maßnahmen, die das Wiederauftreten des Fehlers verhindern, in Verfahrens-, Arbeits-, Prüfanweisungen, FMEAs usw. Sofern relevant, sollten dabei gleichartige Prozesse/Produkte einbezogen werden.

Zu 1.: Nützlich können u. a. folgende vorhandene Daten sein:
- in Risikoanalysen (z. B. FMEAs) aufgezeichnete Erfahrungen,
- Versuchsergebnisse,
- Qualitätsdaten (z. B. Prüfergebnisse, statistische Prozessdaten etc.),
- vorausgegangene Reklamationen,

– Kundendienst- oder Feldinformationen,
– aber auch Vorgaben in Form von:
– Produktspezifikationen,
– Produktionsunterlagen wie Prozessablaufpläne, Arbeitsanweisungen.

Zu 3.: Bei der Analyse der Ursache können Qualitätsmethoden wie Ursache-Wirkungs-Diagramme, Paretoanalysen, Fähigkeitsuntersuchungen usw. angewendet werden.

Da bei der Bearbeitung von Reklamationen normalerweise zahlreiche Unternehmensbereiche einbezogen sind, müssen die Abläufe, Zuständigkeiten, Nahtstellen und Informationswege sehr detailliert festgelegt werden. Wegen der Unterschiede in diesen Punkten sollten Kunden- und Lieferantenreklamationen sowie interne Fehlermeldungen in separaten Verfahrensanweisungen beschrieben werden. Insbesondere ist möglichst genau festzulegen, wann (d.h. insbesondere ab welchem Ausmaß von Fehlern) interne Fehlermeldungen auszulösen sind, weil dies eine der wichtigsten Voraussetzungen zum Funktionieren des Verfahrens bei internen Fehlern ist. Die Erfassung der Kosten aufgrund der Reklamationen sollte mit berücksichtigt werden, z.B. durch Aufzeichnung der einzelnen Aufwände auf dem Reklamationsformular. Dabei ist nicht eine Kostenerfassung auf den Cent genau wichtig, sondern eine Erfassung, die so genau ist wie mit vertretbarem Aufwand möglich.

Wichtige durchgeführte Korrektur- und Vorbeugungsmaßnahmen sollten im Rahmen der Managementbewertung vorgestellt werden.

Die ISO/TS 16949 fordert (wie auch die QS-9000) die Anwendung systematischer Problemlösungsmethoden beim Auftreten interner oder externer Fehler. Dies kann z.B. der 8-Schritte-Plan (8D-Report) sein (siehe VDA 6.1 [36]). Der 8D-Report kann bei Reklamationen zu Stellungnahmen gegenüber dem Kunden genutzt werden (siehe z.B. Abb. 2.41).

In der ISO/TS 16949 (und QS-9000) wird gefordert, dass Korrekturmaßnahmen auf ähnliche Produkte/Prozesse übertragen werden. Der Schritt der Überprüfung, inwieweit die Maßnahmen übertragbar sind, sollte also in das Verfahren zu Korrekturmaßnahmen integriert werden, z.B. in Schritt 8 der oben beschriebenen Vorgehensweise.

Techniken zur Fehlervermeidung (Mistake Proofing) sind konstruktive Maßnahmen am Produkt oder Maßnahmen am Prozess mit dem Ziel, das Auftreten von Fehlern zu verhindern. Dies können z.B. Maßnahmen sein, die eine falsche Montage verhindern, etwa eine unsymmetrische Kontur des Produkts, so dass es nur in einer Drehlage montiert werden kann.

Zu den Korrektur- und Vorbeugungsmaßnahmen gehört auch die Prüfung und Analyse von fehlerhaften Produkten, die vom Kunden zurückgesandt werden (Sammelausschuss, Rückläufer aus Garantiefällen etc.). Für diese Produkte sind erforderlichenfalls systematische Problemlöseverfahren anzuwenden (z.B. Paretoanalyse, 8D-Verfahren, siehe oben). Die ISO/TS 16949 fordert, die Zeit für diese Reklamationsteilebefundung zu minimieren. Dies setzt voraus, dass die Zeiten vom Eingang bis zum Abschluss der Bearbeitung aufgezeichnet werden, um die Bearbeitungsdauer messen zu können.

2.7 Messung, Analyse und Verbesserung (Abschnitt 8)

Firmen-Logo	**Formular** **8D-Report**	FM 8-9 Seite 1 von 1

Teilenummer / part number:	Teilename / part name:
CSX 2003 A	Bolzen
Berichtsnummer / report number:	**Berichtsdatum** / report date:
–	08.07.2002

Beanstandungsgrund / defect description:
Bolzenkopf nicht zentrisch

1. Zusammensetzung des Teams / team:
QS, PROD, VT

2. Problembeschreibung / problem description:
Die Bolzen (gelieferte Menge 12.000 Stück) sind nicht zentrisch (Kopf und Schaft) und lassen sich daher nicht weiterverarbeiten (taumeln)

3. Sofortmaßnahme(n) / containment action(s):

	% Auswirkung / % Effect	Einsatzdatum / Implem. Date
• Bestände im Fertigwarenlager sperren und sortierprüfen	100%	sofort
• Rücklieferung durch den Kunden	100%	sofort
• Ersatzlieferung (6.000 Stück) bis spätestens 15.07.2002	50%	nach Sortierprüfung

4. Fehlerursache(n) / root cause(s):

	% Auswirkung / % Contribution	System- / Verfahrensgründe / System / Procedure cause(s)
Ober- und Unterteil der Werkzeuge sind beim Einrichten nicht richtig ausgerichtet worden.	100%	

5. Abstellmaßnahme(n) / corrective action(s):

	Überprüfung / Verification	% Auswirkung / % Effect
• Einrichtanweisung erstellen		25%
• Einrichter schulen		25%
• Einrichtprüfung durch QS		50%

6. Abstellmaßnahme(n) einführen / implement corrective action(s):

	Einsatzdatum / Implem. Date
Beim nächsten Fertigungsauftrag für CSX 2003 A Stichprobe mit 100 Teilen entnehmen und Konzentrizität prüfen.	nächster Fertigungsauftrag

7. Maßnahmen, die ein Wiederauftreten des Problems verhindern / action(s) to prevent recurrence

	Einsatzdatum / Implem. Date
Einrichtprüfung durch QS im Produktionslenkungsplan (control plan) aufnehmen	19.07.2002

8. Maßnahmen auf ähnliche Prozesse und Produkte übertragen / apply action(s) on similar processes and products

	Einsatzdatum / Implem. Date
Maßnahmen auf alle Bolzen der CSX- und CSK-Reihe anwenden! (detaillierte Maßnahmen auf Formular FM 8-6 „Ständige Verbesserung")	19.07.2002

Würdige Leistung und Erfolg des Teams / congratulate your team:
Die Fehlerursache wurde erkannt und ein Wiederauftreten wirksam verhindert.

Abgeschlossen:

Datum / Date	Unterschrift / Sign:
05.08.2002	*Bondurant* (Bondurant)

FM_8-9.doc   Stand: A vom 25. Apr. 02

Abb. 2.41: Beispiel für einen 8D-Report

Vorbeugungsmaßnahmen

Während Korrekturmaßnahmen ergriffen werden, wenn Fehler bzw. Probleme bereits aufgetreten sind, also darauf abzielen, dass sich der Fehler bzw. das Problem nicht wiederholt, zielen Vorbeugungsmaßnahmen auf die Vermeidung von Fehlern bzw. Problemen, die noch nicht aufgetreten sind. Vorbeugungsmaßnahmen können beispielsweise durch systematische Analyse von qualitätsrelevanten Daten aus Prozessen, Sonderfreigaben, Ergebnissen von Qualitätsaudits, Prüfaufzeichnungen usw. abgeleitet werden, oder sie ergeben sich aus Risikoanalysen wie FMEAs während der Planungsphase oder aus der Analyse von möglichen Fehlerschwerpunkten (Produkt, Prozess, Managementsystem). Vorbeugungsmaßnahmen müssen wie Korrekturmaßnahmen mit Verantwortlichkeiten und Terminen versehen, verfolgt und auf Wirksamkeit überprüft werden. Gegebenenfalls sind betroffene QM-Dokumente anzupassen (siehe oben).

Zusammenfassung der erforderlichen Maßnahmen:
- Festlegen der Verfahren zu Korrektur- und Vorbeugungsmaßnahmen.

3 Gestaltung der Managementdokumentation

Die DIN EN ISO 9001:2000 fordert die Erstellung einer Managementdokumentation. Diese muss das Managementsystem hinsichtlich Umfang und Inhalten beschreiben. Darüber hinaus müssen mindestens die von der ISO 9001:2000 bzw. der ISO/TS 16949:2002 geforderten „dokumentierten" Verfahren bzw. Prozesse des Unternehmens sowie die Wechselwirkungen der Prozesse beschrieben werden. Alle erforderlichen Dokumente und die von der ISO 9001:2000 bzw. der ISO/TS 16949:2002 geforderten Aufzeichnungen müssen ebenfalls Bestandteil der Managementdokumentation sein.

Die Art und die Form der Dokumentation werden in der ISO 9001 ausdrücklich nicht vorgegeben:

> „Die Dokumentation kann in jeder Form und Art eines Mediums realisiert sein." ([07] Abschnitt 4.2.1, Anmerkung 3)

In diesem Kapitel werden exemplarisch zwei Arten von Managementdokumentationen beschrieben:

1. Eine konventionelle (Papier-)Dokumentation, deren Struktur an die Gliederung der Norm angelehnt ist.
2. Eine elektronische (papierlose) Dokumentation, deren Struktur sich an den Unternehmensprozessen orientiert.

3.1 Aufbau der Managementdokumentation

Die Managementdokumentation hat die in Abb. 3.1 dargestellte Struktur. Der Aufbau der Dokumentation eines integrierten Managementsystems (Qualitätsmanagement, Umweltmanagement, Arbeitssicherheit) ist grundsätzlich derselbe.

Die ISO 9001:2000 bzw. die ISO/TS 16949:2002 fordern folgende Inhalte in der Managementdokumentation (in den Klammern sind die jeweiligen Normabschnitte angegeben):
- Qualitätspolitik und (messbare) Qualitätsziele.
- Dokumentierte Verfahren
  – Lenkung von Dokumenten (4.2.3),
  – Lenkung von Aufzeichnungen (4.2.4),
  – Schulung (6.2.2),
  – internes Audit (8.2.2),

- Lenkung fehlerhafter Produkte (8.3),
- Korrekturmaßnahmen (8.5.2),
- Vorbeugungsmaßnahmen (8.5.3).

• Prozesse
  - technischen Vorgaben (4.2.3.1),
  - Motivation der Mitarbeiter (6.2.2.4),
  - Lenkung und Reaktion auf Änderungen (7.1.4),
  - Sicherstellung der Qualität angelieferter Produkte (7.4.3.1),
  - ständige Verbesserung (8.5.1.1).
• Dokumente, die zur Sicherstellung der wirksamen Planung, Durchführung und Lenkung der Prozesse benötigt werden.
• Geforderte Aufzeichnungen.

Das QM-Handbuch (der Begriff QM-Handbuch ist als Synonym für „übergeordnetes Dokument" zu verstehen) soll enthalten:
• Anwendungsbereich des QM-Systems ggf. mit begründeten Ausschlüssen.
• Dokumentierte Verfahren oder Verweise darauf.
• Beschreibung der Wechselwirkung der Prozesse.

Abb. 3.1: Aufbau der Managementdokumentation

3.1.1 Beschreibung der Prozesse und Wechselwirkung

Die Forderung der DIN EN ISO 9001:2000 nach der Beschreibung der Wechselwirkung von Prozessen kann auf verschiedene Weisen erfüllt werden.

Ein Verfahren ist eine „festgelegte Art und Weise, eine Tätigkeit oder einen Prozess auszuführen" (DIN EN ISO 9000:2005, Abschnitt 3.4.5). Wenn in diesem Buch die Begriffe „Verfahren" und „Prozess" bzw. „Verfahrensanweisung" und „Prozessbeschreibung" verwendet werden, dann sind immer festgelegte Prozesse gemeint. Das bedeutet, dass für jedes Verfahren bzw. jeden Prozess im Unternehmen folgende Punkte festgelegt und erforderlichenfalls dokumentiert werden:

- die Abläufe,
- die Zuständigkeiten für die einzelnen Arbeitsschritte,
- erforderlicher Input,
- erzeugter Output,
- Wechselwirkungen zu anderen Prozessen.

In kleineren Unternehmen mit einer geringen Anzahl an Verfahren bzw. Prozessen kann es ausreichend sein, in den Verfahrensanweisungen bzw. Prozessbeschreibungen die Schnittstellen zu den anderen Prozessen zu definieren. Dies kann über Input, Output und die beteiligten Funktionsbereiche geschehen, die z. B. in einem „Prozesssteckbrief" festgelegt werden können (siehe Abb. 3.2). Bei komplexen oder zahlreichen Verfahren ist dies in der Regel unübersichtlich. In diesem Falle bietet es sich an, eine Übersicht über die Wechselwirkungen zu erstellen. Dies kann grafisch, z. B. in Form eines „Netzwerks der Geschäftsprozesse" erfolgen (siehe Abb. 1.2 auf Seite 9) oder es wird eine Wechselwirkungsmatrix erstellt. Bei Letzterer werden alle Prozesse in einer Tabelle sowohl in den Spalten als auch in den Zeilen aufgelistet und die Wechselwirkungen in den Kreuzungspunkten eingetragen.

3.1.2 QM-Handbuch

Die Bezeichnung „Qualitätsmanagement-Handbuch" in der DIN EN ISO 9001 kann zu Missverständnissen führen. In diesem Buch wird daher die Bezeichnung „Managementdokumentation" bevorzugt. Diese enthält das „QM-Handbuch", wie es von der DIN EN ISO 9001 gefordert wird, als *einen* Bestandteil. Weitere Bestandteile der Managementdokumentation sind Abb. 3.1 zu entnehmen.

Das QM-Handbuch legt den Geltungsbereich des QM-Systems fest und beschreibt grundlegend, wie die Anforderungen der Norm im Unternehmen umgesetzt sind. Darüber hinaus bietet das QM-Handbuch die Möglichkeit, nicht-zutreffende Anforderungen (aus Abschnitt 7) der Norm auszuschließen und diese Ausschlüsse zu begründen. Anders als die Bezeichnung „QM-Handbuch" suggeriert, muss das QM-Handbuch nicht in Form eines auf Papier ausgedruckten Handbuchs erstellt werden, sondern kann in beliebiger Form erstellt werden. Dabei können Medien wie Bild, Film, Tonträger oder andere Medien verwendet werden. Wesentlich ist, dass das „Handbuch" das „Dach" der Dokumentation darstellt, aus dem Inhalte und Umfang des Managementsystems hervorgehen und in dem insbesondere ersichtlich ist, aus welchen Bestandteilen die Managementdokumentation insgesamt besteht. Konkret bedeutet dies beispielsweise, dass das QM-Handbuch Verweise auf Verfahrensanweisungen/Prozessbeschreibungen und andere mitgeltende Unterlagen enthält.

3.1.3 Verfahrensanweisungen bzw. Prozessbeschreibungen

In den Verfahrensanweisungen bzw. Prozessbeschreibungen werden die Verfahren bzw. Prozesse beschrieben, die zur Aufrechterhaltung des Managementsystems erforderlich sind. Die Begriffe „Verfahrensanweisung" und „Prozessbeschreibung" werden in diesem Buch synonym verwendet. Aus Gründen der besseren Lesbarkeit wird im Folgenden daher meist nur einer der beiden Begriffe genannt.

Um die Beschreibungen leicht lesbar und übersichtlich zu gestalten, sollten grafische Darstellungen verwendet werden. Dazu bieten sich Ablaufdiagramme (Flowcharts) an, die mit Grafikprogrammen wie Microsoft Visio oder dem iGrafx FlowCharter erstellt und z.B. in Word-Dokumente eingefügt werden können. Eine in der Anschaffung kostspieligere, aber komfortable Alternative sind datenbankgestützte Systeme, wobei die Bandbreite von relativ einfachen Systemen wie z.B. ViFlow von ViCon bis zu sehr komplexen und vielseitigen Systemen wie Aris von IDS Scheer reicht.

Neben der reinen Beschreibung der Abläufe mit Input, Output und Zuständigkeiten ist es zusätzlich erforderlich, einige grundlegende Festlegungen zu treffen. Das Ziel des Verfahrens bzw. des Prozesses ist zu definieren. Der Prozessverantwortliche ist zu benennen und – falls zweckmäßig – sind Messgrößen zur Überwachung und Lenkung des Prozesses in der Verfahrensanweisung oder an anderer Stelle zu dokumentieren. Dazu bietet sich eine Rubrik am Beginn jeder Verfahrensanweisung an (siehe Beispiel in Abb. 3.3) oder ein Prozesssteckbrief (siehe Abb. 3.2).

3.1.4 Arbeits- und Prüfanweisungen

In Arbeits- und Prüfanweisungen wird detailliert festgelegt, was durch wen auf welche Weise zu tun ist. Meistens beziehen sich Arbeitsanweisungen auf einen einzelnen Schritt eines Prozesses.

Der Umfang und der Detaillierungsgrad sollen sich grundsätzlich an der Komplexität des Verfahrens und der Fähigkeit der Mitarbeiter orientieren, also an den praktischen Notwendigkeiten. Insbesondere die ISO/TS 16949 macht detaillierte Vorgaben gerade in Bezug auf Arbeitsanweisungen. Neben Arbeitsanweisungen für die Produktion werden beispielsweise zusätzlich Einrichtanweisungen und Nacharbeitsanweisungen gefordert. Das heißt, in der Automobilindustrie müssen für die Produktion durchgängig Arbeitsanweisungen vorhanden sein, während in den administrativen Bereichen Arbeitsanweisungen nur vorhanden sein müssen, wenn sie benötigt werden.

3.1 Aufbau der Managementdokumentation 247

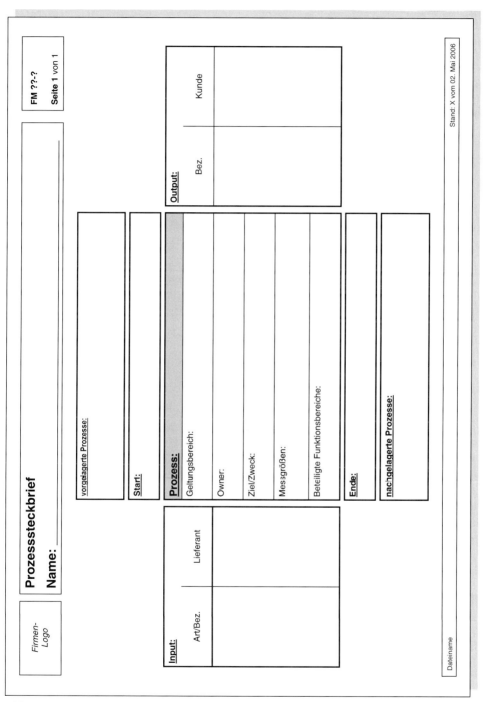

Abb. 3.2: Beispiel für einen Prozesssteckbrief

Firmen-Logo	Verfahrensanweisung „Bezeichnung"	VA 1-1 Seite 1 von 1

1 Prozessfestlegungen

1.1 Ziel

Hier wird das Ziel des Prozesses beschrieben (Was soll durch den Prozess erreicht werden?)

1.2 Zweck

Hier wird der Zweck des Prozesses beschrieben (Warum gibt es den Prozess bzw. warum führen wir den Prozess aus?)

1.3 Prozesseigentümer / Teilprozesseigentümer bzw. Prozesskoordinator / Prozessverantwortlicher

Hier werden der Prozesseigentümer / Teilprozesseigentümer bzw. der Prozesskoordinator / Prozessverantwortliche genannt (als Funktion, z. B. Vertriebsleiter, Entwicklungsleiter, Qualitätsmanagementbeauftragter etc.).

1.4 Verantwortliche Funktionsbereiche

Hier werden alle am Prozess beteiligten Bereiche benannt (das sind die im Flowchart unter Verantwortung bzw. Mitwirkung benannten Bereiche).

1.5 Geltungsbereich

Hier wird der Bereich festgelegt, für den die Prozessbeschreibung gilt. Das kann sich auf das gesamte Unternehmen beziehen, auf bestimmte Funktionsbereiche (z. B. Vertrieb, Einkauf, Produktion etc.), auf bestimmte Funktionsträger (z. B. alle leitenden Mitarbeiter), auf bestimmte Produktgruppen (z. B. Handelsware) usw.

1.6 Begriffe und Definitionen

Hier werden spezifische Begriffe definiert (z. B. Begriffe aus dem Bereich des Qualitätsmanagements wie Verifizierung, Validierung, unternehmensspezifische Begriffe etc.)

1.7 Mitgeltende Dokumente und Unterlagen

Hier werden mitgeltende Dokumente und Unterlagen aufgezählt (z. B. gesetzliche Vorschriften, Normen, Kundenrichtlinien etc.)

Dateiname	Stand: A vom 08.03.2006

Abb. 3.3: Beispiel für Prozessfestlegungen in einer Verfahrensanweisung

Auch bei den Arbeitsanweisungen sollten bildliche Darstellungen umfangreichen Beschreibungen vorgezogen werden. Prüfanweisungen müssen neben den durchzuführenden Prüfungen die jeweiligen Annahmekriterien festlegen (z.B. Grenzwerte oder Abbildungen von Vergleichsmustern). Außerdem müssen – neben einer genauen Spezifizierung der Prüfdurchführung – Maßnahmen für den Fall festgelegt sein, dass Annahmekriterien nicht erfüllt sind. Abb. 2.32 auf Seite 181 zeigt ein Beispiel für den Aufbau einer Arbeits- und Prüfanweisung.

3.1.5 Aufzeichnungen

In der Managementdokumentation ist festzulegen, was wo von wem wie in welcher Form aufzuzeichnen ist. Aufzeichnungen werden in der Regel schriftlich geführt oder rechnergestützt in Datenbanken erfasst.

Medien, mit deren Hilfe Aufzeichnungen geführt werden (z.B. Formulare oder Datenerfassungsmasken) sollten klar und logisch strukturiert sein. Das bedeutet, dass die Erfassung der Daten in der Reihenfolge der Bearbeitungsschritte möglich sein sollte. Die betreffenden Mitarbeiter sollten in den Umgang mit den Formularen oder Datenmasken eingewiesen werden. Zum besseren Verständnis können ausgefüllte Musterformulare oder Abbildungen ausgefüllter Bildschirmmasken hilfreich sein.

3.2 Papierbasierte Dokumentation

Besonders bei einer papierbasierten Dokumentation ist ein Ordnungssystem wichtig, nach welchem die Dokumente gegliedert werden. Ein einfaches und leicht überschaubares System erleichtert den Zugriff auf die gesuchten Informationen und macht die Managementdokumentation praktikabel. Grundsätzlich bieten sich zwei Strukturen zur Gliederung an:

1. Gliederung entsprechend den Abschnitten der Norm,
2. Gliederung entsprechend den Prozessen im Unternehmen.

In diesem Beispiel wird die Dokumentation entsprechend den Abschnitten der Norm gegliedert. Die prozessorientierte Gliederung wird am Beispiel der elektronischen Dokumentation im Kapitel 3.3 erläutert.

3.2.1 Anforderungen an die papierbasierte Dokumentation

Die Managementdokumentation definiert die Inhalte des Managementsystems im Unternehmen; es hat also den Charakter eines Organisationshandbuches. Neben diesen inhaltlichen Anforderungen (die ausführlich im Kapitel 2 dieses Buches beschrieben sind) müssen einige organisatorische und formale Anforderungen erfüllt sein.

3.2.1.1 Lenkung der Dokumente

Die Lenkung der Dokumente muss in einem dokumentierten Verfahren festgelegt sein. Die diesbezüglichen Anforderungen der DIN EN ISO 9001:2000 und deren Umsetzung sind ausführlich im Kapitel 2.3.2 dieses Buches beschrieben. Die Intention der Normforderungen ist, dass alle Dokumente in den aktuellen Fassungen an den jeweiligen Einsatzorten verfügbar sind.

Identifikation

Jedes Dokument muss eindeutig identifizierbar sein. Dies kann mit Hilfe eines eindeutigen Nummerierungssystems oder eindeutigen Bezeichnungen geschehen. Eine Nummerierung hat den Vorteil, dass sich Verweise auf andere Dokumente leichter eindeutig anbringen lassen. Ein Verweis in der Form „Siehe VA 4-3" ist eindeutig und leicht aufzufinden, wenn die Nummerierung einer Systematik unterliegt, die von den Nutzern verstanden wird. Hingegen kann ein Verweis der Form „Siehe ‚Zuständigkeiten und Verteiler von Dokumenten und Aufzeichnungen'" zu Verwirrung führen, weil der Titel sehr lang ist und die Nutzer unter Umständen das Dokument nicht auffinden.

Kennzeichnung des Änderungsstands

Es ist eine Kennzeichnung der Dokumente erforderlich, die es ermöglicht, deren Aktualität bzw. Gültigkeit festzustellen. Dokumente können normalerweise nicht mit einer Gültigkeitsdauer versehen werden, weil bei der Erstellung in der Regel nicht absehbar ist, wie lange ein Dokument gültig sein wird. Als praktikabel hat sich daher ein System erwiesen, in dem der Freigabestand des Dokuments angegeben wird. Dieser kann über eine Freigabeliste (z. B. ein Inhaltsverzeichnis) auf Aktualität hin überprüft werden.

Um Änderungen nachvollziehen zu können, sollten die überarbeiteten und zurückgezogenen Dokumente archiviert werden. Durch den Vergleich der Dokumente in Verbindung mit dem jeweiligen Freigabedatum kann die Dokumentenhistorie nachvollzogen werden. Es erweist sich in der Regel als praktisch, den Änderungsstand oder einen Änderungsindex mit in den Dateinamen des jeweiligen Dokuments aufzunehmen. Dieser kann z. B. durch einen Unterstrich und eine fortlaufende Zahl oder einen Buchstaben an den eigentlichen Dateinamen angehängt werden. Wenn bei der Überarbeitung eines Dokuments zuerst das Dokument unter einem neuen Dateinamen (mit dem neuen Änderungsstand) abgespeichert wird, ergibt sich eine nachvollziehbare Änderungshistorie praktisch „von selbst". Versionsverwaltungen von Softwareprogrammen sind eine Alternative, um die Änderungshistorie nachvollziehbar zu machen. Ein Beispiel ist die in Microsoft Word enthaltene Versionsverwaltung.

Seitennummerierung

Um beim Arbeiten oder beim Austauschen von Dokumenten die Vollständigkeit überprüfen zu können, sollte das Dokument sowohl fortlaufende Seitennummern haben als auch die Gesamtzahl der Seiten erkennbar sein. Dies kann z. B. durch die Angabe der fortlaufenden

Seitennummer und der Gesamtseitenanzahl auf jeder Druckseite erfolgen, z. B. in der Form: „Seite 1 von 5".

3.2.1.2 Freigabe und Verteilung von Dokumenten

Es sind Regelungen zur Erstellung, Prüfung und Freigabe der Dokumente zu treffen. Diese Festlegungen sollten allen Mitarbeitern bekannt sein, die für Aktualisierungen der Dokumentation verantwortlich sind.

Wichtig ist, dass die Dokumente inhaltlich und hinsichtlich der Normkonformität nach einer Überarbeitung geprüft werden. Die Freigabe ist schließlich ein formaler Akt, durch den das neue Dokument in Kraft gesetzt wird und das alte Dokument seine Gültigkeit verliert. Der formale Akt hat insofern Bedeutung, als alle Dokumente Anweisungscharakter haben und somit rechtlich relevant sind.

Nach der Freigabe wird das neue bzw. geänderte Dokument verteilt, z. B. in die ausgegebenen Managementhandbücher. Dabei sollten die veralteten Dokumente als solche gekennzeichnet, vernichtet oder zurückgegeben bzw. zurückgezogen werden.

Der Austausch der Dokumente braucht dabei nicht zwingend dokumentiert und/oder durch Unterschriften bestätigt zu werden, wenn der Austausch durch die Mitarbeiter zuverlässig funktioniert und die Gültigkeit der einzelnen Dokumente in jedem Handbuch überprüft werden kann (siehe Kapitel 3.2.1.1).

3.2.2 Gliederung der Dokumentation

Die Dokumentation gliedert sich in diesem Beispiel entsprechend der Norm. Diese enthält acht Abschnitte, von denen nur die Abschnitte 4 bis 8 Anforderungen an das Managementsystem enthalten. Um die Gliederung der Norm übernehmen zu können, bietet es sich an, die Abschnitte 1 bis 3 anders als in der Norm zu belegen. Tab. 3.1 zeigt das Beispiel einer Gliederung entsprechend der ISO 9001.

Tab. 3.1: Strukturen von Norm und Managementdokumentation

Kap.	DIN EN ISO 9001:2000	Managementdokumentation
0	Einleitung	Deckblatt
1	Anwendungsbereich	Inhaltsverzeichnis
2	Normative Verweisungen	Netzwerk der Geschäftsprozesse/ Organigramm
3	Begriffe	Qualitätspolitik und -ziele, Grundsatzerklärung, Benutzerhinweise
4	Qualitätsmanagementsystem	Qualitätsmanagementsystem

Kap.	DIN EN ISO 9001:2000	Managementdokumentation
5	Verantwortung der Leitung	Verantwortung der Leitung
6	Management von Ressourcen	Management von Ressourcen
7	Produktrealisierung	Produktrealisierung
8	Messung, Analyse und Verbesserung	Messung, Analyse und Verbesserung

Da das Kapitel 7 „Produktrealisierung" erfahrungsgemäß sehr umfangreich ist, empfiehlt es sich, dieses Kapitel weiter zu untergliedern. Auch diese Untergliederung orientiert sich an den Abschnitten der Norm:

Tab. 3.2: Untergliederung von Kapitel 7 zur Produktrealisierung

Kap.	Bezeichnung
7.1	Planung der Produktrealisierung
7.2	Kundenbezogene Prozesse
7.3	Entwicklung
7.4	Beschaffung
7.5	Produktion und Dienstleistungserbringung
7.6	Lenkung von Überwachungs- und Messmitteln

3.2.2.1 QM-Handbuch

Wie bereits im Kapitel 3.1.2 beschrieben, enthält das QM-Handbuch die allgemeinen Beschreibungen, wie die Normanforderungen im Unternehmen umgesetzt sind. Auf Detailregelungen wird dabei möglichst verzichtet. Das QM-Handbuch sollte so aufgebaut sein, dass dieses z. B. an Kunden herausgegeben werden kann, ohne damit unternehmensspezifisches Know-how offen zu legen.

Bei der normorientierten Struktur wird jeder Normabschnitt in einem eigenen Handbuchkapitel beschrieben. Die Kapitelnummern entsprechen daher sinnvollerweise den Abschnittsnummerierungen in der Norm (siehe auch Tab. 3.1). Um den Dokumenttyp (Handbuchkapitel, Verfahrensanweisung, Formular etc.) kenntlich zu machen, wird der Kapitelnummer ein Kürzel hinzugefügt, z. B. „QMH-1" („QMH" für Qualitätsmanagementhandbuch, „1" für Kapitel 1).

3.2.2.2 Verfahrensanweisungen

Die Verfahrensanweisungen können den Normabschnitten zugeordnet werden, zu denen sie gehören. Dies lässt sich realisieren, indem die entsprechende Kapitelnummer in der Bezeichnung der Verfahrensanweisung auftaucht. Zusätzlich wird eine laufende Nummer vergeben, um eine eindeutige Bezeichnung zu erhalten. Zur Kennzeichnung des Dokumenttyps eignet sich z.B. das Kürzel „VA". Beispielsweise wird die Verfahrensanweisung zur Lenkung der Dokumente dem Normabschnitt 4 „Qualitätsmanagementsystem" zugeordnet, weil die Anforderungen zur Lenkung der Dokumente im Unterabschnitt 4.2.3 der DIN EN ISO 9001:2000 enthalten sind. Die Bezeichnung könnte dann also lauten „VA 4-1" („VA" für Verfahrensanweisung, „4" für das Handbuchkapitel und „1" als laufende Nummer der Verfahrensanweisungen im Kapitel 4).

3.2.2.3 Prüf- und Arbeitsanweisungen

Bei den Prüf- und Arbeitsanweisungen wird ähnlich vorgegangen wie bei den Verfahrensanweisungen. Zur Kennzeichnung der Dokumenttypen eignen sich z.B. die Kürzel „PA" bzw. „AA".

3.2.2.4 Formulare, Aufzeichnungen

Sofern bei Formularen die Notwendigkeit der Lenkung (im Sinne Überwachung der Aktualität) besteht – z.B. bei Checklisten –, müssen diese ebenfalls eindeutig gekennzeichnet werden. Es bietet sich dann eine Bezeichnung in der Art der Prüf- und Arbeitsanweisungen an. Als Kürzel für den Dokumenttyp eignet sich z.B. „FM". Sowohl Formulare als auch Arbeits- und Prüfanweisungen können ebenfalls den Handbuchabschnitten zugeordnet werden. Sie können aber auch durchnummeriert werden oder nach Bereichen bzw. anderen Kriterien weiter untergliedert werden.

3.2.3 Erstellung der Dokumentation

Vor der Erstellung der Dokumentation sind einige Vorbereitungen zu treffen:
- Es sind formale Festlegungen zu treffen, wie z.B.:
  – Wer ist verantwortlich für die Dokumentation bzw. die einzelnen Dokumente?
  – Wie wird der Dokumentenfluss innerhalb und zwischen den Prozessen geregelt und dargestellt (z.B. als Teil der Darstellung von Wechselwirkungen zwischen den Prozessen)?
- Dokumentvorlagen (für das Textverarbeitungssystem) unter Berücksichtigung der formalen Festlegungen müssen erstellt werden für
  – Handbuchkapitel,
  – Verfahrensanweisungen,
  – Prüf- und Arbeitsanweisungen,
  – Formulare,
  – ggf. sonstige Dokumente.

- Das Verfahren für die Erstellung der Dokumentation und die Dokumentenfreigabe und -prüfung muss festgelegt werden.

Die Dokumentenvorlagen sind wichtig für ein einheitliches Erscheinungsbild der Dokumentation. Diese sollten fertig gestellt sein, bevor mit der Arbeit an der eigentlichen Managementdokumentation begonnen wird, da spätere Änderungen in jedes bereits erstellte Dokument separat eingearbeitet werden müssen. Dies kann einen erheblichen Änderungsaufwand nach sich ziehen.

Es empfiehlt sich, einen Dateiordner auf einem Netzwerkserver einzurichten, in welchem die aktuell freigegebenen Dokumente gespeichert sind. Zusätzlich sollte es Ordner für Entwürfe geben. Darin werden die Dokumente gespeichert, die sich in der Erstellung bzw. Überarbeitung befinden und noch nicht freigegeben sind. Aus Gründen der Nachvollziehbarkeit ist es sinnvoll, alle zurückgezogenen (also nicht mehr aktuellen) Dokumente in einen Archivordner zu verschieben.

Die Freigabe kann nach Fertigstellung und Prüfung sowie Genehmigung der Dokumente durch Unterschrift auf dem Dokument selbst erfolgen. Statt jedes einzelne Dokument durch Unterschrift freizugeben, ist es einfacher, eine Freigabeliste (also ein Dokumentenverzeichnis z.B. in Form eines Inhaltsverzeichnisses, aus dem die jeweils aktuellen Änderungsstände der Dokumente hervorgehen) zu erstellen und mit einer Unterschrift als Freigabevermerk zu versehen (siehe auch Kapitel 3.2.1.1). Dies hat zur Folge, dass bei Überarbeitung eines Dokumentes auch die Freigabeliste aktualisiert und mit dem neuen Änderungsindex versehen werden muss. Dadurch werden immer *alle* aktuellen Dokumente freigegeben. Der Vorteil dieser Vorgehensweise ist, dass bei gleichzeitiger Aktualisierung mehrerer Dokumente nicht jedes einzelne Dokument mit einem Freigabevermerk versehen werden muss, sondern nur das Dokumentenverzeichnis einen Freigabevermerk erhält. Darüber hinaus sollte eine Freigabeliste geführt werden, um im Zweifelsfall die Aktualität eines ausgegebenen Dokumentes überprüfen zu können.

Einfacher ist es – auch bei einer ansonsten papierbasierten Managementdokumentation –, wenn die Verzeichnisse online im unternehmensinternen Rechnernetzwerk geführt werden. Dann kann sich jeder im Rechnernetzwerk über den aktuellen Stand der Dokumente informieren. Die formale Freigabe der Freigabeliste und damit verbunden der darin verzeichneten Dokumente kann mit Hilfe von Zugriffsberechtigungen geregelt werden. Wie dies im Detail organisiert werden kann, ist im nachfolgenden Kapitel beschrieben.

	Qualitätsmanagement-Handbuch	Kapitel 1
Ihr Firmenlogo	**Hauptinhaltsverzeichnis**	**Seite 2** von 4

Verfahrensanweisungen:

Nr.	Bezeichnung	Stand
4.	**Qualitätsmanagementsystem**	
VA 4-1	QM-Dokumentation	B vom 01.07.02
VA 4-2	Lenkung der Dokumente	B vom 01.07.02
VA 4-3	Zuständigkeiten und Verteiler: Dokumente und Aufzeichnungen	B vom 01.07.02
VA 4-4	Lenkung von Qualitätsaufzeichnungen	B vom 01.07.02
5.	**Verantwortung der Leitung**	
VA 5-1	Managementbewertung	B vom 01.07.02
6.	**Management von Ressourcen**	
VA 6-1	Personal und Schulung	B vom 01.07.02
7	**Produktrealisierung**	
7.1	**Planung der Produktrealisierung**	
7.2	**Kundenbezogene Prozesse**	
VA 7.2-1	Anfrage-, Angebots- und Auftragsbearbeitung	B vom 01.07.02
7.3	**Entwicklung**	
VA 7.3-1	Entwicklung	B vom 01.07.02
7.4	**Beschaffung**	
VA 7.4-1	Beschaffung	B vom 01.07.02
VA 7.4-2	Lieferantenauswahl und -bewertung	B vom 01.07.02
VA 7.4-3	Wareneingang	B vom 01.07.02
7.5	**Produktion und Dienstleistungserbringung**	
VA 7.5-1	Auftragsabwicklung und Disposition	B vom 01.07.02
VA 7.5-2	Kennzeichnung und Rückverfolgbarkeit	B vom 01.07.02
VA 7.5-3	Eigentum des Kunden	B vom 01.07.02
VA 7.5-4	Produkterhaltung	B vom 01.07.02
7.6	**Lenkung von Überwachungs- und Messmitteln**	
VA 7.6-1	Planung und Beschaffung von Prüfmitteln	B vom 01.07.02
VA 7.6-2	Prüfmittelüberwachung	B vom 01.07.02
8.	**Messungen, Analyse und Verbesserung**	
VA 8-1	Interne Qualitätsaudits	B vom 01.07.02
VA 8-2	Überwachung und Messung	B vom 01.07.02

qh-1_b.doc   Stand: B vom 01. Jul. 2002

Abb. 3.4: Beispiel für eine Freigabeliste in Form eines Inhaltsverzeichnisses

3.3 Elektronische (papierlose) Dokumentation

3.3.1 Nutzen und Aufwand einer papierlosen Dokumentation

Managementhandbücher in Papierform sind in der Pflege und Verteilung relativ aufwendig, wobei insbesondere der Verteilungsaufwand mit steigender Unternehmensgröße zunimmt. Demgegenüber bietet eine papierlose Dokumentation im Intranet (unternehmensinternes Computernetzwerk) eine Reihe von Vorteilen:

- Übersichtliche – teilweise grafische – Darstellungen ermöglichen einen schnellen, einfachen Zugriff auf die gewünschten Informationen.
- Kein Aufwand zur Verteilung geänderter Dokumente.
- Fehler beim Austausch geänderter Dokumente werden verhindert.
- Jeder Mitarbeiter greift „automatisch" auf die aktuelle freigegebene Fassung des jeweiligen Dokuments zu.
- Reduzierung der Druckkosten.

Der große Vorteil der papierlosen Dokumentation besteht darin, dass der Zugriff auf Informationen sehr einfach ist und die Verwendung veralteter Dokumente praktisch ausgeschlossen werden kann (vorausgesetzt, Webseitenausdrucke dürfen gar nicht oder nur zur Information verwendet werden).

Eine prozessorientierte Dokumentation erleichtert den Nutzern die Orientierung und damit den Zugriff auf gesuchte Informationen. Die Mitarbeiter finden sich in der Managementdokumentation sehr schnell zurecht, wenn diese der Struktur der Unternehmensprozesse entspricht.

Durch die prozessorientierte Darstellung entsteht der „Zwang", die Schnittstellen der Prozesse sowie In- und Output klar festzulegen. Auf diese Weise können bestehende Unklarheiten innerhalb eines Prozessablaufs und zwischen Prozessen erkannt und beseitigt werden. So entsteht eine transparente Dokumentation, die auch die Grundlage für weitere Prozessverbesserungen bildet.

Die Dokumentation wird entweder mit spezieller Software erstellt, wobei zwischen Systemen zur Beschreibung von Prozessen im Unternehmen und Dokumentenmanagementsystemen unterschieden werden kann. Eine andere Möglichkeit besteht darin, auf Standardsoftware wie Microsoft Word, Excel und Visio oder den iGrafx FlowCharter zurückzugreifen.

Bei Software zur Prozessbeschreibung werden die Prozessabläufe mit den Tätigkeitsbeschreibungen, den Zuständigkeiten und ggf. weiteren Prozessdaten (Input, Output etc.) in einer Datenbank gespeichert. Diese Daten werden bei Abfragen visualisiert, so dass die Prozessabläufe einfach dargestellt werden. Aufgrund der Datenbankfunktionen ist es möglich, die Daten anderweitig zu nutzen, z.B. um Stellenbeschreibungen oder Materialflusspläne zu erzeugen. Eine weitere Nutzungsmöglichkeit ist die Simulation von Prozessabläufen, um

Schwachstellen oder Engpässe aufzuspüren. Allerdings setzen diese Systeme eine sehr genaue Datenerfassung voraus, um die benötigten Visualisierungen vornehmen zu können.

Der Funktionsschwerpunkt von Dokumentenmanagementsystemen ist die Steuerung und Archivierung von Dokumenten. Dabei können für die Dokumente jeweils Zuständigkeiten und Empfänger (z. B. für Erstellung, Prüfung, Freigabe, Weiterleitung und -bearbeitung) definiert werden. Über festgelegte Verteiler für neue oder geänderte Dokumente können die Informationen dann allen Verantwortlichen innerhalb des Unternehmens zugänglich gemacht werden. Dadurch kann gewährleistet werden, dass jeder Mitarbeiter nur die für ihn notwendigen Informationen bekommt und in der Vielzahl der Unternehmensdokumente nicht den Überblick verliert. Bei den meisten Systemen können bereits vorhandene Dokumente mit nur geringem Aufwand in das Dokumentenmanagementsystem übernommen werden, so dass praktisch nur die fehlenden Daten nachzupflegen sind.

Bei Einsatz von Standardsoftware können bereits vorhandene Dokumente meist ohne großen Aufwand in die papierlose Dokumentation integriert werden. Die Investitionen zur Anschaffung neuer Software sowie zur Benutzerschulung sind dabei – wenn überhaupt erforderlich – sehr gering. Der Nachteil liegt im vergleichsweise hohen manuellen Bearbeitungsaufwand.

Den Vorteilen einer papierlosen Dokumentation steht der Aufwand gegenüber, der mit der Umstellung der bestehenden Dokumentation anfällt. Dieser Aufwand relativiert sich, wenn die Umstellung auf die papierlose Dokumentation im Zusammenhang mit der Umstellung des vorhandenen QM-Systems auf einen aktuelleren Standard erfolgt (Revisionen der ISO 9001 bzw. der ISO/TS 16949) oder das Managementsystem erweitert wird, z. B. bei Erweiterung auf ein QUM-System, also der Erweiterung des QM-Systems auf ein integriertes Qualitäts- und Umweltmanagementsystem. In diesem Zusammenhang ist eine Überarbeitung der Dokumentation ohnehin erforderlich. Eine wesentliche Frage im Zusammenhang mit der Umstellung auf die papierlose Dokumentation ist, wie viele Mitarbeiter in der Lage sind, die Dokumentation zu pflegen. Im Sinne der Einbeziehung der Mitarbeiter und kurzer „Dienstwege" zur Änderung der Dokumente ist es wünschenswert, dass viele Mitarbeiter dazu in der Lage sind. Dies erfordert jedoch einen hohen Schulungsaufwand.

Neben dem Umstellungsaufwand müssen noch folgende Punkte berücksichtigt werden:
- Bei Einsatz neuer Software fallen Investitionskosten und Schulungsaufwand an.
- Durch das Überarbeiten von Dokumenten und das Erstellen von Verknüpfungen (Hyperlinks) entsteht ein höherer Erstellungs- und Pflegeaufwand.
- Zum Lesen der Dokumentation sind Rechner mit Netzwerkanschluss und Software erforderlich, daher ist die Anwendung in Produktionsbereichen oft nur mit Einschränkungen möglich.
- Es besteht die Gefahr, dass Mitarbeiter Ausdrucke anfertigen, die bei Änderungen nicht eingezogen werden. Daher müssen entsprechende Festlegungen im Rahmen des Dokumentenmanagements getroffen und kommuniziert werden.

In den beiden nachfolgenden Tabellen (Tab. 3.3 und Tab. 3.4) wird der Aufwand zur Erstellung und Pflege einer papierbasierten und einer papierlosen Dokumentation verglichen. Als

Basis dienen dabei Daten, die in einem mittelständischen Unternehmen (Automobilzulieferer mit ca. 200 Mitarbeitern) als Durchschnittswerte ermittelt wurden. Dort wurden in einem Betrachtungszeitraum von einem halben Jahr 26 Dokumente überarbeitet und in zwölf QM-Handbücher verteilt. Die Verteilung der Dokumente ist sehr aufwändig und erfolgt normalerweise erst, wenn mindestens fünf Dokumente auszutauschen sind. Der Austausch dauert dann ca. zwei Stunden, was etwa zehn Minuten pro Handbuch entspricht. Demnach kann von einem Verteilungsaufwand von ca. zwei Minuten pro Dokument und Handbuchexemplar ausgegangen werden.

Die aufgeführten Daten besitzen Beispielcharakter, obwohl sie auf konkreten Erfahrungswerten basieren. Der hier jeweils veranschlagte Aufwand bezieht sich auf die Arbeit von Mitarbeitern, die in der Dokumentenerstellung bereits als erfahren gelten. Die Tabellenstruktur kann als Anregung für eine eigene Aufwandsabschätzung dienen, die dann den individuellen Gegebenheiten und Erfahrungswerten angepasst werden kann.

Tab. 3.3: Vergleich des Initialaufwands zur Erstellung von papierbasierter und papierloser Dokumentation

Initialaufwand (erste Erstellung)		Papier-dokumentation		HTML-Dokumentation	
Erstellung der	Anz.	Std.	Ges.	Std.	Ges.
Formulare	81	1,0	81,0	1,0	81,0
Prüf-/Arbeitsanweisungen	98	2,0	196,0	2,0	196,0
Verfahrensanweisungen	71	2,5	177,5	3,0	213,0
QM-Handbuchkapitel	5	3	15,0	3,5	17,5
Initialaufwand in Std.			**469,5**		**507,5**

Zusätzlich beträgt der Initialaufwand für die Schulung zur Erstellung der HTML-Dokumente ca. zwei Stunden pro Teilnehmer. Die hohe Anzahl an Verfahrens- und Arbeitsanweisungen lässt sich mit komplexen Abläufen, hoher Fertigungstiefe und der Tatsache erklären, dass das QM-System zum Zeitpunkt der Erhebung den Anforderungen der ISO 9001, QS-9000 und des VDA 6.1 entsprach (und auf ISO/TS 16949 umgestellt wurde).

Tab. 3.4: Vergleich des jährlichen Pflegeaufwands bei papierbasierter und papierloser Dokumentation

Pflegeaufwand		Papier-dokumentation		HTML-Dokumentation	
Überarbeitung der	Anz. p. a.	Std.	Ges.	Std.	Ges.
Formulare	20	0,5	10,0	0,5	10,0
Arbeitsanweisungen	20	0,5	10,0	0,5	10,0
Verfahrensanweisungen	10	0,5	5,0	0,75	7,5
QM-Handbuchkapitel	2	0,5	1,0	0,75	1,5
Prüfung und Freigabe	Anz. p. a.	Std.	Ges.	Std.	Ges.
Prüfung und Freigabe von geänderten Dokumenten	52	0,5	26,0	0,5	26,0
Verteilung	Anz. p. a.	Std.	Ges.	Std.	Ges.
Verteilung in 12 Handbuchexemplare	52	0,4	20,8	0	0
Jährlicher Pflegeaufwand in Std.			72,8		55,0

3.3.2 Anforderungen an die papierlose Dokumentation

Die Umstellung der Dokumentation auf eine rechnergestützte Dokumentation erfordert einige Vorüberlegungen zur Auswahl der Software. Grundsätzlich lassen sich zwei Aufgabenbereiche voneinander unterscheiden:

- Erstellung der Dokumentation (Schreiben),
- Verwendung der Dokumentation (Lesen).

Um die Informationswege möglichst kurz zu halten und Änderungen zeitnah einpflegen zu können, ist es sinnvoll, die Prozessbeschreibungen möglichst prozessnah – z.B. vom Prozessverantwortlichen – erstellen zu lassen. Dies hat weiterhin den Vorteil, dass sich die Beteiligten wesentlich besser mit der Dokumentation identifizieren. Dadurch wird in der Regel der Kreis der Personen, die an der Erstellung der Dokumentation beteiligt sind, relativ groß. Entsprechend viele Mitarbeiter müssen geschult werden. Es ist also sinnvoll, ein System auszuwählen, bei dem der Schulungsbedarf für jeden einzelnen Mitarbeiter möglichst gering ist. Darüber hinaus muss das System die Anforderungen zur Lenkung der Dokumente erfüllen. Dazu gehören die Archivierung und Rückverfolgbarkeit zurückgezogener Dokumente sowie das Verfahren zur Prüfung und Freigabe neuer oder geänderter Dokumente.

Die Mitarbeiter sollen von der Dokumentation wirkungsvoll bei ihrer täglichen Arbeit unterstützt werden. Dazu muss die Oberfläche eine einfache Orientierung und Navigation ermöglichen. Gesuchte Informationen müssen schnell auffindbar sein und alle wesentlichen Fragestellungen beantworten können. Hier bietet sich eine Kombination aus grafischen Elementen und beschreibendem Text an: Die Navigation sowie alle wesentlichen Inhalte wie z. B. Prozessabläufe werden als Grafiken bzw. Ablaufdiagramme dargestellt. Ausführliche Informationen mit allen wesentlichen Angaben können oft als Text verständlicher dargestellt werden.

Darüber hinaus sollte der Installationsaufwand für die Lesesoftware gering sein, da von jedem Rechner auf die Dokumentation zugegriffen werden soll. Zu berücksichtigen sind auch eventuelle Lizenzgebühren für diese Software.

Unter Kostengesichtspunkten bietet sich der Einsatz von Standardsoftware an, mit der die Dokumente erstellt und in ein Format gebracht werden, das am Computer gut lesbar ist. Als Format hat sich der HTML-Standard bewährt, welcher beispielsweise zur Darstellung von Internetseiten angewendet wird. Dieser ermöglicht sowohl die Darstellung von Inhalten in Form von Grafiken, Texten und Animationen als auch die Navigation, wodurch sich Informationen für den Mitarbeiter sehr transparent darstellen und leicht erschließen lassen.

Die Verwendung von Standardsoftware bietet u. a. den Vorteil, dass der Großteil der benötigten Programmfunktionen den Mitarbeitern bereits bekannt ist und der Schulungsaufwand für die Dokumentationserstellung auf ein Minimum reduziert werden kann.

Um eine übersichtliche Art der Darstellung zu erhalten, bietet es sich an, die Navigationsseiten und Ablaufdiagramme mit einem Grafikprogramm zu erstellen und die Beschreibung der Prozesse im Detail mit einem Textverarbeitungsprogramm vorzunehmen. Nach Fertigstellung eines Dokumentes wird dieses in das HTML-Format exportiert, das mit jedem Webbrowser lesbar ist. Diese Exportfunktion ist in vielen Standardprogrammen bereits vorhanden.

Die Verwendung des HTML-Formates ermöglicht die Anzeige der Dokumentation auf jedem Rechner, auf dem ein Webbrowser installiert ist. Dieser ist bei jedem modernen Rechner Bestandteil des Betriebssystems, so dass kein zusätzlicher Installationsaufwand bei den Benutzern entsteht. Darüber hinaus fallen für diese Software keine Lizenzgebühren an und viele Anwender sind mit dem Umgang mit einem Webbrowser bereits vertraut.

Beim Zugriff auf die Managementdokumentation mit einem Webbrowser stehen im Netzwerk nur die jeweils aktuellen Fassungen der Dokumente zur Verfügung. Somit entfällt ein aufwendiges Verteilen neuer oder geänderter Dokumente an die betroffenen Mitarbeiter sowie das Einziehen und Ersetzen veralteter Dokumente. Fehler, die auf die Verwendung veralteter Dokumente zurückzuführen sind, werden so grundsätzlich ausgeschlossen. Änderungen bzw. Neuerungen können allen betroffenen Mitarbeitern im Unternehmen beispielsweise per E-Mail bekannt gemacht werden (hierbei handelt es sich um ein „Bringsystem", weil die Information „gebracht" wird). Eine Alternative ist eine Änderungsliste als Bestandteil der papierlosen Dokumentation, welche jeweils Hinweise und ggf. Hyperlinks auf die letzten Änderungen enthält. Dies hat jedoch den Nachteil, dass der Pflege- und Überarbeitungsaufwand der Änderungsliste relativ groß ist. Außerdem besteht die Gefahr, dass Mitarbeiter Änderungen nicht oder zu spät zur Kenntnis nehmen, wenn diese nur unregelmäßig mit der Managementdokumentation arbeiten („Holsystem", die Information muss gezielt eingeholt werden).

Über Hyperlinks können Verknüpfungen zu Formularen, verbundenen Prozessen (d.h. angrenzende Prozesse, vorgeschaltete oder nachfolgende Prozesse, Unterprozesse, übergeordnete Prozesse usw.) sowie anderen Dokumenten und Programmen realisiert werden. Dadurch wird dem Mitarbeiter z.B. ein einfacher Zugriff auf Formulare, Dateien und Programme ermöglicht, die im jeweiligen Prozess benötigt werden.

Die Vorteile beim Einsatz von Standardsoftware und der Nutzung des HTML-Formates lassen sich in folgenden Punkten zusammenfassen:

- einfacher Zugriff auf die jeweils aktuellsten Dokumente durch alle Mitarbeiter,
- hohe Akzeptanz bei den Mitarbeitern, da jeder Computerbenutzer mit einem Webbrowser umgehen kann,
- minimaler Aufwand bei Erstellung, Überarbeitung und Verteilung neuer Dokumente,
- leichtes Auffinden von Informationen, da der Aufbau der papierlosen Managementdokumentation der Ablauforganisation des Unternehmens entspricht,
- direkter Zugriff über Hyperlinks auf Formulare und Dateien, die unter Windows erstellt sind,
- vorhandene Text- und Grafikdateien der „papiergestützten" Managementdokumentation können genutzt werden,
- keine oder geringe Investitionen durch Nutzung von Standardsoftware,
- kein zusätzlicher Installationsaufwand für Programme, da auf die papierlose Managementdokumentation mit jedem Webbrowser zugegriffen werden kann,
- hohe Flexibilität, da das Layout und die Inhalte der Seiten völlig frei an die individuellen Bedürfnisse angepasst werden können,
- leichte Erstellung der HTML-Dateien auch ohne Kenntnisse der HTML-Sprache.

Die nachfolgenden Abbildungen zeigen zwei Beispiele für papierlose Managementdokumentationen im HTML-Format.

In beiden Fällen werden Prozessübersicht und Prozessabfolgen grafisch dargestellt und Details textlich ergänzt. Durch Hyperlinks ist es möglich, von der Prozessübersicht in die einzelnen Prozessdarstellungen zu gelangen, bei vernetzten Prozessen von einem Prozess zu einem anderen Prozess zu springen sowie Details in Form von beschreibendem Text, Formularen, Arbeitsanweisungen etc. aufzurufen.

Im ersten Beispiel sind die grafischen Darstellungen mit dem Corel FlowCharter und die Texte mit Microsoft Word erstellt. Beide Programme bieten die Möglichkeit der Verlinkung und des HTML-Exports, d.h. der Konvertierung der Dateien vom FlowCharter- bzw. Word-Format in das HTML-Format. Die Abb. 3.7 bis Abb. 3.9, die ab Seite 265 dargestellt sind, enthalten Grafiken und Texte aus dieser Lösung.

262 3 Gestaltung der Managementdokumentation

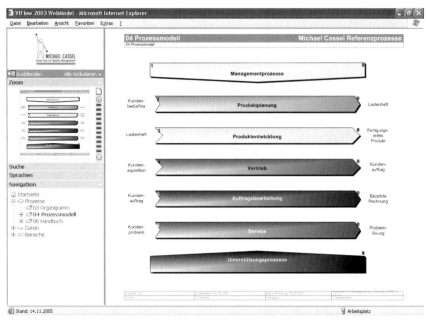

Abb. 3.5: Darstellung des Prozessmodells mit ViFlow 2003 (Quelle: ViFlow AddOn QM-Handbuch ISO/TS 16949)

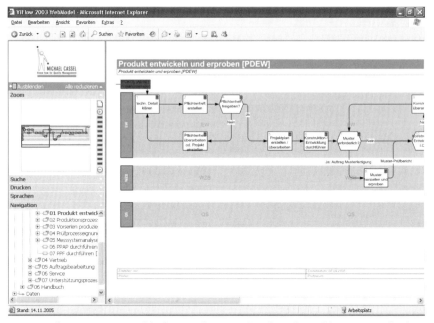

Abb. 3.6: Darstellung eines Prozessablaufs mit ViFlow 2003 (Quelle: ViFlow AddOn QM-Handbuch ISO/TS 16949)

Das zweite Beispiel ist mit Hilfe des Softwarepakets ViFlow erstellt. Mit Hilfe der Software können sowohl die Prozesse grafisch in mehreren Ebenen dargestellt werden, als auch Verlinkungen vorgenommen werden. Mit einer Datenbank wird die Durchgängigkeit der Bezeichnungen sichergestellt und deren Änderung erleichtert. Außerdem können in der Datenbank Informationen zum Prozess hinterlegt werden, z.B. textliche Details, zugehörige Dokumente, Verantwortungen usw.

Zu den Softwarepaketen sind jeweils vorstrukturierte Prozessbeschreibungen erhältlich, mit deren Hilfe sich der Erstellungsaufwand drastisch reduzieren lässt (weitere Informationen dazu unter *http://www.managementdokumentation.de*).

Die Darstellungen in diesen Beispielen werden anhand des Aufbaus einer HTML-Dokumentation mit Microsoft Word und Corel FlowCharter im Kapitel 3.3.3 ab Seite 265 näher beschrieben.

3.3.2.1 Lenkung der Dokumente

Wie im Kapitel 2.3.2 beschrieben, muss die Lenkung der Dokumente in einem dokumentierten Verfahren festgelegt sein. Die DIN EN ISO 9001:2000 fordert, dass die jeweils gültigen Fassungen der Dokumente an den jeweiligen Einsatzorten verfügbar sind. Dies erfordert bei einer elektronischen Dokumentation, dass an den entsprechenden Einsatzorten Lesegeräte (also in der Regel PCs) zur Verfügung stehen.

Identifikation

Jedes Dokument muss eindeutig identifizierbar sein. Dies kann mit einer eindeutigen Nummerierung oder einem eindeutigen Namen (Bezeichnung) erreicht werden.

Da Verweise in der elektronischen Dokumentation mit Hyperlinks erstellt werden können, sind Verweisdokumente leicht aufzufinden. Daher bietet es sich an, anstelle eines Nummernsystems eindeutige, sprechende Namen für die Dokumente zu vergeben, z.B. „VA_Auftragsabwicklung". Dies erleichtert die Orientierung bei der Überarbeitung und Verlinkung der Dokumente.

Kennzeichnung des Änderungsstands

Um die Aktualität bzw. Gültigkeit feststellen zu können, muss am Dokument der Änderungsstand erkenntlich sein. Dies ist in der Regel das Ausgabedatum, ggf. in Verbindung mit einem Änderungsindex bzw. Freigabestand. Anhand von Freigabelisten (z.B. kombiniert mit Inhaltsverzeichnissen) kann die Aktualität von Dokumenten festgestellt werden, wenn aus der Liste der jeweilige Freigabestand hervorgeht.

Um Änderungen nachvollziehen zu können, sollten die überarbeiteten und zurückgezogenen Dokumente archiviert werden. Dazu bietet sich ein eigener Dateiordner an, auf den nur die Dokumentenersteller Zugriff haben. Damit wird sichergestellt, dass nicht versehentlich mit einem veralteten Dokument gearbeitet wird. Durch den Vergleich der Dokumente in

Verbindung mit dem jeweiligen Freigabedatum kann die Dokumentenhistorie nachvollzogen werden. Praktisch ist, den Änderungsstand oder einen Änderungsindex mit in den Dateinamen des jeweiligen Dokuments aufzunehmen. Dieser kann z. B. durch einen Unterstrich und eine fortlaufende Zahl oder einen Buchstaben an den eigentlichen Dateinamen angehängt werden. Wenn bei der Überarbeitung eines Dokuments zuerst das Dokument unter einem neuen Dateinamen (mit dem neuen Änderungsstand) abgespeichert wird, ist die Dokumentenhistorie leicht nachvollziehbar.

Bei der elektronischen Dokumentation ist zu beachten, dass die jeweils aktuellen Versionen der Dokumentation *ohne* Änderungsstand im Dateinamen angegeben werden sollten, da Verweise (Links) auf die Dokumente ansonsten nach einer Überarbeitung nicht mehr funktionieren.

Seitennummerierung

Da bei der elektronischen Dokumentation normalerweise keine seitenorientierte Darstellung erfolgt, sondern das Dokument als Ganzes am Bildschirm angezeigt wird, kann auf eine Nummerierung der Seiten verzichtet werden. Dokumente, die sowohl zur Anzeige auf dem Bildschirm als auch als Ausdruck in Papierform verwendet werden, erfordern jedoch nach wie vor eine Seitennummerierung (siehe dazu Kapitel 3.2.1.1 auf Seite 8).

3.3.2.2 Freigabe der Dokumente

Der Prozess der Dokumentenfreigabe muss festgelegt werden. In der Praxis treten zwei Fälle auf:

1. Dokumente werden nur von einer Person erstellt bzw. überarbeitet (üblicherweise vom QMB).
2. Dokumente werden von mehreren Personen, z. B. den Prozessverantwortlichen, erstellt bzw. überarbeitet.

In kleineren Unternehmen kann die Dokumentation vollständig vom QMB erstellt werden. Der Vorteil dabei besteht in einem einfacheren Freigabeverfahren. Nachteilhaft ist oft, dass der QMB die Prozesse nicht so detailliert kennt, wie es bei den Prozessverantwortlichen der Fall ist. Dadurch entstehen oft Akzeptanzprobleme. Diese können vermieden werden, wenn die Prozessverantwortlichen die Dokumente, die ihren Verantwortungsbereich betreffen, selber erstellen. Da diese jedoch die Normanforderungen nicht so detailliert kennen, ist in der Regel eine anschließende Konformitätsprüfung durch den QMB erforderlich.

Die Erfahrung zeigt aber auch, dass es mindestens eine Person geben sollte, welche die Gesamtübersicht über die Dokumentation hat. Sonst ist die Gefahr groß, dass die Dokumentation inhomogen ist. Häufig auftretende Probleme dabei sind z. B.:

- Die Prozesse sind nicht durchgängig.
- Die Prozesse sind nicht einheitlich in der Darstellung und im Detaillierungsgrad.
- Prozesse fehlen oder Teile von Prozessen sind doppelt beschrieben.
- Verknüpfungen von und zu anderen Prozessen passen nicht.

3.3.3 Die Struktur der Dokumentation

Der Aufbau der Dokumentation kann sich beispielsweise in drei Ebenen gliedern:
1. Geschäftsprozessübersicht
2. Prozessablauf
3. Prozessschrittbeschreibung

Im Folgenden werden die einzelnen Ebenen ausführlicher erläutert.

3.3.3.1 Die Geschäftsprozessübersicht

Um die Übersichtlichkeit in der Vielzahl vorhandener Geschäftsprozesse zu gewährleisten (sowohl inhaltlich als auch hinsichtlich der Darstellung), werden die einzelnen Prozesse zu Hauptprozessen zusammengefasst. In der Geschäftsprozessübersicht werden jeweils nur die Teilprozesse zu *einem* gewählten Hauptprozess angezeigt, was bei der Darstellung auf Bildschirmen die Übersicht und Lesbarkeit erheblich verbessert.

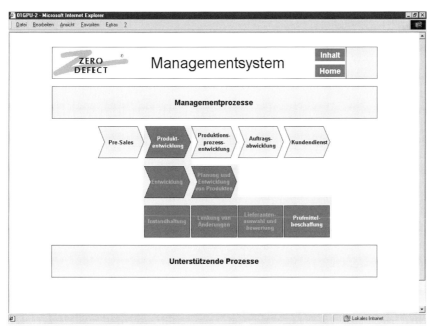

Abb. 3.7: Geschäftsprozessübersicht

Sämtliche Prozesse müssen identifiziert und anschließend klassifiziert werden. Dabei werden sie beispielsweise einer der folgenden Kategorien zugeordnet:

Tab. 3.5: Prozesskategorien

Managementprozesse		Prozesse, die zum Steuern des Unternehmens notwendig sind und in der Verantwortung des Managements liegen
Realisierungsprozesse	Hauptprozesse	Wesentliche Prozesse in der Wertschöpfungskette
	Teilprozesse	Prozesse, die einen Teil der Hauptprozesse umfassen
Unterstützende Prozesse		Prozesse, die notwendig sind, um das reibungslose Funktionieren der Hauptprozesse und Teilprozesse zu gewährleisten

Abb. 3.7 stellt ein Beispiel für eine sehr einfache Geschäftsprozessübersicht dar, welche nur die wesentlichen Informationen zeigt. Um die Mitarbeiter nicht mit zu vielen Informationen zu verwirren, wird hier bewusst auf Angaben wie z.B. Verantwortlichkeiten, Input und Output sowie die Bezeichnung der Schnittstellen verzichtet. Diese lassen sich an anderen Stellen, z.B. Inhaltsverzeichnissen oder den Prozessbeschreibungen selber, entnehmen.

Eine alternative Darstellungsform zeigt Abb. 3.8. Hier werden zusätzlich die Prozessgrenzen – also die jeweiligen Start- und Endpunkte der Prozesse – angezeigt. Die Unterteilung der Hauptprozesse basiert hier auf einem Vorschlag aus [53] (Abbildung 2-20, S. 66) und stellt einen Standard für Geschäftsprozessmodelle in Industrieunternehmen mit Serienproduktion dar.

3.3.3.2 Der Prozessablauf

Aus der Geschäftsprozessübersicht heraus gelangt der Mitarbeiter durch Anklicken des jeweiligen Prozesssymbols in die entsprechende Prozessbeschreibung, und zwar in Form eines Ablaufdiagramms.

Neben dem eigentlichen Prozessablauf enthält die Beschreibung detaillierte Festlegungen wie Input und Output von Prozessschritten sowie Angaben über (interne oder externe) „Lieferanten" und (interne oder externe) „Kunden" des In- bzw. Outputs. Unter *Input* versteht man sämtliche Informationen, Daten und Materialien, die in einem Prozessschritt verarbeitet werden. Der *Output* ist das Ergebnis eines Prozessschrittes. Damit sind Produkte, Daten oder Informationen gemeint, die in diesem Prozessschritt erzeugt werden. Jeder *Output* eines Prozesses ist wiederum *Input* für den nachfolgenden Prozess (oder für einen „externen" Prozess, z.B. bei einem Kunden oder Lieferanten). Entsprechend ist jeder *Input* eines Prozesses der *Output* eines vorausgehenden Prozesses (oder in einem „externen" Prozess, z.B. bei einem Lieferanten).

3.3 Elektronische (papierlose) Dokumentation 267

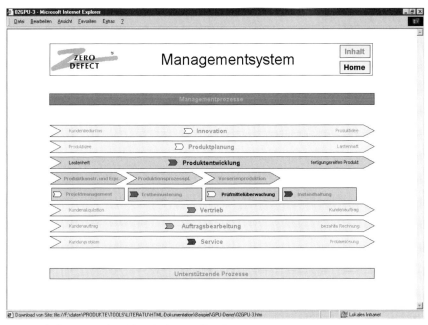

Abb. 3.8: Geschäftsprozessübersicht mit dargestellten Prozessgrenzen

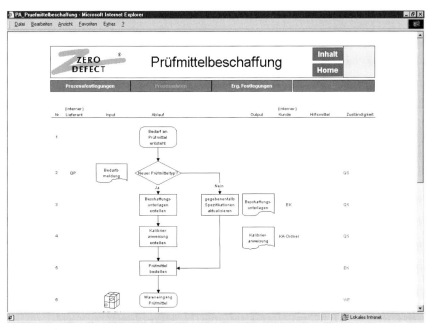

Abb. 3.9: Ablaufdiagramm in einer Prozessbeschreibung (Teilansicht)

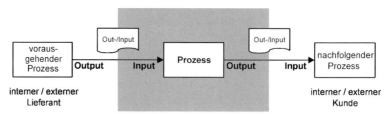

Abb. 3.10: Input und Output von Prozessen

Hierdurch wird neben dem Prozessablauf auch der Fluss der Dokumente und Daten (d.h. der Informationen) sowie der Materialien leicht erkennbar. Links neben dem Input bzw. rechts neben dem Output wird der Sender des Inputs („Lieferant") und der Empfänger des Outputs („Kunde") angegeben. Dadurch erkennt der Mitarbeiter, *von wem* er welchen Input zu erwarten hat bzw. *an wen* er den Output liefern muss.

Außerdem können in dem Prozessablauf „Hilfsmittel" per Link verknüpft werden, die zur Bearbeitung eines Prozessschrittes erforderlich sind. Dies kann beispielsweise eine Excel-Tabelle für eine Berechnung oder eine bestimmte Software zur Angebotserstellung sein. Auch Formulare oder Dokumentvorlagen lassen sich hier sinnvoll einbinden sowie Arbeits- und Prüfanweisungen, Normen und Spezifikationen.

Damit geht die Funktionalität der papierlosen Managementdokumentation weit über die einer konventionellen Dokumentation hinaus.

3.3.3.3 Die Prozessschrittbeschreibung

Die Prozessschrittbeschreibung enthält weiter gehende Information zur Durchführung eines Prozessschrittes. Hier werden Details beschrieben, die zum Verständnis des Prozesses beitragen (z.B. für Mitarbeiter, die nicht direkt im Prozess tätig sind) und die für die korrekte Ausführung des Prozesses wichtig sind. So kann beispielsweise für den Prozessschritt „Angebot erstellen" ausführlich in Textform beschrieben werden, welche Details bei der Angebotserstellung zu beachten sind. Diese Informationsebene ist vor allem für Mitarbeiter wichtig, die neu oder vertretungsweise mit einem Prozess betraut sind.

Während die Darstellung des Prozessablaufs in Form eines Flowcharts (also grafisch) realisiert ist, wird die Prozessschrittbeschreibung als detaillierter Text erstellt. Dieser soll durchgängig lesbar und leicht verständlich sein. Der Grad der Detaillierung sollte abhängig von der Komplexität der Tätigkeit und der Fähigkeit des Personals sein. Generell gilt: So kurz und präzise wie möglich, so ausführlich wie nötig. Es ist jedoch darauf zu achten, dass alle wichtigen Informationen im Text enthalten sind und diese von den Mitarbeitern verstanden werden. Gegebenenfalls kann auch die Erstellung einer mehrsprachigen Prozessschrittbeschreibung sinnvoll sein.

Aus dem Prozessablauf gelangt der Mitarbeiter durch einen Mausklick auf den entsprechenden Prozessschritt direkt zu der ausführlichen Beschreibung.

Abb. 3.11: Prozessschrittbeschreibung mit ausführlichen Informationen zum Prozessablauf (Teilansicht)

3.3.3.4 Beispiel im Internet

Beispiele zu einer Managementdokumentation im HTML-Format mit einem Aufbau, wie er oben beschrieben ist, finden sich im Internet unter *http://www.managementdokumentation.de*. Für die verschiedenen Darstellungsebenen und -formen sind einzelne, miteinander verknüpfte Beispiele realisiert. Anhand der Beispiele werden Aufbau und Funktion der papierlosen Managementdokumentation deutlich.

3.3.4 Erstellung der Dokumentation

Bevor mit der Erstellung der Dokumentation begonnen werden kann, müssen einige Vorbereitungen durchgeführt und Festlegungen getroffen werden.

Formale Festlegungen, wie z. B.:
- Wer ist verantwortlich für die Dokumentation?
  – Wie sind die Inhaltsverzeichnisse aufgebaut?
  – Wie ist der Aufbau der Geschäftsprozessübersicht?
  – Welche Informationen werden in die Dokumentation integriert?

- Dokumentvorlagen unter Berücksichtigung der formalen Festlegungen müssen erstellt werden für
  – Ablaufdiagramme,

- Prozessbeschreibungen,
- Prüf- und Arbeitsanweisungen,
- Formulare,
- Inhaltsverzeichnisse,
- ggf. sonstige Dokumente.

- Die Hauptprozesse müssen festgelegt sein.
- Die Teilprozesse, Managementprozesse und Unterstützungsprozesse sollten weitestgehend festgelegt sein.
- Das Verfahren für die Erstellung der Dokumentation und die Dokumentenfreigabe und -prüfung muss festgelegt werden.
- Die Voraussetzungen für den Netzwerkzugriff müssen geschaffen werden:
  - Anlegen von Netzwerkverzeichnissen für die Dokumentation,
  - Anlegen von Verzeichnissen für Erstellung und Freigabe von Dokumenten,
  - Einstellen von Zugriffsrechten auf die jeweiligen Verzeichnisse.
- Die für die Erstellung Verantwortlichen müssen benannt und für ihre Aufgaben geschult werden.

Auf dem Netzwerkserver wird eine Verzeichnisstruktur eingerichtet, die den Freigabeprozess für die Dokumente gestattet. Dazu ist ein Verzeichnis erforderlich, in welchem die erstellten Dokumente zur Prüfung und Freigabe gespeichert werden, sowie ein Verzeichnis, in das die freigegebenen Dokumente gestellt werden, auf die die Mitarbeiter dann beim Lesen zugreifen.

Die Dokumentenvorlagen sollten in jedem Falle vor Beginn der Erstellung der Dokumentation endgültig fertig gestellt sein, da jede spätere Änderung an den Vorlagen eine Überarbeitung bereits erstellter Dokumente nach sich zieht. Solche Änderungen führen erfahrungsgemäß schnell zu Akzeptanzproblemen bei den Dokumentenerstellern und können nur durch eine sorgfältige Planung vermieden werden. Bei der Erstellung der Vorlagen ist von vornherein sowohl auf ein einheitliches Erscheinungsbild und einen einheitlichen Aufbau als auch auf eine einheitliche Bedienung zu achten. Dies ist wichtig, um die Mitarbeiter später nicht durch verschiedenartigen Seitenaufbau und unterschiedliche Benutzerführung zu verwirren. Wenn die Dokumentenerstellung auf mehrere Verantwortliche verteilt wird, besteht die Gefahr, dass jeder in Zweifelsfällen eigene Ideen einbringt und umsetzt. Daher sind in den Vorlagen klare Standards gefordert, um die nötige Einheitlichkeit zu gewährleisten.

Die Hauptprozesse bestimmen die Grobstruktur der Dokumentation. Um umfangreiche Änderungen zu einem späteren Zeitpunkt zu vermeiden, sollten die Hauptprozesse vor Beginn der Erstellung der Dokumentation festgelegt sein. Auch die Teilprozesse sowie die Führungs- und Unterstützungsprozesse sollten frühzeitig festgelegt sein, jedoch lassen sich hier Änderungen mit geringerem Aufwand durchführen, weil nur Teilbereiche der Dokumentation betroffen sind.

Das Verfahren zur Erstellung, Prüfung und Freigabe der Dokumente muss geklärt sein. Dazu sind Festlegungen erforderlich, wer die einzelnen Prozesse beschreibt, wer die Dokumentation erstellt, wer prüft und wer freigibt. Dazu müssen zum einen die Aufgaben verteilt, zum anderen aber auch die Befugnisse und Fertigkeiten geschaffen werden. Die Festlegung der Befugnisse wird durch eine sinnvolle Verzeichnisstruktur im Netzwerk mit den entsprechenden Benutzerrechten erreicht.

Entsprechend den ihnen zugedachten Aufgaben müssen alle an der Erstellung der Dokumentation Beteiligten geschult werden. Gegenstand der Schulungen sind der Aufbau der Dokumentation, die inhaltliche Gestaltung von Prozessbeschreibungen und der Umgang mit der Software sowie der richtige Umgang mit den Formatvorlagen für die verschiedenen Dokumente. Wichtig ist, dass alle Beteiligten sich über den Sinn und über die Vorgehensweise im Klaren sind und sich zu keiner Zeit „allein gelassen" fühlen. Daher ist neben einer guten Schulung auch eine permanente Unterstützung und Betreuung durch den Hauptverantwortlichen für die Dokumentation erforderlich (beispielsweise durch einen Mitarbeiter des DV-Bereichs).

Eine ausführliche Beschreibung der Erstellung einer papierlosen Managementdokumentation im HTML-Format mit iGrafx FlowCharter bzw. Microsoft Visio und Word beinhaltet [40] mit vielen Beispielen und Dateivorlagen.

4 Auditierung und Zertifizierung

4.1 Einleitung

Das Prinzip des Audits ist mit der Aufrechterhaltung und Weiterentwicklung von Managementsystemen fest verbunden. Die wesentlichen Ziele, die mit der Durchführung von Audits im Bereich des Qualitätsmanagements (allgemein: im Bereich von Managementsystemen) erreicht werden sollen, sind:

Qualitätsmanagement	Allgemein
• Ermitteln, ob die Bestandteile eines **QM-Systems** den festgelegten Forderungen entsprechen und ob die vertraglichen Vereinbarungen erfüllt werden (**Qualitätsfähigkeit**)	• Ermitteln, ob die Bestandteile von **Managementsystemen** den festgelegten Forderungen entsprechen und ob die vertraglichen Vereinbarungen erfüllt werden (**Fähigkeit, vertragliche, gesetzliche und sonstige Anforderungen zu erfüllen**)
• Verbesserung des **QM-Systems**	• Verbesserung des **Managementsystems**
• Zertifizierung (**Qualitätsfähigkeitsnachweis**)	• Zertifizierung (**Nachweis der Fähigkeit zur Erfüllung von Anforderungen**)

Der Begriff des Audits ist wie folgt definiert:

> Ein Audit ist ein „systematischer, unabhängiger und dokumentierter Prozess zur Erlangung von Auditnachweisen und zu deren objektiver Auswertung, um zu ermitteln, inwieweit die Auditkriterien erfüllt sind" (DIN EN ISO 19011:2002 [15], Abschnitt 3.1).

Da diese Definition sehr abstrakt ist, wird sie nachfolgend näher erläutert:

Ein „systematischer Prozess" bedeutet, dass die Vorgehensweise geplant und auf der Basis festgelegter Kriterien erfolgt. Die Planung bezieht sich im Wesentlichen auf die zu untersuchenden Bereiche der zu auditierenden Organisation und die Frage, welche der festgelegten Kriterien auf diese Bereiche zutreffen. Die Kriterien sind in dem Regelwerk festgelegt, nach dem auditiert wird, bzw. in den Anforderungen, gegen die auditiert wird.

Die Unabhängigkeit wird in verschiedenen Standards unterschiedlich interpretiert. In der DIN EN ISO 9001:2000 wird gefordert, dass Audits nicht von jenem Personal ausgeführt werden, welches die zu auditierende Tätigkeiten verrichtet. In der DIN EN ISO 9001:1994 wurde gefordert, dass Audits von Personal ausgeführt werden, das unabhängig von demjenigen ist, welches direkte Verantwortung für die zu auditierende Tätigkeit hat. Die Unabhängigkeit ist gegeben, wenn die Auditoren den Auditierten hierarchisch gleichgestellt oder übergeordnet sind. In der 2000er-Ausgabe der ISO 9001 ist die Forderung nach Unabhängigkeit abgeschwächt gegenüber der 1994er-Fassung. Nach DIN EN ISO 19011 („Leitfaden für Audits von Qualitätsmanagement- und/oder Umweltmanagementsystemen" [15]) ist „… die Unabhängigkeit des Auditteams von den zu auditierenden Tätigkeiten sicherzustellen und (es sind) Interessenkonflikte zu vermeiden".

Personen und Organisationen, die mit dem Audit zu tun haben, sollten die Unabhängigkeit der Auditoren respektieren und unterstützen. Diese in der DIN EN ISO 19011 genannten Empfehlungen bieten einen relativ breiten Interpretationsspielraum.

Das Audit ist ein Mittel, um festzustellen, ob „qualitätsbezogene Tätigkeiten und die damit zusammenhängenden Ergebnisse den geplanten Vorgaben entsprechen". Dies bedeutet, dass alle Prozesse im Unternehmen, die Gegenstand des Audits sind, untersucht werden, und zwar hinsichtlich Durchführung von Einzeltätigkeiten und hinsichtlich der Ergebnisse. Die Vorgaben, gegen die auditiert wird, sind Festlegungen, die produkt-/dienstleistungsbezogen, auftragsbezogen, tätigkeitsbezogen oder allgemein gültig getroffen sind.

Der Umfang des Audits, d. h. welche Unternehmensbereiche und welche Prozesse und Bereiche auditiert werden, wird vom Auditauftraggeber vorgegeben und im Auditplan festgelegt. Bei Zertifizierungsaudits sind der Geltungsbereich des Managementsystems bzw. des Zertifikats sowie die von übergeordneter Stelle (Akkreditierungsstelle) festgelegten Zertifizierungsregeln maßgebend für die Durchführung des Audits.

Letztlich wird im Audit untersucht, ob die „Vorgaben effizient zu verwirklichen und geeignet sind, die Ziele zu erreichen". Es ist folglich Bestandteil des Audits, zu beurteilen, ob die Vorgaben praktikabel sind, d. h. mit akzeptablem Aufwand umsetzbar sind, und ob Aufwand und Nutzen (bzw. Risiko) in einem vernünftigen Verhältnis stehen. Die Tätigkeiten und Ergebnisse müssen den Zielen entsprechen, d. h. einerseits den Unternehmenszielen hinsichtlich Wirtschaftlichkeit und andererseits den von Unternehmens- und Kundenseite festgelegten Zielen hinsichtlich Qualität, Liefertreue und Service. Neben den Kunden- und Unternehmensinteressen sind insbesondere die Interessen der Lieferanten, der Mitarbeiter und der Gesellschaft zu berücksichtigen.

Jedes Audit bezieht sich sowohl auf die nachvollziehbaren Vorgaben (nachvollziehbar z. B. durch Dokumentation) als auch auf deren Umsetzung im Unternehmen.

4.2 Auditprinzipien

Wird die Auditsystematik richtig angewendet, bilden die Auditergebnisse einen Teil der Grundlage für unternehmerische Entscheidungen. Beispielsweise sind Audits bei Lieferanten Grundlage für die Auswahl und Zulassung von Lieferanten. Für solche Entscheidungen ist es von Bedeutung, möglichst objektive und verlässliche Daten als Auditergebnis zu erhalten. Dazu ist es erforderlich, bestimmte Prinzipien einzuhalten. In der ISO 19011 [15] sind in Bezug auf den Auditor folgende Prinzipien genannt:

- Ethisches Verhalten
  - Vertrauenswürdigkeit,
  - Integrität,
  - Vertraulichkeit/Diskretion.
- Sachliche Darstellung
  - Wahrheitstreue,
  - Genauigkeit in der Berichterstattung.
- Angemessene berufliche Sorgfalt
  - Sorgfalt in der Arbeitsausführung,
  - Urteilsvermögen.

Darüber hinaus sind Prinzipien genannt, die das Audit selbst betreffen:
- Unabhängigkeit
  - Unparteilichkeit,
  - Objektivität der Auditschlussfolgerungen.
- Nachweisbarkeit
  - Zuverlässige, nachvollziehbare und verifizierbare Auditergebnisse.

4.2.1 Auditarten

Bei Audits können unterschiedliche Schwerpunkte bei der Untersuchung bestehen. Das Managementsystem kann auditiert werden (ganz oder teilweise), es können einzelne Produkte oder Produktgruppen auditiert werden oder es können bestimmte Prozesse (Verfahren) auditiert werden. Je nach Gegenstand der Untersuchung wird unterschieden in System-, Produkt- oder Prozessaudits.

4.2.1.1 Systemaudit

Beim Systemaudit handelt es sich um eine umfassende Beurteilung der Wirksamkeit und der Dokumentation des gesamten QM-Systems, d.h. der gesamten Aufbau- und Ablauforganisation einschließlich der Ergebnisse. Bei den Ergebnissen stehen Produkte bzw. Dienstleistungen im Vordergrund. Darüber hinaus werden Kenntnisse des Personals auditiert.

4.2.1.2 Produktaudit

Schwerpunkt des Produktaudits ist die Prüfung der Übereinstimmung der Produktqualität mit den Kundenforderungen, den technischen Spezifikationen und den Prüf- und Fertigungsunterlagen. In der Praxis ist darüber hinaus oft auch die Auditierung von Bestandteilen des Managementsystems erforderlich (z.B. die Systematik der Aufzeichnungen zum Produkt).

4.2.1.3 Prozessaudit

Beim Prozessaudit wird die Übereinstimmung der Prozessqualität mit Arbeits- und Prozess- bzw. Verfahrensanweisungen, Rezepturen, technischen Produktspezifikationen und Kundenforderungen überprüft. Auch dabei ergibt sich in der Praxis oft die Notwendigkeit, bestimmte Bestandteile des Managementsystems in das Audit einzuschließen.

4.2.1.4 Interne und externe Audits

Je nachdem, welche „Parteien" an einem Audit beteiligt sind, wird zwischen First-, Second- und Third-Party-Audits unterschieden.

Interne Audits werden durchgeführt, um den derzeitigen Stand und die vorhandenen Verbesserungsmöglichkeiten des Managementsystems zu ermitteln.

Externe Audits dienen in der Regel dem Nachweis der Fähigkeit des Unternehmens gegenüber dem Kunden. Externe Audits werden normalerweise vor Eingehen eines Vertragsverhältnisses zur Lieferantenbeurteilung durchgeführt oder während eines bestehenden Vertragsverhältnisses einerseits zur Überprüfung, ob die vereinbarten Anforderungen laufend erfüllt werden, andererseits zur Weiterentwicklung des Managementsystems des Lieferanten.

Internes Systemaudit („First-Party-Audit")

First-Party-Audits sind Auditierungen des Managementsystems im eigenen Unternehmen anhand eines Regelwerkes. Die Durchführung von internen Audits ist eine Forderung der DIN EN ISO 9001. In der Norm zum Umweltmanagement DIN EN ISO 14001 ist ebenfalls die Durchführung interner Audits gefordert. Veranlasser bzw. Auftraggeber des internen Audits ist die Unternehmensleitung.

Externes Systemaudit („Second-Party-Audit")

Bei Second-Party-Audits findet die Auditierung durch einen Partner statt. Als Kundenaudit wird die Auditierung eines Lieferanten (aus Sicht der eigenen Organisation) durch den Kunden bezeichnet. Auditiert der Kunde das Unternehmen eines Lieferanten, wird dies als „Lieferantenaudit" bezeichnet.

Veranlasser des Second-Party-Audits ist der jeweilige Kunde.

Externes Systemaudit („Third-Party-Audit")

Wird das eigene Managementsystem anhand eines Regelwerkes durch neutrale Dritte auditiert, handelt es sich um ein Third-Party-Audit. Typischerweise ist das Third-Party-Audit ein Zertifizierungsaudit durch eine unabhängige, akkreditierte Stelle. Auftraggeber ist in diesem Falle das Unternehmen bzw. die Organisation, die zum Zwecke der Zertifizierung auditiert wird. In manchen Fällen werden Third-Party-Audits aber auch in Absprache mit dem auditierten Unternehmen im Auftrag einer anderen Partei durchgeführt.

Third-Party-Audits können auch durch Behörden durchgeführt werden, um die Erzeugung von Produkten bzw. Dienstleistungen zu überwachen (z. B. durch Aufsichtsbehörden für Nahrungsmittel, Arzneimittel, kerntechnische Anlagen usw.).

4.2.2 Management von Auditprogrammen

Ein Auditprogramm besteht aus der Planung und Durchführung eines oder mehrerer Audits. Auditprogramme können eine oder mehrere Auditarten, ein oder mehrere Auditziele sowie ein oder mehrere Auditgrundlagen (z. B. ISO 9001, ISO/TS 16949, ISO 14001) haben.

Abb. 4.1: Prozessablauf für das Management eines Auditprogramms

Ein Auditprogramm beinhaltet laut ISO 19011:2002 die folgenden Punkte (die Ziffern in Klammern geben jeweils die Abschnittsnummer in der ISO 19011:2002 an):

- Die Festlegung des Auditprogramms (*plan*)
  – Ziele und Umfang (5.2.1 und 5.2.2),

- Verantwortlichkeiten (5.3.1),
- Ressourcen (5.3.2),
- Verfahren (5.3.3).
- Die Umsetzung des Auditprogramms (*do*)
  - Planung von Audits (5.4),
  - Bewertung der Auditoren (5.4),
  - Auswahl von Auditteams (5.4),
  - Lenkung der Audittätigkeiten (5.4),
  - Führung von Aufzeichnungen (5.5).
- Das Überwachen und Bewerten des Auditprogramms (*check*)
  - Überwachung und Bewertung (5.6),
  - Ermittlung des Bedarfs an Korrektur- und Vorbeugungsmaßnahmen (5.6),
  - Ermittlung von Verbesserungsmöglichkeiten (5.6).
- Die Verbesserung des Auditprogramms (*act*).

Die Umsetzung des Auditprogramms beinhaltet darüber hinaus:

- Die eigentlichen Audittätigkeiten (Abschnitt 6).
- Die Qualifikation und Bewertung von Auditoren (Abschnitt 7).

Anmerkung: Je komplexer die Auditprogramme gestaltet werden, umso höher und wichtiger ist die Qualifikation der Auditoren.

Die genannten Inhalte eines Auditprogramms werden in der DIN EN ISO 19011 [15] näher beschrieben.

4.2.2.1 Ziele eines Auditprogramms

Die Ziele von Auditprogrammen ergeben sich aus internen Anforderungen des Unternehmens und aus externen Anforderungen an das Unternehmen.

Interne Anforderungen sind beispielsweise kurz-, mittel- und langfristige Unternehmensziele, kommerzielle Absichten, Anforderungen an Lieferanten sowie die festgelegten Anforderungen an das jeweilige Managementsystem.

Zu den externen Anforderungen gehören Kundenanforderungen bzw. -erwartungen, gesetzliche, behördliche und vertragliche Anforderungen sowie Anforderungen und Erwartungen von Mitarbeitern, Gesellschaftern und der Gesellschaft.

Typische Auditziele sind die Bewertung der Erfüllung von Anforderungen des Kunden bzw. des Gesetzgebers und der Behörden, die Bewertung eines Managementsystems im Hinblick auf die Zertifizierung nach einem bestimmten Standard, die Lieferantenbewertung und die Ermittlung von Verbesserungspotentialen. Darüber hinaus kann es Ziel eines Auditprogramms sein, Risiken für das Unternehmen zu bewerten.

4.2.2.2 Umfang eines Auditprogramms

Die Planung eines Auditprogramms ist in einigen Punkten vergleichbar mit einer Prüfplanung. Ein wesentlicher planerischer Bestandteil ist die Bewertung und Abwägung der Risiken und des Aufwands. Bei der Prüfplanung besteht die Bewertung der Risiken in einer Bewertung der Folgen von Fehlern, die aufgrund mangelnder Prüfung nicht erkannt werden, in Verbindung mit deren Auftretens- und Entdeckungswahrscheinlichkeit. Diese Risiken werden in Relation gesetzt zum Prüfaufwand. In analoger Weise werden beim Audit die möglichen Folgen von Abweichungen (von Produkt- und/oder Prozessspezifikationen, von gesetzlichen Vorgaben etc.) dem Auditaufwand gegenübergestellt. Je höher die Risiken sind, desto häufiger sollte auditiert werden.

Kriterien zur Festlegung von Umfang, Ziel, Dauer und Häufigkeit durchzuführender Audits sind beispielsweise

- die Komplexität
  - der Organisation,
  - der Tätigkeiten,
  - der Produkte/Dienstleistungen,
  - der zugrunde liegenden Normen (einschließlich Zertifizierung bzw. Akkreditierung) und Anforderungen
- sowie der Entwicklungsstand und -fortschritt der Organisation.

4.2.2.3 Verantwortlichkeiten

Verantwortlich für das Management von Auditprogrammen sind in der Regel die Managementbeauftragten (für Qualitäts- bzw. Umweltmanagement). Die Verantwortlichen sollten qualifiziert sein hinsichtlich der Auditprinzipien und -methoden sowie der sonstigen benötigten Auditorenqualifikation (siehe Seite 221 sowie Kapitel 4.2.4 ab Seite 292).

Zu den Aufgaben des/der Auditverantwortlichen gehört es, das Auditverfahren einschließlich der Verantwortungen (in Verfahrensanweisungen) festzulegen und im Rahmen der Auditplanung Ziele und Umfang des bzw. der Audits festzulegen. Die Umsetzung geplanter Audits muss sichergestellt werden, wie auch das Führen von Aufzeichnungen. Das Auditprogramm muss überwacht, bewertet und verbessert werden. Dazu sollten die Auditverantwortlichen Vorschläge in die Managementbewertung einbringen, z.B. in Form geänderter Auditpläne. Im Rahmen der Managementbewertung werden die Auditpläne vorgestellt, bewertet und genehmigt. Das Management (konkret die Personalverantwortlichen der zu auditierenden Bereiche und der Auditierenden) ist dann verantwortlich für die Bereitstellung der erforderlichen zeitlichen und personellen Ressourcen.

4.2.2.4 Ressourcen

Die Planung von Ressourcen umfasst Ressourcen für die Entwicklung, Umsetzung und Verbesserung von Auditprogrammen und Auditmethoden, für die Auditorenqualifizierung und -entwicklung sowie zeitliche Ressourcen von Auditoren und ggf. von erforderlichen Sachkundigen zur Vorbereitung, Durchführung und Nachbereitung von Audits.

4.2.2.5 Verfahren und Umsetzung

Das Verfahren für Auditprogramme und dessen Umsetzung umfasst die inhaltliche und zeitliche Planung von Audits einschließlich Planung und Bereitstellung eines qualifizierten Auditteams, die Information der Beteiligten, die Durchführung von Audits und Folgeaktivitäten einschließlich Berichterstattung, -bewertung und -bestätigung sowie die Aufzeichnungen von Planungs- und Auditaktivitäten.

Übergeordnete Aufgaben sind die Sicherstellung und die laufende Bewertung der Auditorenqualifikation, die Überwachung der Leistung und Wirksamkeit des Auditprogramms sowie die Berichterstattung an die oberste Leitung hinsichtlich Leistung des Auditprogramms (z. B. im Rahmen der Managementbewertung).

4.2.2.6 Aufzeichnungen

Zu den Aufzeichnungen von Einzelaudits gehören nach DIN EN ISO 19011:2000 [15]:

- Auditpläne,
- Auditberichte,
- Abweichungsberichte,
- Berichte zu Korrektur- und Vorbeugungsmaßnahmen,
- Berichte zu Auditfolgemaßnahmen.

Auditpläne liegen typischerweise in Form von Jahresplänen und Ablaufplänen einzelner Audits vor (Beispiele zeigen die Abb. 2.40 auf S. 217 „Auditplan" und Abb. 4.20 auf S. 322 „Audittagesplan". Korrektur- und Vorbeugungsmaßnahmen werden in der Regel in den Abweichungsberichten (siehe Abb. 4.4 „Auditbericht"auf S. 290) aufgezeichnet. Aufzeichnungen zur Umsetzung der Maßnahmen können dann beispielsweise als Anlage hinzugefügt werden.

Auditfolgemaßnahmen können z. B. detaillierte Analysen zu bestimmten Problemen oder Verbesserungspotentialen sein. Diese können wie die Korrektur- und Vorbeugungsmaßnahmen in Audit- bzw. Abweichungsberichten aufgezeichnet werden, sie können aber auch Ergebnis der Managementbewertung sein und Bestandteil der Aufzeichnungen zur Managementbewertung werden. Ergebnisse der Bewertung des Auditprogramms werden typischerweise durch den bzw. die Managementbeauftragten in die Managementbewertung berichtet.

Die Basis für Aufzeichnungen zum Auditpersonal können festgelegte Qualifikationskriterien z. B. in einer Verfahrensanweisung zu Audits sein. Anhand dieser Kriterien werden Auditoren ausgewählt, bewertet, qualifiziert und weiterentwickelt (zur Qualifikation von Auditoren siehe Kapitel 4.2.4 ab Seite 292).

4.2.2.7 Überwachung und Bewertung

Um die Effektivität der Auditprogramme sicherzustellen, sollten diese von Zeit zu Zeit bewertet werden. Bewertungskriterien sind laut ISO 19011 [15]:

- Fähigkeit des Auditteams zur Umsetzung des Auditplans,
- Übereinstimmung mit Auditprogrammen und Zeitplänen,
- Informationsaustausch zwischen Auftraggebern, auditierten Organisationen und Auditoren.

Bei der Bewertung sollten die Auditergebnisse, die Einhaltung der festgelegten Auditverfahren, die Erwartungen des Auftraggebers an Audits, Aufzeichnungen sowie alternative oder neue Auditpraktiken berücksichtigt werden.

Auftraggeber eines Audits kann z. B. die Geschäftsführung (bei internen Audits) oder die für die Lieferantenentwicklung zuständige Abteilung eines Kunden sein.

Die Übereinstimmung von Leistung und Ergebnissen von Audits, die durch verschiedene Auditteams unter vergleichbaren Bedingungen durchgeführt wurden, können ebenfalls zur Bewertung der Wirksamkeit von Audits und Auditprogrammen dienen. Dabei ist allerdings zu beachten, dass Audits aufgrund des Stichprobencharakters nur zu annähernd identischen Ergebnissen führen können.

In der praktischen Anwendung findet die Bewertung von Auditprogrammen in der Regel im Rahmen der Managementbewertung statt, indem der Auditjahresplan vom Qualitätsbeauftragten vorgeschlagen und im Kreise des Managements diskutiert und verabschiedet wird.

4.2.3 Audittätigkeiten

Bei den Auditaktivitäten, die Bestandteile des Auditprogramms sind, geht es um die Initiierung, die Planung und Vorbereitung, die Durchführung und Nachbereitung von Audits. Die Durchführung von Audits in großen und komplexen Organisationen erfordert dabei ein hohes Maß an Planung, während in kleinen und mittelständischen Unternehmen eher eine pragmatische Vorgehensweise angebracht ist.

4.2.3.1 Veranlassen des Audits

Benennung des Auditteamleiters

Für jedes Audit ist im Rahmen des Auditprogramms ein Auditteamleiter zu benennen und dessen Aufgabenbereich festzulegen. Anschließend müssen Auditziele, Auditumfang und Auditkriterien festgelegt werden.

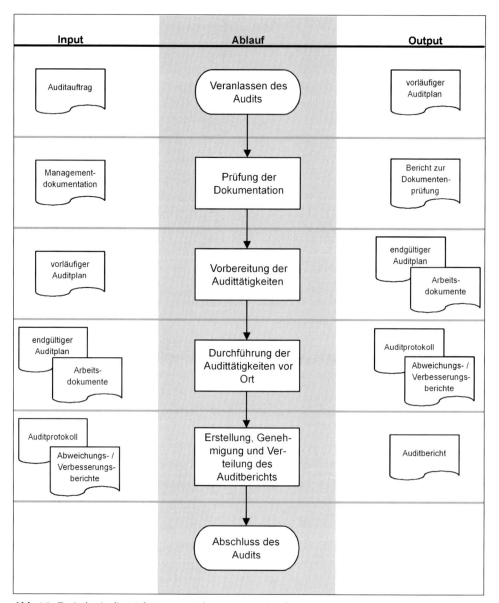

Abb. 4.2: Typische Audittätigkeiten mit Dokumenten und Aufzeichnungen

Festlegung der Auditziele

Typische Auditziele nach DIN EN ISO 19011:2002 [15] sind:

- Übereinstimmung des Managementsystems mit den Auditkriterien,
- Beurteilung der Fähigkeit, gesetzliche, behördliche und Kundenanforderungen zu erfüllen,

- Eignung des Managementsystems, die Erreichung der Unternehmensziele zu unterstützen,
- Ermittlung von Verbesserungspotentialen.

Festlegung des Auditumfangs

Mit dem Auditumfang wird festgelegt, welche Unternehmensbereiche, Prozesse und Tätigkeiten auditiert werden. Außerdem wird der zeitliche Umfang des Audits geplant.

Festlegung der Auditkriterien

Es wird gegen die festgelegten Auditkriterien auditiert. Das bedeutet, dass im Rahmen des Audits stichprobenartig überprüft wird, inwieweit die Auditkriterien erfüllt werden.

Die Auditkriterien werden normalerweise aus den einzelnen Anforderungen der Normenstandards abgeleitet, die als Auditgrundlage dienen (z.B. DIN EN ISO 9001, ISO/TS 16949 oder DIN EN ISO 14001). Häufig wird dazu ein allgemeiner oder ein individueller Kriterienkatalog erstellt (in der Regel in Form einer Auditfragenliste). Die Auditkriterien werden zwischen Auditauftraggeber (also z.B. der Geschäftsführung) und Auditteamleiter vereinbart. Die Auditziele sollten vom Auftraggeber festgelegt werden.

Feststellung der Durchführbarkeit

Vor Ausführung des Audits sollte dessen Durchführbarkeit geklärt werden. Voraussetzungen zur Durchführung sind die Verfügbarkeit ausreichender Informationen zur Vorbereitung des Audits, das Vorhandensein ausreichender Ressourcen sowie die Kooperation von Seiten der zu auditierenden Organisation. Ist die Durchführbarkeit nicht gegeben, muss eine Klärung mit dem Auditauftraggeber herbeigeführt werden.

Auswahl des Auditteams

Ist die Durchführbarkeit sichergestellt, erfolgt die Zusammenstellung des Auditteams. Wird das Audit nur durch einen einzelnen Auditor durchgeführt, übernimmt dieser sämtliche Aufgaben im Zusammenhang mit dem Audit, einschließlich der Aufgaben des Auditteamleiters.

Wesentlich bei der Zusammenstellung des Auditteams ist, dass alle erforderlichen Qualifikationen vom Auditteam abgedeckt werden. Nach DIN EN ISO 19011:2002 [15] beinhaltet dies die Kenntnisse folgender Punkte:

- Ziele, Umfang, Kriterien,
- zugrunde liegende gesetzliche, behördliche und vertragliche Anforderungen,
- Landessprache und ggf. Verständnis des sozialen und kulturellen Umfeldes.

Darüber hinaus muss die Unabhängigkeit der Auditteammitglieder von den zu auditierenden Tätigkeiten gegeben und die Zusammenarbeit der Teammitglieder untereinander gewährleistet sein.

Die Anforderungen an das Auditteam sind zu ermitteln und das Auditteam ist entsprechend diesen Anforderungen zusammenzustellen. Erforderlichenfalls sind Sachverständige hinzuzuziehen.

Der Austausch von Mitgliedern des Auditteams kann sowohl von der auditierten Organisation als auch vom Auditauftraggeber verlangt werden, wenn Auditprinzipien (siehe Abschnitt 4.2) nicht eingehalten werden, z.B. wenn die Objektivität eines Auditteammitgliedes aufgrund einer früheren Tätigkeit nicht gewährleistet ist. In diesem Fall ist durch den Auditteamleiter eine Klärung unter Einbeziehung aller betroffenen Parteien herbeizuführen.

Kontakt mit der zu auditierenden Organisation herstellen

Der Auditteamleiter sollte ggf. den Kontakt herstellen zu der Organisation, die auditiert werden soll, um organisatorische Gegebenheiten abzusprechen wie Kommunikationswege, Befugnis zur Auditdurchführung, Termine, erforderliche Vorinformationen, Beteiligte usw.

4.2.3.2 Prüfung der Dokumentation

Vor Durchführung des Vor-Ort-Audits sollte eine Überprüfung der relevanten Managementdokumentation erfolgen. Ziel ist es, zu überprüfen, inwieweit das beschriebene System den Auditkriterien (Anforderungen) entspricht. Werden Unzulänglichkeiten in der Dokumentation festgestellt, sind diese an den Auditauftraggeber zu berichten und es sollte entschieden werden, ob das Audit weitergeführt, unterbrochen oder abgebrochen werden soll.

4.2.3.3 Vorbereitung auf die Audittätigkeiten vor Ort

Zur Durchführung des Audits sollte ein Audittagesplan mit der zeitlichen Abfolge und den Beteiligten erstellt werden, um einen koordinierten und organisierten Auditablauf zu ermöglichen.

Erstellung eines Auditplans

Der Auditplan sollte folgende Angaben enthalten oder darauf verweisen (vergleiche DIN EN ISO 19011:2002 [15]):

- Auditziele,
- Auditkriterien und Referenzdokumente (relevante Normen, Managementdokumentationen etc.),
- Auditumfang einschließlich zu auditierender Funktionsbereiche, Prozesse, Termine und Orte,
- Zeitpunkt und Dauer der Audittätigkeiten,
- Rollen und Verantwortlichkeiten der Mitglieder des Auditteams,
- erforderliche Ressourcen,
- Benennung des Vertreters der zu auditierenden Organisation,
- ggf. Landessprache des Vor-Ort-Audits und des Auditberichts,
- Inhalte des Auditberichts,

- logistische Vorkehrungen (Reise, Einrichtungen vor Ort etc.),
- Vereinbarungen zur Vertraulichkeit,
- Folgeaktivitäten von Audits.

Es ist erforderlich, den Auditplan vor Beginn des Audits dem Auditauftraggeber zur Prüfung und Bestätigung vorzulegen und mit der zu auditierenden Organisation abzustimmen. Alle Unklarheiten sollten vor Beginn des Vor-Ort-Audits ausgeräumt werden.

Aufgabenverteilung im Auditteam

Die Aufgabenverteilung im Auditteam sollte durch den Auditteamleiter mit allen Teammitgliedern abgesprochen werden. Die Verteilung der Aufgaben sollte einvernehmlich erfolgen.

Vorbereitung von Arbeitsdokumenten

Weiterhin sind die Arbeitsdokumente für das Audit vorzubereiten, insbesondere für:
- Checklisten und Stichprobenumfänge,
- Formulare zur Aufzeichnung von Beobachtungen (z.B. Auditprotokolle).

Ein interessanter Aspekt ist die Festlegung von Stichprobenumfängen vor Durchführung des Audits vor Ort. Dies wird selten praktiziert, erhöht aber die Objektivität von Audits deutlich. Die Festlegung von Stichprobenumfängen bedeutet, dass vorab festgelegt wird, wie viele Aufträge beispielsweise im Rahmen der Auditierung des Auftragsbearbeitungsprozesses eingesehen werden. Ein weiteres Beispiel wäre die Anzahl der Funktionsbeschreibungen während des Audits der Planung der Aufbauorganisation.

Die Arbeitsdokumente sollten entsprechend den festgelegten Archivierungszeiten aufbewahrt werden (z.B. drei Jahre entsprechend dem Zertifizierungszyklus von drei Jahren).

4.2.3.4 Audittätigkeiten vor Ort

In einer Eröffnungsbesprechung werden das Management der auditierten Organisation und/oder die Verantwortlichen der auditierten Funktionsbereiche über den Auditablauf informiert. Im Wesentlichen werden die im Auditplan enthaltenen Informationen (siehe oben) erläutert.

In der DIN EN ISO 19011:2002 [15] werden praktische Hilfen zu den Inhalten der Eröffnungsbesprechung gegeben. Themen der Eröffnungsbesprechung können demnach sein:

- Vorstellung der Teilnehmer,
- Auditziele, -umfang und -kriterien,
- organisatorische Erfordernisse wie Auditzeitplan, Zwischen- und Abschlussbesprechungen, Beratungsbesprechungen des Auditteams,
- Kommunikationswege,
- Hinweis auf den Stichprobencharakter des Audits,

- verwendete Landessprache,
- laufende Unterrichtung der auditierten Organisation über den Fortschritt,
- Verfügbarkeit von Ressourcen, Einrichtungen und Betreuern,
- Vertraulichkeit,
- Arbeitsschutz, Notfall- und Sicherheitsverfahren,
- Berichterstattung und Auditbewertung (Abweichungsklassifizierung etc.),
- Bedingungen für einen Auditabbruch,
- Einspruchsmöglichkeiten bezüglich Auditdurchführung und -schlussfolgerungen.

Innerhalb des Auditteams und mit der auditierten Organisation sollte während des Audits eine regelmäßige und geregelte Kommunikation hinsichtlich des Fortschritts erfolgen.

Gravierende Beobachtungen während des Audits sind ggf. unmittelbar zu berichten. Darunter fallen z.B. Beobachtungen von Tatsachen, welche die Sicherheit, Umwelt oder Qualität gefährden und/oder die Erreichung der Auditziele verhindern. Insbesondere ist dies erforderlich, wenn eine Änderung des Auditplans oder ein Auditabbruch erforderlich erscheint.

Während der Durchführung der Untersuchung werden Mitarbeiter interviewt und es werden Unterlagen eingesehen, um die Aussagen der Mitarbeiter zu verifizieren. Bei vermuteten Abweichungen wird der Sachverhalt weiter hinterfragt, bis eine Bewertung möglich ist. Werden Abweichungen festgestellt, so muss der Sachverhalt genau protokolliert werden, damit die Nachvollziehbarkeit der Auditfeststellungen gegeben ist. Zum Beispiel sind relevante Auftrags- oder Artikelnummern zu protokollieren, genaue Bezeichnungen von Unterlagen etc. Genauso wird ggf. festgestelltes Verbesserungspotenzial protokolliert.

Rollen und Verantwortlichkeiten von Betreuern und Beobachtern

Betreuer und Beobachter sollten im Audit eine neutrale Rolle einnehmen. Sie sollten das Audit weder beeinflussen noch behindern. Vielmehr sollen sie das Audit entsprechend den Aufforderungen durch den Auditteamleiter unterstützen.

Verhalten von Auditierten und Auditoren im Audit

Vom Verhalten der Auditoren und der Auditierten ist der Erfolg von Audits maßgeblich abhängig. Dazu sollten bestimmte Regeln zur Kommunikation und zum Verhalten während des Audits befolgt werden.

Gesprächsregeln

Um ein aussagekräftiges Auditergebnis zu erzielen, ist es im Durchführen des Vor-Ort-Audits wichtig, eine offene Atmosphäre zu erzeugen. Nur mit einer offenen Atmosphäre und einer entsprechenden Fragetechnik erhält der Auditor tieferen Einblick in die Umsetzung der QM-Maßnahmen. Dazu sind eine Reihe von Gesprächsregeln zu beachten:

- auflockernder Gesprächseinstieg,
- Blickkontakt,
- sachliche Gespräche,
- immer nur eine Frage diskutieren,
- ausreden lassen, konzentriert zuhören,
- professionelle Distanz wahren,
- bei Unruhe oder Unverständnis: anders formulieren,
- bei Konfrontationsgefahr „aussteigen": auf persönliche Ebene gehen (über „Spielregeln" unterhalten),
- alle Teilnehmer einbinden,
- auf die Gestik achten,
- keine Suggestivfragen, keine Alternativfragen.

Grundsätzlich sollte mit der sogenannten „offenen Fragetechnik" gearbeitet werden. Das heißt, es werden fast ausschließlich „W"-Fragen verwendet. Typische Beispiele sind:

Wie stellen Sie sicher, dass ...?
Wer ist zuständig für ...?
Wie gehen Sie vor, wenn ...?

Durch diese Fragetechnik wird der Auditierte aufgefordert, aktiv zu berichten, so dass sich der Auditor ein Bild über den Tätigkeitsbereich des Auditierten machen kann.

Verhaltensregeln für Auditoren

Um ihre Aufgabe erfüllen zu können und um Akzeptanz beim Auftraggeber bzw. Veranlasser des Audits sowie innerhalb der auditierten Organisation zu finden, ist die Beachtung bestimmter Grundsätze von Bedeutung. Auditoren sollten:

- den Rahmen des Audits nicht überschreiten,
- die Objektivität wahren,
- die Zielsetzung des zu überprüfenden Bereichs beachten,
- vorhandene Prüfaktivitäten ermitteln,
- Annahmekriterien festlegen,
- Umfang des Audits und des zu überprüfenden Gebietes ins Verhältnis setzen,
- sich bei Feststellungen an Tatsachen halten und Nachweise sammeln,
- sich partnerschaftlich verhalten,
- auf die richtige Kommunikation achten,

> *Regeln für Auditierte*
>
> Für den Erfolg von Audits ist wichtig, dass die Auditierten konstruktiv mitarbeiten. Es ist Aufgabe des Auditors und der verantwortlichen Leitungskräfte, den zu auditierenden Personen Sinn und Zweck interner Audits zu vermitteln, um deren Mitwirkung sicherzustellen. Die Aufgaben der Leitungskräfte sind:
> - das betreffende Personal über Ziele und Umfang des Audits zu informieren,
> - Abordnung verantwortlicher Mitarbeiter zur Begleitung des Auditteams,
> - Bereitstellung von Mitteln, die für das Audit erforderlich sind,
> - Sorge tragen für den Zugang der Auditoren zu den Betriebsanlagen und den Nachweisunterlagen,
> - Zusammenarbeit mit den Auditoren,
> - Festlegung von Korrekturmaßnahmen auf der Grundlage des Auditberichts.
>
> Zu den Verhaltensregeln der Auditierten gehört:
> - keine „Show" vorbereiten und veranstalten,
> - sich auf die Persönlichkeit des Auditors einstellen,
> - Fragen sachlich richtig beantworten,
> - keine langen Erklärungen abgeben,
> - Fehler zugeben, keine Ausreden und „Notlügen",
> - nur typische Beispiele zeigen (keine Ausnahmefälle),
> - genaue Kenntnis der qualitätsrelevanten Abläufe im eigenen Tätigkeitsbereich,

Erfassen und Verifizieren von Informationen

Während des Audits werden zu den Auditkriterien Informationen erfasst und verifiziert, und zwar unter Berücksichtigung der Auditziele und des festgelegten Auditumfangs. Besondere Beachtung finden Schnittstellen zwischen den Funktionsbereichen sowie Prozesse und Tätigkeiten. Die Erfassung und Verifizierung erfolgt immer in angemessenen Stichproben. Nur verifizierbare (d.h. überprüfbare und nachvollziehbare) Informationen können Auditnachweise sein.

Typische Informationsquellen sind:
- Befragungen,
- Beobachtungen von Tätigkeiten,
- Bewertung von Aufzeichnungen.

Die Auditinformationen sollten aufgezeichnet werden, und zwar unter Angabe des Standortes, des Funktionsbereiches und des Prozesses, in dem die jeweilige Information gewonnen wurde. Je nach Festlegung im Auditplan kann die Konformität zusammenfassend aufgezeichnet werden oder für jede Feststellung einzeln.

Abb. 4.3: Prozess der Ableitung von Auditschlussfolgerungen aus Informationsquellen

Treffen von Auditfeststellungen

Die stichprobenartig während des Audits erlangten, verifizierbaren Informationen (also die Auditnachweise) werden einzeln gegenüber den Auditkriterien bewertet. Die Aussage über die Konformität mit Auditkriterien bzw. die Abweichung von Auditkriterien ist die *Auditfeststellung*.

Während des Audits sollte das Auditteam regelmäßig in angemessenen Abständen die Auditbeobachtungen bewerten. Beispiele für die Bewertung von Auditbeobachtungen sind unten im Textrahmen genannt.

Werden Abweichungen festgestellt, so sollte darauf geachtet werden, dass die Feststellungen von den verantwortlichen Vertretern der auditierten Organisation verstanden und anerkannt werden. Wird kein Konsens hinsichtlich Auditnachweis oder Auditfeststellung erlangt, so ist dieser Sachverhalt aufzuzeichnen.

Bewertung der Auditergebnisse

Die Auditgewichtung bzw. -bewertung kann z.B. nach folgendem Schema erfolgen:
1. Forderung erfüllt,
2. Forderung erfüllt mit Hinweis,
3. Forderung noch nicht erfüllt, Nebenfehler,
4. Forderung nicht erfüllt, Hauptfehler.

Dabei sind Nebenabweichungen charakterisiert durch:
– Zufälligkeit,
– vereinzeltes Auftreten,
– relativ kurzfristig behebbar.

Das Auftreten von Hauptabweichung ist:
– systematisch,
– häufig,
– mit Folgen verbunden.

Beispiele für Sachverhalte, bei denen Hinweise gegeben werden, sind:
– Kalibrierzeitraum eines Messgerätes geringfügig überschritten,
– Prüfmittel ist in Prüfanweisung nicht angegeben (wird aber eingesetzt),
– nur Abteilungen im Organigramm, keine Namen.

Beispiele für Nebenabweichungen sind:
– Prüfablaufpläne enthalten teilweise keine Angaben über die zu prüfenden Merkmale und insbesondere keine Prüfkriterien,

- Kalibrierzeitraum bei mehreren Prüfmitteln überschritten,
- keine Bewertung der Lieferqualität bei mehreren Lieferanten.

Als Hauptabweichung werden beispielsweise bewertet:
- keine Prüfanweisungen vorhanden,
- kein Konzept für Korrekturmaßnahmen vorhanden (keine VA),
- kein Konzept für die Freigabe von Produkten im Versand vorhanden,
- kein System für die Bewertung von Lieferanten vorhanden,
- Rückverfolgbarkeit für sicherheitsrelevante Produkte nicht gegeben.

Abb. 4.4 zeigt ein Auditberichtsformular, welches vom inhaltlichen Aufbau den bei Third-Part-Audits verwendeten Formularen entspricht.

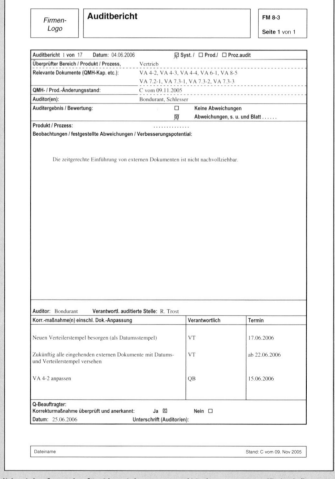

Abb. 4.4: Auditberichtsformular für Abweichungen und Verbesserungen (Beispiel)

Erarbeiten von Auditschlussfolgerungen

Auditschlussfolgerungen können eine Aussage beinhalten zum Grad der Konformität des Managementsystems mit den Auditkriterien, zum Umsetzungsgrad des Managementsystems oder zur Effektivität des Managementbewertungsprozesses. Sofern im Auditplan festgelegt, sind Empfehlungen zu erarbeiten und Auditfolgemaßnahmen zu erörtern.

Durchführung der Abschlussbesprechung

Zum Ende des Audits wird eine Abschlussbesprechung unter Leitung des Auditteamleiters durchgeführt. Daran nehmen Auditteam und Vertreter der auditierten Organisation teil. Es werden Auditfeststellungen und -schlussfolgerungen mitgeteilt und erläutert. Diesbezügliche Meinungsverschiedenheiten sollten ausgeräumt werden. Gelingt dies nicht, werden die unterschiedlichen Standpunkte aufgezeichnet.

4.2.3.5 Erstellung des Auditberichts

In der Regel ist der Auditteamleiter für die Erstellung des Auditberichts verantwortlich. Der Auditbericht sollte folgende Inhalte haben (vergleiche DIN EN ISO 19011:2002 [15]):

- Auditziel,
- Auditumfang (auditierte Organisations- bzw. Funktionsbereiche, Prozesse, Zeiträume),
- Auditauftraggeber,
- Termine und Orte der Auditdurchführung,
- Auditkriterien,
- Auditfeststellung,
- Auditschlussfolgerung,
- ggf. Verweise auf:
  – Auditplan,
  – Liste der Vertreter der auditierten Organisation,
  – Zusammenfassung des Auditprozesses,
  – Bestätigung der Auditzielerreichung,
  – in Abweichung vom Auditplan nicht abgedeckte Bereiche,
  – nicht beigelegte Meinungsverschiedenheiten,
  – ggf. Empfehlungen für Verbesserungen,
  – ggf. vereinbarte Pläne für Folgemaßnahmen,
  – Vertraulichkeitserklärung,
  – Verteilerliste für den Auditbericht.

4.2.3.6 Genehmigung und Verteilung des Auditberichts

Die Prüfung, Genehmigung und Verteilung des Auditberichts sollte innerhalb der vereinbarten Frist erfolgen und entsprechend der Planung des Auditprogramms datiert sein. Der Auftraggeber des Audits ist Eigentümer des Auditberichts und legt den Verteilerkreis fest.

4.2.3.7 Abschluss des Audits

Mit der Verteilung des Auditberichts ist der Auditprozess abgeschlossen. Auditdokumente und -aufzeichnungen sollten den festgelegten Vereinbarungen und Fristen entsprechend aufbewahrt bzw. vernichtet werden. Die Offenlegung von Auditdokumenten und -aufzeichnungen sollte aus Gründen der Vertraulichkeit nur mit Zustimmung des Auditauftraggebers erfolgen.

4.2.3.8 Durchführung von Auditfolgemaßnahmen

Die Durchführung von Auditfolgemaßnahmen ist nicht Bestandteil des eigentlichen Audits. Aus den im Auditbericht ausgewiesenen Auditschlussfolgerungen kann sich die Notwendigkeit zur Durchführung von Verbesserungs-, Korrektur- und Vorbeugemaßnahmen ergeben.

Die Festlegung und Durchführung der Maßnahmen ist Aufgabe der Verantwortlichen der auditierten Organisation. Die Wirksamkeit der Maßnahmen sollte verifiziert werden. Dies kann je nach Maßnahme individuell erfolgen oder im Rahmen eines nachfolgenden Audits.

4.2.4 Qualifikation und Bewertung von Auditoren

Die Ergebnisse von Audits und deren Vertrauenswürdigkeit werden maßgeblich durch die Auditorenqualifikation beeinflusst. Diese setzt sich aus verschiedenen Faktoren zusammen:

- persönliche Eigenschaften,
- Fachkenntnisse und Fähigkeiten einschließlich deren gezielter Anwendung bezüglich:
  - Qualitäts-/Umweltmanagement einschließlich einschlägiger Standards,
  - Branchenkenntnisse,
  - Auditmethodik,
- Ausbildung, Arbeitserfahrung, Auditorenschulung, Auditerfahrung.

4.2.4.1 Persönliche Eigenschaften

Zu den erforderlichen persönlichen Eigenschaften von Auditoren gehören:
  - Berufsethos,
  - Aufgeschlossenheit,
  - diplomatisches Verhalten,
  - Aufmerksamkeit,
  - schnelle Auffassungsgabe,
  - Vielseitigkeit,
  - Beharrlichkeit,
  - Entscheidungsfreudigkeit und analytische Fähigkeiten,
  - Selbstsicherheit.

4.2.4.2 Kenntnisse und Fähigkeiten

Die Auditorenkenntnisse und -fähigkeiten zum Qualitäts- bzw. Umweltmanagement sind erforderlich:

– zu Auditprinzipien, -verfahren und -techniken,
– zu Managementsystem- und Verweisdokumenten als Grundlage für Auditkriterien,
– zum Verständnis für organisatorische Zusammenhänge,
– für relevante Gesetze, Vorschriften und andere Anforderungen.

Nachfolgend sind die erforderlichen Kenntnisse laut ISO 19011:2002 [15] aufgelistet:

Abb. 4.5: Erforderliche auditspezifische Kenntnisse von Auditoren laut ISO 19011:2002

Erforderliche Kenntnisse zu Auditprinzipien, -verfahren und -techniken
• Anwendung von Auditprinzipien, -verfahren und -techniken
• wirksame Arbeitsplanung und -organisation
• zeitplangerechte Auditdurchführung
• Festlegung von Prioritäten und Konzentration auf Wesentliches
• Erfassung von Informationen durch wirksames Befragen, Zuhören, Beobachten und Auswerten von Dokumenten und Aufzeichnungen
• Verständnis für die Angemessenheit und Folgen des Gebrauchs von Stichprobennahme-Methoden
• Verifizierung der Genauigkeit von erfassten Informationen
• Bestätigung der Angemessenheit und Eignung der Auditnachweise zur Unterstützung von Auditfeststellungen und -schlussfolgerungen
• Bewertung von Einflussfaktoren auf Zuverlässigkeit von Auditfeststellungen und -schlussfolgerungen
• Aufzeichnung von Audittätigkeiten mit Hilfe von Arbeitsdokumenten
• Erstellung von Auditberichten, die eindeutig und kurz gefasst sind
• Wahrung der Vertraulichkeit von Informationen
• wirksame Kommunikation

Abb. 4.6: Erforderliche dokumentationsspezifische Kenntnisse von Auditoren laut ISO 19011:2002

Erforderliche Kenntnisse zu Managementsystem- und Verweisdokumenten
• Anwendung von Managementsystemen auf unterschiedliche Organisationen
• Wechselwirkung zwischen den Bestandteilen des Managementsystems
• Kenntnis der Dokumente, die Grundlage zur Festlegung der Auditkriterien sind (Normen der Qualitätsmanagement- oder Umweltmanagementsysteme, anwendbare Verfahren, andere Managementsystemdokumente)
• Unterschiede zwischen Referenzdokumenten und deren Priorität
• Anwendung der Referenzdokumente auf unterschiedliche Auditsituationen
• Informationssysteme und -technologie für die Handhabung, die Genehmigung, die Verteilung und die Überwachung von Dokumenten, Daten und Aufzeichnungen

Abb. 4.7: Erforderliche organisationsspezifische Kenntnisse von Auditoren laut ISO 19011:2002

Erforderliches Verständnis für organisatorische Zusammenhänge
• Größe, Aufbau, Funktionsbereiche und Beziehungen von Organisationen
• allgemeine Geschäftsprozesse und darauf bezogene Terminologie
• kulturelle und soziale Gepflogenheiten der zu auditierenden Organisation

Abb. 4.8: Erforderliche rechtliche Kenntnisse von Auditoren laut ISO 19011:2002

Erforderliche Kenntnisse relevanter Gesetze, Vorschriften und andere Anforderungen
• Gesetze, Verordnungen und Kodizes
• Verträge und Vereinbarungen
• internationale Verträge und Abkommen
• sonstige Anforderungen, denen sich die Organisation stellt

Abb. 4.9: Erforderliche organisatorische und moderationstechnische Kenntnisse von Auditoren laut ISO 19011:2002

Zusätzliche Kenntnisse und Fähigkeiten eines Auditteamleiters
• Planung
• wirksamer Ressourceneinsatz
• Leitung der Kommunikation mit dem Auftraggeber und der auditierten Organisation
• Organisation und Steuerung der Auditteammitglieder
• Moderation des Prozesses beim Ziehen von Auditschlussfolgerungen
• Konfliktvermeidung und -lösung
• Erarbeitung und Abschluss des Auditberichts

Abb. 4.10: Erforderliche qualitätsrelevante Kenntnisse von Auditoren laut ISO 19011:2002

Spezifische Kenntnisse und Fähigkeiten zum Qualitätsmanagement
Methoden und Techniken zum Qualitätsmanagementsystem:
• Qualitätsterminologie
• Prinzipien des Qualitätsmanagements und deren Anwendung
• Qualitätsmanagementwerkzeuge und deren Anwendung (z.B. statistische Prozessüberwachung, Ausfallwirkungsanalyse etc.)
Produkte/Dienstleistungen, innerorganisatorische Prozesse:
• branchenspezifische Terminologie
• technische Merkmale von Prozessen und Produkten/Dienstleistungen
• branchenspezifische Prozesse und Praktiken

Abb. 4.11: Erforderliche umweltspezifische Kenntnisse von Auditoren laut ISO 19011:2002

Spezifische Kenntnisse und Fähigkeiten zum Umweltmanagement
Methoden und Techniken zum Umweltmanagementsystem: • Umweltterminologie • Prinzipien des Umweltmanagements und deren Anwendung • Umweltmanagementwerkzeuge und deren Anwendung (z.B. Umweltaspekte/Umweltverträglichkeitsbeurteilung, Lebenszyklusbewertung, Bewertung des Umweltverhaltens)
Umweltwissenschaft und -technologie: • Auswirkung der menschlichen Tätigkeit auf die Umwelt • Wechselwirkungen von Ökosystemen • Umweltmedien (z.B. Luft, Wasser, Boden) • Management natürlicher Ressourcen (z.B. fossile Brennstoffe, Wasser, Flora und Fauna) • allgemeine Methoden des Umweltschutzes
Technische und Umweltaspekte, die zum Verständnis des Zusammenspiels zwischen betrieblichen Tätigkeiten, Produkten und Dienstleistungen beitragen: • branchenspezifische Terminologie • Umweltaspekte und -auswirkungen • Methoden zur Beurteilung der Bedeutung von Umweltaspekten • kritische und wichtige Merkmale von betrieblichen Prozessen, Produkten und Dienstleistungen • Überwachungs- und Messtechniken • Technologien für die Vermeidung von Umweltverschmutzung

4.2.4.3 Ausbildung, Arbeitserfahrung, Auditorenschulung und Auditerfahrung

Auditor

Um die aufgelisteten Kenntnisse und Fähigkeiten zu erlangen, sollte der Auditor eine abgeschlossene Ausbildung, Arbeitserfahrung, Auditorenschulung und Auditerfahrung aufweisen.

Die Arbeitserfahrung sollte in einer leitenden Position erworben worden sein, so dass der Umgang mit Führungskräften und das Verständnis für organisatorische und technische Zusammenhänge gegeben sind.

Auditorenschulungen können unternehmensintern oder extern erfolgen. Die Auditerfahrung sollte durch Begleitung und unter Anleitung eines erfahrenen Auditteamleiters erworben werden.

Auditteamleiter

Der Auditteamleiter sollte als Auditteammitglied ausreichend Erfahrungen gesammelt haben, um den Aufgaben gerecht zu werden, die mit der Leitung eines Audits verbunden sind.

Auditoren, die sowohl Qualitätsmanagement- als auch Umweltmanagementsysteme auditieren

Auditoren, die beide Managementsysteme (also sowohl Qualitätsmanagement- als auch Umweltmanagementsysteme oder andere Managementsysteme) auditieren, sollten sowohl die Kenntnisse und Fähigkeiten für beide Gebiete abdecken als auch durch Begleitung und Anleitung eines erfahrenen Auditors die notwendige praktische Erfahrung in beiden Gebieten gesammelt haben.

Niveau von Ausbildung, Arbeitserfahrung, Auditorenschulung und Auditerfahrung

Das Niveau der Ausbildung, Arbeitserfahrung, Auditorenschulung und Auditerfahrung sollte durch

- die Ermittlung der für das jeweilige Auditprogramm erforderlichen Kenntnisse und Fähigkeiten sowie
- die Definition von Bewertungskriterien für die Kenntnisse und Fähigkeiten

festgelegt werden.

4.2.4.4 Aufrechterhaltung und Verbesserung der Qualifikation

Ständige fachliche Weiterentwicklung

Durch ständige fachliche Weiterqualifizierung sollten die Kenntnisse, Fähigkeiten und persönlichen Eigenschaften des Auditors aufrechterhalten und verbessert werden. Dies kann in Form von Selbststudium, Erfahrungsaustausch, Schulungen bzw. Seminaren etc. erreicht werden. Bei der Weiterqualifizierung sollten veränderte Anforderungen berücksichtigt werden.

Aufrechterhaltung der Fähigkeit zum Auditieren

Eine Aufrechterhaltung der Fähigkeit zum Auditieren sollten die Auditoren durch ständige Teilnahme an Audits von Qualitätsmanagement- und/oder Umweltmanagementsystemen gewährleisten und nachweisen.

4.3 Prozessorientierter Auditansatz

Der prozessorientierte Ansatz aus der DIN EN ISO 9001:2000 wurde von der IATF (International Automotive Task Force) in die ISO/TS 16949:2002 übernommen. Darauf aufbauend wurde eine Vorgehensweise zur prozessorientierten Auditierung entwickelt. Dieser Auditansatz wird sowohl in den Schulungen für die Zertifizierungsauditoren als auch in den offiziellen IATF-lizensierten Schulungen „Interner Auditor ISO/TS 16949:2002 (1st und 2nd Party-Auditor)" vorgestellt, die in Deutschland vom VDA-QMC und der DGQ durchgeführt werden.

Im Anhang 5 der „Zertifizierungsvorgaben der Automobilindustrie zur Technischen Spezifikation ISO/TS 16949:2002" (2. Ausgabe) [23] wird ausführlich dargelegt, dass bei der Durchführung von Audits keine elemente- oder abschnittsbezogenen Fragenkataloge verwendet werden sollen. Stattdessen sollen die Fragestellungen individuell auf die Prozesse in der auditierten Organisation zugeschnitten sein. Der IATF-Fragenkatalog [21] war entsprechend den Abschnittsnummerierungen der ISO/TS 16949 aufgebaut. Er ist im Jahr 2004 zurückgezogen worden, um auf jeden Fall zu vermeiden, dass Audits durchgeführt werden, die nicht prozessorientiert sind. Ursprünglich sollte dieser nur der Überprüfung dienen, ob alle Anforderungen der ISO/TS 16949:2002 im Audit berücksichtigt worden sind.

Außerdem werden im Anhang 5 der Zertifizierungsvorgaben [23] die Begriffe „Wertschöpfende Prozesse", „Unterstützende Prozesse" und „Managementprozesse" sowie die „Kundenorientierten Prozesse" als Prozesskategorien genannt.

In den folgenden Kapiteln werden die Ideen des kundenorientierten Prozesses und des prozessorientierten Auditansatzes vorgestellt und erläutert. Darüber hinaus werden praktische Lösungsansätze zur Auditierung vorgestellt.

4.3.1 Prozessmodell der IATF

Wie erwähnt, werden in den Zertifizierungsvorgaben [23] die Begriffe „Wertschöpfende Prozesse", „Unterstützende Prozesse" und „Managementprozesse" genannt. Die *wertschöpfenden Prozesse* sind diejenigen Realisierungsprozesse, welche in der DIN EN ISO 9001:2000 [07] genannt sind, das sind:

- kundenbezogene Prozesse,
- die Entwicklung,
- die Beschaffung sowie
- Produktion und Dienstleistungserbringung.

Eine Ausnahme bildet der Prozess zur Lenkung von Überwachungs- und Messmitteln (Abschnitt 7.6), der den unterstützenden Prozessen zuzuordnen ist.

Die unterstützenden Prozesse sind in der DIN EN ISO 9004:2000 [10] genannt. Der Begriff *Managementprozess* wird lediglich indirekt als „Qualitätsmanagementprozess" in der DIN

EN ISO 9000:2005 [05] Abschnitt 3.7.5 in der Begriffsdefinition des „Qualitätsmanagementplans" erwähnt.

Die von der IATF vorgestellte Klassifizierung von Prozessen in Wertschöpfungs- bzw. Realisierungsprozesse, Unterstützungsprozesse und Managementprozesse entspricht den im Kapitel 1.3 dieses Buches dargestellten Klassifizierungen.

Zusätzlich wird der Begriff des „Kundenorientierten Prozesses" (KOP) eingeführt. Der kundenorientierte Prozess ist dadurch gekennzeichnet, dass der Input dieses Prozesses vom Kunden kommt und der Output zum Kunden geht. Ein Beispiel für einen KOP ist der Prozess „Auftragsabwicklung". Der Input „Kundenauftrag" bzw. „Kundenabruf" führt zu einem Output „Geliefertes Produkt".

Das Konzept des kundenorientierten Prozesses entspricht dem Modell der DIN EN ISO 9001:2000 (siehe Abb. 1.5 auf Seite 24), da der Input für die Realisierungsprozesse vom Kunden kommt und das Produkt bzw. die Dienstleistung als Output zum Kunden geht.

4.3.2 Unterstützungsprozesse in der DIN EN ISO 9004:2000

In der DIN EN ISO 9004:2000 wird an mehreren Stellen auf die Unterstützungsprozesse eingegangen.

> Dort heißt es, dass die unterstützenden Prozesse
> - erkannt werden sollen (Abschnitt 5.1.1),
> - die Wirksamkeit und Effizienz der Realisierungsprozesse beeinflussen (Abschnitt 5.1.1),
> - die Erfordernisse und Erwartungen interessierter Parteien beeinflussen (Abschnitt 5.1.2),
> - einbezogen werden sollten bei der Analyse und Optimierung der Wechselwirkung der Prozesse (Abschnitt 5.1.2),
> - als Ergebnis der Qualitätsplanung der Organisation festgelegt werden sollten (Abschnitt 5.4.2) unter Einbeziehung von:
>   – benötigten Fertigkeiten und Kenntnissen,
>   – Verantwortung und Befugnis für Verbesserung,
>   – benötigten Ressourcen, z. B. Finanzen und Infrastruktur,
>   – Indikatoren zur Beurteilung von Leistungsverbesserungen,
>   – Bedarf an Verbesserung einschließlich Methoden und Hilfsmittel und
>   – Bedarf an Dokumentation einschließlich Aufzeichnungen,
> - zusammen mit den Realisierungsprozessen systematisch bewertet und gelenkt werden sollten, um Mehrwert zu schaffen (Abschnitt 5.4.2),
> - für die Organisation notwendig sind und indirekt Mehrwert schaffen (Abschnitt 7.1.1),
> - zusammen mit gewünschten Ergebnissen, Prozessschritten, Tätigkeiten, Abfolgen, Lenkungsmaßnahmen, Schulungsbedarf, Ausrüstung, Methoden, Informationen,

Materialien und sonstigen Ressourcen berücksichtigt werden, um die Produktrealisierung sicherzustellen (Abschnitt 7.1.3.1).

Sowohl bei Produktrealisierungs- als auch bei Unterstützungsprozessen
- sollten Fehler aufgezeichnet und gelenkt werden (Abschnitt 7.1.3.1),
- sollten geplant Verluste verhindert werden (Abschnitt 8.5.3),
- sollte ein Prozess zur ständigen Verbesserung festgelegt, verwirklicht und angewendet werden (Abschnitt 8.5.4),
- sollten die Wirksamkeit (Effektivität) und Effizienz betrachtet werden (Abschnitt 8.5.4):
  – Wirksamkeit (z. B. den Anforderungen entsprechende Ergebnisse),
  – Effizienz (z. B. Ressourcen pro Einheit in Zeit und Geld),
  – sollten externe Effekte (z. B. Änderung gesetzlicher und behördlicher Bestimmungen) berücksichtigt werden,
  – sollten potentielle Schwachpunkte (z. B. mangelnde Fähigkeit und Konsistenz) erkannt werden,
  – sollte die Gelegenheit zur Anwendung besserer Methoden erkannt werden,
  – sollten die Lenkung geplanter und ungeplanter Veränderungen berücksichtigt werden und es
  – sollte der geplante Nutzen gemessen werden.

Darüber hinaus werden im Abschnitt 7.1.3.1 Beispiele für Unterstützungsprozesse genannt:
- Handhaben von Informationen,
- Schulung der Personen,
- finanzbezogene Tätigkeiten,
- Aufrechterhaltung von Infrastruktur und Dienstleistungen,
- Einsatz industrieller Sicherheits- und Schutzausrüstungen und
- Marketing.

Im Abschnitt 7.5.1 werden Maßnahmen zur Verbesserung der Wirksamkeit und Effizienz der Realisierungsprozesse und der zugehörigen Unterstützungsprozesse beispielhaft genannt:
- Abfallreduzierung,
- Schulung der Personen,
- Kommunikation und Aufzeichnung von Informationen,
- Entwicklung der Fähigkeiten der Lieferanten,
- Verbesserung der Infrastruktur,
- Problemvermeidung,
- Verarbeitungsmethoden und Prozessausbeute und
- Überwachungsmethoden.

Besonders erwähnenswert ist, dass laut DIN EN ISO 9004:2000 die Unterstützungsprozesse die Wirksamkeit (Effektivität) und Effizienz der Realisierungsprozesse beeinflussen (Abschnitt 5.1.1). Diese Charakterisierung hilft, Unterstützungsprozesse als solche zu identifizieren.

In Bezug auf Wertschöpfung der Prozesse ist bemerkenswert, dass Unterstützungsprozesse zusammen mit den Realisierungsprozessen systematisch bewertet und gelenkt werden sollten, um *Mehrwert* zu schaffen (Abschnitt 5.4.2), und dass Unterstützungsprozesse für die Organisation notwendig sind und *indirekt* Mehrwert schaffen (Abschnitt 7.1.1).

Unterstützungsprozesse sind demnach *indirekt* wertschöpfend, da sie die Wertschöpfung der Realisierungsprozesse verbessern, denn sie erhöhen deren Effektivität und Effizienz. Ein klassisches Beispiel ist der unterstützende Prozess der Instandhaltung. Ziel des Instandhaltungsprozesses ist die Verbesserung der Verfügbarkeit (z.B. von Maschinen und Anlagen). Die Verbesserung der Verfügbarkeit erhöht die Wertschöpfung im Produktionsprozess.

4.3.3 Kundenorientiertes Prozessmanagement

Kunden- und Prozessorientierung sind keine Neuerungen, welche die ISO 9000er-Reihe hervorgebracht hat. Die ISO 9000 greift vielmehr aktuelle Tendenzen von Managementprinzipien auf. Das Management von Prozessen ist bereits seit längerem Bestandteil z.B. von Excellence-Modellen (wie dem EFQM-Modell), aber auch von Methoden zur Leistungsverbesserung wie Six Sigma, Kaizen, Business Process Reengineering (BPR), Total Cycle Time (TCT) und anderen. Die wesentlichen Ziele des Prozessmanagements sind die Steigerung der *Kundenzufriedenheit* und der *Produktivität*.

Es ist nichts Neues, dass das Erwirtschaften von Gewinnen das primäre Ziel eines jeden (Wirtschafts-)Unternehmens ist. Da die Voraussetzung zur Erzielung von Gewinnen Einnahmen sind, die durch den Verkauf von Produkten oder Dienstleistungen erzielt werden, ist die Kundenzufriedenheit von hoher Bedeutung, denn nur zufriedene Kunden kaufen dauerhaft. Kundenzufriedenheit ist dabei nur der *Zweck*, das eigentliche Ziel ist die Bindung des Kunden an das Unternehmen, um mit ihm dauerhaft Umsätze zu erzielen bzw. um die Umsätze mit ihm zu steigern.

Für den Kunden stellt das liefernde Unternehmen eine Art „Black Box" dar, von der er in der Regel nicht weiß, was darin abläuft. Lediglich anlässlich der oft wenigen und kurzen Kontakte mit dem liefernden Unternehmen bekommt der Kunde geringfügige Einblicke in das, was im Unternehmen abläuft. Der Kunde liefert quasi nur seinen Input in die „Black Box" und erhält sein Produkt bzw. seine Dienstleistung aus der „Black Box". Ein Beispiel ist die Bestellung von Material bei einem Handelsunternehmen, wo die Berührungspunkte im Wesentlichen in einer schriftlichen Bestellung und der nachfolgenden Lieferung bestehen. Je nach Produkt bzw. Dienstleistung und Offenheit des liefernden Unternehmens mögen die Berührungspunkte zwar intensiver sein, jedoch soll das Modell der Black Box vereinfachend den Sachverhalt veranschaulichen. Um die Zufriedenheit des Kunden (mit dem Output) sicherzustellen, muss das, was in der Black Box abläuft – das sind die kundenorientierten

Prozesse – im Sinne des Kunden funktionieren. Das heißt, die kundenorientierten Prozesse müssen *anforderungsgerechte* Produkte bzw. Dienstleistungen, die marktgerecht sind, *pünktlich* (termingerecht) hervorbringen. Damit finanzielle Erfolge erzielt werden, müssen die Prozesse in der „Black Box" effizient ablaufen.

Aus Sicht des Kunden ist seine Zufriedenheit gleichbedeutend mit der Tatsache, einen (Qualitäts-)fähigen Lieferanten zu haben. Die Fähigkeit des Lieferanten manifestiert sich in einem beanstandungsfreien bzw. beanstandungsarmen Lieferverhältnis.

Die Ausführungen machen aus der Sicht des Unternehmens die Bedeutung der Ziele *Kundenzufriedenheit* und *Produktivität* deutlich. Ziel des Prozessmanagements ist, die Kundenzufriedenheit und die Produktivität zu erhöhen.

Aus der Sicht des Kunden ist es erforderlich, sich mit den Prozessen des Lieferanten auseinander zu setzen, wenn dessen Qualitäts- und Lieferfähigkeit sichergestellt und entwickelt werden soll, und zwar insbesondere mit den kundenorientierten Prozessen. Will der Kunde Licht in die Black Box „Lieferant" bringen, so kann er als Mittel dazu System- und Prozessaudits einsetzen. Die Durchführung von System- und Prozessaudits setzt voraus, dass es Vereinbarungen mit dem Lieferanten in Bezug auf die Anforderungen an das Managementsystem und an die Prozesse gibt (typischerweise in Form von Qualitätssicherungsvereinbarungen im Rahmen des Liefervertrages). Die Erfüllung dieser Anforderungen wird im Audit überprüft.

Abb. 4.12 zeigt anhand von Beispielen einige typische kundenorientierte Prozesse der Automobilindustrie mit ihrem Input und Output.

Um die Qualitäts- und Lieferfähigkeit von Lieferanten oder des eigenen Unternehmens zu bewerten, bedarf es eines Konzeptes zur Analyse der kundenorientierten Prozesse (KOP) insbesondere hinsichtlich der Risiken für den Kunden.

Anregungen zu den Kriterien, anhand derer die kundenorientierten Prozesse analysiert werden sollen, liefert die DIN EN ISO 9004:2000 im Abschnitt 7.1.3.1. Dort heißt es:

> „Um die Produktrealisierung sicherzustellen, sollten sowohl zugehörige Unterstützungsprozesse als auch gewünschte Ergebnisse, Prozessschritte, Tätigkeiten, Abfolgen, Lenkungsmaßnahmen, Schulungsbedarf, Ausrüstung, Methoden, Informationen, Materialien und sonstige Ressourcen berücksichtigt werden."

Eine weitere Möglichkeit ist es, die im Kapitel 1.3.1.2 dieses Buches vorgestellten „Elemente eines Prozesses" zugrunde zu legen, was zu vergleichbaren Kriterien führt.

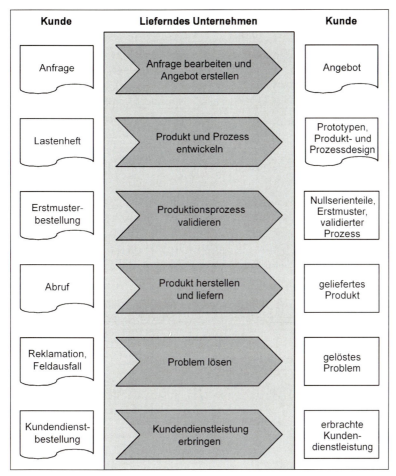

Abb. 4.12: Beispiele für kundenorientierte Prozesse der Automobilindustrie

4.3.4 Prozessorientierter Auditansatz der IATF

Entsprechend dem von der IATF im Zusammenhang mit der ISO/TS 16949:2002 entwickelten Konzept zur Durchführung von prozessorientierten Audits wird in folgenden Schritten vorgegangen (Zertifizierungsvorgaben, 2. Auflage [23], Anhang 5):

1. Identifikation der durch die Organisation bestimmten Prozesse (Basis: Kundenanforderungen, Managementsystemdokumentation, weitere Informationen).
2. Analyse der Prozesse entsprechend den Kriterien:
   – Produkte und/oder Dienstleistungen für den Kunden,
   – Risiken für den Kunden,
   – Schnittstellen (Eingaben/Ergebnisse bzw. Input/Output),

– Identifizierung von Prozessgruppen, um wirtschaftliche und effektive Audits durchzuführen.
3. Priorisierung der Auditaktivitäten aufgrund:
   – von Kundenforderungen (einschließlich derer an das QM-System),
   – nachzuprüfender Probleme aus früheren Audits (intern/extern),
   – von Kundenzufriedenheit, -beschwerden und -bewertungen,
   – von Schlüsselindikatoren (z.B. Kennzahlen) zur Erkennung von Trends,
   – der Wertschöpfung, die der auditierten Organisation zugeführt wird.
4. Erstellung des Auditplans einschließlich Reihenfolge/Prozessschritte, Zeitplanung und Befragungspartner.
5. Durchführung des Audits unter Berücksichtigung von:
   – Festlegungen der Prozesse durch die zu auditierende Organisation,
   – Abfolge und Wechselwirkungen der Prozesse,
   – Auditierung der Prozesse vor Ort (wo die Prozesse ausgeführt werden),
   – Protokollierung von Nachweisen sowohl hinsichtlich Erfüllung als auch Nichterfüllung von Vorgaben.

Voraussetzung für die Durchführung prozessorientierter Audits ist demnach, dass die Prozesse in strukturierter Form vorliegen. Entsprechend den Anforderungen der DIN EN ISO 9001:2000 (Abschnitt 4.2.2 c) sind die Wechselwirkungen der Prozesse in der Managementsystemdokumentation zu beschreiben, was eine Identifizierung und Festlegung der Prozesse voraussetzt.

Aus dieser dokumentierten Definition der Prozesse können Schwerpunkte für das Audit abgeleitet werden. Weitere Kriterien für die Bildung von Schwerpunkten lassen sich aus der Unternehmensstrategie ableiten (welche Prozesse sind für den Unternehmenserfolg ausschlaggebend?) sowie aus dem aktuellen Stand des Managementsystems (wo gibt es Schwachpunkte im System?).

Prozessorientierte Audits werden somit sehr spezifisch auf die zu auditierende Organisation und deren Prozesse zugeschnitten. Ein wesentlicher Bestandteil der Vorbereitung besteht aus der Analyse des zu auditierenden Prozesses und der Ermittlung der Risiken des Prozesses – insbesondere aus der Sicht des Kunden (intern oder extern). Aus diesen Risiken werden die Auditkriterien bzw. die Auditfragen abgeleitet.

Die IATF stellt hierzu den „Turtle" (zu deutsch: „Schildkröte") vor, mit dessen Hilfe die Auditkriterien in den beschriebenen drei Schritten ermittelt werden:

1. Analyse des Prozesses (Auflistung der Bestandteile des Prozesses),
2. Ermittlung der Risiken des Prozesses,
3. Formulierung von Auditkriterien/Auditfragen.

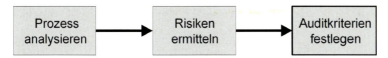

Abb. 4.13: Vorgehensweise bei der Anwendung des prozessorientierten Auditansatzes nach IATF

4.3.4.1 Analyse eines Prozesses: Turtle

Der Turtle ist ein Arbeitsblatt, in welchem folgende Bestandteile des Prozesses aufgelistet werden:

- Input,
- Output,
- Kundenanforderungen,
- menschliche Ressourcen (Schulung, Wissen, Fähigkeiten),
- Ressourcen (Ausrüstungen/Einrichtungen),
- angewendete Methoden, Anweisungen, Verfahren zur Prozesslenkung,
- Indikatoren für Effektivität und Effizienz.

Abb. 4.14 zeigt beispielhaft einen ausgefüllten Turtle, Tab. 4.1 die daraus abgeleiteten Risiken sowie die Auditfragen.

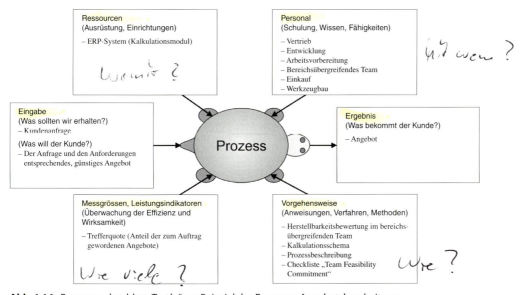

Abb. 4.14: Prozessanalyseblatt „Turtle" am Beispiel des Prozesses Angebotsbearbeitung

4.3.4.2 Analyse der Risiken eines Prozesses und Ermittlung der Auditkriterien

Nach Erstellung des Turtle werden die aufgelisteten Punkte hinsichtlich der Risiken analysiert und daraus die Auditkriterien als Auditfragen abgeleitet (im Beispiel erfolgt die Risikobetrachtung aus interner Sicht, also zur Vorbereitung eines internen Audits).

Das Beispiel zeigt, wie aus den einzelnen Bestandteilen des Turtle die spezifischen Auditfragen abgeleitet werden. Die Referenzen zur ISO/TS 16949:2002 sind lediglich zur Information angegeben.

Bei der beschriebenen Vorgehensweise wird klar, dass hier nicht entsprechend einem nach Normabschnitten strukturierten Fragenkatalog vorgegangen wird, sondern dass die Fragen entsprechend den Prozessen strukturiert werden. Gleichzeitig wird deutlich, dass der Auditor, der die Auditkriterien aus dem Turtle ableitet, sowohl die potentiellen Schwachstellen der zu auditierenden Prozesse kennen muss als auch die jeweils relevanten Anforderungen des zugrunde liegenden Regelwerkes (in diesem Fall der ISO/TS 16949:2002) und alle weiteren spezifischen Anforderungen wie Kundenanforderungen, relevante behördliche und gesetzliche Regelungen sowie andere unternehmensspezifische Anforderungen.

Tab. 4.1: Anwendung des prozessorientierten Auditansatzes nach IATF zur Herleitung von Auditfragen

Prozessbestandteil	Risiko im Prozess	Auditkriterium/ Auditfrage	Referenz (ISO/TS 16949:2002)
Input: Kundenanfrage	Anfrage ist nicht vollständig bzw. nicht eindeutig	Wie wird die Vollständigkeit und Eindeutigkeit der Kundenanforderungen überprüft?	TS 2, 7.2.1
Output: Angebot	Mit dem Angebot wird ein nicht einkalkuliertes unternehmerisches Risiko eingegangen	Wie wird sichergestellt, dass vor Angebotsabgabe alle Risiken ermittelt und bewertet worden sind?	TS 2, 7.2.2 und 7.2.2.2
Kundenanforderung: der Anfrage und den Anforderungen entsprechendes günstiges Angebot	Angebot entspricht hinsichtlich Produktanforderungen nicht den Kundenanforderungen und -erwartungen	Wie erfolgt die Kommunikation mit dem Kunden hinsichtlich Anforderungen und Erwartungen bereits im Vorfeld der offiziellen Anfrage?	TS 2, 7.2.3

Prozessbestandteil	Risiko im Prozess	Auditkriterium/ Auditfrage	Referenz (ISO/TS 16949:2002)
	Angebot entspricht hinsichtlich Preis nicht den Kundenanforderungen und -erwartungen	Wie wird der Zielpreis mit Hilfe von Benchmarking und Kundenkommunikation bewertet?	
Menschliche Ressourcen (Schulung, Wissen, Fähigkeiten): Vertrieb, Entwicklung, Arbeitsvorbereitung, Werkzeugbau, Einkauf, bereichsübergreifendes Team	Qualifikation ist nicht ausreichend	Wie wird der Qualifizierungsbedarf für die Mitglieder der bereichsübergreifenden Teams ermittelt, wie werden Qualifizierungsmaßnahmen festgelegt und wie wird deren Wirksamkeit überprüft?	TS 2, 6.2.1 und 6.2.2 und 6.2.2.1 und 6.2.2.2
	Die Zusammensetzung des bereichsübergreifenden Teams ist nicht geeignet, alle Risiken angemessen zu beurteilen	Wie wird sichergestellt, dass im bereichsübergreifenden Team alles zur Bewertung der Herstellbarkeit nötige Know-how vertreten ist?	TS 2, 7.2.2
Ressourcen: ERP-System zur Durchführung der Kalkulation	Die kalkulatorischen Grundlagen spiegeln nicht die tatsächlichen Kosten wider	Wie wird sichergestellt, dass die Kalkulation auf aktuellen und realistischen Daten beruht?	
Herstellbarkeitsbewertung	Die statistische Prozessfähigkeit bei besonderen Merkmalen kann nicht eingehalten werden	Wie wird bewertet, ob die statistische Prozessfähigkeit bei besonderen Merkmalen eingehalten werden kann?	TS 2, 7.2.1.1 und 7.2.2
	Es können nicht alle Spezifikationen eingehalten werden	Wie wird bewertet, ob alle Spezifikationen eingehalten werden können?	TS 2, 7.2.2

Prozessbestandteil	Risiko im Prozess	Auditkriterium/ Auditfrage	Referenz (ISO/TS 16949:2002)
	Geplante Mengen können nicht geliefert werden	Wie wird bewertet, ob die geplanten Mengen geliefert werden können?	TS 2, 7.2.2
		In welcher Weise erfolgt eine mittel- und langfristige Kapazitätsplanung?	TS 2, 7.2.2
	Geplante Termine können nicht eingehalten werden	Wie wird bewertet, ob die geplanten Termine eingehalten werden können?	TS 2, 7.2.2
Indikatoren für Effektivität und Effizienz: Trefferquote	Die Indikatoren sind nicht relevant für die Prozessziele	Was sind die Ziele des Angebotsbearbeitungsprozesses und wie werden diese gemessen?	TS 2, 8.2.3

Gleichzeitig wird deutlich, dass nicht nur der Prozess selbst auditiert wird, sondern dass bestimmte Bestandteile unterstützender Prozesse mit auditiert werden. Im vorliegenden Beispiel sind dies die Unterstützungsprozesse *Kalkulation* und *Kapazitätsplanung* (Mengen, Termine).

4.3.5 Umsetzung des prozessorientierten Auditansatzes

Die vorgestellte Vorgehensweise lässt sich anhand der im Kapitel 1.3.1 dargestellten Elemente eines Prozesses weiter verfeinern. So lassen sich die Bestandteile des Turtle weiter unterteilen:

Output bzw. Ergebnisse:
- Produkt/Dienstleistungsergebnis,
- Aufzeichnungen zum Output,
- Aufzeichnungen zum Prozess,
- Fertigmeldung.

Input bzw. Eingaben:
- Material/Vorprodukt,
- Produktspezifikation,

- Spezifikationen zum Prozess,
- Anstoß.

Die Schnittstellen zu anderen Prozessen (Wechselwirkungen) lassen sich wie folgt untergliedern:

- vorausgehender Prozess,
- nachfolgender Prozess,
- unterstützender Prozess/Managementprozess.

Außerdem ist es zweckmäßig, das Ziel des Prozesses zu definieren, da die Leistungsindikatoren (Kennzahlen) Aussagen über den Grad der Zielerreichung machen müssen.

Aus den genannten Kriterien lässt sich ein Formblatt zur Prozessanalyse ableiten, welches beispielhaft in Abb. 4.15 dargestellt ist.

Die Inhalte des Formblattes können nicht nur zur Vorbereitung eines prozessorientierten Audits dienen, sondern insbesondere auch zum Aufbau eines prozessorientierten Managementsystems genutzt werden.

Bestandteile der Prozessfestlegungen, die beispielsweise in Prozessbeschreibungen gemacht werden, sind: Prozessverantwortliche, Prozessziele und Leistungsindikatoren, Input und Output, Vorgaben und Aufzeichnungen (zu Produkt/Dienstleistung und Prozess), Prozessaktivitäten, eingesetzte Ressourcen, sofern relevant Anstoß (Trigger) und Fertigmeldung sowie Schnittstellen zu anderen Prozessen.

Bei der Einführung eines prozessorientierten Managementsystems ist es folglich sinnvoll, zunächst die Bestandteile des Prozesses mit Hilfe des Prozessanalyseblattes aufzulisten, dann den Prozessablauf und letztlich die Auditkriterien bzw. Auditfragen festzulegen.

Für die Ermittlung der Auditkriterien sind maßgebend:
- Anforderungen des zugrunde liegenden Regelwerkes (z. B. ISO/TS 16949:2002),
- spezielle Kundenanforderungen,
- gesetzliche und behördliche Vorgaben,
- unternehmensspezifische Anforderungen an den Prozess.

Abb. 4.16 und Abb. 4.17 zeigen ein ausgefülltes Formblatt für die Prozessanalyse des Produktentwicklungsprozesses. Die Inhalte orientieren sich eng an den Anforderungen und Inhalten der ISO/TS 16949:2002 als zugrunde liegendes Regelwerk, enthalten aber keine spezifischen Anforderungen.

Entsprechend den oben aufgeführten maßgebenden Anforderungen für die Ermittlung der Auditkriterien (siehe Punktaufzählung) sind neben den Anforderungen der ISO/TS 16949:2002 spezielle Kundenforderungen, gesetzliche und behördliche Vorgaben sowie organisationsspezifische Anforderungen zusätzlich zu berücksichtigen. Dementsprechend ist das Prozessanalyseblatt zu ergänzen.

Abb. 4.18 zeigt ein Auditprotokoll, das Auditkriterien bzw. Auditfragen enthält, die aus dem Analyseblatt abgeleitet wurden. Die vollständigen Auditfragen zeigt Tab. 4.2.

310   4 Auditierung und Zertifizierung

Firmen-Logo	**Prozessorientiertes Audit**	FM 8-11
	Prozessanalyse – Auditkriterien	Seite 1 von 1

Prozessbezeichnung: **Prozessverantwortlicher:**

Ziel des Prozesses:

Leistungsindikatoren:

Output:
| Produkt / Dienstleistungsergebnis: | Aufzeichnungen zum Output: | Aufzeichnungen zum Prozess: | Fertigmeldung: |

Prozessaktivitäten:

Ressourcen:
Personal: Einrichtungen:

Angewandte Methoden:

Input:
| Material / Vorprodukt: | Produktspezifikation: | Spezifikationen zum Prozess: | Anstoß: |

Schnittstellen:

	vorausgehend:	nachfolgend:	unterstützend:
Prozess			
Bereich			

Dateiname   Stand: X vom 19. Februar 2006

Abb. 4.15: Formblatt „Prozessanalyse" zur Vorbereitung prozessorientierter Audits

4.3 Prozessorientierter Auditansatz

Firmen-Logo	**Prozeßanalyse – Auditkriterien** **Produktentwicklung**	FM 8-11 Seite 1 von 3

Prozeßbezeichnung:
Produktentwicklung

Prozeßverantwortlicher:

Ziel des Prozesses:
Termingerechte und wirtschaftliche Entwicklung markt- und kundengerechter, montage- und produktionsfreundlicher, innovativer, zu Zielkosten herstellbarer Produkte / Dienstleistungen

Leistungsindikatoren:
- Time to market
- Entwicklungskosten (versus Budget)
- Anzahl der Änderungen
- Anteil der Produktverifizierungen / -validierungen mit n.i.O Ergebnis
- Einhaltung der Kundentermine (Prototyp, Erstmuster, SOP)
- Einhaltung der Markt- / Kundenforderungen (einschl. Benchmarks)
- Produktherstell- / -montagekosten (einschl. Benchmarks)

Output:

Produkt / Dienstleistungsergebnis:	Aufzeichnungen zum Output:	Aufzeichnungen zum Prozess:	Fertigmeldung:
– validierte Produktkonstruktion – Produktspezifikationen – Anforderungen an den Produktionsprozeß – Anforderungen an Anlagen, Einrichtungen, Werkzeuge und Messmittel – Prototypen	– Konstruktionszeichnungen / CAD-Daten einschl. mathematische Daten – Ergebnisse von Bewertungen, Verifizierungen, Validierungen – Besondere Merkmale – Annahmekriterien – Fehlervermeidungsmaßnahmen – Beschaffungsvorgaben – Vorgaben f. Produktionsprozeßentwicklung – ggf. Diagnoseleitfäden – Design-FMEA – Prototypen-Produktionslenkungsplan	– Entwicklungskosten – Terminpläne	– Freigabe zur Produktionsprozeßentwicklung

Prozeßaktivitäten:
- Produkt entwickeln
- Durchführung von
  - Entwicklungsbewertungen
  - Entwicklungsverifizierungen
  - Entwicklungsvalidierungen
- Muster- und Prototypenproduktion

Ressourcen:

Personal:
- Entwicklung
- Beschaffung
- Muster- und Prototypenbau

Einrichtungen:
- CAD
- Maschinen / Einrichtungen des Werkzeugbaus
- ERP-System

T8f_Prozessanalyse_Produktentwicklung_b.doc   Stand: X vom 03. Juli 2006

Abb. 4.16: Prozessanalyse des Produktentwicklungsprozesses (Seite 1)

| Firmen-Logo | Prozeßanalyse – Auditkriterien Produktentwicklung | FM 8-11 Seite 2 von 3 |

Angewandte Methoden:

- Computerunterstütztes Design (CAD)
- Konstruktion für Produktion (DFM) / Konstruktion für Montage (DFA)
- Statistische Versuchsplanung (DoE)
- Computerunterstützte Konstruktion (CAE)
- Fehlermöglichkeit-Einflußanalyse (D-FMEA, System-FMEA, usw.)
- Finite-Elemente-Analyse (FEA)
- Form- und Lagetolerierung (GD&T)
- Quality Function Deployment (QFD)
- Analyse der Kosten / Leistung / Abwägung der Geschäftsrisiken
- Toleranzstudien oder entsprechende Alternativen
- Nutzung der Rückmeldungen aus den Bereichen Prüfung, Produktion und Gebrauchsphase
- Bereichsübergreifendes Team
- Zuverlässigkeitsplanung
- Simulationstechniken
- Volumenmodelle
- Wertanalyse (VE)
- Benchmarking

Input:

Material / Vorprodukt:	Spezifikation zum Outputs (Produkt):	Spezifikationen zum Prozess:	Anstoß:
– Produktkonzept – Benchmarkingdaten – Daten ähnlicher Produkte und Prozesse	– Pflichtenheft einschl. Zielkosten	– Prozeßbeschreibung „Produktentwicklung" – Projektplan – Budget – Zieltermine	– Entwicklungsauftrag (intern oder extern)

Schnittstellen:

Prozeß	vorausgehend:	nachfolgend:	unterstützend:
	– Produktkonzept entwickeln	– Produktionsprozeß entwickeln	– Projekte managen – Mitarbeiter qualifizieren – Prototypen und Muster bauen – Prüfmittel überwachen – Instandhalten – Dokumente steuern – Geschäftsplanung und Managementbewertung durchführen – Lieferanten auswählen und entwickeln – Versuche und Tests durchführen
Bereich	– Marketing / Vertrieb	– Produktionsplanung	– Entwicklung / Konstruktion – Personalwesen – Werkzeugbau – Qualitätswesen – Instandhaltung – Geschäftsführung – Einkauf – Labor

T8f_Prozessanalyse_Produktentwicklung_b.doc   Stand: X vom 03. Juli 2006

Abb. 4.17: Prozessanalyse des Produktentwicklungsprozesses (Seite 2)

4.3 Prozessorientierter Auditansatz

Firmen-Logo	**Auditprotokoll** **Produktentwicklung**	FM 8-12 Seite 1 von 8

KoP: Produktentwicklung	Organisatorischer Standort: Abt. F&E
Zugehörige Prozesse Managementprozesse: – Geschäftsplanung, Managementbewertung, ständige Verbesserung	Unterstützungsprozesse: – Projektmanagement – Mitarbeiterqualifizierung – Prototypen- und Musterbau – Prüfmittelüberwachung – Instandhaltung – Dokumentensteuerung – Lieferanten auswählen und entwickeln – Versuche und Tests durchführen

Schlüsselindikatoren:
- Time to market
- Entwicklungskosten (versus Budget)
- Anzahl der Änderungen
- Anteil der Produktverifizierungen / -validierungen mit „n.i.O"-Ergebnis
- Einhaltung der Kundentermine (Prototyp, Erstmuster, SOP)
- Einhaltung der Markt- / Kundenforderungen (einschl. Benchmarks)
- Produktherstell- / -montagekosten (einschl. Benchmarks)

Anforderungen	Abschn. TS2	Relev. Ref.	Auditbeobachtungen	Kl.[1]
Wie wird ein bereichsübergreifender Ansatz zur Produktentwicklung angewendet (einschl. besonderer Merkmale, FMEA und Produktionslenkungsplan); welche Bereiche werden einbezogen?	7.3.1.1			
Wer nimmt die Aufgaben des Beauftragten für den Kunden wahr und welche Verantwortung und Befugnisse hat er?	5.5.2.1			
Wie stellt der Beauftragte für den Kunden sicher, daß die Kundenanforderungen eingehalten werden?	5.5.2.1			
Wie ist der Beauftragte für den Kunden in die Auswahl besonderer Merkmale, die Festlegung von (produktbezogenen) Qualitätszielen und entsprechender Schulung, die Festlegung von Korrektur- und Vorbeugungsmaßnahmen und die Produktentwicklung einbezogen?	5.5.2.1			
Wie werden Produktanforderungen ermittelt und sind diese aufgezeichnet?	7.3.2			

[1] Klassifizierung: NC1: Hauptabweichung OFI: Verbesserungspotential
nc2: Nebenabweichung NR: muss weiter untersucht werden

Dateiname Stand: X vom 19. Februar 2006

Abb. 4.18: Prozessbezogenes Auditprotokoll für den Produktentwicklungsprozess

Analog der erforderlichen Ergänzung des Analyseblattes ist das Auditprotokoll entsprechend um Kriterien zu ergänzen, die sich aus kundenspezifischen Anforderungen, gesetzlichen und behördlichen Vorgaben sowie organisationsspezifischen Anforderungen ergeben.

Das beispielhafte Auditprotokoll für die Produktentwicklung verdeutlicht, dass natürlich die Mehrzahl der Auditfragen aus den Anforderungen des Abschnitts 7.3 „Entwicklung" abgeleitet werden. Es wird auch deutlich, dass Anforderungen aus anderen Abschnitten der ISO/TS 16949:2002 einbezogen werden, die für die Produktentwicklung relevant sind, z.B. die Anforderung aus Abschnitt 6.4.1 „Arbeitssicherheit zur Erreichung der Produktqualität", dass Maßnahmen zur Minimierung potentieller Risiken besonders im Entwicklungs- und Produktionsprozess zu berücksichtigen sind.

Tab. 4.2: Auditfragen für den Produktentwicklungsprozess (Beispiel)

Anforderungen	Abschn. TS2
Wie wird ein bereichsübergreifender Ansatz zur Produktentwicklung angewendet (einschließlich besonderer Merkmale, FMEA und Produktionslenkungsplan); welche Bereiche werden einbezogen?	7.3.1.1
Wer nimmt die Aufgaben des Beauftragten für den Kunden wahr und welche Verantwortung und Befugnisse hat er?	5.5.2.1
Wie stellt der Beauftragte für den Kunden sicher, dass die Kundenanforderungen eingehalten werden?	5.5.2.1
Wie ist der Beauftragte für den Kunden in die Auswahl besonderer Merkmale, die Festlegung von (produktbezogenen) Qualitätszielen und entsprechender Schulung, die Festlegung von Korrektur- und Vorbeugungsmaßnahmen und die Produktentwicklung einbezogen?	5.5.2.1
Wie werden Produktanforderungen ermittelt und sind diese aufgezeichnet?	7.3.2
Wie werden die Produktanforderungen hinsichtlich – Funktions- und Leistungsanforderungen, – relevanter gesetzlicher und behördlicher Forderungen, – aller anderen wesentlichen Forderungen, – besonderer Merkmale, – Kennzeichnung, – Rückverfolgbarkeit, – Verpackung ermittelt, dokumentiert und bewertet?	7.3.2, 7.3.2.1
Wie werden Kundenanforderungen und Verweise auf dessen technische Spezifikationen in die Planung einbezogen?	7.1.1
Durch welchen Prozess werden Informationen und Erfahrungen aus anderen, ähnlichen Projekten und Produkten genutzt einschließlich	7.3.2, 7.3.2.1

Anforderungen	Abschn. TS2
Wettbewerbsanalysen, Lieferantenrückmeldungen, interner Vorgaben, Felddaten?	
Wie werden die Entwicklungsvorgaben hinsichtlich Angemessenheit bewertet, insbesondere in Bezug auf Vollständigkeit, Eindeutigkeit und Widerspruchsfreiheit?	7.3.2
Wie werden Ziele für Produktqualität, Lebensdauer, Zuverlässigkeit, Haltbarkeit, Instandhaltbarkeit, Zeitplanung und Kosten festgelegt?	7.3.2.1
Wie werden besondere Merkmale ermittelt und inwieweit sind diese in Produktionslenkungsplänen, Zeichnungen, FMEAs und Bedienungsanweisungen gekennzeichnet?	7.3.2.3
Entsprechen die Kennzeichnungen der Symbole für besondere Merkmale den Kundenfestlegungen und -symbolen?	7.3.2.3
Inwieweit sind die Entwicklungsergebnisse verifizierbar gegenüber den Entwicklungsvorgaben?	7.3.3
Wie werden Entwicklungsergebnisse hinsichtlich Erfüllung der Entwicklungsvorgaben verifiziert, validiert und freigegeben?	7.3.3, 7.3.3.1
Inwieweit werden angemessene Informationen für Beschaffung, Produktion und Dienstleistungserbringung bereitgestellt einschließlich funktions- und sicherheitsrelevanter Produktmerkmale und Annahmekriterien?	7.3.3
Enthalten die Ergebnisse der Produktentwicklung – Design-FMEAs, – besondere Merkmale, – Fehlervermeidung für das Produkt, – Produktfestlegungen (einschließlich Zeichnungen und/oder mathematischer Daten), – Ergebnisse von Produktentwicklungsbewertungen, – ggf. Diagnoseleitfäden?	7.3.3.1
Wie können Informationen und Daten in vom Kunden festgelegter Sprache und Formaten (z.B. CAD) übermittelt werden?	7.2.3.1
Wie wird – die Erfüllung der Anforderungen an die Produktentwicklungsergebnisse, – die Analyse von Problemen einschließlich Maßnahmenfestlegung systematisch und geplant in den verschiedenen Phasen der Entwicklung bewertet und wie werden Ergebnisse und erforderliche Maßnahmen aufgezeichnet?	7.3.4

Anforderungen	Abschn. TS2
Vertreter welcher Fachbereiche nehmen an den Entwicklungsbewertungen teil?	7.3.4
Aufgrund welcher Regelungen werden Entwicklungsverifizierungen durchgeführt und wie werden die Ergebnisse und erforderlichen Maßnahmen aufgezeichnet?	7.3.5
Aufgrund welcher Regelungen werden Entwicklungsvalidierungen durchgeführt und wie werden die Ergebnisse und erforderlichen Maßnahmen aufgezeichnet?	7.3.6
Werden die Validierungen vor Auslieferung bzw. Gebrauch durchgeführt (wo möglich)?	7.3.6
Wie wird sichergestellt, dass die Produktvalidierungstätigkeiten in Übereinstimmung mit den Kundenterminplänen durchgeführt werden?	7.3.6.1
Wie ist der Prozess zur Lenkung und Reaktion auf Änderungen festgelegt und wie wird er praktiziert?	7.1.4
Wie ist sichergestellt, dass alle Änderungen vor Einführung validiert werden?	7.1.4
Wie werden bei geschützten Entwicklungen die Auswirkungen von Änderungen auf Gestaltung, Passform und Funktion zusammen mit den Kunden bewertet?	7.1.4
Welche speziellen Vereinbarungen mit Kunden gibt es zur Verifizierung und Kennzeichnung geänderter Produkte und wie werden diese ggf. umgesetzt?	7.1.4
Wie werden Entwicklungsänderungen identifiziert und aufgezeichnet?	7.3.7
Inwieweit werden Entwicklungsänderungen bewertet, verifiziert, validiert und vor Einführung genehmigt?	7.3.7, 7.1.4
Wie werden Auswirkungen von Änderungen auf Bestandteile des Produkts und auf gelieferte Produkte bewertet (einschließlich vom Lieferanten verursachter Änderungen)?	7.3.7, 7.1.4
Wie werden Bewertungsergebnisse und notwendige Maßnahmen der Auswirkungen von Änderungen aufgezeichnet?	7.3.7
Wie werden Änderungen in der Produktion aufgezeichnet und wie wird sichergestellt, dass alle betroffenen Dokumente geändert werden?	4.2.3.1
Wie wird die Vertraulichkeit bei Produkten und Projekten im Kundenauftrag sowie in Bezug auf die zugehörigen Produktinformationen sichergestellt?	7.1.3
Wie werden Maßnahmen zur Minimierung potentieller Risiken für Mitarbeiter im Entwicklungsprozess berücksichtigt?	6.4.1

Anforderungen	Abschn. TS2
Wie werden die Anforderungen an ausgegliederte Prozesse (z.B. Entwicklungsdienstleistungen, Prototypenfertigung, Werkzeugfertigung, Prüfungen) festgelegt und überwacht (hinsichtlich Qualitätsanforderungen und Termine)?	4.1
Wie ist der Prozess zur Kommunikation von Problemen aus dem Kundendienst in die Entwicklung gestaltet?	7.5.1.7
Individuelle, unternehmensspezifische Fragestellungen	
Unterstützungsprozess: Projektmanagement	
Wie wird die Entwicklung geplant und wie wird die Planung laufend aktualisiert?	7.3.1
Wie und durch wen wird der Entwicklungsfortschritt überwacht?	7.3.1
Wie sind die Entwicklungsphasen festgelegt?	7.3.1
Wie werden angemessene Entwicklungsbewertungen, -verifizierungen und -validierungen durchgeführt und Freigaben erteilt?	7.3.1
Wie sind die Verantwortungen für Entwicklungen, Prüfungen und Freigaben festgelegt?	7.3.1
Wie werden die Schnittstellen zwischen den verschiedenen an der Entwicklung beteiligten Stellen gemanagt, um Kommunikation und klare Verantwortlichkeiten zu managen?	7.3.1
Individuelle, unternehmensspezifische Fragestellungen	
Unterstützungsprozess: Mitarbeiterqualifizierung, Werkzeug- und Methodeneinsatz	
Wie wird die Kenntnis statistischer Grundbegriffe der in die Produktentwicklung einbezogenen Mitarbeiter sichergestellt?	8.1.2
Wie werden in der Produktentwicklung anwendbare Methoden und Werkzeuge ermittelt und wie wird sichergestellt, dass die Mitarbeiter die notwendigen Fähigkeiten besitzen, um sie zu beherrschen?	6.2.2.1
Wie ist der Prozess zur Ermittlung des Schulungsbedarfs der Mitarbeiter im Produktentwicklungsprozess festgelegt; ist er dokumentiert und wird er nachhaltig praktiziert?	6.2.2, 6.2.2.2
Wie ist der Prozess gestaltet, durch den in die Produktentwicklung einbezogene Mitarbeiter zur Erreichung der Qualitätsziele, zur ständigen Verbesserung und zur Schaffung eines Umfelds zur Förderung von Innovationen motiviert werden?	6.2.2.4
Wie ist der Prozess zur Messung des Mitarbeiterbewusstseins in Bezug zur Bedeutung ihrer Tätigkeit und ihres Beitrages zur Erreichung der Unternehmensziele gestaltet?	6.2.2.4

Anforderungen	Abschn. TS2
Individuelle, unternehmensspezifische Fragestellungen	
Unterstützungsprozess: Prototypen und Muster bauen	
Sind ein Prototypenprogramm und ein Prototypenproduktionslenkungsplan vorhanden (sofern vom Kunden verlangt)?	7.3.6.2
Inwieweit werden zur Prototypenfertigung die Lieferanten, Werkzeuge und Produktionsprozesse eingesetzt wie in der geplanten Serienproduktion?	7.3.6.2
Wie werden die Tätigkeiten zur Leistungserprobung hinsichtlich termingerechter Beendigung und Erfüllung der Anforderungen überwacht?	7.3.6.2
Individuelle, unternehmensspezifische Fragestellungen	
Unterstützungsprozess: Prüfmittelüberwachung	
Wie werden die Anforderungen an Messmittel ermittelt, die zur Verifizierung von Produktanforderungen im Rahmen der Produktentwicklung eingesetzt werden?	7.6.1
Wie wird die Erfüllung der Anforderungen an Messmittel sichergestellt? Wie werden Messmittel gekennzeichnet und überwacht?	7.6.1
Individuelle, unternehmensspezifische Fragestellungen	
Unterstützungsprozess: Instandhaltung	
Wie werden die in der Produktentwicklung eingesetzten Anlagen, Maschinen und Betriebsmittel (die z.B. zur Muster- oder Prototypenfertigung genutzt werden) in das System zur vorbeugenden und vorausschauenden Instandhaltung einbezogen?	6.3, 7.5.1.4
Individuelle, unternehmensspezifische Fragestellungen	
Unterstützungsprozess: Dokumentensteuerung	
Wie wird während der Entwicklung sichergestellt, dass ausschließlich aktuelle Dokumente eingesetzt und verteilt werden?	4.2.3
Wie werden die im Entwicklungsprozess erstellten Dokumente bewertet, freigegeben, gekennzeichnet und verfügbar gemacht?	4.2.3
Wie ist die Dokumentenhistorie nachvollziehbar?	4.2.3
Wie und wie lange werden Aufzeichnungen des Produktentwicklungsprozesses aufbewahrt?	4.2.4
Wie ist der Prozess zur Bewertung, Verteilung und Verwirklichung aller technischen Vorgaben festgelegt und wie wird er praktiziert?	4.2.3.1
Wie ist sichergestellt, dass bezüglich der Umsetzung der technischen Vorgaben die Terminplanung des Kunden eingehalten wird und eine zeitgerechte Bewertung stattfindet (innerhalb von höchstens zwei Wochen)?	4.2.3.1

Anforderungen	Abschn. TS2
Individuelle, unternehmensspezifische Fragestellungen	
Managementprozess: Geschäftsplanung, Managementbewertung und ständige Verbesserung	
Anhand welcher Messgrößen werden die Entwicklungstätigkeiten überwacht und wie werden diese Messgrößen in die Managementbewertung berichtet?	7.3.4.1
Wie werden Daten analysiert hinsichtlich Kundenzufriedenheit, Erfüllung der Produktanforderungen und Prozess- und Produktmerkmalen?	8.4
Wie werden Daten analysiert und verwendet zur Kundenproblemlösung, Trendermittlung, Entscheidungsfindung, Planung und rechtzeitigen Information über Produktinformationen in der Gebrauchsphase (Benchmarking empfohlen)?	8.4.1
Wie ist der Prozess zur ständigen Verbesserung in der Produktentwicklung umgesetzt?	8.5.1 / 8.5.1.1
Individuelle, unternehmensspezifische Fragestellungen	
Unterstützungsprozess: Labordienstleistung	
Wie wird die Qualifikation von internen und externen Prüflaboratorien sichergestellt, die Prüfaufgaben während der Produktentwicklung wahrnehmen?	7.6.3
Wie ist sichergestellt, dass Arbeitsgebiet und die technischen Anforderungen an das interne Laboratorium festgelegt sind?	7.6.3.1
Wie wird sichergestellt, dass externe Laboratorien die Fähigkeit zur Ausführung der Prüf- bzw. Kalibrierdienstleistungen aufweisen?	7.6.3.2
Wie wird nachgewiesen, dass die eingesetzten externen Laboratorien für das relevante Arbeitsgebiet akkreditiert sind respektive den Kundenanforderungen genügen?	7.6.3.2
Individuelle, unternehmensspezifische Fragestellungen	

4.3.5.1 Planung und Durchführung prozessorientierter Audits

Die Planung prozessorientierter Audits erfolgt entsprechend den Prozessen im Unternehmen. Wie in diesem Kapitel erläutert, ist die Voraussetzung zur Ermittlung der Auditkriterien bzw. der Auditfragen, dass die Prozesse in der zu auditierenden Organisation identifiziert sind. Die Auditierung erfolgt normalerweise entlang der Prozesskette, d.h. in der Regel vom Kontakt mit dem Kunden in der Akquisitionsphase über Produkt- und Produktionsprozessentwicklung bis zum serienreifen Produkt sowie vom Kundenabruf, Wareneingang bis zum Versand.

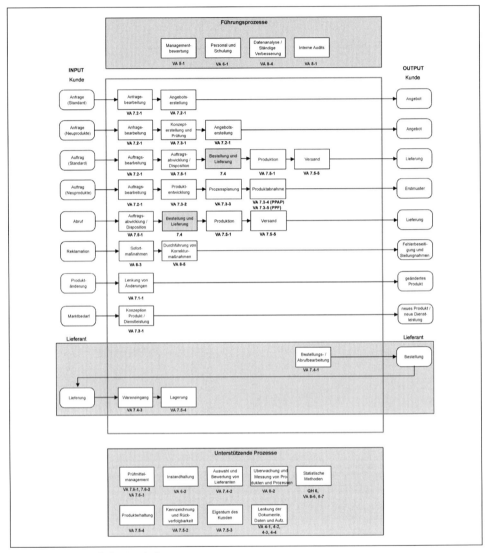

Abb. 4.19: Netzwerk der Geschäftsprozesse

Entsprechend der Logik des prozessorientierten Auditansatzes der IATF, die Organisation aus der Sicht des Kunden entlang der kundenorientierten Prozesse zu sehen, erfolgt das Audit entlang der kundenorientierten Prozesse vom Startpunkt des Prozesses zu seinem Endpunkt. Alternativ wird die Prozesskette aus Sicht des jeweiligen (internen oder externen) Kunden betrachtet und somit „rückwärts" durchlaufen. Dabei können die Anforderungen des jeweiligen Kunden erfragt und kann deren Erfüllung im vorausgehenden Prozess überprüft werden. Der Auditplan muss alle zu auditierenden kundenorientierten Prozesse sowie die erforderlichen Unterstützungsprozesse enthalten.

Ein prozessorientierter Auditplan könnte beispielsweise aus der Geschäftsprozessübersicht in Abb. 4.19 abgeleitet werden, die typische Beispiele für kundenorientierte Prozesse der Automobilindustrie enthält.

Das abgebildete Netzwerk der Geschäftsprozesse beinhaltet sechs kundenorientierte Prozesse:
- KOP (1): Anfrage bearbeiten und Angebot erstellen,
- KOP (2): Auftrag bearbeiten, produzieren und liefern,
- KOP (3): Abruf bearbeiten, produzieren und liefern,
- KOP (4): Reklamation bearbeiten,
- KOP (5): Änderungen managen,
- KOP (6): Produktkonzepte entwickeln.

Da mit den kundenorientierten Prozessen gleichzeitig die Unterstützungsprozesse auditiert werden, ist es erforderlich, den kundenorientierten Prozessen die jeweiligen unterstützenden Prozesse zuzuordnen. Tab. 4.3 zeigt die Zuordnungen beispielhaft.

Der resultierende Auditplan sieht dann z.B. wie in Abb. 4.20 und Abb. 4.21 dargestellt aus.

Tab. 4.3: Zuordnung der unterstützenden Prozesse zu den kundenorientierten Prozessen (Beispiel)

Prozess	KOP (1): Anfragebearbeitung	KOP (2): Auftragsbearbeitung	KOP (3): Abrufbearbeitung	KOP (4): Reklamationsbearbeitung	KOP (5): Änderung managen	KOP (6): Produktkonzept entwickeln
UP (1): Prüfmittelmanagement		X	X			
UP (2): Instandhaltung		X	X			
UP (3): Lieferantenauswahl/-bewertung	X	X	X	X		
UP (4): Überwachung/Messung von Produkten/Prozessen	X	X	X	X	X	X
UP (5): Statistische Methoden	X	X	X			
UP (6): Produkterhaltung	X	X	X			
UP (7): Kennzeichnung/Rückverfolgbarkeit	X	X	X	X	X	
UP (8): Kundeneigentum	X	X	X			
UP (9): Dokumenten-, Aufzeichnungslenkung	X	X	X	X	X	X

4 Auditierung und Zertifizierung

Firmen-Logo	**Audit-Tagesplan** **Prozessorieniertes Systemaudit**	FM 8-4 Seite 1 von 2

Auditleiter:	Michael Cassel	Datum: 28.07.03
Art des Audits:	☒ Systemaudit	
QM-Doku. Stand:	K vom 1. April 2005	

Datum	Uhrzeit von:	bis:	Auditierter Prozess	Unterstützungsprozesse	Auditierte Bereiche
07.09.05	08:00	08:30	(Einführungsbesprechung)		
07.09.05	08:30	12:00	KOP (1): Anfragebearbeitung		Marketing / Vertrieb, Konstruktion, Fertigungsplanung
				UP (3): Lief.ausw. /-bew.	
				UP (4): Überw./ Messung von Produkten / Prozessen	
				UP (5): Stat. Methoden	
				UP (6): Produkterhaltung	
				UP (7): Kennz./ Rückverf.	
				UP (8): Kundeneigentum	
				UP (9): Dok.-, Aufz.lenk.	
07.09.05	12:00	13:00	(Pause und Auditorenbesprechung)		
07.09.05	13:00	17:00	KOP (2): Auftragsbearbeitung		Vertrieb, Konstruktion, Werkzeugbau, Produktionsplanung, Einkauf, Lager, Wareneingang, Produktion, Versand, Kundendienst, Qualitätsstelle
				UP (1): Prüfmittelmanagement	
				UP (2): Instandhaltung	
				UP (3): Lief.ausw. /-bew.	
				UP (4): Überw./ Messung von Produkten / Prozessen	
				UP (5): Stat. Methoden	
				UP (6): Produkterhaltung	
				UP (7): Kennz./ Rückverf.	
				UP (8): Kundeneigentum	
				UP (9): Dok.-, Aufz.lenk.	
07.09.05	17:00	17:30	(Auditorenbesprechung)		
08.09.05	08:00	9:30	KOP (2): (Fortsetzung) Auftragsbearbeitung		siehe oben
	9:30	11:00	KOP (6): Produktkonzept entwickeln		Vertrieb, Konstruktion, Produktionsplanung, Qualitätsstelle
				UP (4): Überw./ Messung von Produkten / Prozessen	
				UP (9): Dok.-, Aufz.lenk.	

Auditplan.doc Stand: X vom 3. Jul. 06

Abb. 4.20: Prozessorientierter Auditplan (1. Seite)

	Audit-Tagesplan		FM 8-4
Firmen-Logo	**Prozessorieniertes Systemaudit**		Seite **2** von 2

Datum	Uhrzeit von:	bis:	Auditierter Prozess	Unterstützungsprozesse	Auditierte Bereiche
08.09.05	11:00	12:00	KOP (3): Abrufbearbeitung		Vertrieb, Produktionsplanung, Einkauf, Lager, Wareneingang, Produktion, Versand, Qualitätsstelle
				UP (1): Prüfmittelmanagement	
				UP (2): Instandhaltung	
				UP (3): Lief.ausw. /-bew.	
				UP (4): Überw./ Messung von Produkten / Prozessen	
				UP (5): Stat. Methoden	
				UP (6): Produkterhaltung	
				UP (7): Kennz./ Rückverf.	
				UP (8): Kundeneigentum	
				UP (9): Dok.-, Aufz.lenk.	
08.09.05	12:00	13:00	(Pause und Auditorenbesprechung)		
	13:00	15:00	KOP (4): Reklamationsbearbeitung		Vertrieb, Qualitätsstelle
				UP (3): Lief.ausw. /-bew.	
				UP (4): Überw./ Messung von Produkten / Prozessen	
				UP (5): Stat. Methoden	
				UP (7): Kennz./ Rückverf.	
				UP (9): Dok.-, Aufz.lenk.	
	15:00	17:00	KOP (5): Änderungen managen		Konstruktion, Produktionsplanung, Werkzeugbau, Qualitätsstelle, Produktion
				UP (4): Überw./ Messung von Produkten / Prozessen	
				UP (7): Kennz./ Rückverf.	
				UP (9): Dok.-, Aufz.lenk.	
08.09.05	17:00	17:30	(Auditorenbesprechung)		
09.09.05	08:00	09:30	UP (1): Prüfmittelmanagement		Meßraum
	09:30	11:00	UP (2): Instandhaltung		Werkzeugbau
	11:00	12:30	UP (3): Lief.ausw. /-bew.		Einkauf
09.09.05	12:30	13:30	Pause und Auditorenbesprechung		
	13:30	15:00	UP (4): Überw./ Messung von Produkten / Prozessen		Qualitätsstelle
	15:00	16:00	UP (5): Stat. Methoden		Qualitätsstelle
09.09.05	16:00	16:30	(Auditorenbesprechung)		
09.09.05	16:30	17:00	(Abschlußbesprechung)		

Auditplan.doc　　　　　　　　　　　　　　　　　　　　　　　　Stand: X vom 3. Jul. 06

Abb. 4.21: Prozessorientierter Auditplan (2. Seite)

Wie dem Auditplan zu entnehmen ist, werden mit den kundenorientierten Prozessen gleichzeitig die unterstützenden Prozesse auditiert. Was die unterstützenden Prozesse anbetrifft, so werden in den kundenorientierten Prozessen lediglich diejenigen unterstützenden Tätigkeiten auditiert, die direkt in den kundenorientierten Prozessen ausgeführt werden. Häufig kann der Output der Unterstützungsprozesse in den kundenorientierten Prozessen auditiert werden.

Nachfolgend sind einige typische Beispiele für den Output von Unterstützungsprozessen aufgelistet sowie die Tätigkeiten von Unterstützungsprozessen, die innerhalb der kundenorientierten Prozesse ausgeführt werden:

Tab. 4.4: Beispiele für auditierten Output und auditierte Tätigkeiten an Unterstützungsprozessen

Unterstützungsprozess	Output, der auditiert wird	Tätigkeiten, die auditiert werden
UP (1): Prüfmittelmanagement	Überwachte Prüfmittel	Lagerung und Handhabung von Prüfmitteln
UP (2): Instandhaltung	Wartungspläne	Durchführung und Aufzeichnung von Wartungsarbeiten
UP (3): Lieferantenauswahl/-bewertung	Freigegebene Lieferanten	Verarbeitung von beschafften Produkten
UP (4): Überwachung/Messung von Produkten/Prozessen	Prüfpläne und Prüfanweisungen	Durchführung von Prüfungen nach Anweisung
UP (5): Statistische Methoden	Festlegung anzuwendender statistischer Methoden (z.B. SPC)	Anwendung statistischer Methoden
UP (6): Produkterhaltung	Festgelegte Lagerorte und Verpackungen	Lagerung von Produkten
UP (7): Kennzeichnung/Rückverfolgbarkeit	Kennzeichnungskonzept	Kennzeichnung der Produkte
UP (8): Kundeneigentum	Kundenvereinbarungen zu Kundeneigentum	Handhabung von Kundeneigentum
UP (9): Dokumenten-, Aufzeichnungslenkung	Aktuelle Dokumente bzw. Führen erforderlicher Aufzeichnungen	Aktualität und Vollständigkeit der Dokumente bzw. Aufzeichnungen

Das dargestellte Beispiel orientiert sich am Netzwerk der Geschäftsprozesse in Abb. 4.19. Dieses ist mit seinen Prozessen stark an die Prozesse der DIN EN ISO 9001:2000 angelehnt.

4.3.5.2 Bewertung von Auditfeststellungen

In den Zertifizierungsvorgaben der ISO/TS 16949:2002 ist die Bewertung von Auditfeststellungen beschrieben. Die Bewertung erfolgt entsprechend folgender Klassifizierung:

- NC1: Hauptabweichung,
- NC2: Nebenabweichung,
- OFI: Verbesserungspotential,
- NR: muss weiter untersucht werden.

Dabei bedeutet NC „Nonconformity", OFI „Opportunity for Improvement" und NR »Needs Research«. Entsprechend den Änderungen in der zweiten Ausgabe der Zertifizierungsvorgaben zur ISO/TS 16949:2002 dürfen im Rahmen von Audits zur Erlangung und Aufrechterhaltung der Zertifizierung keine Verbesserungsvorschläge gemacht werden.

Eine Hauptabweichung liegt nach ISO/TS 16949:2002 dann vor, wenn:
- das QM-System nicht existiert bzw. vollständig versagt,
- mehrere Nebenabweichungen zu einer Systemanforderung auftreten, die zu einem Versagen des QM-Systems führen,
- eine Abweichung wahrscheinlich zur Lieferung fehlerhafter Produkte führt (einschließlich eingeschränkter Verwendbarkeit),
- die Abweichung erfahrungsgemäß zum Versagen des QM-Systems führen kann,
- die Abweichung die Fähigkeit zur Qualitätssicherung durch Lenkung von Prozessen und Produkten einschränkt.

Eine Nebenabweichung ist:
- eine Abweichung, die keine Hauptabweichung ist,
- eine Unzulänglichkeit in einem Teil des QM-Systems,
- ein einziger festgestellter Fehler (Einzelfall) in Bezug auf eine einzelne QM-Systemanforderung.

Eine Hauptabweichung liegt beispielsweise dann vor,
- wenn eine Systematik zur Umsetzung von Änderungen am Produkt nicht erkennbar ist,
- wenn fehlerhafte Produkte nicht konsequent separiert und gekennzeichnet werden,
- eine Managementbewertung nicht durchgeführt wird,
- nicht erkennbar ist, wie Unternehmensziele auf Bereiche und Prozesse heruntergebrochen werden.

Beispiele für Nebenabweichungen sind:
- Einrichtanweisungen liegen in einem Falle nicht vor.
- Die in Prüfanweisungen festgelegten Prüfungen entsprechen nicht den Festlegungen im Produktionslenkungsplan, ein wirksames Prüfkonzept ist jedoch erkennbar und nachweisbar.
- Der Produktstatus ist in einem Einzelfall nicht wie vorgesehen auf den Begleitpapieren gekennzeichnet, die Ausführung der Prüfungen ist jedoch nachvollziehbar.

4.4 Zertifizierung nach ISO/TS 16949

Die Zertifizierung eines Unternehmens wird von einer akkreditierten Zertifizierungsgesellschaft vorgenommen und läuft in vier Phasen ab. Zum Abschluss des Zertifizierungsprozesses wird das Zertifikat in Form einer Urkunde übergeben. Diese ist maximal drei Jahre gültig. Vom Zertifizierungsunternehmen werden jährlich Überwachungsaudits durchgeführt, um die Effektivität und die Effizienz des QM-Systems fortlaufend zu überprüfen. Dies ist erforderlich, um die Gültigkeit des Zertifikats zu erhalten.

Im Zertifizierungsverfahren nach ISO/TS 16949:2002 sind alle Festlegungen in den jeweils gültigen „Zertifizierungsvorgaben der Automobilindustrie zur Technischen Spezifikation ISO/TS 16949:2002" relevant. Die Angaben in diesem Kapitel beziehen sich auf die Zertifizierungsvorgaben in der zweiten Auflage vom August 2004 [23], die seit dem 15. Dezember 2004 gültig sind.

Die ISO 9001:2000 erlaubt es, nicht zutreffende Anforderungen aus Normabschnitt 7 aus dem Geltungsbereich des Managementsystems auszuschließen. Die ISO/TS 16949:2002 schränkt diese zulässigen Ausschlüsse auf Abschnitt 7.3 (Entwicklung) ein, wenn die Organisation nicht für die Produktentwicklung verantwortlich ist. Die Anforderungen für die Entwicklung der Produktionsprozesse (ebenfalls 7.3) können jedoch nicht ausgeschlossen werden.

4.4.1 Auswahl des Zertifizierungsunternehmens

Bei der Auswahl des Zertifizierungsunternehmens ist entscheidend, dass dieses zur Erteilung von Zertifikaten nach ISO/TS 16949 von der IATF (International Automotive Task Force) bzw. dem VDA-QMC als IATF-Oversight-Büro akkreditiert ist. Eine Übersicht der für die Zertifizierung nach ISO/TS 16949 akkreditierten Unternehmen ist z.B. auf den Internetseiten des VDA (*http://www.vda-qmc.de*) abzurufen.

Daneben gibt es bei den Zertifizierungsunternehmen durchaus erhebliche Preisunterschiede, obwohl für alle die gleichen Zertifizierungsvorgaben gelten. Es kann sich also durchaus lohnen, die Angebote verschiedener Zertifizierer zu vergleichen. Dabei sollten die Gesamtkosten für einen Dreijahreszeitraum (d.h. für die gesamte Zertifikatslaufzeit) inkl. der Überwachungsaudits berücksichtigt werden.

Um Interessenkonflikte auszuschließen, dürfen Zertifizierungsgesellschaften keine Zertifizierung von Unternehmen durchführen, für die sie in den letzten zwei Jahren Schulungs- oder Beratungsleistungen erbracht haben. Dabei gilt die Teilnahme einzelner Mitarbeiter an einer „offenen" (also nicht unternehmensspezifischen) Schulung der Zertifizierungsgesellschaft nicht als Schulungs- oder Beratungsleistung im Sinne dieses Ausschlusses.

4.4.1.1 Angebote einholen

Nach einer Anfrage an ein Zertifizierungsunternehmen wird üblicherweise ein Termin für ein gegenseitiges Kennenlernen vereinbart. Hier lassen sich die grundsätzlichen Fragen zum Ablauf der Zertifizierung klären:

- Ziel und Nutzen der Zertifizierung,
- grundsätzliche Voraussetzungen für die Zertifizierung,
- Ablauf des Zertifizierungsverfahrens,
- Normgrundlage, Nachweisstufe, Geltungsbereich,
- voraussichtliche Kosten,
- Terminvorstellungen.

Außerdem ermöglicht dies dem Zertifizierungsunternehmen, die für ein Angebot erforderlichen Basisinformationen über das zu zertifizierende Unternehmen einzuholen. Dies sind insbesondere:

- Anzahl der Mitarbeiter,
- Geltungsbereich der Zertifizierung (Scope),
- Klärung der Entwicklungsverantwortung,
- zu zertifizierende Produktionsstandorte sowie unterstützende Standorte und deren Aktivitäten,
- bereits erhaltene (und gültige) QM-Systemzertifikate.

Diese Angaben sind erforderlich, um den Auditierungsaufwand für das Angebot abschätzen zu können. Bei der Festlegung der Vor-Ort-Audittage ist das Zertifizierungsunternehmen an die Vorgaben der IATF gebunden. Diese sind in Tab. 4.5 (S. 328) aufgeführt.

Besitzt das Unternehmen keine Entwicklungsverantwortung für Produkte (findet also keine Produktentwicklung statt), so können die Vor-Ort-Auditorentage um bis zu 15 % reduziert werden. Bei bereits vorhandenen Zertifikaten anderer Qualitätsstandards (z.B. nach ISO 9001, VDA 6.1) können die Vor-Ort-Auditorentage um bis zu 50 % reduziert werden. Auch diese möglichen Reduzierungen sind in den Zertifizierungsvorgaben der IATF detailliert geregelt und für die Zertifizierungsgesellschaften bindend. Die genaue Anzahl der Vor-Ort-Auditorentage wird von der Zertifizierungsgesellschaft mit Hilfe einer von der IATF herausgegebenen Software berechnet.

4.4.1.2 Zertifizierungsauftrag erteilen

In dem Vertrag mit dem Zertifizierer wird auch die Zustimmung zu sogenannten *Witnessaudits* unter Beteiligung von Beauftragten der IATF eingeholt. Witnessaudits dienen der Überwachung der Zertifizierungsgesellschaften und deren Auditoren durch die IATF. Der Witnessauditor begleitet die Auditoren der Zertifizierungsgesellschaften in den Zertifizierungsaudits. Darüber hinaus muss die Zertifizierungsgesellschaft auf Anforderung die Auditberichte sowie alle erforderlichen Unterlagen, die in Zusammenhang mit der Zertifizierung stehen, an die IATF weiterleiten. Die Zertifizierungsgesellschaft wird in den Vertragsunterlagen auf diese Punkte hinweisen und die Zustimmung des zu zertifizierenden Unterneh-

Tab. 4.5: Mindestens erforderliche „Vor-Ort-Auditorentage" für die Zertifizierung nach ISO/TS 16949:2002

Anzahl Mitarbeiter in auditierter Einheit	Minimum Vor-Ort-Auditorentage	Anzahl Mitarbeiter in auditierter Einheit	Minimum Vor-Ort-Auditorentage
1 – 6	2,0	969 – 1.119	12,5
7 – 11	2,5	1.120 – 1.286	13,0
12 – 18	3,0	1.287 – 1.470	13,5
19 – 27	3,5	1.471 – 1.673	14,0
28 – 39	4,0	1.674 – 1.895	14,5
40 – 54	4,5	1.896 – 2.138	15,0
55 – 71	5,0	2.139 – 2.402	15,5
72 – 93	5,5	2.403 – 2.688	16,0
94 – 117	6,0	2.689 – 2.999	16,5
118 – 146	6,5	3.000 – 3.334	17,0
147 – 179	7,0	3.335 – 3.695	17,5
180 – 216	7,5	3.696 – 4.084	18,0
217 – 257	8,0	4.085 – 4.502	18,5
258 – 304	8,5	4.503 – 4.949	19,0
305 – 348	9,0	4.950 – 5.427	19,5
349 – 422	9,5	5.428 – 5.937	20,0
423 – 507	10,0	5.938 – 6.482	20,5
508 – 602	10,5	6.483 – 7.061	21,0
603 – 711	11,0	7.062 – 7.676	21,5
712 – 832	11,5	≥ 7.677	22,0
833 – 968	12,0		

nach [23], Anhang 3

mens dazu einholen. Nach Auftragseingang stellt die Zertifizierungsgesellschaft das Auditteam zusammen und bestimmt den Auditleiter. Dieser wird die weitere Vorgehensweise mit dem zu zertifizierenden Unternehmen absprechen.

4.4.1.3 Optional: Voraudit

Das Unternehmen kann von der Zertifizierungsgesellschaft ein Voraudit durchführen lassen, um vor dem Zertifizierungsaudit den Zustand des eingeführten QM-Systems überprüfen zu lassen. Bei diesem Voraudit wird ein Auditor eingesetzt, der nicht dem Auditorenteam angehören darf, welches später das Zertifizierungsaudit durchführen wird. Dieser trifft unverbindliche Feststellungen, darf aber keine Lösungen vorschlagen. Das Voraudit darf nur einmalig im Unternehmen durchgeführt werden. Darüber hinaus darf es maximal einen Umfang von 80 % der für das Zertifizierungsaudit angesetzten Auditorentage (siehe Tab. 4.5) aufweisen. Jede über diesen Umfang hinausgehende Tätigkeit würde als Beratung betrachtet, was dazu führt, dass die Zertifizierungsgesellschaft das Zertifizierungsaudit aufgrund mangelnder Trennung der Berater- und Zertifizierungstätigkeiten nicht durchführen dürfte. Der für das Voraudit benötigte Zeitaufwand kann nicht auf die Vor-Ort-Auditorentage für das Zertifizierungsaudit angerechnet werden.

4.4.2 Ablauf der Zertifizierung

Jeder Standort eines Unternehmens kann sich nach ISO/TS 16949:2002 zertifizieren lassen. Er muss jedoch *vor* der Zertifizierung darlegen, dass er alle Forderungen der ISO/TS 16949:2002 erfüllen kann. Dies geschieht durch eine sogenannte *Bereitschaftsbewertung*, die vom Auditorenteam vor dem eigentlichen Zertifizierungsaudit im Unternehmen durchgeführt wird.

Im Zertifizierungsverfahren für ISO/TS 16949:2002 muss der Konformitätsnachweis auf objektiven Feststellungen beruhen, dass zum Zeitpunkt des Audits alle anzuwendenden Forderungen der ISO/TS 16949:2002 eingehalten sind, einschließlich der zum Auditzeitpunkt geltenden kundenspezifischen Forderungen.

Unterstützende Funktionen vor Ort oder an entfernten Standorten (in englischer Sprache: „remote locations"), wie z.B. Entwicklung, Vertragsprüfung, Einkauf, Lager etc., müssen im Erstaudit und in den Überwachungsaudits gemäß dem jährlichen Auditplan berücksichtigt werden. Da entfernte Standorte Stützleistungen für den Produktionsstandort erbringen, müssen diese ebenfalls auditiert werden, obwohl sie kein eigenes Zertifikat nach ISO/TS 16949:2002 erhalten können. Entfernte Standorte mit Entwicklungsaufgaben müssen mindestens einmal im Zwölfmonatszeitraum auditiert werden. Gilt ein Zertifikat für mehrere Standorte, müssen alle Standorte auditiert werden. Eine Stichprobenauswahl von Standorten ist nicht zulässig.

Der Ablauf des Zertifizierungsverfahrens ist in Abb. 4.22 dargestellt und wird im Folgenden ausführlich beschrieben.

Vom Angebot zum Zertifikat

| Erstinformation | ■ Gegenseitiges Kennenlernen und Ermitteln der notwendigen Basisinformationen für einen Kostenvoranschlag |

Angebot und Vertrag
- Ausarbeitung des Angebots
- Bereitstellen der Vertragsunterlagen
- Auftragserteilung und -bestätigung

Systemanalyse
- Vorbeurteilung des Managementsystems (vor Ort)
- Prüfung und Beurteilung der Systemdokumentation
- Erläuterung erkannter Schwachstellen und des Handlungsbedarfs
- Erstellung und Abstimmung des weiteren Zeitplans
- Schriftlicher Bericht

Optional: Vorbegutachtung
- Beurteilung ausgewählter Bereiche/Prozesse
- Schriftlicher Kurzbericht

Systembegutachtung
- Umfassende Prüfung und Beurteilung des Managementsystems auf Erfüllung der Forderungen der Norm/des Regelwerks und Herausarbeiten von Verbesserungspotentialen (vor Ort)

Systembewertung
- Bewertung der Ergebnisse der Systembegutachtung und Entscheidung des DQS-Zertifizierungsausschusses
- Schriftlicher Bericht

Zertifikatserteilung

1. Begutachtung zur Systemförderung

2. Begutachtung zur Systemförderung
- Jährliche Prüfung und Beurteilung wesentlicher Komponenten des Managementsystems und Herausarbeiten von Verbesserungspotentialen (vor Ort)
- Schriftlicher Bericht

Wiederholungsbegutachtung
- Nach 3 Jahren erneute umfassende Prüfung und Beurteilung des Systems auf Erfüllung der Forderungen der Norm/des Regelwerks und Herausarbeiten von Verbesserungspotentialen
- Schriftlicher Bericht
- Neuerteilung des Zertifikats

DQS GmbH Deutsche Gesellschaft zur Zertifizierung von Managementsystemen
August-Schanz-Straße 21, 60433 Frankfurt am Main
Burggrafenstraße 6, 10787 Berlin

Abb. 4.22: Ablauf des Zertifizierungsverfahrens (Quelle: DQS)

4.4.2.1 Phase 1: Bereitschaftsbewertung

Die Bereitschaftsbewertung dient der Überprüfung, ob die Zertifizierung des vom Auftraggeber eingeführten QM-Systems möglich ist. Diese Bewertung wird vom Auditteam im Unternehmen (also vor Ort) durchgeführt. Dazu werden ein bis zwei Tage veranschlagt, die zusätzlich zu den in Tab. 4.5 genannten Vor-Ort-Auditorentagen anfallen. Tab. 4.6 zeigt die Kriterien, die vom Auditteam bewertet werden und die erforderlichen Informationen, die dazu vom Unternehmen zur Verfügung gestellt werden müssen. Ziel der Bereitschaftsbewertung ist es, Schwachstellen in den QM-Unterlagen und in der Implementierung des QM-Systems aufzuzeigen.

Wird die Bereitschaft zur Zertifizierung festgestellt, wird mit der Phase 2 – der Planung des Zertifizierungsaudits – fortgefahren. Ist die Bereitschaft nicht gegeben, kann das Zertifizierungsverfahren in gegenseitigem Einverständnis abgebrochen werden. Dies wird von der Zertifizierungsgesellschaft aufgezeichnet.

Tab. 4.6: Kriterien zur Bereitschaftsbewertung und bereitzustellende Informationen

Kriterien der Bereitschaftsbewertung	Bereitzustellende Informationen
Prozesse des Unternehmens	Prozessbeschreibungen einschließlich Reihenfolge und Wechselwirkungen
Trends der Schlüsselindikatoren (der letzten 12 Monate)	Daten der letzten 12 Monate zu – Kundenzufriedenheit – Mitarbeitermotivation und -bewusstsein – Produktrealisierungsprozess – Lieferantenleistung
Ergebnisse interner Audits und Reaktionspläne (der letzten 12 Monate)	Auditplan und Auditberichte einschließlich abgeleiteter Maßnahmen
Qualifikation interner Auditoren	Liste interner Auditoren mit Nachweis der Qualifikation
Ergebnisse der Managementbewertung (der letzten 12 Monate)	Managementbewertungen der letzten 12 Monate
Stand der Kundenzufriedenheit	Übersicht über Kundenreklamationen, Kundenberichte, Bewertungen von Kunden
Kundenspezifische Anforderungen, die in das Auditeinbezogen werden sollen	Liste der Kunden und der kundenspezifischen Anforderungen
QM-Handbuch	QM-Handbuch

4.4.2.2 Phase 2: Planung des Zertifizierungsaudits

Die Zertifizierungsgesellschaft ermittelt anhand der jeweils gültigen Zertifizierungsvorgaben der IATF sowie der im Rahmen der Bereitschaftsbewertung erhaltenen Informationen die erforderlichen Vor-Ort-Auditorentage. Diese sind als Manntage zu verstehen. Die IATF schreibt bei mehr als fünf Vor-Ort-Auditorentagen mindestens zwei Auditoren vor.

Anhand der Informationen aus der Bereitschaftsbewertung erstellt der Leiter des Auditteams den Audittagesplan und stimmt diesen mit dem zu zertifizierenden Unternehmen ab. Aus dem Audittagesplan gehen in der Regel die Uhrzeiten und Termine hervor, zu denen die verantwortlichen Personen der entsprechenden Abteilungen zur Verfügung stehen müssen.

4.4.2.3 Phase 3: Zertifizierungsaudit

Das Zertifizierungsaudit muss innerhalb von 90 Tagen nach der Bereitschaftsbewertung abgeschlossen sein. Im Rahmen dieses Audits wird die Wirksamkeit des eingeführten QM-Systems überprüft. Als Leitfaden dafür dienen Auditkriterien, die das Auditteam auf der Grundlage der Unternehmensprozesse ermittelt hat.

Aufgabe des Unternehmens beim Audit ist es, die Funktionsfähigkeit der im Managementsystem festgelegten Prozesse zu demonstrieren. Nach Beendigung des Audits wird der Auftraggeber in einem Abschlussgespräch über das Auditergebnis unterrichtet. Das Ergebnis wird in einem Abschlussbericht dokumentiert. Über Abweichungen werden Abweichungsberichte erstellt. Verbesserungspotential darf von den Auditoren nicht aufgezeigt werden, da dies als Beratung verstanden würde.

Für jede während des Audits festgestellte Abweichung wird die Zertifizierungsgesellschaft eine Ursachenanalyse und den Nachweis systematischer Korrekturmaßnahmen verlangen. Dies kann durch Nachreichen entsprechender Unterlagen geschehen, unter Umständen wird jedoch auch ein Nachaudit zum Nachweis der Wirksamkeit der Korrekturmaßnahmen erforderlich. Über die Notwendigkeit und den Umfang eines eventuell erforderlichen Nachaudits entscheidet der Auditleiter. Die Verifizierung der Korrekturmaßnahmen muss spätestens 90 Tage nach dem Abschluss des Zertifizierungsaudits erfolgt sein. Das Auditteam erstellt danach einen Ergänzungsbericht als Anlage zum Abschlussbericht des Audits.

Nach den IATF-Vorgaben dürfen Berater, die das Unternehmen bei der Umsetzung der Normanforderungen betreut haben, nicht am Zertifizierungsaudit teilnehmen.

4.4.2.4 Phase 4: Zertifikaterteilung und Überwachung

Wenn das Audit keine Abweichungen ergibt oder festgestellte Abweichungen durch ein Nachaudit oder das Nachreichen von Unterlagen beseitigt wurden, wird durch den Leiter der Zertifizierungsstelle das Zertifikat erteilt und die Zertifikatinformation in die Datenbank der IATF eingetragen.

Je nach Zertifizierungsunternehmen unterscheiden sich die Nutzungsrechte bzw. die Lizenzgebühren zur Nutzung des Zertifikats und die Verwendung des Logos auf Briefköpfen etc.

Das Zertifikat ist drei Jahre gültig, wenn jährlich Überwachungsaudits durchgeführt werden und diese keine Beanstandungen ergeben. Wenn nach Erteilung eines Zertifikats eine Abweichung festgestellt wird, ist das Verfahren zur Aberkennung des Zertifikats einzuleiten (eine derartige Feststellung kann im Rahmen eines Überwachungsaudits oder auch als Konsequenz einer Kundenbeschwerde erfolgen).

Überwachungsaudits

Überwachungsaudits sollen nachweisen, dass das zertifizierte Managementsystem weiterhin die Anforderungen der ISO/TS 16949:2002 erfüllt. Zur Erhaltung der Gültigkeit des Zertifikats müssen Überwachungsaudits jährlich durchgeführt werden. Dabei ist ein Zeitfenster von minus drei Monaten bis plus einem Monat einzuhalten. Das heißt, nach Abschluss des Zertifizierungsaudits muss das Überwachungsaudit innerhalb von neun bis 13 Monaten erfolgen. Wird das Zertifizierungsaudit z.B. am 15. August vom Auditteam abgeschlossen, muss das Überwachungsaudit zwischen dem 15. Mai und dem 15. September des Folgejahres durchgeführt werden. Maßgebend ist dabei jeweils das Datum des Abschlusses des vorausgegangenen Audits (nicht das auf dem Zertifikat angegebene Ausstellungsdatum!).

Der Umfang der Überwachungsaudits innerhalb eines Dreijahreszeitraums entspricht dem Umfang der Erstaudittage. Werden z.B. zwei Überwachungsaudits innerhalb eines Dreijahreszyklus durchgeführt, muss jedes einen Umfang von mindestens 50 % der für das Erstaudit veranschlagten Auditorentage aufweisen. Es ist zulässig, nur einen Teil des QM-Systems zu untersuchen, wenn innerhalb eines Dreijahreszyklus eine vollständige Bewertung des gesamten QM-Systems erreicht wird. Im Auditbericht eines jeden Überwachungsaudits ist der jeweilige untersuchte Umfang des auditierten QM-Systems auszuweisen.

Bestimmte Unterlagen und Aufzeichnungen werden in *jedem* Audit (also auch in jedem Überwachungsaudit) überprüft. Dies sind:

- Neukunden seit dem letzten Audit,
- Kundenbeanstandungen und die Reaktionen des Unternehmens,
- Ergebnisse und abgeleitete Maßnahmen von internen Audits und Managementbewertungen,
- Fortschritt der ständigen Verbesserung (Soll-Ist-Vergleich),
- Effektivität der Korrekturmaßnahmen, die zur Abstellung von Abweichungen und Fehlern getroffen wurden,
- Effektivität des Managementsystems in Bezug auf die Zielerreichung sowohl der Organisation, als auch in Hinblick auf Kunden.

Darüber hinaus wird die ordnungsgemäße Nutzung des Zertifikats überwacht und werden Beanstandungen bezüglich des QM-Systems bewertet.

Werden im Überwachungsaudit Abweichungen festgestellt, wird wie beim Zertifizierungsaudit verfahren. Bei schwerwiegenden Abweichungen kann das Zertifikat entzogen werden. Nach dem Überwachungsaudit erhält der Auftraggeber einen Bericht.

Wiederholungsaudit oder Re-Zertifizierungsaudit

Nach maximal drei Jahren ist ein Wiederholungsaudit (in den Zertifizierungsvorgaben wird dieses als *Re-Zertifizierungsaudit* bezeichnet) durchzuführen, um die Gültigkeit des Zertifikats für weitere drei Jahre zu gewährleisten. Für diese Frist ist das Datum des Abschlusses des Erstaudits relevant, nicht das Ausstellungsdatum des Zertifikats. Zwischen Abschluss des Audits und der Zertifikatsentscheidung können bis zu 90 Tage vergehen. Aus diesem Grunde wird in den Zertifizierungsvorgaben zwischen den Intervallen für die Durchführung von Audits und dem Gültigkeitsdatum des Zertifikats unterschieden.

Beim Wiederholungsaudit wird erneut die Wirksamkeit des *gesamten* QM-Systems überprüft. Änderungen des QM-Systems sind vorab vom Unternehmen schriftlich mit den entsprechenden Unterlagen einzureichen, da diese Informationen für die Auditplanung relevant sind. Der Auditablauf erfolgt entsprechend der Phase 3 (siehe Kapitel 4.4.2.3). Es wird also keine erneute Bereitschaftsbewertung durchgeführt. Wie bei den Überwachungsaudits prüfen die Auditoren neben den QM-Anforderungen zusätzlich die ordnungsgemäße Nutzung des Zertifikats und fragen nach Beanstandungen bezüglich des QM-Systems. Darüber hinaus wird die Wirksamkeit der eingeleiteten Korrekturmaßnahmen aus den letzten Überwachungsaudits überprüft.

Die Anzahl der Vor-Ort-Auditorentage wird auch für Wiederholungsaudits durch die IATF geregelt. Diese liegen je nach Unternehmensgröße um etwa 20 % bis 40 % unter den Mindestauditorentagen für das Erstaudit (nach Tab. 4.5).

4.4.2.5 Besonderheiten bei der Zertifizierung von Konzernen

Werden mehrere Produktionsstandorte zusammen mit unterstützenden Funktionen zertifiziert, so ist unter gewissen Voraussetzungen das „Konzern-Auditschema" anwendbar. Dabei kann eine Reduzierung der Vor-Ort-Auditorentage um bis zu 40 % erreicht werden. Es ist jedoch zu beachten, dass sich die Reduzierungen nicht auf mehr als 50 % ausgehend von den in Tab. 4.5 genannten Mindestauditorentagen aufsummieren dürfen.

Das Unternehmen erhält nach erfolgreichem Abschluss des Zertifizierungsverfahrens für jeden Standort ein eigenes *Konzernstandortzertifikat*.

Voraussetzungen für die Anwendung des Konzern-Auditschemas sind:
- ein zentral strukturiertes und gemanagtes Qualitätsmanagementsystem einschließlich regelmäßiger interner Audits an allen Standorten,
- zentral gemanagte Aktivitäten wie z. B.
  - strategische Planung,
  - Vertragsprüfung bei lokaler Auftragsannahme,
  - Freigabe von Lieferanten,
  - Bewertung von Schulungsbedarf,
  - Erstellung und Überarbeitung der Dokumentation des Managementsystems,
  - Managementbewertung,
  - Bewertung von Korrekturmaßnahmen,

- Planung interner Audits und Bewertung der Ergebnisse,
- Qualitätsplanung und Steuerung der kontinuierlichen Verbesserung,
- Konstruktions- und Entwicklungstätigkeiten,

- das gesamte Qualitätsmanagementsystem erfüllt die Anforderungen der ISO/TS 16949:2002.

Während des Angebotsprozesses muss die Zertifizierungsgesellschaft ermitteln, inwieweit das Unternehmen die Kriterien für die Anwendung des Konzern-Auditschemas erfüllt. Entsprechende Angaben und Nachweise sind dazu in der Angebotsphase der Zertifizierungsgesellschaft zur Verfügung zu stellen.

Die Zertifizierungsgesellschaft erstellt anhand der Mindestauditorentage einen Auditplan für das Zertifizierungsaudit. Dieser Plan muss alle Standorte umfassen. Wie die Audittage auf die einzelnen Standorte aufgeteilt werden, liegt im Ermessen der Zertifizierungsgesellschaft. Diese wird sich dabei in etwa an der Verteilung der Mitarbeiter an den einzelnen Standorten orientieren.

4.4.3 Nach der Zertifizierung

Die Erteilung des Zertifikats wird oft als ein „Abschluss" des QM-Projekts betrachtet. Dadurch besteht die Gefahr, dass die QM-Aktivitäten nach dem Zertifizierungsaudit zu stark zurückgefahren werden. Gerade bei einer Zertifizierung nach ISO/TS 16949 wird sich dies allerdings bei der Vorbereitung auf das Überwachungsaudit rächen. Durch die umfangreichen Anforderungen dieses Normenstandards ist das „Frisieren" von QM-Unterlagen und Aufzeichnungen kurz vor dem Audit kaum möglich. QM-Systeme, die nicht durchgängig „gelebt" sind, fallen bei den Überwachungen recht schnell auf. Es ist daher ratsam, nach dem Feiern der Zertifikatserteilung das System ständig auf dem Laufenden zu halten, zu pflegen und zu verbessern. Auf diese Weise stellt normalerweise auch das nächste Audit kein großes Problem dar.

5 Verzeichnisse

5.1 Literatur

5.1.1 Normen und technische Spezifikationen

Die Auflistung der Normen und Spezifikationen erfolgt in *numerischer* Reihenfolge.

[01] DIN 102, Bezugstemperatur der Meßzeuge und Werkstücke, Oktober 1956, DIN Deutsches Institut für Normung, Berlin (ersetzt durch DIN EN ISO 1:2002)

[02] DIN 1319-1, Grundlagen der Meßtechnik, Teil 1: Grundbegriffe, Januar 1995, DIN Deutsches Institut für Normung e. V., Berlin

[03] DIN ISO 2859-1, Annahmestichprobenprüfung anhand der Anzahl fehlerhafter Einheiten oder Fehler (Attributprüfung) – Teil 1: Nach der annehmbaren Qualitätsgrenzlage (AQL) geordnete Stichprobenpläne für die Prüfung einer Serie von Losen (ISO 2859-1:1999 einschließlich Technisches Korrigendum 1:2001), Januar 2004, DIN Deutsches Institut für Normung e. V., Berlin

[04] DIN EN ISO 9000, Qualitätsmanagementsysteme, Grundlagen und Begriffe, Dezember 2000, DIN Deutsches Institut für Normung e. V., Berlin *(ersetzt durch [5])*

[05] DIN EN ISO 9000, Qualitätsmanagementsysteme, Grundlagen und Begriffe, Dezember 2005, DIN Deutsches Institut für Normung e. V., Berlin

[06] DIN EN ISO 9000-1, Normen zum Qualitätsmanagement und zur Qualitätssicherung/QM-Darlegung – Teil 1: Leitfaden zur Auswahl und Anwendung, August 1994, DIN Deutsches Institut für Normung e. V., Berlin, *(ersetzt durch [4])*

[07] DIN EN ISO 9001, Qualitätsmanagementsysteme, Anforderungen, Dezember 2000, DIN Deutsches Institut für Normung e. V., Berlin

[08] E DIN EN ISO 9004, Qualitätsmanagementsysteme – Leitfaden zur Leistungsverbesserung (ISO/CD1 9004:1998), Entwurf, September 1998, DIN Deutsches Institut für Normung e. V., Berlin *(ersetzt durch [10])*

[09] E DIN EN ISO 9004, Qualitätsmanagementsysteme, Leitfaden zur Leistungsverbesserung (ISO/CD2 9004:1999), Entwurf, Mai 1999, DIN Deutsches Institut für Normung e. V., Berlin *(ersetzt durch [10])*

[10] DIN EN ISO 9004, Qualitätsmanagementsysteme, Leitfaden zur Leistungsverbesserung, Dezember 2000, DIN Deutsches Institut für Normung e. V., Berlin

[11] DIN EN ISO 14253-1, Geometrische Produktspezifikationen (GPS) – Prüfung von Werkstücken und Meßgeräten durch Messen, Teil 1: Entscheidungsregeln für die Feststellung von Übereinstimmung oder Nichtübereinstimmung mit Spezifikationen, März 1999, DIN Deutsches Institut für Normung e. V., Berlin

[12] ISO/TS 16949:1999, Qualitätsmanagementsysteme – Spezielle Forderungen bei Anwendung von ISO 9001:1994 für Zulieferer in der Automobilindustrie. 1. Auflage 1999. VDA-QMC, Frankfurt *(ersetzt durch [13])*

[13] ISO/TS 16949:2002, Qualitätsmanagementsysteme – Besondere Anforderungen bei Anwendung von ISO 9001:2000 für die Serien- und Ersatzteilproduktion in der Automobilindustrie. 1. Auflage 2002, VDA-QMC, Frankfurt

[14] DIN EN ISO/IEC 17025:2005, Allgemeine Anforderungen an die Kompetenz von Prüf- und Kalibrierlaboratorien (ISO/IEC 17025:2005); August 2005, DIN Deutsches Institut für Normung e. V., Berlin

[15] DIN EN ISO 19011, Leitfaden für Audits von Qualitätsmanagement- und/oder Umweltmanagementsystemen, Dezember 2002, DIN Deutsches Institut für Normung e. V., Berlin

[16] DIN 55350, Begriffe der Qualitätssicherung und Statistik, Teil 12: Merkmalsbezogene Begriffe, März 1989, DIN Deutsches Institut für Normung e. V., Berlin
[17] DIN 69905, Projektwirtschaft, Projektabwicklung, Begriffe; Mai 1997, DIN Deutsches Institut für Normung e. V., Berlin

5.1.2 Automobilstandards

Die Auflistung der Automobilstandards erfolgt in *alphabetischer* Reihenfolge.
[18] APQP, Advanced Product Quality Planning and Control Plan, QS-9000 Reference Manual, Juni 1994, Chrysler Corporation, Ford Motor Company and General Motors Corporation, USA
[19] Ford Motor Company: Q1 2002, Broschüre der Ford Motor Company, Dearborn, Michigan, 2002
[20] IATF Leitfaden zur ISO/TS 16949:2002. 1. Auflage 2002. VDA-QMC, Frankfurt
[21] IATF Auditfragenkatalog zur ISO/TS 16949:2002. 1. Auflage 2002. VDA-QMC, Frankfurt *(zurückgezogen)*
[22] IATF Zertifizierungsvorgaben der Automobilindustrie zur ISO/TS 16949:2002, 1. Auflage, März 2002, VDA-QMC, Frankfurt *(ersetzt durch [23])*
[23] IATF Zertifizierungsvorgaben der Automobilindustrie zur ISO/TS 16949:2002, 2. Auflage, August 2004, VDA-QMC, Frankfurt
[24] MSA, Measurement Systems Analysis, QS-9000 Reference Manual, 3rd Edition, März 2002, Chrysler Corporation, Ford Motor Company and General Motors Corporation, USA
[25] PPAP, Produktionsteil-Freigabeverfahren, QS-9000 Manual, 3rd Edition, September 1999 (deutsche Übersetzung, Mai 2000), Chrysler Corporation, Ford Motor Company and General Motors Corporation, USA
[26] QOS – Quality Operating System, Handbuch, November 1992, Ford Motor Company
[27] QS-9000, Quality System Documentation, 3rd Edition, März 1998, Chrysler Corporation, Ford Motor Company and General Motors Corporation, USA
[28] QSA, Bewertung von QM-Systemen, QS-9000 Manual, Oktober 1995, Chrysler Corporation, Ford Motor Company and General Motors Corporation, USA
[29] SPC, Statistical Process Control, QS-9000 Reference Manual, Dezember 1991, Chrysler Corporation, Ford Motor Company and General Motors Corporation, USA
[30] VDA Band 1: Nachweisführung – Leitfaden zur Dokumentation und Archivierung von Qualitätsforderungen, 2. Auflage, 1998, Verband der Automobilindustrie e. V. (VDA), Frankfurt
[31] VDA Band 2: Sicherung der von Qualität von Lieferungen in der Automobilindustrie – Lieferantenbewertung / Erstmusterprüfung, 4. Auflage, 2004, Verband der Automobilindustrie e. V. (VDA), Frankfurt
[32] VDA Band 4 Teil 1: Sicherung der Qualität vor Serieneinsatz – Teil 1: Partnerschaftliche Zusammenarbeit, Abläufe, Methoden, Verband der Automobilindustrie e. V. (VDA), Frankfurt
[33] VDA Band 4 Teil 2: Sicherung der Qualität vor Serieneinsatz – Teil 2: System-FMEA, Verband der Automobilindustrie e. V. (VDA), Frankfurt
[34] VDA Band 4 Teil 3: Sicherung der Qualität vor Serieneinsatz – Teil 3: Projektplanung, Verband der Automobilindustrie e. V. (VDA), Frankfurt
[35] VDA Band 5: Prüfprozeßeignung, 1. Auflage, 2003, Verband der Automobilindustrie e. V. (VDA), Frankfurt
[36] VDA Band 6: Qualitätsmanagement in der Automobilindustrie – Teil 1: QM-Systemaudit, 4., vollständig überarbeitete Auflage 2003, Verband der Automobilindustrie e. V., Frankfurt
[37] VDA Band 6: Grundlagen: Qualitätsaudit, allgemeine Grundlagen – Teil 3: Prozeßaudit, Verband der Automobilindustrie e. V. (VDA), Frankfurt
[38] VDA Band 6: Grundlagen: Qualitätsaudit, allgemeine Grundlagen – Teil 5: Produktaudit, Verband der Automobilindustrie e. V. (VDA), Frankfurt
[39] VDI/VDE 3694, Lastenheft/Pflichtenheft für den Einsatz von Automatisierungssystemen; April 1991, Beuth Verlag, Berlin/Wien/Zürich

5.1.3 Fachliteratur

Die Auflistung der Fachliteratur erfolgt in *alphabetischer* Reihenfolge der Autoren bzw. Herausgeber.

[40] Cassel, M.; Angstmann, B.: Management-Dokumentation für transparente Prozesse, Carl Hanser Verlag, München/Wien und ZERO DEFECT GmbH, Ratingen 2003

[41] Cassel, M.; Meinertz, J.: Handbuch Prüfmittelmanagement. Carl Hanser Verlag, München/Wien 2001

[42] Cassel, M.: Qualitätsmanagement nach ISO/TS 16949, Carl Hanser Verlag, München/Wien 2004

[43] Deutsche Gesellschaft für Qualität (Hrsg.): DGQ-Band 14-23: Qualitätskennzahlen (QKZ) und Qualitätskennzahlsysteme, 2. Aufl., Beuth Verlag, Berlin/Wien/Zürich 1990

[44] Deutsche Gesellschaft für Qualität (Hrsg.): DGQ-Band 13-61: Prüfmittelmanagement, 1. Auflage, Beuth Verlag, Berlin/Wien/Zürich 1998 *(ersetzt durch 2. Auflage, 2003)*

[45] DIN Deutsches Institut für Normung e. V. (Hrsg.): Internationales Wörterbuch der Metrologie (International Vocabulary of Basic and General Terms in Metrology), 2. Auflage, Beuth Verlag, Berlin/Wien/Zürich 1994

[46] Deutsche Gesellschaft zur Zertifizierung von Managementsystemen mbH (Hrsg.): DQS-Auditprotokoll QS-9000, DQS, 1. Auflage, Beuth Verlag, Berlin/Wien/Zürich 1997

[47] Deutsche Gesellschaft zur Zertifizierung von Managementsystemen mbH (Hrsg.): DQS-Auditprotokoll ISO 9001, DQS, 1. Auflage, DQS 01-02, Beuth Verlag, Berlin/Wien/Zürich 1997

[48] Imai, M.: Kaizen – Der Schlüssel zum Erfolg der Japaner im Wettbewerb, Wirtschaftsverlag Langen Müller/Herbig, München 1992

[49] Graebig, K.: Qualitätsmanagement, Statistik, Umweltmanagement; Anwendungshilfen und Normensammlungen, Herausgeber: DIN Deutsches Institut für Normung e. V., Beuth Verlag, Berlin/Wien/Zürich

[50] Popp, K.: Die Qualitätssicherungsvereinbarung, Fehler und Fallen in „ship-to-stock"- und „just-in-time"-Verträgen, Carl Hanser Verlag, München/Wien 1992

[51] Masing, W. (Hrsg.): Handbuch Qualitätsmanagement, 4. Auflage, Carl Hanser Verlag, München Wien 1999

[52] Loos, S.:25.QS-9000 und VDA 6.1, Inhalte, Unterschiede, Checklisten für die Zertifizierung, Carl Hanser Verlag, München/Wien

[53] Schmelzer, H. J.; Sesselmann, W.: Geschäftsprozessmanagement in der Praxis, 3. Auflage, Carl Hanser Verlag, München/Wien 2003

[54] Selbstbewertung: Richtlinien für Unternehmen, European Foundation for Quality Management, Brüssel, Belgien 1997

[55] ZERO DEFECT GmbH: Kalibrieranleitungen zur Prüfmittelüberwachung, Ratingen 1996

5.2 Abbildungen

Abb. 1.1:	Übersicht der Projektdurchführung	4
Abb. 1.2:	Netzwerk der Geschäftsprozesse	9
Abb. 1.3:	Projektstruktur	10
Abb. 1.4:	Regelkreise an und zwischen Prozessen	23
Abb. 1.5:	Prozeßmodell der ISO 9001:2000	24
Abb. 1.6:	Auftragsabwicklung in einem Handelsunternehmen	25
Abb. 1.7:	Prozeß-Flowchart zum Auftragsdurchlauf	26
Abb. 1.8:	Strukturierung der Prozesse mit Hilfe der Kategorien Managementprozesse, wertschöpfende (Realisierungs-) Prozesse und unterstützende Prozesse	28
Abb. 1.9:	Untergliederung in Haupt- und Teilprozesse	29
Abb. 1.10:	Verantwortungsstruktur bei Anwendung des Prozeßmanagements	30
Abb. 1.11:	Mögliche Organisationsstruktur in einer prozeßorientierten Organisation	30
Abb. 1.12:	Unternehmensziele werden zu Prozeßzielen heruntergebrochen	31
Abb. 1.13:	Modellhafte Darstellung der Elemente eines Prozesses	32
Abb. 1.14:	Beispielhafte praktische Darstellung der Elemente eines Prozesses	34
Abb. 1.15:	Entstehung des Betriebserfolgs im Prozeß	39
Abb. 1.16:	Reduzierung des Betriebserfolgs durch Mehr- oder Nacharbeit	40
Abb. 1.17:	Reduzierung des Betriebserfolgs durch Wertminderung	41
Abb. 2.1:	Beispiel für einen Maßnahmenplan	51
Abb. 2.2:	Arbeitsblatt „Prozessorientierter Auditansatz" zur Darstellung der Wechselwirkung der Prozesse, Seite 1: Kundenorientierte Prozesse (Quelle des Leerformulares: IATF-Training für interne ISO/TS 16949-Auditoren)	57
Abb. 2.3:	Arbeitsblatt „Prozessorientierter Auditansatz" zur Darstellung der Wechselwirkung der Prozesse, Seite 2: Unterstützende Prozesse (Quelle des Leerformulares: IATF-Training für interne ISO/TS 16949-Auditoren)	58
Abb. 2.4:	Arbeitsblatt „Prozessorientierter Auditansatz" zur Darstellung der Wechselwirkung der Prozesse, Seite 3: Fortsetzung Unterstützende Prozesse und Managementprozesse (Quelle des Leerformulares: IATF-Training für interne ISO/TS 16949-Auditoren)	59
Abb. 2.5:	Dokumente und Aufzeichnungen	62
Abb. 2.6:	Beispiel für eine Matrix für Zuständigkeiten und Verteiler von Dokumenten und Aufzeichnungen	64
Abb. 2.7:	Beispielformular für eine Liste aktueller Normen und Richtlinien	70
Abb. 2.8:	Integration der Aktivitäten zur Verantwortung der Leitung und Messung, Analyse und Verbesserung	82
Abb. 2.9:	Beispiel einer Übersicht der Kennzahlen für den Managementbericht	84
Abb. 2.10:	PDCA-Zyklus	89
Abb. 2.11:	Beispiel für eine Funktionsbeschreibung (Seite 1)	93
Abb. 2.12:	Beispiel für eine Funktionsbeschreibung (Seite 2)	94
Abb. 2.13:	Bewertungsbogen für ein Housekeepingaudit	107
Abb. 2.14:	Beispiel für einen Schulungsplan	112
Abb. 2.15:	Beispiel-Ablauf für Planung und Durchführung von Schulungen	113
Abb. 2.16:	Beispiel zur Mitarbeiterbefragung	119
Abb. 2.17:	Beispiel für einen Wartungsplan	123
Abb. 2.18:	Beispiel für einen Werkstrukturplan (Process-Flow-Chart)	125
Abb. 2.19:	Projektplan zur Produkt- und Produktionsprozeßentwicklung (Beispiel)	130

Abb. 2.20:	Beispiel für den Ablauf des Änderungsprozesses (Teil 1)	133
Abb. 2.21:	Beispiel für den Ablauf des Änderungsprozesses (Teil 2)	134
Abb. 2.22:	Beispielformular zur Aufzeichnung eines Teilelebenslaufs	136
Abb. 2.23:	Beispielablauf für die Anfragebearbeitung	139
Abb. 2.24:	Beispiel für eine Herstellbarkeitsbewertung	143
Abb. 2.25:	Produktplanung (Tätigkeiten in der Angebotsphase)	150
Abb. 2.26:	Produktplanung / -entwicklung (Tätigkeiten nach Auftragseingang)	150
Abb. 2.27:	Produktionsprozeßplanung / -entwicklung (Tätigkeiten nach Produktentwicklung)	151
Abb. 2.28:	Erstmusterprüfbericht nach VDA (Quelle: VDA Band 2 [31])	163
Abb. 2.29:	Teilevorlagezertifikat (Part Submission Warrant) nach QS-9000 PPAP [25]	164
Abb. 2.30:	Beispiel für einen Ablauf zur Beschaffung	169
Abb. 2.31:	Produkltionslenkungsplan (Beispiel nach QS-9000 APQP-Referenzhandbuch [18])	179
Abb. 2.32:	Beispiel für das Formblatt einer Prüf- und Arbeitsanweisung	181
Abb. 2.33:	Beispiel für den Aufbau von Begleitscheinen	187
Abb. 2.34:	Ablauf zur Planung und Beschaffung von Prüfmitteln (Beispiel)	196
Abb. 2.35:	Ablauf der Prüfmittelüberwachung (Beispiel)	197
Abb. 2.36:	Beispiel für den Ablauf zur Meßsystemanalyse	200
Abb. 2.37:	Meßdaten für eine Meßsystemanalyse	201
Abb. 2.38:	Auswertung einer Meßsystemanalyse	202
Abb. 2.39:	Formular zur Kundenbefragung (Beispiel)	214
Abb. 2.40:	Formular zur Planung von Audits (Beispiel)	217
Abb. 2.41:	Beispiel für einen 8D-Report	241
Abb. 3.1:	Aufbau der Managementdokumentation	244
Abb. 3.2:	Beispiel für einen Prozeßsteckbrief	247
Abb. 3.3:	Beispiel für Prozeßfestlegungen in einer Verfahrensanweisung	248
Abb. 3.4:	Beispiel für eine Freigabeliste in Form eines Inhaltsverzeichnisses	255
Abb. 3.5:	Darstellung des Prozessmodells mit ViFlow 2003 (Quelle: ViFlow AddOn QM-Handbuch ISO/TS 16949)	262
Abb. 3.6:	Darstellung eines Prozessablaufs mit ViFlow 2003 (Quelle: ViFlow AddOn QM-Handbuch ISO/TS 16949)	262
Abb. 3.7:	Geschäftsprozeßübersicht	265
Abb. 3.8:	Geschäftsprozeßübersicht mit dargestellten Prozeßgrenzen	267
Abb. 3.9:	Ablaufdiagramm in einer Prozeßbeschreibung (Teilansicht)	267
Abb. 3.10:	Input und Output von Prozessen	268
Abb. 3.11:	Prozessschrittbeschreibung mit ausführlichen Informationen zum Prozessablauf (Teilansicht) ...	269
Abb. 4.1:	Prozeßablauf für das Management eines Auditprogramms	277
Abb. 4.2:	Typische Audittätigkeiten mit Dokumenten und Aufzeichnungen	282
Abb. 4.3:	Prozeß der Ableitung von Auditschlußfolgerungen aus Informationsquellen	289
Abb. 4.4:	Auditberichtsformular für Abweichungen und Verbesserungen (Beispiel)	290
Abb. 4.5:	Erforderliche auditspezifische Kenntnisse von Auditoren laut ISO 19011:2002	293
Abb. 4.6:	Erforderliche dokumentationsspezifische Kenntnisse von Auditoren laut ISO 19011:2002	294
Abb. 4.7:	Erforderliche organisationsspezifische Kenntnisse von Auditoren laut ISO 19011:2002	294
Abb. 4.8:	Erforderliche rechtliche Kenntnisse von Auditoren laut ISO 19011:2002	294
Abb. 4.9:	Erforderliche organisatorische und moderationstechnische Kenntnisse von Auditoren laut ISO 19011:2002	295
Abb. 4.10:	Erforderliche qualitätsrelevante Kenntnisse von Auditoren laut ISO 19011:2002 ..	295
Abb. 4.11:	Erforderliche umweltspezifische Kenntnisse von Auditoren laut ISO 19011:2002 ..	296
Abb. 4.12:	Beispiele für kundenorientierte Prozesse der Automobilindustrie	303

Abb. 4.13: Vorgehensweise bei der Anwendung des prozeßorientierten Auditansatzes nach IATF 305
Abb. 4.14: Prozeßanalyseblatt „Turtle" am Beispiel des Prozesses Angebotsbearbeitung 305
Abb. 4.15: Formblatt „Prozeßanalyse" zur Vorbereitung prozeßorientierter Audits 310
Abb. 4.16: Prozeßanalyse des Produktentwicklungsprozesses (Seite 1) 311
Abb. 4.17: Prozeßanalyse des Produktentwicklungsprozesses (Seite 2) 312
Abb. 4.18: Prozeßbezogenes Auditprotokoll für den Produktentwicklungsprozeß 313
Abb. 4.19: Netzwerk der Geschäftsprozesse 320
Abb. 4.20: Prozeßorientierter Auditplan (1. Seite) 322
Abb. 4.21: Prozeßorientierter Auditplan (2. Seite) 323
Abb. 4.22: Ablauf des Zertifizierungsverfahrens (Quelle: DQS) 330

5.3 Tabellen

Tab. 1.1:	Kosten einer QS-9000 Zertifizierung USA ´98 (Quelle: AIAG Website, Umrechnungskurs 1998: ca. 1:1,15)	3
Tab. 1.2:	Kosten einer QS-9000 Zertifizierung USA ´97 (Quelle: AIAG Website)	3
Tab. 1.3:	Prozeßelemente des Prozesses „Autofahrt zur Arbeit"	33
Tab. 1.4:	Wertminderung und Fehlleistungskosten	39
Tab. 1.5:	Analyse des Auftragsdurchlaufs in einem Handelsunternehmen	42
Tab. 1.6:	Festlegung der Prozeßelemente in der Managementdokumentation	43
Tab. 1.7:	Beispiele für Ziele und Kennzahlen von Realisierungsprozessen (Fortsetzung auf der nächsten Seite)	45
Tab. 2.1:	Bezeichnungen der Lieferkette	50
Tab. 2.2:	Beispiele für verschiedene Produktkategorien	52
Tab. 2.3:	Aufbewahrungsfristen nach QS-9000 und VDA 6.1	68
Tab. 2.4:	Beispiele für gesetzliche Aufbewahrungsfristen (Hinweis: diese Angaben erheben keinen Anspruch auf Vollständigkeit und Aktualität!)	69
Tab. 2.5:	Managementaufgaben und deren Umsetzung	73
Tab. 2.6:	Erwartungen der Interessenpartner	76
Tab. 2.7:	Beispiele für den fixen und variablen Teil der Managementdokumentation	86
Tab. 2.8:	PDCA- bzw. PDSA-Zyklus am Beispiel einer Prozeßänderung mit dem Ziel einer Produktverbesserung	90
Tab. 2.9:	Notwendiger und sinnvoller Input für die Managementbewertung im Rahmen der ISO/TS 16949:2002	102
Tab. 2.10:	Notwendiger und sinnvoller Output aus der Managementbewertung im Rahmen der ISO/TS 16949:2002	103
Tab. 2.11:	Beispiel für eine Checkliste „Einarbeitung neuer Mitarbeiter"	116
Tab. 2.12:	Die verschiedenen Kategorien von Produkteigenschaften	141
Tab. 2.13:	Zuständigkeiten bei Kundenkontakten	142
Tab. 2.14:	Beispiel für Tätigkeiten in den Entwicklungsphasen	152
Tab. 2.15:	Klassische Schritte zur Korrektur, Vorbeugung und Verbesserung (Quelle: [48])	207
Tab. 2.16:	Statistische Methoden in den verschiedenen Phasen der Produktentstehung	209
Tab. 2.17:	Statistische Methoden vom Wareneingang bis zum Feld	210
Tab. 2.18:	Gegenüberstellung der Auditarten (Quelle: [37])	219
Tab. 2.19:	Effektivität und Effizienz von Prozessen	224
Tab. 2.20:	Mögliche Datengrundlage zur Verbesserung der Kundenzufriedenheit	233
Tab. 2.21:	Mögliche Datengrundlage zur Verbesserung der Erfüllung der Anforderungen an Produkte	233
Tab. 2.22:	Mögliche Datengrundlage zur Verbesserung von Produkt- und Prozeßmerkmalen	234
Tab. 2.23:	Mögliche Datengrundlage zur Verbesserung und Entwicklung von Lieferanten	234
Tab. 3.1:	Strukturen von Norm und Managementdokumentation	251
Tab. 3.2:	Untergliederung von Kapitel 7 zur Produktrealisierung	252
Tab. 3.3:	Vergleich des Initialaufwands zur Erstellung von papierbasierter und papierloser Dokumentation	258
Tab. 3.4:	Vergleich des jährlichen Pflegeaufwands bei papierbasierter und papierloser Dokumentation	259
Tab. 3.5:	Prozeßkategorien	266
Tab. 4.1:	Anwendung des prozeßorientierten Auditansatzes nach IATF zur Herleitung von Auditfragen	306

Tab. 4.2:	Auditfragen für den Produktentwicklungsprozeß (Beispiel)	314
Tab. 4.3:	Zuordnung der unterstützenden Prozesse zu den kundenorientierten Prozessen (Beispiel)	321
Tab. 4.4:	Beispiele für audierten Output und auditierte Tätigkeiten an Unterstützungsprozessen	324
Tab. 4.5:	Mindestens erforderliche „Vor-Ort-Auditorentage" für die Zertifizierung nach ISO/TS 16949:2002 (nach [23], Anhang 3)	328
Tab. 4.6:	Kriterien zur Bereitschaftsbewertung und bereitzustellende Informationen	331

5.4 Stichworte

Ablauf 32
Abstellmaßnahmen 239
Abweichung 286
Abweichungsbericht 21, 218, 221, 332
Abweichungsgenehmigung 170
After-Sales-Tätigkeit 183
Änderung
 – von Dokumenten 65
 – von Prozessen 137, 225
 –, Beurteilung der Auswirkung 137, 161
Änderungen
 – am Prozess 38
 –, Lenkung von 131
Änderungsstand 250, 263
Anforderungen
 –, Ausschluss von 60
Anlaufprodukte/Anlaufschrott 183
Anlieferqualität 173
Annahmekriterien 85, 127, 151, 159, 195, 226
Anstoß 32, 36
APQP 12, 87, 129
Arbeitsanweisung 86, 180
Arbeitsgruppen 7, 16
Arbeitsschutz 183
Arbeitssicherheit 105, 108
Arbeitsumgebung 105, 106
Archivierung 65
Audit 14, 273
 –, Abschlussbesprechung 291
 –, Eröffnungsbesprechung 285
 –, Gesprächsregeln 287
 –, Housekeeping-Audit 106, 191
 –, intern/extern 276
 –, internes 11, 13, 106, 215
 –, Lieferantenaudit 173
 –, Prozessaudit 106
 –, prozessorientiertes 298, 303
 –, Verhaltensregeln für Auditierte 288
 –, Verhaltensregeln für Auditoren 287
Auditaufzeichnungen 280
Auditbericht 218, 290
 –, Erstellung 291
Auditcheckliste 219
Auditergebnisse
 –, Bewertung der 289
Auditfeststellungen 289
 –, Bewertung von 325
Auditfolgemaßnahmen 280, 292
Auditfrageliste 332
Auditfragen 306, 309
Auditfragenkatalog 28
Auditgrundlage 277
Auditinformationen 288
Auditkriterien 306, 309
Auditor 287
 –, Anforderungen an den 216
 –, Bewertung des 292
 –, Qualifikation 292
 –, Unabhängigkeit des 221
 –, Unabhängigkeit des 274
Auditplan 216, 274, 280, 321
 –, Erstellung 284

Auditplanung 215
Auditprinzipien 273, 275
Auditprogramm 277
 –, Bewertung des 281
 –, Umfang 279
 –, Verantwortlichkeit 279
 –, Ziel des 278
Auditprotokoll 309
Auditschlussfolgerungen 291
Auditteam 283
Auditteamleiter 281, 297
Auditumfang 283
Auditverfahren 215
Auditvorbereitung 331
Auditziele 282
Aufbewahrung
 – von Dokumenten und Aufzeichnungen 68
Aufgaben
 –, qualitätsrelevante 109
Aufzeichnungen 67, 249
 –, in Audits 280
Ausbildung 109
Ausrüstungen 120
 –, Instandhaltung von 120
Ausschlüsse 326
Ausschuss 173
Aussehensabhängige Teile 228
Auswertung
 – kundenrelevanter Daten 212

Beauftragter
 – der Leitung 97
 – der obersten Leitung 91
Begleitschein 187
Benchmarking 83
Benutzerrechte 271
Bereichsdenken 25
Bereitschaftsbewertung
 –, Kriterien 331
Beschaffung 166
Beschaffungsangaben 167
Beschaffungsunterlagen 168
Besondere Merkmale 155
Betriebserfolg 39
Bewertung
 – technischer Vorgaben 66
 – von Schulungsmaßnahmen 114
Bewusstsein 110

Chargenkennzeichnung 170
Chargentrennung 189
Checkliste 115, 140
 –, Auditcheckliste 219
Control Plan *Siehe* Produktionslenkungsplan

Datenanalyse 210, 223, 231, 232, 239
Dienstleistung 53
 –, unterstützende 120
DmbA 156
Dokument 62, 67
 –, Änderungsstand 263
 –, Freigabe 251, 264

–, gelenktes 63
–, Identifikation 250, 263
–, Zuständigkeit und Verteiler 63
Dokumentation 87,
  Siehe Managementdokumentation
Dokumente
  –, Aufbewahrung 68
Dokumentenfluss 268
Dokumentenmatrix 67
Dokumentiertes Verfahren 53
Durchlaufzeit 25

Effektivität 34, 45
Effizienz 34, 45
EFQM-Modell 78
Eigentum
  – des Kunden Siehe Kundeneigentum
  –, geistiges 189
Einarbeitung
  – von Mitarbeitern 111
  –, Checkliste zur 115
Eingriffsgrenzen 224
Einrichtanweisungen 182
Einrichtungen 120, 122
E-Mail 65
Endprüfung 229
Entsorgung
  – von Verpackungen 193
Entwicklungsänderungen 149
Entwicklungsbewertung 147
Entwicklungseingaben 145, 157
Entwicklungsergebnis 146, 157, 158
Entwicklungsplanung 145
Entwicklungsvalidierung 148
Entwicklungsverantwortung 327
Entwicklungsverifizierung 148
Ersatzteile
  –, Bedarf an 122
Erststückprüfung 182

Fähigkeit 165
Feedback
  – Gespräch 115
Fehler
  –, maximaler 195
Fehlermeldungen
  –, interne 240
Fehlervermeidung 160, 238
Fehlleistungskosten 39, 40
Felddaten 184, 209
Fertigungsfreigabe 183
Fertigungslos
  –, bedarfsgerechtes 192
Fertigungsparameter 182
Fertigungsunterlagen 160, 183
FIFO 189
Finanzplanung 109
First in – First out 189
First-Party-Audit 276
FMEA 170, 209, 227, 239
Forderungen
  –, gesetzliche 72
  –, Kundenforderungen 72
  –, vorausgesetzte 140
Fragenkatalog 298
Fragetechnik 287

Freigabe
  – der Produktion 228
  – von Arbeitsgängen 182
  – von Produkten 162, 231
  – von Prozessen 162
Frühwarnsystem 184
Funktionen
  –, unterstützende 329
Funktionsbeschreibung 97

Garantiefälle 240
Geltungsbereich 60, 245
Gesamteffizienz 31
Geschäftsplan 83, 120, 173
Geschäftsprozesse
  –, Input-Output 7
  –, Netzwerk der 7, 11, 27, 55, 321
  –, Übersicht über 265
Geschäftsprozessübersicht 7, 55, 265

Handbuch 245
Handhabung 191
Hauptabweichung 289, 325
Hauptprozess 29
Herstellbarkeitsbewertung 142, 239
Hilfsmittel 268
Hinweis 289
Historie 65
Housekeeping-Audit 106
HTML 260

IATF 28, 298
Identifikation 263
  – von Dokumenten 250
Informationsmanagement 108
Infrastruktur 120
Input 24, 32, 35, 151, 268
Instandhaltung 120, 122
Instandhaltungsplan 122
Instandhaltungssystem 122
Instandhaltungstätigkeiten 122
Interessenpartner 76
Ist-Daten 109
Ist-Zustand 11, 15, 17

Kalibrierung 194, 205
  –, externe 201
Kalibriervorgang 195
Kanban-Prinzip 192
Kenngröße 235
Kennzahlen 35, 45, 109, 235
Kennzahlensystem 5
Kennzeichnung 186, 191
  –, durchgängige 189
Kommunikation 96
  – mit Kunden 138, 142
  –, interne 92
Konformität 34
  – der Produkte 191
Konformitätsbescheinigung 227
Konservierung Siehe Produkterhaltung
Konzern-Auditschema 334
KOP Siehe Prozess, – kundenorientierter
Korrekturmaßnahmen 162, 170, 215, 220, 231, 237
Kundenanforderungen 24, 66
  –, Erfüllbarkeit 141

Kundenbedürfnisse 72
Kundenbefragung 212
Kundenbenachrichtigung 212
Kundendienst 183
Kundeneigentum 189
 –, geistiges 190
 –, Verpackungen 190
 –, Werkzeuge und Einrichtungen 190
Kundenforderungen 139
 –, Bewusstsein für 91
 –, Erfüllbarkeit der 138
 –, Ermittlung der 137
Kundenorientierung 72
Kundenreklamation 137, 193, 225, 240
Kundenrichtlinie 69
Kundenzufriedenheit 24, 27, 72, 105, 211, 233, 301

Laboratorium 203
Lagerbeständen 192
Lagerbestandspflege 192
Lagerfähigkeit 192
Lagerung 191
Leistungsverbesserung
 – Grundsätze zur 77
Lenkung
 – der Produktion und Dienstleistungserbringung 176
 – von Änderungen 131
 – von Dokumenten 61
 – von Dokumenten und Daten 96
 – von Entwicklungsänderungen 149
 – von Qualitätsaufzeichnungen 62
 – von Überwachungs- und Messmitteln 193
Lenkung der Dokumente 250, 263
Lieferant
 –, Begriff 50
Lieferanten 168
 – und Partnerschaften 108
 –, Auditierung von 171
 –, Auswahl und Beurteilung von 166
 –, Auswahl von 171
Lieferantenaudit 173
Lieferantenentwicklung 174
Lieferantenfragebögen 173
Lieferantenreklamation 240
Liefererfüllung 173
Liefertreue 173, 178
Lieferung/Versand 193
Liste
 – der Normen/Richtlinien 205
Lostrennung 189

Management
 – von Ressourcen 105
 –, von Informationen 108
Managementbericht 103
Managementbewertung 83, 99, 184
 –, Berichtsintervall 103
 –, Eingaben 101
 –, Ergebnisse 103
Managementdokumentation 55
 –, Anforderungen an die 249, 259
 –, Arbeitsanweisungen 246
 –, Aufbau der 243, 265
 –, Aufzeichnungen 249

 –, Beispiel 269
 –, Erstellung 13, 269
 –, Erstellungsaufwand 258
 –, Festlegen des Layouts 13
 –, Freigabe 11, 270
 –, Gliederung der 251
 –, Inhalte 243
 –, papierlose 256
 –, Pflegeaufwand 259
 –, Prozessbeschreibungen 246
 –, prozessorientierte 256
 –, QM-Handbuch 245, 252
 –, Struktur 265
 –, Verfahrensanweisung 253
Managementprozess 28
Maschinenfähigkeitsuntersuchung 165, 171, 209
Maßnahmenplan 13, 15, 50
Meilenstein 129, 149
Merkmale 159
 –, besondere 155
Messabweichung
 –, Grenzwert für 195
Messgröße 81, 223
Messmittel Siehe Prüfmittel
Messsystemanalyse 199
Messung
 – am Managementsystem 207
 – am Produkt 38
 – am Prozess 37, 44
 – der Qualitätsleistung 109
Messung und Überwachung
 – von Produkten 206, 226
 – von Prozessen 207
Messunsicherheit 194
Methoden
 –, fehlervermeidende 160
 –, statistische 19
Mistake Proofing 240
Mitarbeiter
 –, Einarbeitung 111
 –, Qualifizierung der 111
Mitarbeiterbefragungen 119
Mitarbeiterbewertung 92
Mitarbeitermotivation 110
Mittel Siehe Ressourcen
Motivation
 –, Maßnahmen zur 117
MSA Siehe Messsystemanalyse

Nacharbeit 231
Nachvollziehbarkeit 188
Nebenabweichung 289, 325
Norm 69
Normale
 –, übergeordnete 198
Normforderungen 18
Notfallpläne 126

Organigramm 92
Organisationsstruktur 29
Output 24, 32, 37, 152, 268

PDCA-Zyklus 20, 89
PDSA-Zyklus Siehe PDCA-Zyklus
Personal 105, 109
 –, Aufgaben 111

–, Fähigkeiten 111
–, Qualifikation von 36
Personalqualifikation 205
Pflichtenheft 157
Plandaten 109
Planung
 – der Prozesse 127
 – der Realisierungsprozesse 127
 – von Entwicklung 145
 – von Messungen 206
 –, Phasen der 149
PPAP 165
Problemanalyse 235
Problemlösungsverfahren
 –, systematisches 231, 240
Process Owner *Siehe* Prozessverantwortlicher
Produkt
 –, Begriff 52
 –, Messung am 38
Produktänderungen 66
Produktanforderung 233
Produktaudit 276
Produktausfälle 184
Produktbeobachtung 184
Produkte
 –, sicherheitsrelevante 170
 –, veraltete 192
 –, Verifizierung beschaffter 167
Produkterhaltung 191
Produktforderungen
 –, Bewertung der 138
Produktfreigabe 162
Produktion und Dienstleistungserbringung
 –, Lenkung der 176
Produktionslenkungsplan 159, 178, 227
Produktionsplanung 177
Produktionsprozessfreigabe 162
Produktivität 301
Produktkategorien 52
Produktkonformität 105
 –, Sicherstellung der 206
Produktrealisierung 86, 127
Produktstatus 186
 –, Kennzeichnung des 187
Projektcontrolling 154
Projektplan 7, 10, 129
Projektstart 11, 13
Projektteam 6, 11
Projektziele 5, 11, 13, 17
Prozess 298
 –, Ablauf 36
 –, Analyse von 39, 40
 –, Änderungen am 38
 –, Begriff 22, 52
 –, beherrschter 23
 –, Beschreibung von 43
 –, Bestandteile 31
 –, Effektivität 44
 –, Effizienz 104
 –, Endpunkt 41
 –, kundenbezogener 74
 –, kundenorientierter 28, 56, 299, 302, 321
 –, Lenkung ausgegliederter Prozesse 60
 –, Managementprozess 28
 –, Messung am 32, 35, 37, 44
 –, Optimierung 44

–, Startpunkt 41
–, Störungen im 32, 38
–, Strukturierung 27, 29
–, unterstützender 28, 299, 308, 324
–, wertschöpfender 28
Prozessablaufplan 124
Prozessanalyse 310
Prozessänderungen 137, 225
Prozessaudit 276
Prozessbeschreibung 266
Prozesse
 –, fähige 225
 –, Planung der 127
 –, stabile 224, 225
 –, Wechselwirkungen der 56, 245
Prozesseffektivität 223
Prozesseffizienz 223
Prozesselement 43
Prozessergebnis 24
Prozessfähigkeitsuntersuchung 170, 209
 –, vorläufige 162
Prozesskette 24
Prozessleistung 83
Prozessmanagement 301
Prozessmodell 23
Prozessparameter 160
Prozessplanung 159, 178
Prozessschrittbeschreibung 268
Prozessüberwachung
 –, statistische 170
Prozessverantwortlicher 6, 21, 31, 33, 66
 –, Aufgaben 34
Prozessziele 31
Prüfablaufplan 226
Prüfanweisung 224, 226
Prüfmittel 193
 – Benutzung 195
 – Kalibrierung 198
 – Planung 195
 –, Eignung von 194
Prüfmittelüberwachung 194, 205, 228
Prüfplan 224
Prüfplätze 228
Prüfsoftware 195
Prüfstatus 170
Prüfung
 –, Eingangsprüfung 168, 172
 –, Endprüfung 229
 –, messende 228
 –, Zwischenprüfung 228
Prüfung der Wirksamkeit 239

QM-Handbuch 54
QM-Plan (Control Plan) 224
QM-System
 –, Aufrechterhaltung 91
 –, Bewertung des 72
 –, Forderungen an das 55, 167
 –, Geltungsbereich des 60
 –, Grundsatzerklärung zum 55
 –, Leistungsfähigkeit 91
 –, Struktur des 87
QOS 85
QSV *Siehe* Qualitätssicherungsvereinbarung
Qualifizierung
 – der Mitarbeiter 111

Qualitätsbewusstsein 117
Qualitätsfähigkeit 273
Qualitätsleistung 83
Qualitätsplanung 74, 85, 87
Qualitätspolitik 72, 75, 99
 –, Bekanntmachen der 78
Qualitätssicherungsvereinbarung 169, 171, 174
Qualitätsziele 72, 79, 85, 99, 110, 127

Realisierbarkeit
 –, Prüfung der 139
Realisierungsprozesse 128
 –, Prüfung der 222
Regelkarte 160
Regelkreis 23, 37
Ressourcen 12, 32, 36, 72, 106, 152
 –, Aufrechterhaltung der 120
 –, finanzielle 109
 –, Management von 105
 –, personelle 92, 109
Re-Zertifizierungsaudit
 Siehe Wiederholungsaudit
Risiko
 – im Prozess 306, 307
Rohstoffe
 –, natürliche 109
Rückinformation
 – vom Kunden 183
Rücklieferungen vom Kunden 184
Rückverfolgbarkeit 186
 – von Produkten 188

Sammelausschuss 240
Sauberkeit 106
Schlüsselprozess 27, 55
Schnittstelle 95, 220
Schulung 11, 19, 110, 258
 –, Wirksamkeit der 114
Schulungsbedarf 19, 111
Schulungsnachweise 114
Schulungsplan 111
Second-Party-Audit 276
Seitennummerierung 250, 264
Selbstprüfung 182
Soll-Zustand 18
Sonderfreigabe 193, 231
Sonderstatus-Mitteilung 173
SPC 165, 170, 183, 209
Sperrbereich 231
Stabilität 165
ständige Verbesserung 236
Ständige Verbesserung 89, 90
Standort
 –, entfernter 329
statistische Methoden 206
Stellenbeschreibung Siehe Funktionsbeschreibung
Steuerungsteam Siehe Projektteam
Systemaudit 275

Team 29
 –, interdisziplinäres 154, 156, 173, 236
Teile
 –, aussehensabhängige 228
Teilprozess 29
Third-Party-Audit 276
Turtle 304, 308

Überwachung
 – der Lieferleistung 178
Überwachung und Messung
 – von Produkten 226
Überwachungs- und Messmittel
 –, Lenkung von 193
Überwachungsaudit 333
Umgebungsbedingung 205
Umschlagzeiten 192
Unterlieferant 50
Unternehmenspolitik 75
Unternehmensziele 31
Ursachenanalyse 239

Validierung
 – von Entwicklungen 148
 – von Prozessen 185
Validierungstätigkeiten 127
Verantwortung
 – der Leitung 88
 – für Qualität 95
 – und Befugnis 91
Verantwortungsstruktur 30
Verbesserung 38, 207
 – des QM-Systems 105
 –, ständige Siehe Ständige Verbesserung
Verbesserungen 32
 –, Erreichung von 206
Verbesserungsmaßnahmen 235
Verbesserungsprojekte 236
Verfahren
 –, Begriff 22
 –, dokumentiertes 53
Verfahrensanweisung 86
Vergleich mit dem Letztstück 183
Verifizierung
 – von Entwicklungen 148
Verifizierungstätigkeit 85
Verifizierungstätigkeiten 127
Verpackung 169, 191
Verpackungsanweisungen 193
Verschwendung 24
Verteiler
 – für Dokumente 63
Verzeichnisstruktur 271
Voraudit 329
Vorbeugungsmaßnahmen 238, 242

Wareneingang 167
Wareneingangsprüfung Siehe Prüfung
Wartung 183
Wartungsplan 122
Wechselwirkung 22, 36, 56, 95
Werkerselbstprüfung 182, 225
Werksstrukturplan 124
Werkzeugnis 170, 172
Werkzeuge
 –, Wechselintervalle bei Verschleiß 122
Wertminderung 39, 40
Wertschöpfung 39, 301
Wiederholungsaudit 334
Witnessaudit 327

Zertifizierung 88
 –, Kosten 2

Zertifizierungsaudit 332
Zertifizierungsverfahren 326
 –, Ablauf 330
Ziele 31, 128
 – des Unternehmens 31
 – von Prozessen 31
 –, operative 80
 –, Projekt- *Siehe* Projektziele
 –, Prozess- 35, 44
 –, quantifizierbare 80

Zielerreichung 31
Zielvereinbarung 17
Zusatzfrachtkosten 173
Zusatzfrachtkosten 173
Zusatzfrachtkosten 212
Zuständigkeiten 152
 – für Aufzeichnungen 67
 – für Dokumente 63
Zwischenprüfung 228